EU

EU
ELTON
JOHN

Tradução:
Jaime Biaggio

 Planeta

Copyright © Elton John, 2019
Copyright © Editora Planeta do Brasil, 2019
Título original: *Me: Elton John*
Todos os direitos reservados.

Preparação: Ronald Polito
Revisão: Carmen T. S. Costa e Vivian Miwa Matsushita
Diagramação: Maria Beatriz Rosa
Capa: James Annal © Pan Macmillan
Imagem de capa: Terry O'Neill © HST Global Limited

Dados Internacionais de Catalogação na Publicação (CIP)
Angélica Ilacqua CRB-8/7057

John, Elton, 1947-
  Eu, Elton John / Elton John; tradução de Jaime Biaggio. – São Paulo: Planeta do Brasil, 2019.
  344 p.

ISBN: 978-85-422-1815-2
Título original: Me, Elton John

1. Não ficção 2. John, Elton, 1947- Autobiografia 3. Músicos de rock - Autobiografia - Inglaterra I. Título II. Biaggio, Jaime

| 19-2237 | CDD 927.8166 |

Índices para catálogo sistemático:
1. Não ficção - Músicos de rock - Autobiografia 927.8166

2019
Todos os direitos desta edição reservados à
EDITORA PLANETA DO BRASIL LTDA.
Rua Bela Cintra 986, 4º andar – Consolação
São Paulo – SP CEP 01415-002
www.planetadelivros.com.br
faleconosco@editoraplaneta.com.br

Este livro é dedicado a meu marido David e aos nossos lindos filhos Zachary e Elijah. Agradecimentos especiais a Alexis Petridis; sem ele, este livro não teria sido possível.

SUMÁRIO

9   Prólogo
15   Um
35   Dois
53   Três
72   Quatro
86   Cinco
102   Seis
120   Sete
136   Oito
154   Nove
168   Dez
182   Onze
195   Doze
212   Treze
230   Catorze
247   Quinze
265   Dezesseis
280   Dezessete
295   Epílogo
299   Agradecimentos
300   Índice remissivo

PRÓLOGO

Estava no palco do clube noturno Latino, em South Shields, quando percebi que não dava mais para aguentar. Era um daqueles estabelecimentos com jantar e música ao vivo tão comuns na Inglaterra das décadas de 1960 e 1970, todos praticamente iguais: gente de terno sentada ao redor de mesas servindo-se de cestas com frango e bebendo vinho de garrafas recobertas com vime; abajures de franjas e papel de parede flocado; cabaré e um mestre de cerimônias de gravata-borboleta. Parecia algo saído de outra época. Do lado de fora, era inverno em 1967 e o rock mudava e se transformava tão rápido que minha cabeça dava voltas só de pensar: *Magical Mystery Tour*, dos Beatles, e os Mothers of Invention, *The Who Sell Out* e *Axis: Bold As Love*, Dr. John e *John Wesley Harding*. Lá dentro, os únicos sinais de existência dos Swinging Sixties eram o caftã que eu vestia e alguns sinos numa corrente ao redor do meu pescoço. Não combinavam muito comigo. Eu parecia um finalista do concurso para descobrir o hippie menos convincente do país.

O caftã e os sinos haviam sido ideia de Long John Baldry. Eu tocava órgão em sua banda de apoio, a Bluesology. John notara todas as outras bandas de *rhythm 'n' blues* tornando-se psicodélicas: numa semana você ia ver a Zoot Money's Big Roll Band tocar canções de James Brown, na seguinte descobria que agora o nome deles era Dantalian's Chariot, subiam ao palco trajando robes brancos e cantavam sobre o risco de a Terceira Guerra Mundial matar todas as flores. Ele decidiu que deveríamos ir na onda, ao menos em termos de figurino, e assim todos arranjamos caftãs. Os dos músicos de apoio eram mais baratos, enquanto o de John fora feito com exclusividade na Take Six, em Carnaby Street. Ou assim lhe parecia até fazermos um show e ele avistar alguém na plateia com um caftã exatamente igual. Parou no meio de uma música e, furioso, começou a gritar com o sujeito: "Onde você arrumou essa blusa? É minha!". A mim aquilo pareceu bem contrário às ideias de paz, amor e irmandade universal associadas ao caftã.

Amava Long John Baldry. Era absolutamente hilário, profundamente excêntrico, escandalosamente gay e um músico fabuloso, talvez o melhor violonista de doze cordas já saído do Reino Unido. Havia sido uma das figuras centrais da onda de blues britânico do início da década de 1960, tendo tocado com Alexis Korner, Cyril Davies e The Rolling Stones. Seu conhecimento de blues era enciclopédico. Só estar perto dele já era uma aula: me apresentou a tanta coisa que eu nunca tinha escutado antes.

Mas acima de tudo era um homem incrivelmente bom e generoso. Tinha o dom de pescar algo em músicos antes de qualquer outra pessoa e então orientá-los, dando-lhes tempo para ganharem confiança. Foi o que fez comigo e, antes de mim, com Rod Stewart, que fora um dos cantores do Steampacket, a banda anterior de John: Rod, John, Julie Driscoll, Brian Auger. Eram um grupo incrível, mas se separaram. A história que eu ouvi foi: certa noite, após um show em Saint-Tropez, Rod e Julie discutiram, ela atirou vinho tinto no terno branco dele – com certeza vocês podem imaginar a reação – e ali teve fim o Steampacket. O Bluesology assumiu então a vaga de banda de apoio de John, tocando em clubes estilosos de *soul music* e porões dedicados ao blues país afora.

Foi muito divertido, apesar das ideias peculiares de John sobre música. Tocamos repertórios bizarros. Iniciávamos com blues dos mais pesados: "Times Getting Tougher Than Tough", "Hoochie Coochie Man". Quando tínhamos a plateia no colo, John teimava em tocar "The Threshing Machine", uma canção algo gaiata e picante do sudoeste inglês, o tipo de coisa que jogadores de rúgbi cantam quando estão bêbados, tipo "Twas on the Good Ship Venus" ou "Eskimo Nell". Ele chegava mesmo a fazer um sotaque caipira. E depois queria que tocássemos algum *standard* americano – "It Was a Very Good Year" ou "Ev'ry Time We Say Goodbye" – que lhe permitisse fazer sua imitação de Della Reese, a cantora americana de jazz. Não sei de onde ele tirou a ideia de que alguém quisesse ouvi-lo tocar "The Threshing Machine" ou imitar Della Reese, mas, bendito seja, continuou plenamente convencido disto apesar de indícios seguros do contrário. Olhávamos para a primeira fila, gente que viera escutar Long John Baldry, a lenda do blues, e víamos apenas *mods* de um canto a outro, todos mascando chiclete e nos observando com caras de terror absoluto: *Que porra esse sujeito está fazendo?* Era de morrer de rir, ainda que eu me perguntasse exatamente a mesma coisa.

Foi quando a tragédia se abateu sobre nós: Long John Baldry teve um single de enorme sucesso. Obviamente o normal seria ficarmos todos radiantes, mas "Let the Heartaches Begin" era uma música medonha, uma balada xarope, mela-cueca, de rádio AM. Passava muito longe do tipo de música que John deveria estar fazendo, e no entanto ocupava o topo da parada havia semanas, não parava de tocar. Eu dizia não saber o que lhe havia passado pela cabeça, mas sabia, sim, exatamente, e não tinha como culpá-lo. Depois de anos de ralação, pela primeira vez estava ganhando algum dinheiro. Os porões do blues pararam de nos convidar e começamos a tocar nos restaurantes com música ao vivo, que pagavam melhor. Às vezes dois numa mesma noite. Nesses lugares não havia interesse pelo papel crucial de John na onda do blues inglês ou pela sua destreza no violão de doze cordas. O público só queria ver alguém que havia aparecido na televisão. Em dados momentos, eu tinha a impressão de não terem qualquer interesse em música, ponto. Em alguns desses clubes, se você passasse do tempo estabelecido, as cortinas eram simplesmente fechadas no meio de uma canção. Olhando pelo lado bom, ao menos aquela plateia gostava mais de "The Threshing Machine" do que os *mods*.

"Let the Heartaches Begin" tinha outro grande problema: não havia condição de o Bluesology tocá-la ao vivo. Não é que nos recusássemos: literalmente *não dava*. No single havia uma orquestra e um coral feminino: soava como Mantovani. Éramos um octeto de *rhythm 'n' blues* com naipe de metais. Não havia como reproduzir o som. John teve então a ideia de registrar a base em fita. Quando chegasse o grande momento, ele arrastaria até o palco um enorme gravador de rolo Revox, apertaria o play e este seria o seu acompanhamento. Quanto a nós, ficaríamos lá sem fazer nada. De caftã e sinos. Enquanto o povo comia frango com batata frita. Era de enlouquecer.

Aliás, a única coisa divertida nas performances ao vivo de "Let the Heartaches Begin" eram as mulheres começarem a gritar sempre que

John a cantava. Acometidas de desejo, ao que parecia, abandonavam temporariamente o frango com fritas e corriam para a frente do palco. Começavam então a agarrar o fio do microfone, tentando puxar John em sua direção. Esse tipo de coisa certamente ocorria toda noite com Tom Jones e ele tirava de letra, mas Long John Baldry não era Tom Jones. Em vez de regozijar-se com a adulação, ficava absolutamente furioso. Parava de cantar e berrava para elas feito um mestre-escola: "QUEM QUEBRAR O MICROFONE ME DEVE 50 LIBRAS!". Certa noite, esse alerta apavorante foi ignorado. Enquanto elas continuavam a puxar o fio, vi John erguer o braço. E então um assustador ruído surdo sacudiu os amplificadores. Com uma sensação de agonia, percebi tratar-se do som de uma fã louca de tesão tomando o microfone na cabeça. Relembrando a situação, foi um milagre ele não ter sido preso ou processado por agressão. Eis então a principal fonte de diversão para o resto da banda durante "Let the Heartaches Begin": imaginar a cada show se aquela seria a noite em que John desceria o cacete de novo numa de suas admiradoras gritalhonas.

Era essa a canção sendo tocada em South Shields quando tive minha repentina epifania. Desde criança, sonhava em ser músico. Esses sonhos haviam tomado várias formas: às vezes Little Richard, às vezes Jerry Lee Lewis, às vezes Ray Charles. Nenhuma delas, contudo, envolvia ficar parado em cima do palco de um restaurante com música ao vivo nos arredores de Newcastle, sem encostar num órgão Vox Continental enquanto Long John Baldry se dividia entre cantar acompanhado por uma gravação e ameaçar furiosamente multar gente da plateia em 50 libras. E no entanto era onde eu me encontrava. Por mais que amasse John, tinha de arranjar outra coisa para fazer.

O problema era não estar exatamente nadando em opções. Não tinha a menor ideia do que queria, ou mesmo do que sabia, fazer. Sabia cantar e tocar piano, mas claramente não levava jeito para popstar. Para início de conversa, não tinha a menor pinta, haja vista minha incapacidade de ficar bem de caftã. Além disso, me chamava Reg Dwight. Isso não é nome de popstar. "Esta noite, no *Top of the Pops*, o novo single de... Reg Dwight!" Obviamente não daria certo. Os outros membros do Bluesology tinham o tipo de nome que se imaginaria ouvir no *Top of the Pops*. Stuart Brown. Pete Gavin. Elton Dean. Elton Dean! Até o saxofonista soava mais como um popstar do que eu, e ele não tinha a menor vontade de sê-lo: era um sério aficionado do jazz, só estava matando o tempo com o Bluesology até conseguir uma vaga para soprar seu instrumento em algum quinteto de improvisação livre.

Claro, eu podia mudar de nome, mas para quê? Afinal, não só não sentia levar jeito para popstar como já haviam me dito isso, literalmente. Alguns meses antes, fizera um teste na Liberty Records. Eles haviam anunciado no *New Musical Express*: LIBERTY RECORDS PROCURA TALENTOS. Mas não o meu, como se pôde ver. Lá, eu procurara um sujeito chamado Ray Williams, tocara para ele, chegara mesmo a gravar um punhado de canções num estudiozinho. Ray achou que eu tinha potencial, mas ninguém mais na gravadora concordou com ele: obrigado, mas passamos. Ficou por aí.

Na verdade, me restava precisamente outra opção. Por ocasião do teste na Liberty, eu dissera a Ray que escrevia canções, ou ao menos meio-que-escrevia. Sabia compor música e melodias, mas letras, não. Havia tentado no Bluesology e os resultados ainda me faziam acordar suando frio no meio da noite: "We could be such a happy pair, and I promise to do my share".* Quase por acaso, como um prêmio de consolação após me rejeitar, Ray me entregou um envelope. Alguém havia respondido ao mesmo anúncio mandando letras. Tive a impressão de que Ray sequer as lera antes de repassá-las para mim.

O cara que as escrevera era de Owmby-by-Spital, Lincolnshire, não exatamente a pulsante capital mundial do rock. Aparentemente trabalhava numa granja, catando os pássaros mortos com um carrinho de mão. Mas suas letras eram boas. Esotéricas, com certa influência de Tolkien, um pouco como "A Whiter Shade of Pale", do Procol Harum. E o crucial: nenhuma delas me dava vontade de arrancar minha própria cabeça de tanto constrangimento, ou seja, eram um enorme avanço em relação a qualquer das minhas.

Melhor ainda, descobri que conseguia compor música para tais letras, e até bem rápido. Havia algo nelas com que me conectava. E algo nele também parecia estar em sintonia comigo. Ele veio a Londres, tomamos um café e nos demos bem logo de cara. Bernie Taupin, no fim das contas, não era de forma alguma um matuto. Para alguém de 17 anos de idade, era extremamente sofisticado: cabelo comprido, muito bonito, muito culto, grande fã de Bob Dylan. Começamos então a compor juntos, ou não exatamente juntos. Ele me enviava as letras de Lincolnshire, eu compunha em casa, no apartamento de minha mãe e padrasto em Northwood Hills. Fizemos dúzias

---

* "Poderíamos ser um par tão feliz / E prometo fazer a minha parte."

de canções dessa forma. Verdade que não havíamos ainda conseguido vender porra nenhuma para artista algum e, se nos dedicássemos àquilo em tempo integral, iríamos à falência. Mas fora dinheiro, o que teríamos a perder? Respectivamente, um carrinho de mão abarrotado de galinhas mortas e "Let the Heartaches Begin" duas vezes por noite.

Após um show na Escócia, em dezembro, disse a John e ao Bluesology que estava de saída. Sem problemas, sem dramas: como disse, John era um homem incrivelmente generoso. No voo de volta decidi que, afinal, precisava mudar de nome. Por alguma razão, lembro de achar que precisava encontrar um com urgência. Creio ter se tratado de puro simbolismo de uma ruptura clara e de um novo começo: sem mais Bluesology, sem mais Reg Dwight. Como estava com pressa, contentei-me em surrupiar os nomes dos outros. Elton de Elton Dean, John de Long John Baldry. Elton John. Elton John e Bernie Taupin. Elton John e Bernie Taupin, *compositores*. Achei que soava bem. Original. Notável. No ônibus de volta de Heathrow, anunciei minha decisão aos agora ex-colegas de banda. Todos morreram de rir e me desejaram muito boa sorte.

UM

Foi minha mãe que me apresentou a Elvis Presley. Toda sexta-feira, após o trabalho, ela recebia o pagamento e, no caminho de casa, parava na Siever's, uma loja de material elétrico que também vendia discos, para comprar um novo 78 rpm. Era meu momento favorito da semana, esperar em casa para ver o que ela traria. Como adorava sair para dançar, ela gostava da música das *big bands* – Billy May and His Orchestra, Ted Heath – e amava vocalistas americanos: Johnnie Ray, Frankie Laine, Nat King Cole, Guy Mitchell cantando "She Wears Red Feathers and a Huly-Huly Skirt". Mas certa sexta-feira ela veio para casa trazendo algo diferente. Disse nunca ter ouvido algo assim antes, mas, de tão fantástico, teve de comprar. No que ela disse as palavras Elvis Presley, eu as reconheci. No fim de semana anterior, enquanto folheava revistas na barbearia local, à espera da minha vez de cortar o cabelo, me deparei com uma foto do homem de mais bizarra aparência que já vira. Tudo nele era extraordinário: as roupas, o cabelo, até o jeito de posar. Se comparado às pessoas que eu avistava pela janela da barbearia em Pinner, subúrbio no noroeste de Londres, era quase como um homenzinho verde com antenas na testa. Ficara tão petrificado que não me dera nem ao trabalho de ler o artigo onde estava a foto, e ao chegar em casa já tinha esquecido o nome. Mas era isto: Elvis Presley.

Assim que ela pôs o disco, ficou visível a conexão entre o som de Elvis Presley e sua aparência, como se fosse alguém de outro planeta. Comparado às coisas que meus pais costumavam ouvir, mal dava para chamar "Heartbreak Hotel" de música, opinião que meu pai continuaria a apregoar dedicadamente nos anos seguintes. Eu já ouvira rock'n'roll. "Rock Around the Clock" havia sido um grande sucesso no começo de 1956 – mas "Heartbreak Hotel" soava muito diferente dela também. Era crua, esparsa, lenta e misteriosa. Um estranho eco recobria tudo. Mal se entendia uma palavra do que ele cantava: entendia que a menina o havia largado, dali por diante me perdia totalmente. O que era um "dess clurk"? Quem era o tal do "Bidder Sir Lonely" que ele mencionava na música toda?*

O que ele estava dizendo não importava, pois algo quase físico ocorria quando cantava. Dava para *sentir* literalmente a estranha energia que transmitia, como se fosse contagiosa, como se o alto-falante da radiola a passasse diretamente para o meu corpo. Já me considerava louco por música então – tinha até minha própria coleção de 78 rpms, comprada com cupons de desconto e vales-postais ganhos de aniversário e no Natal. Até ali minha heroína havia sido Winifred Atwell, uma senhora corpulenta e tremendamente jovial de Trinidad que subia ao palco com dois pianos – um pequeno de cauda, onde ela tocava peças clássicas leves, e um vertical velho e castigado para *ragtime* e canções de pub. Eu amava a alegria que ela emanava, a forma ligeiramente caricata com que fazia o anúncio "Agora, vou sentar ao meu *outro* piano", a forma como se virava e olhava para a plateia com um sorriso escancarado nos lábios ao tocar, como quem se diverte a valer. Achava Winifred Atwell fabulosa, mas nunca havia sentido nada parecido com *aquilo* ao ouvi-la. Nunca havia sentido nada parecido na vida. "Heartbreak Hotel" tocava e minha sensação era de que algo havia mudado e nada mais poderia ser igual. E, de fato, algo havia mudado e nada poderia ser igual.

E graças aos céus, pois o mundo precisava de mudanças. Fui criado na Inglaterra da década de 1950 e antes de Elvis, antes do rock, que lugar desenxabido era aquele. Viver em Pinner não me incomodava – nunca fui um daqueles astros do rock cuja motivação era o desejo febril de fugir dos subúrbios, eu gostava bastante até – mas todo o país estava em péssimas condições. Dissimulado, temeroso, moralista. Um mundo de gente que espiava atrás das cortinas com cara azeda, de moças despachadas para bem longe por terem Arran-

---

* O que Elton compreendia como "dess clurk" era na verdade "desk clerk", ou o funcionário da recepção do hotel que dá título à música. Já "Bidder Sir Lonely", passagem do refrão, era de fato "heartbreak is so lonely", ou "o desgosto é tão solitário". (N.T.)

jado Problemas. Ao pensar na Inglaterra da década de 1950, lembro-me de quando sentei nos degraus da escada da nossa casa e ouvi tio Reg, irmão da minha mãe, tentar dissuadi-la de se divorciar do meu pai: "Você não pode se divorciar! O que os outros vão pensar?". Lembro nitidamente de ouvi-lo dizer em dado momento a frase "o que os vizinhos vão dizer?". Não era culpa do tio Reg. Era a mentalidade da época: ser feliz era menos importante do que manter as aparências.

A verdade é que meus pais nunca deveriam ter se casado. Nasci em 1947, mas, para todos os efeitos, ainda era um filho da guerra. Devo ter sido concebido quando meu pai estava de licença da RAF – alistara-se em 1942, no auge da Segunda Guerra Mundial, e decidira seguir carreira após o fim do conflito. E meus pais eram certamente um casal de guerra. Sua história soa romântica. Conheceram-se no ano em que meu pai se alistou. Ele tinha 17 anos e havia trabalhado em um estaleiro de Rickmansworth, especializado na construção de barcaças para canais. Mamãe tinha 16, seu nome de solteira era Harris e entregava leite para a United Dairies numa carroça a cavalo, o tipo de trabalho que jamais teria sido oferecido a uma mulher antes da guerra. Meu pai era um dedicado trompetista amador e, durante a licença, enquanto cobria um buraco numa banda que tocava em um hotel de North Harrow, aparentemente reparou na minha mãe na plateia.

Mas de romântica a realidade do casamento de Stanley e Sheila Dwight não tinha nada. Eles não se davam. Ambos eram teimosos e tinham pavio curto, duas adoráveis características que tive a imensa sorte de herdar. Não tenho certeza se algum dia de fato se amaram. Durante a guerra, casamentos eram apressados – o futuro era incerto, mesmo na época do casamento dos meus pais, janeiro de 1945, e era preciso aproveitar o momento – e talvez esta tenha sido parte da razão. Talvez tenham se amado em algum breve instante, ou achassem ser o caso, na época em que estavam se curtindo. Àquela altura, já não pareciam sequer gostar um do outro. As discussões eram interminaveis.

Ao menos diminuíam quando meu pai viajava, o que era comum. Promovido a tenente de voo, ele passara a servir regularmente no exterior, no Iraque e em Aden, e assim cresci numa casa que parecia cheia de mulheres. Morávamos com minha avó materna, Ivy, no número 55 da Pinner Hill Road – a mesma casa onde nasci. Era padronizada, ao estilo das moradias sociais que haviam vicejado país afora nas décadas de 1920 e 1930: três quartos de dormir, semigeminada, tijolos vermelhos no térreo e reboco pintado de branco no andar de cima. Havia, por sinal, mais um ocupante do sexo masculino, embora não desse muito para reparar. Meu avô morrera muito jovem, de câncer, e vovó se casara novamente com um cara chamado Horace Sewell, que havia perdido uma perna na Primeira Guerra Mundial. Horace tinha um coração de ouro, mas não era lá um sujeito muito falante. Passava a maior parte do tempo do lado de fora. Trabalhava no berçário local, Woodman's, e, se não estivesse lá, estava no jardim, onde cultivava todas as verduras e legumes que comíamos e colhia flores.

Talvez ficasse no jardim para evitar minha mãe e, se fosse o caso, não daria para culpá-lo. Mesmo quando papai estava ausente, mamãe tinha um gênio terrível. Quando lembro da infância, o que a memória puxa é o mau humor dela: silêncios desagradáveis, carrancudos, miseráveis, que baixavam sobre a casa sem aviso e durante os quais eu pisava em ovos, escolhendo palavras com o maior cuidado para não enfurecê-la e não sobrar para mim. Quando estava feliz, era calorosa, encantadora e vivaz; só que vivia procurando motivos para não estar feliz, vivia procurando briga, sempre tinha de ter a última palavra; tio Reg dizia que ela conseguiria arrumar um quiproquó numa sala vazia. Por anos, eu achei que talvez fosse minha culpa, que talvez ela nunca tivesse querido de verdade ser mãe; tinha só 21 anos quando eu nasci, presa a uma relação que claramente não havia dado certo, forçada a morar com a mãe devido ao aperto financeiro. Mas tia Win, sua irmã, me disse que ela era assim desde sempre – quando eram crianças, era como se uma nuvem negra seguisse Sheila Harris por toda parte; as outras crianças a temiam e ela parecia gostar disso.

Suas ideias sobre maternidade certamente eram de uma profunda estranheza. Naquela época, era sentando o braço que se mantinha crianças na linha, acreditava-se não existir problema que não pudesse ser resolvido descendo a mão na criança. Minha mãe era uma seguidora apaixonada dessa filosofia, e isso era paralisante e humilhante caso ocorresse em público: nada como tomar uma surra na porta do supermercado do bairro, na frente de um grupo de passantes visivelmente intrigados, para fazer aquele estrago na autoestima. Mas uma parte das atitudes de mamãe seria considerada perturbadora até para os padrões da época. Fui saber anos depois que, quando eu tinha 2 anos de idade, ela me ensinara a usar o banheiro me batendo com uma escova de aço até sangrar caso fizesse as necessidades no lugar errado. Compreensivelmente, minha avó ficou possessa ao descobrir o que se passava: o resultado é que elas ficaram semanas sem se falar. Vovó perdeu a linha de novo ao descobrir em que consistia o remédio de mamãe para prisão de ventre. Na cozinha, ela me deitava em cima da bandeja do escorredor e enfiava sabão carbólico no meu cu. Se gostava de assustar as pessoas, eu devia fazê-la radiante, pois me cagava de medo dela. Amava-a – era minha mãe –, mas passei toda a infância em constante estado de alerta vermelho, procurando sempre me assegurar de não fazer nada que pudesse enfurecê-la: se ela estivesse feliz, eu estava feliz, ainda que temporariamente.

Com minha avó não havia esses problemas. Era a pessoa em quem mais confiava. Para mim, era ela o centro da família, a única que não saía para trabalhar – minha mãe, de condutora da carroça do leite durante a guerra, passara a trabalhar numa sucessão de lojas. Vovó era uma daquelas velhas matriarcas de classe operária: sem frescuras, trabalhava duro, gentil, divertida. Eu a idolatrava. Melhor cozinheira do mundo, levava o maior jeito para jardinagem, adorava beber e jogar cartas. Sua vida fora incrivelmente dura – seu pai abandonara sua mãe grávida, portanto vovó nasceu num abrigo. Embora ela nunca tocasse no assunto, a experiência me pareceu tê-la tornado alguém incapaz de se abalar com qualquer coisa, nem mesmo com a ocasião em que desci as escadas aos uivos, com o prepúcio preso no zíper da calça, e pedi a ela para soltá-lo. Ela suspirou e tomou conta da questão, como se soltar do zíper o pênis de um menininho fosse algo que fizesse todos os dias.

O cheiro de sua casa remetia a carne assada no jantar e a fogo de lareira. Sempre havia alguém à porta: tia Win ou tio Reg, ou meus primos John e Cathryn, ou então o cobrador do aluguel, o homem da lavanderia ou o que entregava o carvão. E também sempre havia música. O rádio vivia ligado: *Two-Way Family Favourites*, *Housewives' Choice*, *Music While You Work*, *The Billy Cotton Band Show*. Se não estivesse, era porque algum disco estava na radiola – geralmente jazz, às vezes clássico.

Eu passava horas só observando os discos, estudando os diferentes selos. O azul da Decca, o vermelho da Parlophone, o amarelo berrante da MGM, o da HMV e o da RCA, ambos, por motivos que nunca consegui compreender, com aquela foto do cachorro olhando para o gramofone. Pareciam objetos mágicos; o fato de pousarmos uma agulha neles e o som misteriosamente soar me fascinava. Após certa idade, só queria ganhar de presente discos e livros. Lembro até hoje da decepção de descer as escadas e ver uma caixa grande embrulhada. Ah, não, vou ganhar um kit de construção.

E havia o piano da minha avó, tocado por tia Win e mais tarde por mim. Nossa família alimentava mitos sobre meu talento prodigioso ao instrumento, o mais repetido o de que Win me pôs no colo quando eu tinha 3 anos e imediatamente captei de ouvido a melodia da "The Skaters Waltz". Sei lá se é verdade, mas certamente já tocava piano bem novo, na época em que comecei na minha primeira escola, Reddiford. Tocava coisas como "All Things Bright and Beautiful", coisas que ouvia na congregação. Tinha bom ouvido de nascença, assim como outras pessoas têm naturalmente memória fotográfica. Se escutasse algo uma vez, conseguia ir até o piano e tocá-lo mais ou menos à perfeição. Comecei a ter aulas aos 7 anos, com uma senhora de sobrenome Jones. Não demorou muito para que meus pais começassem a me arrastar para tocar "My Old Man Said Follow the Van" e "Roll Out the Barrel" em reuniões e casamentos da família. Com todos os discos que tínhamos em casa e as músicas no rádio, ainda assim acho que a forma de música mais amada por nossa família era a velha e boa cantoria.

O piano vinha bem a calhar quando meu pai estava em casa de licença. Como o típico homem inglês da década de 1950 que era, parecia considerar qualquer demonstração de emoção que não fosse raiva a prova de uma falha de caráter fatal. Portanto, não era lá muito dado a contato físico, não declarava amor por ninguém. Mas gostava de música e, se me ouvisse tocando piano, eu ganhava um "muito bem", talvez um braço ao redor do ombro, uma sensação de orgulho e aprovação. Ficava temporariamente em alta com ele, e isso era de vital importância para mim. Se o temia ligeiramente menos que à minha mãe, era só por ele não estar tanto em casa. Em certo momento, quando eu tinha 6 anos, minha mãe tomara a decisão de sair de Pinner e das proximidades de sua família e acompanhar meu pai até Wiltshire – ele fora lotado pela RAF em Lyneham, perto de Swindon. Não lembro muito dessa época. Sei que gostava de brincar no campo, mas me lembro também de me sentir confuso e desorientado pela mudança e, como resultado, regredir no desempenho escolar. Não passamos muito tempo por lá – mamãe não deve ter demorado muito a perceber o erro que havia cometido – e, quando retornamos a Pinner, papai passou a parecer mais um visitante do que um morador da casa.

Mas quando nos visitava, as coisas mudavam. De repente passava a existir uma série de novas regras a respeito de tudo. Eu me ferrava caso chutasse a bola de futebol com muita força e ela ultrapassasse o gramado e caísse no canteiro de flores, mas me ferrava igualmente se comesse aipo da Forma Errada. A Forma Correta de se comer aipo, caso haja alguém interessado nisso, aparentemente envolvia não fazer muito barulho ao mastigá-lo. Uma vez me bateu por supostamente despir de maneira incorreta o blazer do uniforme escolar; infelizmente já esqueci qual a Forma Correta de despir um blazer da escola, por vital que essa informação obviamente seja. A cena abalou tia Win e a fez correr aos prantos para contar à minha avó o que estava havendo. Presumo que pelo desgaste causado pelos quebra-paus sobre uso do banheiro e prisão de ventre, vovó disse a ela para não se meter.

O que estava havendo? Não faço ideia. Não entendo qual era o problema do meu pai tanto quanto não entendo qual era o da minha mãe. Talvez tivesse algo a ver com ser militar, pois eles também têm regras para tudo. Talvez sentisse uma ponta de ciúme, como se tivesse sido excluído da família por estar sempre longe: tantas regras seriam a sua forma de se impor como dono da casa. Talvez ele tivesse sido criado daquela forma, embora seus pais – meus avós Edwin e Ellen – não parecessem particularmente cruéis. Ou talvez ambos os meus pais achassem difícil lidar com uma criança porque nunca o haviam feito. Sei lá. Só sei que meu pai tinha pavio incrivelmente curto e não parecia compreender como se usam as palavras. Não existia resposta calma, não havia "ei, senta aí". Simplesmente explodia. O Gênio da Família Dwight, desgraça da minha vida na infância, e continuou a ser quando ficou evidente o fato de ser hereditário. Ou eu tinha predisposição genética a perder as estribeiras ou aprendi inconscientemente por meio do exemplo. Qualquer que seja o caso, provar-se-ia um catastrófico pé no saco para mim e para todos ao meu redor durante a maior parte de minha vida adulta.

Não fosse por mamãe e papai, eu teria tido uma infância perfeitamente normal e até maçante, *à la* década de 1950: *Muffin the Mule* na TV e matinês infantis nas manhãs de sábado no Embassy, em North Harrow; *The Goon Show* no rádio e pão com banha de porco como lanche de domingo à noite. Fora de casa, era totalmente feliz. Aos 11 anos, fui transferido para a Pinner County Grammar School, onde era um aluno notoriamente mediano. Não sofri *bullying* nem o cometi. Não era CDF mas também não era uma peste; essa especialidade era do meu amigo John Gates, daqueles que passou a infância toda de castigo ou na sala da coordenação sem nenhuma das punições fazer diferença de espécie alguma em seu comportamento. Era meio gordinho, mas praticava esportes a contento, sem risco de virar um grande atleta. Jogava futebol e tênis, tudo menos rúgbi, no qual, devido ao meu tamanho, ia sempre parar na linha de *scrum*, onde minha função maior era tomar boladas no saco. Não, obrigado.

Meu melhor amigo era Keith Francis, mas ele fazia parte de um grande círculo de amigos de ambos os sexos, gente que vejo até hoje. Ocasionalmente promovo reuniões da turma em casa. Da primeira vez, fiquei muito nervoso nos dias anteriores: já faz cinquenta anos, sou famoso, moro numa casa grande, o que vão pensar de mim? Não estavam nem aí. Quando chegaram, era como se fosse 1959. Ninguém tinha mudado muito. John Gates ainda tinha aquele brilho nos olhos a sugerir que podia ser uma peste.

Por anos, vivi uma vida em que nada de fato acontecia. O máximo da agitação foi a excursão do colégio para Annecy, onde ficamos hospedados em casas de *pen friends* franceses e embasbacados ao ver os Citroën 2CV, totalmente diferentes de qualquer carro que eu já tivesse visto numa rua da Inglaterra – seus assentos parecem cadeiras de praia. Ou o dia durante o feriado de Páscoa em que, por motivos perdidos na névoa do tempo, Barry Walden, Keith e eu decidimos pedalar de Pinner a Bournemouth, uma ideia que começou a me parecer de jerico ao perceber que as bicicletas deles tinham marchas e a minha não: tive de pedalar feito um alucinado subindo ladeiras, tentando não ficar para trás. O único risco corrido por qualquer um de nós era o de algum de meus amigos morrer de tédio quando eu começava a falar de discos. Para mim, colecioná-los não era o suficiente. Sempre que comprava um, anotava num caderno. Escrevia os nomes das faixas dos lados A e B e todas as demais informações disponíveis no selo: composição, edição, produção. E acabava por memorizar bastante coisa, a ponto de virar uma enciclopédia musical ambulante. Uma pergunta inocente sobre o porquê de a agulha deslizar até o fim quando você tentava tocar "Little Darlin'", de The Diamonds, me levava a informar a quem estivesse por perto que a razão era "Little Darlin'", de The Diamonds, ser da Mercury Records, cuja distribuição no Reino Unido era da Pye, e a Pye era o único selo a lançar 78 rpms confeccionados em vinil, que era novidade, e não na tradicional goma-laca, e agulhas de goma-laca reagiam de forma diferente ao vinil.

Mas não estou reclamando de forma alguma quanto à vida ser chata – eu gostava daquele jeito. Em casa era tudo tão exaustivo que uma vida maçante da porta para fora era estranhamente bem-vinda, em particular quando meus pais resolveram tentar viver juntos em tempo integral novamente. Foi logo depois de eu entrar para a Pinner County. Meu pai havia sido lotado pela RAF em Medmenham, Buckinghamshire, e nos mudamos para uma casa em Northwood a dez minutos de distância de Pinner, na Potter Street, no 111. Passamos três anos lá, tempo suficiente para provar sem sombra de dúvida que o casamento não dava certo. Deus do céu, ô vida desgraçada: brigas frequentes, às vezes pontuadas por gélidos silêncios. Não se tinha paz por um minuto. Quem passa a vida à espera da próxima explosão de fúria da mãe, ou do anúncio por parte do pai de mais uma regra infringida, acaba não sabendo o que fazer: a incerteza quanto ao que vem pela frente o enche de medo. Por isso eu era incrivelmente inseguro, temeroso da minha própria sombra. Além disso, me achava responsável pelo estado do casamento dos meus pais, pois era o motivo de várias de suas brigas. Meu pai me repreendia, minha mãe intervinha e começava uma megadiscussão sobre a forma como eu estava sendo criado. Não me sentia bem comigo, e isso se manifestava numa falta de confiança em minha aparência que perdurou idade adulta adentro. Por anos e anos, não consegui me olhar no espelho. Tinha ódio profundo pelo que via: era gordo demais, baixo demais, tinha um rosto meio estranho, um cabelo que nunca ficava como eu queria, incluindo a queda prematura. Outro efeito duradouro foi o medo de confrontos. Por décadas, permaneci em maus relacionamentos profissionais e pessoais por medo de criar celeuma.

Minha reação quando as coisas passavam dos limites era sempre a de correr para o meu quarto e trancar a porta, exatamente como fazia quando meus pais brigavam. Lá dentro, mantinha tudo em perfeita ordem. Não colecionava só discos, mas também quadrinhos, livros, revistas. Era meticuloso quanto a tudo. Quando não estava anotando os detalhes de um novo single em meu caderno, estava copiando cada uma das diferentes paradas de singles, a do *Melody Maker*, a do *New Musical Express*, a da *Record Mirror*, a da *Disc*, e depois compilando os resultados, tirando uma média a partir da qual fazia a minha parada das paradas pessoal. Sempre fui maníaco por estatísticas. Ainda hoje me enviam as paradas todos os dias, as mais tocadas no rádio nos Estados Unidos, as bilheterias de cinema e da Broadway. A maioria dos artistas não tem qualquer interesse nisso. Quando conversamos, eu sei melhor do que eles como seus singles estão se saindo; é bizarro. Minha desculpa oficial é precisar saber o que está acontecendo, pois atualmente sou dono de uma companhia que faz filmes e empresaria artistas. A verdade é que faria o mesmo ainda que trabalhasse num banco. Sou um nerd.

Um psicólogo provavelmente diria que, quando era criança, eu tentava criar uma sensação de ordem numa vida caótica em razão das idas e vindas do meu pai e de tantas broncas e brigas. Não tinha como controlar nada daquilo e nem o humor da minha mãe, mas detinha controle sobre as coisas no meu quarto. Objetos não poderiam me ferir. Eu os considerava reconfortantes. Conversava com eles, me comportava como se tivessem sentimentos. Se algo se quebrasse, ficava muito chateado, como se tivesse matado algo. Durante um arranca-rabo particularmente ruim, minha mãe atirou um disco em cima do meu pai e ele se espatifou em sabe Deus quantos pedaços. Era *The Robin's Return*, de Dolores Ventura, uma pianista de *ragtime* australiana. Lembro-me de pensar: "Como algúem pode fazer isso? Como alguém pode quebrar essa coisa linda?".

Com a chegada do rock'n'roll, minha coleção de discos explodiu. Havia outras mudanças eletrizantes em curso, sugerindo uma vida em transformação a distanciar-se do cinzento mundo do pós-guerra, até mesmo nos subúrbios do noroeste de Londres: a chegada à nossa casa de uma TV e de uma máquina de lavar, e a chegada à Pinner High Street de um *coffee bar*, algo que soava inimaginavelmente exótico até abrirem um restaurante de comida chinesa em Harrow, perto dali. Mas tudo ocorreu devagar, de maneira gradual, alguns anos separando um acontecimento do outro. Com o rock'n'roll não foi assim. Parecia vindo do nada, tão rápido a ponto de ser difícil absorver quão radicalmente havia alterado tudo. Até a véspera, música pop significava o velho e bom Guy Mitchell e "Where Will the Baby's Dimple Be?", ou Max Bygraves cantando sobre escovas de dente. Era polida, sentimentaloide, direcionada a pais pouco dispostos a escutar qualquer coisa demasiado emocionante ou chocante: haviam passado por uma guerra, e nela tido emoção e choque até dizer chega. De repente, passara a significar Jerry Lee Lewis e Little Richard, aqueles caras cujas vozes não dava para entender, pareciam estar espumando pela boca enquanto cantavam, e que seus pais odiavam. Até mamãe, a fã de Elvis, pediu arrego ao ouvir Little Richard. Achava "Tutti Frutti" um barulho infernal.

O rock'n'roll era como uma bomba a detonar sem parar: uma série de explosões que vinham com tamanho impacto e rapidez que nem dava para entender o que estava ocorrendo. De repente parecia haver uma canção incrível atrás da outra: "Hound Dog", "Blue Suede Shoes", "Whole Lotta Shakin' Goin' On", "Long Tall Sally", "That'll Be the Day", "Roll Over Beethoven", "Reet Petite". Tive de arrumar um trabalho aos sábados só para ter como acompanhar. Felizmente, o sr. Megson da Victoria Wine precisava de alguém para ajudar nos fundos da loja, enchendo engradados com garrafas de cerveja vazias e empilhando-os. Acho que cheguei a pensar por alto em economizar dinheiro, mas deveria ter me dado conta de ser uma ideia fadada ao fracasso: a Victoria Wine era ao lado da loja de discos da Siever. O sr. Megson bem poderia simplesmente ter pegado os 50 *pence* que me pagava e depositado direto na caixa registradora deles, eliminando o intermediário. Foi o primeiro exemplo de uma atitude de vida inteira relativa a compras: não levo muito jeito para manter o dinheiro no bolso se há algo que desejo comprar.

Passados sessenta anos, é difícil explicar quão revolucionário e chocante o rock'n'roll parecia. Não só a música: toda a cultura que representava, as roupas, os filmes e a atitude. A sensação era de que, pela primeira vez, os adolescentes eram de fato donos de algo, direcionado exclusivamente a nós, que nos fazia sentirmo-nos diferentes dos nossos pais, sentirmo-nos como se pudéssemos *realizar* algo. Também é difícil explicar o grau em que a geração mais velha odiava tudo aquilo. Pegue cada exemplo de pânico moral causado desde então pela música pop – punk e gangsta rap, *mods* e rockers, e o heavy metal – e então some tudo e multiplique por dois: eis o nível de ultraje causado pelo rock'n'roll. Puta que pariu, como as pessoas o *odiavam*. E ninguém o odiava mais do que meu pai. Obviamente desgostava da música em si, fã de Frank Sinatra que era, porém mais do que tudo, odiava seu impacto social, achava tudo moralmente errado: "Olha como eles se vestem, como agem, balançando os quadris, mostrando os paus. *Não quero* você envolvido com isso". Se o fizesse, iria me transformar em algo chamado de *wide boy*. Caso não saibam, este é um velho termo britânico para certos marginaizinhos – trambiqueiros, gente metida em malandragem e golpes. Presumo que já me julgasse a meio caminho daquilo por não saber comer aipo do jeito certo, e acreditava com todo o fervor que o rock'n'roll resultaria na minha degradação definitiva. A simples menção a Elvis ou a Little Richard o levava a desembestar num sermão furioso do qual minha inevitável transformação em *wide boy* era parte central: uma hora estava feliz da vida a escutar "Good Golly, Miss Molly" e, quando me desse conta, já estaria aparentemente contrabandeando meias-calças roubadas ou ludibriando pessoas com jogos de azar nas ruas mais barra-pesada de Pinner.

As chances de aquilo ocorrer comigo não eram muitas – há monges beneditinos mais desordeiros do que eu era na adolescência –, mas meu pai não queria correr risco algum. Em 1958, quando comecei na Pinner County Grammar School, já dava para notar como o jeito de se vestir das pessoas estava mudando, mas fui expressamente proibido de usar qualquer coisa que sugerisse alguma conexão com o rock'n'roll. Keith Francis estava abafando com seu par de sapatos de bico tão fino e pontudo que pareciam entrar na sala de aula vários minutos antes do dono. Eu continuava vestido como a versão em miniatura do meu pai. Meus sapatos, miseravelmente, tinham o mesmo comprimento dos meus pés. O mais próximo de uma rebelião indumentária eram meus óculos de grau, ou melhor dizendo, o quanto eu os usava. A ideia era colocá-los somente para observar o quadro-negro. Partindo do louco pressuposto de que me faziam parecer com Buddy Holly, passei a usá-los o tempo todo, arruinando minha visão por completo no processo. E aí mesmo é que tive de usá-los o tempo todo.

Minha visão prejudicada teve também consequências inesperadas no tocante à exploração sexual. Não lembro das circunstâncias exatas em que meu pai me flagrou me masturbando. Creio não ter sido no ato em si, mas apenas tentando me livrar das provas, porém me lembro de não ter ficado tão constrangido quanto deveria, e em grande parte por não saber de fato o que estava fazendo. Em termos de sexo, comecei tarde. Antes dos vinte e poucos não tinha grande interesse no assunto, apesar de ter feito um esforço incrivelmente concentrado para recuperar o tempo perdido depois disso. Mas ouvia os amigos falando do assunto no colégio e ficava tão confuso. "Levei ela ao cinema, peguei um pouco no peitinho." Como? Por quê? Qual era o sentido daquilo?

Creio que tinha mais a ver com experimentar uma sensação de prazer que com a inquieta expressão de uma sexualidade em flor. Seja como for, meu pai me flagrou e veio com o velho discurso: se continuasse a Fazer Aquilo, ficaria cego. Obviamente, país afora meninos recebiam exatamente a mesma advertência, compreendiam tratar-se de pura cascata e ignoravam-na na maior alegria. Já eu fiquei com aquilo na cabeça. E se fosse verdade? Já causara prejuízos à visão com a desastrada tentativa de me parecer com Buddy Holly; talvez aquilo fosse dar cabo dela de vez. Achei melhor não arriscar. Músicos aos montes falarão do tremendo impacto representado por Buddy Holly em suas vidas, mas eu devo ser o único a dizer que ele, inadvertidamente, me fez parar de bater punheta – a não ser que, por acaso, ele tenha flagrado Big Bopper tocando uma quando estavam em turnê juntos ou algo do gênero.

Mas apesar de tantas regras de vestimenta e alertas quanto à minha garantida queda na criminalidade, era tarde demais para meu pai me proibir de me envolver com o rock'n'roll. Já estava mergulhado nele até o pescoço. Vi *Loving You* e *The Girl Can't Help It* no cinema. Comecei a frequentar shows. Uma turma grande da escola ia toda semana ao Harrow Granada: os mais fervorosos e constantes éramos eu, Keith, Kaye Midlane, Barry Walden e Janet Richie, além de um sujeito chamado Michael Johnson, a única pessoa que conheci então que parecia tão obcecada por música quanto eu. Às vezes chegava mesmo a saber coisas que eu não sabia. Uns dois anos depois, seria ele a aparecer no colégio brandindo uma cópia de "Love Me Do", dos Beatles, quem quer que eles fossem, anunciando que iriam se tornar o maior estouro desde Elvis. Achei um pouco exagerado até ele colocar o disco para eu ouvir, quando concluí que talvez tivesse razão: nascia ali uma nova obsessão musical.

O ingresso no Granada custava meia coroa, ou uma coroa no caso dos assentos especiais. Ambos valiam a pena, pois cada show tinha vários cantores e bandas. Viam-se dez artistas numa noite: cada um tocava duas canções e então a atração principal tocava quatro ou cinco. Mais cedo ou mais tarde todos tocavam lá. Little Richard, Gene Vincent, Jerry Lee Lewis, Eddie Cochran, Johnny and the Hurricanes. Caso alguém deixasse de agraciar o Harrow Granada com sua presença, era só pegar o metrô para Londres: foi onde vi Cliff Richard & The Drifters, no Palladium, antes de a banda de apoio dele mudar de nome para The Shadows. Nos subúrbios, locais menores começaram a agendar shows: a Legião Britânica de South Harrow, o Kenton Conservative Club. Com dinheiro na mão dava para ver facilmente dois ou três shows por semana. E o engraçado é que não me lembro de jamais ter visto uma apresentação ruim ou voltar para casa desapontado, embora algumas devam ter sido terríveis. O som provavelmente era tenebroso. Com toda a certeza, a Legião Britânica de South Harrow não dispunha em 1960 de um PA capaz de dar conta por completo do poder brutal e selvagem do rock'n'roll.

E quando meu pai não estava por perto, tocava canções de Little Richard e Jerry Lee Lewis no piano. Estes eram meus verdadeiros ídolos. Não só a forma como tocavam, embora fosse fabulosa, violenta, como se estivessem agredindo as teclas. Era a forma como ficavam de pé ao tocar, chutavam a banqueta e saltavam para cima do piano. Com eles, tocar piano era visualmente contagiante, sexy e escandaloso como tocar guitarra ou ser vocalista. Nunca me dera conta até então de que poderia ser assim.

Fiquei inspirado o bastante para fazer alguns shows em centros juvenis locais com uma banda chamada The Corvettes. Nada sério, os outros membros também ainda estavam todos na escola – cursavam a Northwood, a secundária moderna local – e durou só alguns meses: na maioria dos casos, fomos pagos em Coca-Cola. Mas, de uma hora para outra eu tinha uma ideia do que queria fazer da vida, e não envolvia os planos do meu pai: se dependesse dele, entraria para a RAF ou trabalharia em banco. Faltava-me coragem de dizê-lo em voz alta, mas decidi em silêncio que ele poderia enfiar tais planos no rabo. Talvez o rock'n'roll tenha feito de mim o rebelde que meu pai temia, afinal.

Ou talvez nunca tenhamos tido nada em comum, fora o futebol. Todas as minhas lembranças felizes de infância com meu pai têm a ver com isto: toda a família dele era fanática pelo esporte. Dois de seus sobrinhos jogavam profissionalmente no Fulham, do sudoeste de Londres: Roy Dwight e John Ashen. Era um programa nosso vê-los jogar sentados na linha de fundo do Craven Cottage, na época em que Jimmy Hill era o ponta-direita e Bedford Jezzard, o artilheiro do time. Mesmo fora do gramado, Roy e John me pareciam figuras de incrível *glamour*; sempre ficava meio fascinado ao encontrá-los. Após pendurar as chuteiras, John virou empresário dos mais espertos, com uma queda por carros americanos – quando ele e a esposa Bet vinham nos visitar em Pinner, o carro estacionado do lado de fora da casa era sempre um inacreditável Cadillac ou Chevrolet. E Roy era jogador fantástico; meia-direita, iria se transferir depois para o Nottingham Forest, pelo qual jogaria a final da Copa da Inglaterra de 1959. Assisti à partida em casa pela TV com um suprimento de ovos de chocolate, sobras da Páscoa especialmente guardadas para o importante evento. Comer não é bem a palavra: enfiava o chocolate na boca feito histérico. Mal podia acreditar no que via. Roy havia aberto o placar aos dez minutos. Já se comentava na época que logo seria convocado para a seleção inglesa. O gol certamente havia selado seu destino: meu primo – *um parente meu* – iria jogar pela Inglaterra. Era tão inacreditável quanto o tipo de carros de que John gostava. Quinze minutos depois, saía do campo carregado na maca. Havia quebrado a perna numa dividida, esta sim decisiva para seu destino. Foi basicamente o fim de sua carreira. Tentou voltar, mas nunca mais foi o mesmo jogador. Acabou virando professor de educação física numa escola para meninos no sul de Londres.

O time do meu pai era o consideravelmente menos deslumbrante e imponente Watford. Eu tinha 6 anos quando ele me levou pela primeira vez para vê-los jogar. Penavam na rabeira da classificação de algo chamado Terceira Divisão Sul, o ponto mais baixo da liga de futebol antes de ficar totalmente de fora dela. Na verdade, pouco antes de eu começar a frequentar seus jogos, o Watford chegara a jogar mal a ponto de perder o direito à vaga automática; os outros membros da liga permitiram ao clube permanecer nela. Para entender a situação do time, era só olhar para o seu campo na Vicarage Road. Possuía apenas duas arquibancadas cobertas muito velhas, precárias e pequenas. Era usado também para corridas de galgos. Tivesse eu algum juízo, só de olhar para aquele lugar e considerar os resultados recentes do Watford, teria decidido torcer para algum time que jogasse alguma coisa. Teria me poupado de vinte anos de sofrimento quase ininterrupto. Mas com futebol não é assim que funciona, ou ao menos não deveria ser. Está no sangue: se o Watford era o time do meu pai, o Watford era o meu time.

De mais a mais, eu não estava nem aí para o campo, a situação de penico do time ou o frio de rachar. Amei tudo logo de cara. A emoção de ver um esporte ao vivo pela primeira vez, o frisson de pegar o trem até Watford e caminhar pela cidade até o campo, os vendedores de jornais que vinham no intervalo e diziam quanto estavam os demais jogos, o ritual de instalarmo-nos sempre no mesmo ponto, uma área da arquibancada Shrodells chamada The Bend. Era como experimentar uma droga que viciasse logo de cara. Fiquei tão obcecado por futebol quanto era por música: quando não estava no meu quarto compilando minha parada das paradas, estava recortando tabelas de futebol das revistas em quadrinhos, colando-as na parede e certificando-me de estarem atualizadas. Desse vício nunca me livrei, pois nunca quis, e era hereditário, herdado do meu pai.

Quando eu tinha 11 anos, minha professora de piano me recomendou à Royal Academy of Music, no centro de Londres. Passei na prova e pelos cinco anos seguintes meus sábados foram dedicados à música clássica pela manhã e ao Watford à tarde. Eu preferia o segundo. A Royal Academy of Music na época cheirava a medo. Tudo a seu respeito me intimidava: o prédio eduardiano enorme e imponente na Marylebone Road, seu histórico solene de gerar compositores e maestros, o fato de qualquer música não clássica ser expressamente proibida. Hoje é completamente diferente – sempre que vou lá, me deparo com um lugar radiante, cujos alunos são encorajados a tocar pop, jazz ou suas próprias composições bem como as clássicas que compõem o currículo. Na época, porém, até falar de rock'n'roll na Royal Academy teria sido sacrilégio. Equivalia a entrar na igreja e dizer ao vigário que seu interesse real era em idolatrar Satã.

Às vezes, a Royal Academy era divertida. Tive uma ótima professora chamada Helen Piena, adorava cantar no coral e gostava muito de tocar Mozart, Bach, Beethoven e Chopin, tudo que era melódico. Noutros momentos, era um saco. Eu era um aluno preguiçoso. Havia semanas em que me esquecia de fazer os trabalhos de casa e simplesmente não aparecia nas aulas. Telefonava de casa fazendo voz de doente e então pegava o trem até Baker Street para minha mãe não reparar que estava matando aula. Aí me sentava no metrô. Ficava três horas e meia indo e voltando pela Circle Line, lendo *The Pan Book of Horror Stories* em vez de praticar Bartók. Sabia que não queria tocar música clássica. Para início de conversa, não era bom o bastante. Não tenho mãos para isso. Meus dedos são curtos para um pianista. Repare em fotografias de pianistas de concerto como suas mãos sempre parecem umas tarântulas. E para continuação de conversa, simplesmente não queria fazer música daquela forma – rigidez absoluta, tocar as notas certas no momento certo com a emoção certa, sem espaço para improvisos.

De certa forma, é irônico que tenham me declarado Doutor e Membro Honorário da Royal Academy anos depois – nunca teria ganhado um prêmio de aluno exemplar na época em que estudei lá. E, por outro lado, não há nenhuma ironia. Jamais, em hipótese alguma, diria que cursar a Royal Academy foi perda de tempo. Tenho muito orgulho de ter estudado lá. Já fiz concertos beneficentes para a escola, arrecadei dinheiro para ela comprar um novo órgão de tubos, fiz turnês com a Royal Academy Symphony Orchestra pelo Reino Unido e pelos Estados Unidos, financio-lhes oito bolsas de estudos por ano. O lugar era cheio de gente com quem eu acabaria por trabalhar anos depois, ao virar Elton John: o produtor Chris Thomas, o arranjador Paul Buckmaster, a harpista Skaila Kanga e o percussionista Ray Cooper. E todo meu aprendizado lá se infiltrou na minha música: me ensinaram a colaborar, a entender estruturas de acordes e a estruturar uma canção. Lá me interessei em compor com mais de três ou quatro acordes. Quem escutar o álbum *Elton John*, e praticamente todos os outros que fiz depois, ouvirá em algum ponto a influência da música clássica e da Royal Academy.

Foi quando eu estudava na Royal Academy que meus pais por fim se divorciaram. Para ser justo com eles, haviam tentado fazer o casamento funcionar, muito embora fosse óbvio que um não suportava o outro; suspeito que o tenham feito para me conferir estabilidade. Obviamente era um caminho errado, mas tomado no intuito de fazer um esforço. Mas em 1960 meu pai foi lotado em Harrogate, Yorkshire; enquanto estava lá, mamãe conheceu outra pessoa. E fim da história.

Minha mãe e eu fomos morar com seu novo parceiro, Fred, pintor e gesseiro. Financeiramente foi um período difícil. Fred também era divorciado, tinha ex-mulher e quatro filhos, e nosso dinheiro era curto. Morávamos em um apartamento horrível em Croxley Green, com papel de parede descolando e mofo pelos cantos. Fred metia a cara no trabalho. Além de pintura e gesso, limpava janelas e fazia bicos variados para garantir comida na mesa. Era difícil para ele e para minha mãe. Tio Reg tinha razão – na época, ser divorciado carregava de fato um estigma.

Mas eu estava feliz da vida com o divórcio. Acabara a fricção diária representada por meu pai e minha mãe juntos. Mamãe conseguira o que queria – livrar-se do meu pai – e, ao menos por algum tempo, aquilo pareceu mudá-la. Estava feliz e sua felicidade me afetava. Havia menos mau humor, menos críticas. E eu gostava muito de Fred. Era generoso, com um coração de ouro e fácil de lidar. Guardou algum dinheiro e me deu uma bicicleta com guidão de estrada. Achou graça quando comecei a falar seu nome de trás para a frente, e o apelido Derf pegou. Deixou de haver qualquer restrição à forma de me vestir. Passei a chamar Derf de padrasto anos antes de ele e mamãe se casarem.

E o melhor de tudo: Derf gostava de rock'n'roll. Ele e mamãe deram total apoio à minha carreira musical. Creio que, para minha mãe, havia o incentivo extra de saber que me encorajar iria enfurecer meu pai, mas, ao menos por algum tempo, ela parecia ser minha maior fã. E Derf foi quem me arranjou meu primeiro trabalho pago, ao piano, no Northwood Hills Hotel, que não era hotel e sim um pub. Derf estava tomando uma cerveja por lá quando soube pelo senhorio que o pianista da casa havia se demitido e sugeriu que me dessem uma chance. Eu tocava tudo de que me lembrasse. Canções de Jim Reeves, Johnnie Ray, Elvis Presley, "Whole Lotta Shakin' Goin' On". Material de Al Jolson: o pessoal de lá amava Al Jolson. Mas não tanto quanto amavam velhas canções inglesas de pub cujas letras todos sabiam: "Down at the Old Bull and Bush", "Any Old Iron", "My Old Man", as mesmas que compunham o repertório das cantorias pós-bebida da minha família. Tirava uma boa grana. O cachê era só uma libra por noite, três noites por semana, mas Derf ia comigo e passava uma caneca de chope para colher gorjetas. Houve semanas em que tirei £ 15, uma quantia suntuosa para um moleque de 15 anos de idade no início da década de 1960. Economizei e comprei um piano elétrico – uma pianeta Hohner – e um microfone para conseguir suplantar a barulheira do pub.

Além do dinheiro, o trabalho de pianista do pub cumpriu outro papel importante: desenvolver casca grossa. O Northwood Hills Hotel não era nem de longe um ambiente saudável. Eu tocava no bar mesmo, não no salão mais exclusivo ao lado, e praticamente todas as noites, uma vez que todos já tivessem bebido muito, saía alguma briga. Não me refiro a discussões verbais. Falo de brigas mesmo, com copos voando e viradas de mesa. No início tentava continuar tocando, na vã esperança de que a música fosse acalmar os ânimos. Se soltar a voz com "Bye Bye Blackbird" não tivesse o efeito mágico pretendido, o jeito era pedir ajuda a um grupo de viajantes, frequentadores assíduos do pub. Ficara amigo de uma das filhas deles – ela chegara a me convidar para jantar com o grupo – e tomavam conta de mim quando saía arranca-rabo no pub. Caso não estivessem lá na noite em questão, tinha de recorrer à minha última esperança: sair pela janela que ficava ao lado do piano e voltar mais tarde quando o clima estivesse tranquilo. Era assustador, mas ao menos me ajudou a ter força mental para tocar ao vivo. Conheço artistas a quem a experiência de um show ruim com plateia pouco receptiva os derrubou por completo. Também fiz shows ruins e tive plateias pouco receptivas, mas nunca me deixei abalar tanto. Se não tiver que parar de tocar e pular uma janela para não morrer, ainda será melhor do que onde comecei.

Enquanto isso, em Yorkshire, meu pai conheceu uma mulher chamada Edna. Casaram-se, mudaram-se para Essex e abriram uma papelaria. Certamente deve ter sido mais feliz – tiveram outros quatro filhos, e todos o adoravam –, mas comigo não fez a menor diferença. É como se não conhecesse qualquer outra forma de se comportar na minha presença. Continuava distante e rígido, continuava a resmungar sobre a terrível influência do rock'n'roll, continuava possuído pela ideia de que eu iria me tornar um *wide boy* e trazer a ruína ao bom nome dos Dwight. Pegar o ônibus da Green Line com destino a Essex para visitá-lo era o ponto baixo garantido de qualquer semana. Parei de acompanhá-lo aos jogos do Watford; já tinha idade para ir sozinho à The Bend.

Papai deve ter tido um piti ao descobrir que eu planejava largar a escola antes dos exames e trabalhar na indústria musical. Não achava aquela uma carreira digna de um menino com boa educação escolar. Para piorar as coisas, seu próprio sobrinho me arrumara o emprego: meu primo Roy, aquele do gol na Copa da Inglaterra, que continuara a se dar com minha mãe depois do divórcio. Jogadores de futebol sempre tinham contatos na indústria musical, e ele era amigo de um cara chamado Tony Hiller, gerente geral da editora musical Mills Music, na Denmark Street, resposta inglesa à Tin Pan Alley. Através de Roy, soube de uma vaga no setor de embalagens – não era grande coisa, o salário era £ 4 por semana, mas era uma porta de entrada. E eu sabia que não teria chance de passar nos exames de qualquer forma. Entre a Royal Academy, praticar piano para tocar como Jerry Lee Lewis e saltar regularmente pela janela do Northwood Hills Hotel, comecei a deixar a escola de lado.

Digo que ele *deve* ter tido um piti, pois na verdade não lembro da sua reação. Sei que escreveu para minha mãe exigindo que ela me impedisse, mas é fácil imaginar a consequência: ela se deliciou. Todos os demais estavam felizes por mim: mamãe, Derf, até o diretor da escola, o que parecia um milagre. O sr. Westgate-Smith era um homem taciturno e severo. Estava verdadeiramente apavorado ao procurá-lo para explicar a questão. Mas ele foi maravilhoso. Disse saber o quanto eu amava música, estar a par da Royal Academy e que me daria a autorização necessária se eu lhe prometesse dedicação total e me jogar de cabeça naquele projeto. Fiquei espantado, mas era sério. Ele poderia facilmente ter recusado e minha decisão teria sido a mesma, mas teria saído da escola sob clima ruim. Mas foi muito solidário. Anos depois, quando já fazia sucesso, recebia cartas suas dizendo quanto orgulho tinha das minhas realizações.

E, por vias tortas, a atitude do meu pai me ajudou. Ele nunca mudou de ideia quanto à minha escolha profissional. Nunca disse "muito bem". Não faz muito tempo, sua esposa Edna me escreveu dizendo que tinha orgulho de mim do jeito dele, só não era da sua natureza expressá-lo. Mas o fato de nunca tê-lo feito me instigou o desejo de mostrar que tomara a decisão correta. Tornou-me determinado. Quanto mais sucesso fizesse, mais errado ele se provaria, reconhecesse ou não, pensava eu. Mesmo hoje em dia, penso às vezes estar tentando dar-lhe uma lição, apesar de ele ter morrido em 1991.

DOIS

O *timing* foi perfeito: comecei no meu primeiro emprego, na Denmark Street, justo na época em que a rua entrava em fase de declínio terminal. Dez anos antes, era o centro da indústria musical britânica; era onde compositores vendiam músicas a editoras, que por sua vez as vendiam a artistas. Aí apareceram os Beatles e Bob Dylan, e tudo mudou. Eles não precisavam da ajuda de compositores profissionais: afinal, *eram* compositores profissionais. Começaram a aparecer mais bandas com algum compositor na formação: The Kinks, The Who, The Rolling Stones. Era óbvio que, dali para a frente, assim seriam as coisas. Ainda havia trabalho suficiente para manter o ritmo da Denmark Street – nem todas as bandas novas compunham o próprio material e ainda havia um exército de vocalistas e cantores de música de elevador cujas canções eram produzidas à moda antiga – mas o recado estava dado.

Até minha nova função na Mills Music parecia remeter a uma época passada. Não tinha nada a ver com música pop. Minhas funções incluíam empacotar partituras para bandas de metais e levá-las à agência do correio em frente ao Shaftesbury Theatre. Sequer trabalhava no prédio principal: o setor de embalagens era nos fundos. A falta absoluta de *glamour* foi sublinhada na tarde em que o meio-campista Terry Venables, astro do Chelsea, e um punhado de companheiros apareceram de surpresa. A imprensa estava atrás deles – havia um escândalo na ocasião por terem saído para beber após um jogo, desobedecendo ao treinador – e optaram por se esconder no meu novo local de trabalho. Conheciam bem a Mills Music – estavam entre os amigos jogadores de futebol do dono, assim como meu primo Roy – e o setor de embalagens era claramente o último lugar em Londres em que se procuraria alguém famoso.

Mas eu curtia demais. Era uma porta de entrada para a indústria musical. E ainda que a Denmark Street estivesse nas últimas, ainda tinha certo encanto para mim. Havia um certo *glamour*, decadente que fosse. Havia lojas de guitarras e estúdios de gravação. Almoçava-se no *coffee bar* Gioconda ou então no Lancaster Grill, na Charing Cross Road. Ali não se via ninguém famoso – eram restaurantes para quem tinha dinheiro contado –, mas havia um zum-zum-zum: eram cheios de gente esperançosa, aspirantes, fracassados, gente que queria ser vista. Gente como eu, creio.

Enquanto isso, em Pinner, minha mãe, Derf e eu havíamos saído do apartamento alugado em Croxley Green, aquele do mofo e do papel de parede descolando, e passado para um novo a poucos quilômetros dali, em Northwood Hills, não muito longe do pub por cuja janela me esgueirara tantas vezes. Do lado de fora, Frome Court parecia uma casa suburbana normal de meio de terreno, mas dentro era dividida em apartamentos de dois quartos. O nosso era o 3A. Dava a sensação de um lar, ao contrário do anterior, que mais parecia uma punição à mamãe e a Derf por terem se divorciado: vocês fizeram algo errado e por isso têm de morar aqui. E eu estava tocando o piano elétrico comprado com o dinheiro do pub em uma nova banda, montada por Stuart Brown, outro ex-membro do The Corvettes. O Bluesology era bem mais sério. Tínhamos ambição: Stuart era um cara de ótima aparência e tinha certeza que se tornaria um astro. Tínhamos um saxofonista. Tínhamos um repertório cheio de blues obscuros de Jimmy Witherspoon e J. B. Lenoir e o ensaiávamos em um pub local chamado The Gate. Até empresário a gente tinha, um joalheiro do SoHo chamado Arnold Tendler: nosso baterista, Mick Inkpen, era seu funcionário. Arnold era um doce de homem com aspirações a entrar para a indústria musical e tivera o tremendo azar de eleger o Bluesology como grande oportunidade de investimento depois de Mick o convencer a ver um show nosso. Empatou dinheiro em equipamento e figurino de palco – suéteres de gola rolê, calças e sapatos idênticos para todos – e teve zero retorno, a não ser pelos nossos resmungos sempre que alguma coisa dava errado.

Começamos a fazer shows por Londres e Arnold bancou a gravação de uma demo num estúdio localizado em uma cabana pré-fabricada em Rickmansworth e, como que por milagre, conseguiu fazê-la chegar à Fontana Records. Por milagre ainda maior, eles lançaram um single nosso, uma canção escrita por mim – melhor dizendo, a única canção escrita por mim – chamada "Come Back Baby". Não aconteceu absolutamente nada. Tocou umas duas vezes em rádio, suspeito que naquelas estações piratas mais duvidosas onde tocam qualquer coisa se a gravadora pingar algum na conta. Rolou um papo de que iria aparecer no *Juke Box Jury* em determinada semana e nos aboletamos todos em frente à televisão. Não apareceu. Lançamos então outro single, também composição minha, de nome "Mr. Frantic". Dessa vez nem papo rolou. Sumiu sem deixar vestígios, pura e simplesmente.

Mais para o final de 1965, conseguimos um trabalho com Roy Tempest, agente especializado em trazer artistas negros americanos à Inglaterra. No seu escritório havia um aquário cheio de piranhas e seus métodos de negócios eram tão afiados quanto os dentes delas. Se não conseguisse convencer The Temptations ou The Drifters a cruzarem o Atlântico, pegava um punhado de cantores negros desconhecidos em Londres, vestia-os todos com ternos e agendava-lhes uma turnê por casas noturnas sob o nome de The Temptin' Temptations ou The Fabulous Drifters. Se alguém viesse reclamar, se fazia de sonso. "Claro que não são os Temptations! São os Temptin' Temptations! É uma banda totalmente diferente!" Roy Tempest basicamente inventou o conceito de banda cover.

Com o Bluesology, de certa forma, até pegou leve. Ao menos os artistas a quem nos fez acompanhar eram de verdade: Major Lance, Patti LaBelle And The Bluebelles, Fontella Bass, Lee Dorsey. E o trabalho me permitiu parar de empacotar música para bandas de metais para pagar as contas e virar músico profissional. Não que eu tivesse escolha. Era humanamente impossível manter emprego fixo com a quantidade de shows que Tempest nos arrumava. Infelizmente, os cachês eram terríveis. O Bluesology tirava quinze paus por semana e desse total saíam gasolina para a van, comida e alojamento: se tocássemos longe demais de Londres para voltar para casa após o show, instalávamo-nos num *bed & breakfast* ao custo de uma coroa por noite. Com certeza os astros que acompanhávamos não estavam em condições muito melhores. A carga de trabalho era pesadíssima. Estrada acima, estrada abaixo, noite após noite. Tocamos nas maiores casas de cada região: o Oasis em Manchester, o Mojo em Sheffield, o Place em Hanley, o Club A Go Go em Newcastle, o Clouds em Derby. Tocamos nas casas mais descoladas de Londres: o Sybilla's, o Scotch of St. James, onde os Beatles e os Stones consumiam uísque e cocaína, e o Cromwellian, com seu formidável barman Harry Heart, um homem quase tão famoso quanto os popstars a quem servia. Harry era bem caricato, falava com gírias marginais e mantinha sempre no balcão uma misteriosa jarra cheia de um líquido claro. O mistério era resolvido quando você se oferecia para pagar um drinque a ele: "Gim-tônica, por favor, e toma um comigo, Harry!". Ele respondia: "Uúú, obrigado, meu anjo, *bona, bona*, unzinho só pra reforçar, então". E servia uma dose de gim, despejava na jarra e dela bebia entre o preparo de um drinque e outro. O grande mistério era como um homem que aparentemente bebia uma jarra grande inteira de gim puro toda noite conseguia permanecer de pé com o passar das horas.

E tocávamos nos clubes mais bizarros. Um deles, em Harlesden, era basicamente a sala da casa de alguém, e outro em Spitalfields, por motivos que nunca ficaram claros para mim, tinha um ringue de boxe em vez de um palco. Tocamos em vários clubes para negros, o que deveria ter nos intimidado – um bando de moleques brancos do subúrbio tentando tocar música negra para um público negro –, mas por alguma razão nunca o fez. Por um lado, a plateia parecia amar a música. E, por outro, quem passou a adolescência tentando tocar "Roll Out the Barrel" enquanto a clientela de um pub em Northwood Hills saía na porrada não se assusta tão facilmente.

Na verdade, só me senti desconfortável uma vez, em Balloch, uma cidade bem próxima a Glasgow. Ao chegarmos ao local do show, descobrimos que o palco tinha 2,7 metros de altura. Isto, logo ficou claro, era uma medida de segurança: impedia que a plateia tentasse escalá-lo para matar os músicos. Como essa opção de prazer específica lhes era negada, os frequentadores contentavam-se em tentar matar uns aos outros. Ao chegarem, alinhavam-se de lados opostos da casa. A primeira nota do nosso set era claramente a deixa para o início das festividades. De repente, copos estavam voando e sopapos sendo distribuídos. Não era propriamente um show, mas um pequeno tumulto com uma banda de r&b para acompanhar. Fazia as noites de sábado em Northwood Hills parecerem a Abertura Solene do Parlamento.

Tocávamos duas vezes por noite, quase toda noite – mais até, caso quiséssemos complementar a renda com shows só nossos. Certo sábado, Roy nos agendou às duas da tarde num clube de serviço americano em Lancaster Gate. Dali entramos na van e fomos até Birmingham para fazer os dois shows marcados – um no Ritz e outro no Plaza. De volta então para a van, retornamos a Londres e fizemos o show que ele marcara no Count Suckle's Cue, em Paddington. Este era um clube negro de vanguarda onde se tocava tanto soul quanto ska, um dos primeiros lugares em Londres a programar não apenas artistas americanos, mas também das Índias Ocidentais. Para ser franco, minha memória principal de lá não é o coquetel inovador de música americana e jamaicana, mas sim o balcão de comida e seus fantásticos pastéis da Cornualha. Até mesmo o fã de música mais obsessivo desenvolve um senso de prioridade ligeiramente diferente quando são seis da manhã e está morrendo de fome.

Às vezes Roy Tempest se equivocava catastroficamente na programação. Trouxe os Ink Spots, aparentemente crendo que, por ser um grupo vocal negro americano, devia tocar soul. Mas tratava-se de um grupo de harmonias vocais de uma época totalmente diferente, pré-rock'n'roll. Começavam a cantar "Whispering Grass" ou "Back in Your Own Back Yard" e o público se dispersava – eram canções maravilhosas, mas não o que a garotada dos clubes de soul queria ouvir. Era de partir o coração – até chegarmos ao Twisted Wheel em Manchester. O público de lá era tão melômano, tão conhecedor da história da música negra, que entendeu totalmente o espírito da coisa. Levaram os 78 rpms dos Ink Spots de seus pais para que os autografassem. Ao final da apresentação, literalmente ergueram-nos nos braços e os levaram para dar voltas pelo clube em seus ombros. Fala-se tanto da Swinging London de meados da década de 1960, mas aquela garotada do Twisted Wheel era tão antenada, tão ligada, tão mais moderna do que quaisquer outros país afora.

Para ser sincero, o dinheiro, a carga de trabalho e um ou outro show ruim não eram problema para mim. Estava realizando um sonho, tocando com artistas cujos LPs eu colecionava. Meu favorito era Billy Stewart, sujeito gigantesco de Washington, DC, que gravava pela Chess Records. Era um cantor fenomenal e conseguira transformar seu problema de peso numa espécie de chamariz. Suas canções sempre aludiam à questão: "she said I was her pride and joy, that she was in love with a fat boy".* Era famoso pelo gênio terrível – dizia a lenda que, quando uma secretária da Chess demorou demais para liberar sua entrada no prédio, expressou sua irritação sacando um revólver e mandando a maçaneta pelos ares – e logo descobrimos

---

* "Ela disse que eu a enchia de orgulho e alegria / Disse estar apaixonada pelo gordinho."

que sua bexiga era igualmente do outro mundo. Se Billy pedisse à van para parar no acostamento da estrada porque precisava mijar, era caso de cancelar os planos para o resto da noite. Ficávamos lá horas. O ruído vindo da moita era incrível: parecia alguém enchendo uma piscina com uma mangueira.

Tocar com aquela gente era assustador, e não só porque alguns tinham fama de dar tiros quando perdiam a calma. Seu puro e simples talento era de gelar a espinha. Foi um aprendizado incrível. Não eram só vozes de qualidade, mas também fantásticos no domínio de palco. O jeito como se moviam e falavam entre uma canção e outra, o modo como manipulavam o público, sua indumentária. Tinham tanto estilo, tanta confiança. E às vezes algumas peculiaridades – Patti LaBelle, por algum motivo, insistia em regalar a plateia com sua versão de "Danny Boy" toda noite – mas sempre se aprendia muito sobre talento e habilidade observando-os em cima de um palco por uma hora. O fato de serem meramente artistas *cult* por aqui era inacreditável. Nos Estados Unidos, tiveram grandes sucessos, mas na Inglaterra popstars brancos haviam tomado emprestado suas canções e regravado, invariavelmente com mais êxito. Os mais acintosos pareciam ser Wayne Fontana & The Mindbenders: haviam regravado "Um Um Um Um Um Um", de Major Lance, e "A Groovy Kind of Love", de Patti LaBelle, vendendo muito mais do que os originais. "Sitting in the Park" fracassara na voz de Billy Stewart, mas a cover de Georgie Fame fora um sucesso. A irritação deles era perceptível e compreensível. E ficou muito clara para mim quando um *mod* na plateia do clube Ricky-Tick, em Windsor, fez a besteira de gritar "Queremos Georgie Fame!" com voz sarcástica enquanto Billy Stewart cantava "Sitting in the Park". Nunca vi alguém daquele tamanho se mover tão rápido. Billy pulou do palco para a plateia atrás do garoto, que literalmente saiu correndo porta afora temendo por sua vida, como faria qualquer um caso um cantor de soul de 152 quilos e rápido no gatilho de repente tivesse decidido que não ia com a sua cara.

Em março de 1966, o Bluesology foi a Hamburgo – transportando os instrumentos de barca e depois de trem – para tocar no Top Ten Club, na Reeperbahn, lendário por ter sido um dos locais onde os Beatles tocaram antes da fama. Quando gravaram o primeiro single com Tony Sheridan, eles estavam morando no sótão da casa noturna. Nos cinco anos que haviam se passado, o esquema não havia mudado: as bandas continuavam a ser acomodadas no sótão. Ainda havia bordéis com prostitutas sentadas na janela logo adiante, e o clube ainda esperava que tocássemos cinco horas por noite, alternando com outra banda: hora sim, hora não, enquanto a clientela ia e vinha. Era fácil imaginar os Beatles vivendo a mesma situação, até porque tínhamos a forte impressão de ninguém ter trocado os lençóis das camas do sótão desde que John e Paul haviam dormido nelas.

Tocamos como Bluesology, mas também fizemos o acompanhamento para uma cantora escocesa chamada Isabel Bond, que deixara Glasgow para viver na Alemanha. Era hilária, uma moça de cabelo escuro e aparência doce, mas com uma das bocas mais sujas que já vi na vida. Cantava velhos *standards* com modificações obscenas nas letras. Nunca conheci outra cantora capaz de encaixar a frase "give us a wank"* em "Let Me Call You Sweetheart".

E eu era tão inocente. Mal bebia e ainda não tinha interesse em sexo, em grande parte por ter conseguido chegar aos 19 anos de idade sem qualquer conhecimento ou compreensão real do que fosse de fato sexo. À parte a afirmação questionável de meu pai de que masturbação levava à cegueira, ninguém havia me suprido de informação alguma sobre o que se fazia ou deveria ser feito. Não tinha a menor ideia de como era a penetração, nem no que consistia um boquete. O resultado é que sou provavelmente o único músico britânico da década de 1960 a trabalhar na Reeperbahn e voltar para casa ainda virgem. Ali estava eu num dos mais notórios antros de putaria da Europa, com fetiches e desejos de todos os tipos ao alcance de todos, e minha maior ousadia foi comprar uma calça boca de sino numa loja de departamentos. Só queria saber de tocar e ir às lojas de discos alemãs. A música me absorvia por completo. Era incrivelmente ambicioso.

E no fundo sabia que o Bluesology não iria estourar. Não éramos bons o bastante. Era óbvio. De blues obscuros, havíamos passado a tocar as mesmas canções soul que constavam do repertório de praticamente qualquer banda inglesa de r&b em meados da década de 1960 – "In the Midnight Hour", "Hold On I'm Coming". Era possível ouvi-las mais bem interpretadas pelo The Alan Bown Set ou pelo The Mike Cotton Sound. Havia um monte de vocalistas melhores do que Stuart e certamente organistas bem melhores do que eu. Era pianista, queria martelar as teclas como Little Richard, e tentar fazer isso com um órgão produzirá um som de arruinar o seu dia. Não tinha um pingo do conhecimento técnico necessário para tocar órgão decentemente.

---

* "Toca uma punheta pra gente."

O pior instrumento era o Hammond B-12 permanentemente instalado no palco do clube Flamingo, na Wardour Street. Era um troço enorme de madeira, mais parecia uma cômoda. Cheio de botões e alavancas, registros deslizantes e pedais. Stevie Winwood ou Manfred Mann lançariam mão de todos eles e fariam o Hammond uivar, cantar, preencher o ambiente. Já eu sequer encostava neles, pois não tinha a menor ideia do que cada botão fazia. Até o pequeno Vox Continental em que costumava tocar era tecnicamente campo minado. Uma das teclas vivia prendendo. Aconteceu no meio de uma apresentação no Scotch of St. James. Estava tocando "Land of a Thousand Dances" e de repente começou a sair do órgão um ruído que mais parecia a Luftwaffe sobrevoando Londres e tentando repetir a *Blitz*. O resto da banda continuou impavidamente a dançar na viela com Long Tall Sally e rodopiar com Lucy fazendo o Watusi enquanto eu tentava consertar a situação por meio da técnica do pânico descontrolado. Estava quase a ponto de chamar os bombeiros quando Eric Burdon, vocalista de The Animals, subiu ao palco. Evidentemente abençoado com o complexo conhecimento técnico que me faltava – o tecladista de sua banda, Alan Price, era um gênio no Vox Continental –, deu um soco no órgão e a tecla se soltou.

"Isso vive acontecendo com o Alan", disse, e saiu de perto.

Não éramos tão bons quanto as bandas que faziam o mesmo que nós, portanto, e estas, por sua vez, não eram tão boas quanto as que compunham o próprio repertório. Com show agendado no Cedar Club, em Birmingham, o Bluesology chegou cedo e um ensaio estava acontecendo. Era o The Move, quinteto local obviamente a um passo de deslanchar. Tinham uma performance de palco feroz, um empresário cheio de lábia e um guitarrista chamado Roy Wood que sabia compor. Entramos de fininho e assistimos ao ensaio. Não só tiravam um som fantástico como as canções de Roy Wood soavam melhores do que as covers tocadas por eles. Só um louco de pedra diria o mesmo sobre o punhado de canções que eu escrevera para o Bluesology. Para ser honesto, só as havia composto por absoluta necessidade, pois uma de nossas raras sessões de gravação se aproximava e precisávamos de ao menos algum material próprio. Não era exatamente como se tivesse me jogado de corpo e alma na tarefa, e dava para perceber. Mas lembro de assistir ao The Move e ter uma espécie de revelação. *É isso, não é? O caminho é esse. É isso que eu devia estar fazendo.*

Na verdade, se Long John Baldry não tivesse aparecido nesta história, talvez eu tivesse saído do Bluesology antes. Conseguimos trabalhar com ele porque estávamos no lugar certo na hora certa. Por acaso, o Bluesology estava se apresentando no sul da França quando Long John Baldry se viu sem banda para um show no clube Papagayo, em Saint-Tropez. Sua primeira ideia havia sido a de formar outro grupo como o Steampacket com ele próprio, Stewart Brown, um rapaz chamado Allen Walker como cantor – creio que foi contratado porque Baldry era a fim dele – e uma garota americana recém-chegada a Londres, Marsha Hunt, no posto de vocalista feminina. O Bluesology seria sua banda de apoio, ao menos depois de passar por uma ligeira recauchutagem na formação: alguns músicos de quem ele não gostava receberam o bilhete azul, substituídos por outros que julgava mais bem equipados. Não era exatamente o que eu queria fazer. Achava aquela formação um retrocesso para John. Sabia quão bons Julie Driscoll e Rod eram. Já vira Rod com John no Kenton Conservative Club quando a banda ainda se chamava The Hoochie Coochie Men e eu ainda estava na escola, e ele me deixara chapado. E Brian Auger era um músico realmente amado por todos os músicos: não parecia o tipo de organista que jamais fosse precisar da ajuda providencial de um soco do vocalista de The Animals no meio de uma apresentação.

Tinha um pé atrás, portanto. A formação com Allan Walker e Marsha Hunt, em todo caso, não durou muito: Marsha era um espetáculo de se olhar, aquela negra alta e linda, mas não era uma grande cantora. Ainda assim, eu tinha de admitir que, com Long John Baldry por perto, as coisas de repente ficaram mais interessantes. Aliás, a qualquer um que veja sua vida cair na rotina, no ramerrame, recomendo fortemente sair em turnê na companhia de um cantor de blues de dois metros de altura, gay, tremendamente excêntrico e alcoólatra. Verá que tudo vai se animar consideravelmente.

Eu adorava a companhia de John. Ele me pegava na frente de Frome Court em sua van dotada até mesmo de toca-discos, alertando-me para sua chegada ao debruçar-se para fora da janela e gritar "REGGIE!" a plenos pulmões. Sua vida era salpicada de incidentes, a maioria ligada à bebida, um hábito que logo percebi ser autodestrutivo. A pista esclarecedora foi quando tocamos no Links Pavilion, em Cromer, e ele tomou tal porre após o show que despencou de um barranco de terno branco e tudo. Mas não me dei conta de ele ser gay. Sei que hoje isto soa incrível. Falamos de alguém que chamava a si próprio de Ada, referia-se a outros homens como "ela" e oferecia relatos contínuos e detalhados sobre sua vida sexual: "Estou com um namorado novo chamado Ozzie! Meu amor, ele rodopia na minha pica". Eu, porém, era tão ingênuo que honestamente não compreendia de fato o significado de ser gay e com toda certeza não sabia que o termo poderia se aplicar a mim. Só ficava lá pensando: "Como é que é? Ele rodopia *na sua pica*? Como é isso? Por quê? De que diabos você está falando?".

Era tremendamente divertido, mas nada disso mudava o fato de eu não querer ser organista, não querer ser músico de apoio e não querer estar no Bluesology. O que me levou ao novo escritório da Liberty Records, nas imediações de Piccadilly, para um teste antes do qual chorei pitangas: a estagnação da carreira do Bluesology, o horror do circuito de cabarés, o gravador de fita e seu papel na nossa lendária não performance de "Let the Heartaches Begin".

Do outro lado da mesa, Ray Williams assentia, compreensivo. Era muito louro, muito bonito, muito bem-vestido e muito jovem. Tão jovem, aliás, que não tinha poder para contratar ninguém. Seus patrões é que decidiam, e talvez tivessem me contratado se eu não tivesse resolvido cantar "He'll Have to Go", de Jim Reeves. Minha lógica era a de que todo mundo cantaria "My Girl" ou algo da Motown, e se eu fosse por um caminho diferente me destacaria. E eu realmente adoro "He'll Have to Go". Sentia confiança ao cantá-la: costumava ser um arraso no bar do pub Northwood Hills. Se tivesse pensado melhor, talvez tivesse me tocado de que não geraria muito entusiasmo junto a pessoas que estavam tentando lançar uma gravadora de rock progressivo. A Liberty contratara The Bonzo Dog Doo-Dah Band, The Groundhogs e The Idle Race, uma banda psicodélica liderada por Jeff Lynne, que depois formaria o Electric Light Orchestra. A última coisa de que precisavam era de um Jim Reeves versão Pinner.

Por outro lado, talvez cantar "He'll Have to Go" tenha sido exatamente a escolha certa. Se tivesse passado no teste, talvez Ray não tivesse me entregado o envelope com as letras de Bernie. E se ele não o tivesse feito, sei lá eu o que teria acontecido, embora já tenha pensado muito a esse respeito, pois me parece um incrível capricho do destino. Vale mencionar que a sala de Ray era um caos. Havia pilhas de rolos de fita, centenas de envelopes por toda parte: não só todos os aspirantes a músicos e compositores do país o haviam procurado, mas também todo tipo de maluco que vira o anúncio de procura-se talentos da Liberty. A impressão é de que ele puxou um envelope qualquer, só para eu ter algo a levar e o encontro não parecer tempo totalmente perdido – não lembro se ele sequer o havia aberto antes de me entregar. E no entanto ali dentro estava meu futuro: tudo que me ocorreu desde então se deve ao conteúdo do envelope. Agora, pense nisso e veja se não funde sua cuca.

Quem vai saber? Talvez eu tivesse encontrado outro parceiro de composição ou entrado para outra banda ou continuado a ser músico sem nada disso. Só sei que minha vida e minha carreira teriam sido bem diferentes, substancialmente piores, é provável – melhor não teria muito como ser –, e vocês, suspeito, não estariam lendo este livro.

A Liberty Records não se interessou pelas primeiras canções compostas por mim e por Bernie, e Ray então nos propôs um contrato com a editora musical que ele havia montado. Não renderia dinheiro algum a não ser que vendêssemos algumas canções, mas naquele momento não importava: Ray acreditava de fato em mim. Chegou a tentar me apresentar a outros letristas, mas a coisa não funcionou da forma como funcionou com Bernie. Os outros queriam trabalhar juntos, compondo letra e música ao mesmo tempo, e para mim não dava. Precisava da letra pronta à minha frente para conseguir escrever uma canção. Precisava daquele pontapé inicial, daquela inspiração. E ocorreu uma certa mágica quando vi as letras de Bernie, algo que me deu vontade de escrever música. Ocorreu no momento em que abri aquele envelope dentro do vagão do metrô, no caminho de Baker Street para casa, e continua a ocorrer desde então.

As canções fluíam naturalmente de nós dois. Eram melhores que qualquer das minhas composições anteriores; não que isso fosse muito difícil. Na verdade, somente algumas eram melhores que qualquer das minhas anteriores. Escrevíamos dois tipos de canções. O primeiro, na esperança de vendê-las para uma Cilla Black ou um Engelbert Humperdinck da vida: baladas melodramáticas, pop grudento e alegrinho. Eram terríveis – me dava calafrios às vezes ao pensar que as chorumelas não eram lá muito diferentes da temível "Let the Heartaches Begin" –, mas era assim que se ganhava dinheiro como compositores de encomenda. Aqueles grandes astros da música comercial eram nosso alvo. Alvo este que sempre errávamos. O maior nome a quem conseguimos vender uma canção foi o ator Edward Woodward, que ocasionalmente brincava de cantor romântico de música de elevador. Seu álbum se chamava *This Man Alone*, um título que previa com assustadora exatidão qual seria o público.

Mas havia as canções que queríamos compor, influenciadas por Beatles, The Moody Blues, Cat Stevens, Leonard Cohen, música do tipo que comprávamos na Musicland, loja de discos no SoHo onde eu e Bernie batíamos ponto com tal frequência que funcionários me pediam para dar uma ajuda atrás do balcão quando alguém precisava almoçar. A era psicodélica vivia seus últimos dias e compúnhamos um monte de bizarrias com letras sobre dentes-de-leão e ursos de pelúcia. Não passavam de experiências com os estilos de outras pessoas e percebíamos não nos encaixar em nenhum deles, mas o processo de descoberta da sua própria voz é esse mesmo e bem divertido. Tudo era divertido. Bernie se mudara para Londres e nossa amizade amadurecera. A gente se dava tão bem que mais parecia o irmão que eu nunca tivera, uma sensação amplificada pelo fato de, ao menos temporariamente, estarmos dormindo num beliche no meu quarto em Frome Court. Passávamos os dias a compor – Bernie desovando letras na máquina de escrever no quarto, trazendo-as para mim, sentado ao piano vertical da sala, e correndo então de volta para o quarto enquanto eu começava a musicá-las. Não conseguíamos compor no mesmo ambiente, mas quando não estávamos compondo passávamos todo nosso tempo juntos, fosse em lojas de discos ou no cinema. À noite íamos a shows ou às casas noturnas frequentadas pelos músicos, observávamos Harry Heart a beber sua jarra cheia de gim, papeávamos com outros jovens aspirantes. Um conhecido nosso, um baixinho divertido, havia mudado de nome para Hans Christian Anderson, bem ao espírito hippie da época. A aura transcendental de conto de fadas evocada por esse pseudônimo era ligeiramente manchada quando abria a boca e dela saía o sotaque pesado de Lancashire. Ele acabaria voltando a se chamar Jon e viraria o cantor do Yes.

Nossos dois tipos de música eram gravados num minúsculo estúdio de quatro canais no escritório da Dick James Music, na New Oxford Street, que administrava ainda a editora musical de Ray; o local mais tarde ficaria famoso, pois foi onde The Troggs foram gravados na encolha gritando e xingando uns aos outros por onze minutos numa sessão de composição – "Você tá falando merda!", "Baterista é tudo uma merda, cago um por dia!" –; a gravação acabaria por circular e ficar conhecida como Troggs Tape. O engenheiro de som residente era Caleb Quaye, multi-instrumentista, com um baseado permanentemente pendurado nos dedos. Caleb era totalmente estiloso e fazia questão de deixar isso bem claro. Passava metade do tempo encarnando em mim e em Bernie, mencionando algo que havíamos dito ou vestido como a prova de sermos uns manés. Mas, como Ray, parecia crer no nosso trabalho. Quando não estava rolando ou chorando de rir, estava dedicando mais tempo e atenção às nossas canções do que lhe era pedido. Contra as regras da companhia, trabalhávamos nelas até tarde da noite. Caleb solicitava favores a músicos de estúdio que conhecia, experimentava em segredo arranjos e ideias de produção assim que todos da DJM já tivessem ido para casa.

Foi emocionante até sermos flagrados pelo gerente do escritório. Não lembro como ele descobriu que estávamos lá – imagino que alguém tenha passado de carro, visto a luz acesa e achado que o lugar havia sido arrombado. Caleb achou que iria perder o emprego e, possivelmente por desespero, mostrou o trabalho que vínhamos fazendo ao próprio Dick James. Em vez de demitir Caleb e nos expulsar, Dick James se ofereceu para editar nossas canções. Ganharíamos £ 25 por semana; dez paus para Bernie, quinze para mim – cinco a mais, pois teria de tocar piano e cantar nas demos. Poderia então sair do Bluesology e me concentrar em compor, exatamente o que eu queria fazer. Ao sairmos do escritório, estávamos perplexos, estupefatos demais para ficarmos animados.

O único lado ruim do novo esquema era Dick achar que nosso futuro estava em baladas e pop chiclete. Embora trabalhasse com os Beatles, administrando sua editora musical, a Northern Songs, era no fundo um editor tradicional ao estilo da Tin Pan Alley. A estrutura da DJM era estranha. Metade da companhia era como o próprio Dick: de meia-idade, mais aparentada com aquele velho mundo judaico do showbiz do que com o rock'n'roll. A outra metade, mais jovem e descolada, como Caleb, Stephen, o filho de Dick, ou Tony King.

Tony King trabalhava para uma nova empresa chamada AIR numa mesa que ele alugava no segundo andar. A AIR era uma associação de produtores independentes de discos montada por George Martin ao se dar conta do quão pouco a EMI lhe pagava pelo trabalho nos discos dos Beatles. Tony cuidava da edição e da promoção. Dizer que se destacava nos corredores da DJM é pouco. Tony chamaria atenção até em meio a uma invasão marciana. Seus ternos eram feitos pelos alfaiates mais estilosos de Londres, suas calças eram de veludo laranja, usava acessórios de cetim. No pescoço, colares de contas davam voltas e mais voltas; uma ou mais das antigas echarpes de seda de sua coleção tremulavam em seu rastro. Seu cabelo era tingido com mechas louras. Era um obcecado por música e havia trabalhado com os Rolling Stones e com Roy Orbison. Era amigo dos Beatles. Como Long John Baldry, era abertamente gay e não estava nem aí se alguém reparasse. Não caminhava, mas sim pairava pelo escritório. "Desculpe o atraso, meu bem, mas o telefone agarrou no meu colar." Era hilário e eu, totalmente fascinado por ele. Mais até: queria ser como ele. Estiloso, escandaloso e exótico daquele jeito.

Seu estilo de se vestir começou a influenciar o meu, com alguns resultados meio dúbios. Deixei crescer o bigode. Comprei um casaco de pele de carneiro, um dos mais baratos. A pele não fora curtida apropriadamente e o fedor era tamanho que minha mãe não permitia minha entrada no apartamento se o estivesse usando. Sem condições de passar a frequentar o tipo de butique onde Tony se vestia, comprei um corte de tecido de cortina estampado com desenhos do Noddy, o personagem dos livros infantis, e pedi a uma costureira amiga de mamãe para me fazer uma camisa. Nas fotos promocionais do meu primeiro single, "I've Been Loving You", estou de casaco de pele falsa e chapéu de feltro imitando pele de leopardo.

Por algum motivo minha foto com aquele visual tão incrível não conseguiu atrair compradores às lojas de discos quando do lançamento do single, em março de 1968. Foi um fracasso total. Não me surpreendeu. Nem decepcionado fiquei. Não tinha nenhum desejo especial de ser um artista solo – só queria compor canções – e meu contrato de gravação fora estabelecido meio por acidente. Stephen, o filho de Dick, andara levando as demos de nossas canções para mostrar a gravadoras na esperança de que algum dos seus artistas as gravasse, alguém na Philips disse ter gostado da minha voz e pronto, surgiu um contrato para gravar alguns singles. Não estava tão animado com a ideia, mas topei por achar que seria uma maneira de conseguir alguma exposição para as canções que eu e Bernie escrevíamos. Estávamos evoluindo bastante como compositores, sob a influência do estilo americano de raiz da The Band e por uma nova onda de cantores-compositores americanos como Leonard Cohen, que havíamos descoberto na seção de importados da Musicland. A influência deles se conectou de alguma maneira ao nosso jeito de compor. Começou a surgir material que não soava como pastiche do trabalho de outras pessoas. Escutei milhares de vezes uma canção que havíamos escrito chamada "Skyline Pigeon" e me entusiasmei ao constatar que ainda assim não me vinha à cabeça ninguém a quem ela lembrasse – finalmente havíamos escrito algo puramente nosso.

Mas Dick James escolhera "I've Been Loving You" para meu primeiro single, pelo jeito após uma longa, e certamente bem-sucedida, busca pela canção mais chata do meu catálogo. Conseguiu desenterrar algo totalmente sem sal cuja letra nem era de Bernie, algo que havíamos separado para vender a algum cantor romântico comercial. As raízes antiquadas *à la* Tin Pan Alley de Dick falaram mais alto, creio. Eu sabia que a escolha fora errada, mas não quis contestá-lo. Ele era a lenda da Denmark Street, trabalhara com os Beatles, havia nos contratado e conseguido uma gravadora quando podia ter nos jogado porta afora. Os anúncios faziam referência à "melhor performance em um disco de estreia", me chamavam de "o grande novo talento de 1968" e concluíam com "FOI DADO O AVISO". O público inglês reagiu como se o aviso fosse de contaminação de cada cópia por esgoto em estado bruto; o grande novo talento de 1968 retornou direto para a prancheta.

Havia ainda outra complicação inesperada na minha vida àquela altura: eu havia ficado noivo de uma mulher chamada Linda Woodrow. Havíamos nos conhecido no final de 1967 num show do Bluesology no clube Mojo, em Sheffield. Linda era amiga do DJ residente da casa, um cara de 1,46 m autointitulado Poderoso Átomo. Era alta, loura, três anos mais velha do que eu. Não tinha emprego. Não sei onde arrumava dinheiro – supunha que sua família era rica –, mas era uma mulher independente. Era um doce, interessada no que eu fazia. Uma conversa pós-show havia virado um encontro com o maior jeito de romântico, e dali saíra outro que por sua vez a levara a me visitar em Frome Court. Era um relacionamento incomum, de muito pouca expressão física, e certamente não tínhamos feito sexo, o que Linda interpretou como prova de cavalheirismo e romance à moda antiga, não falta de interesse ou vontade de minha parte: em 1968, ainda não era tão raro um casal esperar até casar para só então dormir juntos.

Mas com sexo ou sem sexo, o relacionamento havia começado a ganhar ritmo. Linda resolveu se mudar para Londres e encontrar um apartamento. Ela podia pagar por um, e poderíamos morar juntos. Bernie podia ser nosso inquilino.

Estaria mentindo se negasse ter sentido certo desconforto com tudo aquilo, em especial porque Linda havia começado a expressar dúvidas quanto aos caminhos da minha música. Era grande fã de um cantor americano chamado Buddy Greco e deixara bem claro achar que eu faria bem em me espelhar nele. Mas foi surpreendentemente fácil mascarar meu desconforto. Eu gostava da ideia de sair de Frome Court. E pensava estar fazendo o normal para alguém de 20 anos – ter um relacionamento estável.

E assim fomos parar num apartamento na Furlong Road, em Islington: eu, Bernie, Linda e seu chihuahua de estimação, Caspar. Ela conseguiu um emprego de secretária e a conversa sobre noivado começou a ficar cada vez mais forte. Já era difícil àquela altura ignorar o som do alarme, pois as pessoas mais próximas de mim continuavam a dispará-lo. Minha mãe era terminantemente contra, e dá para ter uma boa ideia do que Bernie achava a partir da letra que escreveria mais tarde sobre aquela época, "Someone Saved My Life Tonight". Não se trata exatamente de uma avaliação entusiástica das inúmeras qualidades de Linda: "a dominating queen",* "sitting like a princess perched in her electric chair".** Bernie não gostava nem um pouco dela. Achava que iria esculhambar a nossa música com aquela história de Buddy Greco. Achava-a mandona – ficara furioso com ela por tê-lo feito tirar da parede de seu quarto, sabe-se lá por que razão, o pôster de Simon & Garfunkel que ele pendurara.

Um misto de teimosia e aversão a confrontos me possibilitou mascarar o som do alarme. Ficamos noivos no dia do meu aniversário de 21 anos – não lembro de quem partiu o pedido. Marcamos a data do casamento. Começaram os preparativos. Comecei a entrar em pânico. O caminho óbvio seria simplesmente ser honesto. Mas o caminho óbvio não me agradava – contar a Linda como me sentia de fato estava acima das minhas possibilidades. Então eu decidi encenar um grande suicídio.

Bernie, que me acudiu, nunca me deixou esquecer os mínimos detalhes de minha suposta tentativa de dar fim a tudo por inalação de gás. Alguém que deseja de fato se matar comete o ato em completa solidão, para não ser impedido; na calada da noite ou em algum lugar onde esteja sozinho. Eu, enquanto isso, o fiz no meio da tarde dentro de um apartamento cheio de gente: Bernie estava em seu quarto e

---

* "Uma rainha dominadora."
** "Sentada como uma princesa, encarapitada em sua cadeira elétrica."

Linda tirava uma soneca. Não só pus um travesseiro no fogão para apoiar minha cabeça como também tomei a precaução de ligar o gás fraco e abrir todas as janelas da cozinha. Quando Bernie puxou minha cabeça para fora do forno tudo pareceu momentaneamente dramático, mas a quantidade de monóxido de carbono no ambiente não daria para matar sequer uma vespa. Eu esperara uma reação de terrível choque, além da repentina constatação da parte de Linda de que a razão de meu desespero suicida era a infelicidade devido à aproximação de nosso casamento. Pois o ato foi recebido com uma leve confusão. Pior, Linda parecia achar que, se eu estava deprimido, a razão devia ser o fracasso de "I've Been Loving You" nas paradas. Claramente aquele era o momento ideal para contar-lhe a verdade. Mas eu não disse nada. A tentativa de suicídio foi esquecida e o casamento continuou em pauta. Começamos a procurar apartamento em Mill Hill.

Foi preciso Long John Baldry entrar em cena para dizer com todas as letras o que eu já sabia. Havíamos continuado amigos depois de eu sair do Bluesology e eu o chamara para ser meu padrinho de casamento. Ele parecia discretamente achar graça na ideia de eu me casar, mas aceitou. Marcamos de nos encontrar no clube Bag O' Nails, no SoHo, para combinar os detalhes. Bernie me acompanhou.

John estava num estado de espírito estranho desde que chegamos. Aparentava preocupação. Com o quê, eu não fazia ideia. Imaginei ser algum problema na sua vida pessoal. Talvez Ozzie tivesse se recusado a rodopiar na pica dele ou o que quer que fizessem entre quatro paredes. Foi só depois de alguns drinques que ele me disse qual era o problema, e o fez da forma mais direta possível.

"Ah, porra, caralho!", explodiu. "Que porra é essa de morar com uma mulher? Acorda pra vida. Você é gay. Ama mais o Bernie do que ela."

Abateu-se sobre a mesa um desconfortável silêncio. Eu sabia que ele tinha razão, ao menos até certo ponto. Não amava Linda, certamente não queria me casar com ela. E, sim, amava Bernie. Não no sentido sexual, mas ele era meu melhor amigo no mundo. Com toda a certeza, nossa parceria musical era muito mais importante para mim do que minha noiva. Mas gay? Não estava lá muito certo, em grande parte por ainda não ter compreendido 100% o que isso significava, embora algumas conversas francas com Tony King já tivessem me dado uma ideia melhor. Talvez eu fosse gay. Talvez admirasse tanto Tony exatamente por isso – não era apenas questão de imitar suas roupas e sua aura de sofisticação urbana. Eu enxergava nele algo de mim.

Era muita coisa para processar. Em vez de fazê-lo, rebati. Aquilo era ridículo. John estava bêbado para variar, criando confusão por nada. Não havia a menor chance de cancelar o casamento. Tudo já estava preparado. O bolo estava encomendado.

Mas John não queria saber. Continuava a martelar minha cabeça. Eu arruinaria a minha vida e também a de Linda se continuasse com aquilo. Era um idiota e ainda por cima um covarde. À medida que ficava mais exaltada e sentida, a conversa começava a atrair atenção. As pessoas das mesas próximas começaram a se meter. Como ali era o Bag O' Nails, as mesas próximas estavam cheias de popstars, o que conferia à situação um caráter cada vez mais surreal. Cindy Birdsong, das Supremes, veio dar pitaco – eu a conhecera na época do Bluesology, quando ela era uma das Blue Belles de Patti LaBelle. Aí foi a vez de P. J. Proby se envolver. Adoraria poder contar a todos o que disse o *enfant terrible* do pop de meados da década de 1960, com seu rabo de cavalo e sua calça rasgada, sobre meu iminente casamento, seu possível cancelamento e, é claro, se eu era homossexual ou não, mas àquela altura já estava puto da vida e os detalhes específicos me escapam, embora creia que em algum momento tenha me rendido e admitido que John estava certo, ao menos quanto ao casamento.

Tenho lembranças de fragmentos do resto da noite. Lembro de subir a rua até o apartamento com o dia raiando – Bernie de braços dados comigo para dar apoio moral – e de tropeçarmos em carros e derrubarmos latas de lixo. De uma briga terrível, durante a qual Linda ameaçou se matar. De uma conversa bêbada através da porta trancada do quarto de Bernie – ele sumira logo depois de chegarmos – sobre se achávamos que ela iria mesmo se matar ou não. De outra conversa através da porta, na qual perguntei a Bernie se podia abri-la e se eu poderia dormir ali no chão.

Na manhã seguinte, nova briga e um telefonema desesperado para Frome Court. "They're coming in the morning with a truck to take me home",* foram as palavras usadas por Bernie em "Someone Saved My Life Tonight". Há ali certa licença poética. Não houve "eles" e nem caminhão: só Derf em sua pequena van de pintor. Mas Bernie e eu fomos de fato levados para casa. De volta aos beliches em Frome Court. Bernie pendurou seu pôster de Simon & Garfunkel na parede. Nenhum de nós jamais viu Linda de novo.

---

* "Eles vêm de manhã com um caminhão para me levar para casa."

TRÊS

Na teoria, Bernie e eu havíamos voltado temporariamente a Frome Court, só enquanto não achássemos um novo pouso. Aos poucos, foi ficando claro que, na prática, era por lá que permaneceríamos a perder de vista. Não acharíamos um novo pouso, pois não tínhamos como pagar por um. Não tínhamos como pagar por um porque os cantores do Reino Unido continuavam a provar-se implacavelmente refratários à ideia de gravar nossas canções. De vez em quando nos chegava a informação de que o empresário ou produtor de um artista estava interessado em algo que havíamos escrito. Muníamo-nos de esperança e… não dava em nada. Uma rejeição atrás da outra. Sinto, mas Cliff disse que não. Desculpem, mas Cilla acha que não é bem a cara dela. Não, o Octopus não vai querer "When I Was Tealby Abbey". Octopus? E quem diabos é *Octopus*? Sem exagero, a única coisa que sei sobre eles é que não gostaram de nossas canções. Estávamos sendo rejeitados por gente de quem nunca tínhamos ouvido falar.

Nenhum movimento. Nada acontecia. Difícil não ficar desanimado, embora uma vantagem de morar em Frome Court fosse a presença constante de minha mãe, armada com seu método característico de me tirar daquele estado de espírito: uma sugestão na cara de pau de que eu largasse a carreira de compositor e fosse trabalhar em alguma loja das redondezas: "Bem, você sabe que tem uma escolha. Se quiser, há um emprego na lavanderia". Hmmm, a lavanderia, é? Por mais adorável que soe uma carreira como operador de secadoras, acho que vou insistir um pouquinho mais na música.

Assim, em vez de nos mudarmos, tentamos transformar um quarto com beliches num lugar aceitável para dois marmanjos viverem. Me inscrevi num clube do livro do *Reader's Digest* e aos poucos fomos enchendo as estantes com edições de capa dura de *Moby Dick* e *David Copperfield*. Compramos um estéreo e dois pares de fones de ouvido do catálogo da Littlewoods – dava para pagar por ser parcelado. Compramos um pôster de Man Ray da Athena, na Oxford Street, e então entramos na loja ao lado, cujo nome era India Craft, e compramos algumas varas de incenso. Deitados no chão, com nossos fones nos ouvidos, nossa mais recente compra na Musicland no toca-discos e a fumaça do incenso a impregnar o ambiente, Bernie e eu nos convencíamos momentaneamente de sermos artistas vivendo uma existência boêmia na vanguarda da contracultura. Pelo menos até minha mãe quebrar o encanto batendo na porta para perguntar que cheiro dos infernos era aquele e, a propósito, o que iríamos querer jantar?

Eu tinha um pouco mais de dinheiro do que Bernie, pois Tony King acionara seus contatos no AIR Studios e em Abbey Road para me conseguir trabalho como músico de estúdio. Ganhava £ 3 por hora por uma sessão de três horas – em Abbey Road, pagavam em dinheiro vivo. Melhor ainda, se a sessão passasse um minuto que fosse do horário estipulado, o regulamento do Sindicato dos Músicos ditava que o cachê fosse por uma sessão e meia: cerca de quinze paus, o mesmo que eu ganhava por semana na DJM. O bônus final seria esbarrar com Shirley Burns e Carol Weston, as secretárias do AIR Studios. Eram tão fabulosas, sempre prontas a uma fofoca, sempre dispostas a sugerir meu nome caso soubessem de algum trabalho disponível. Aparentemente, eu tinha algo que despertava o instinto maternal delas, que me repassavam discretamente seus tíquetes-refeição. Ou seja, além de tudo, ainda comia de graça – só podia ter morrido e ido para o céu.

Mas esqueçamos o dinheiro: a experiência de músico de estúdio era fantástica. Quem está nessa posição não pode ficar escolhendo muito. Quando aparece trabalho, qualquer trabalho, você pega. Tinha de trabalhar rápido e com tremenda eficiência, pois os demais músicos no estúdio estavam entre os melhores do país. Assustadores não é um adjetivo que se associe normalmente aos Mike Sammes Singers, que faziam *backing vocals* para todo mundo – pareciam tias e tios de meia-idade chegados ao estúdio direto de algum jantar dançante do clube de golfe. Mas quem precisasse cantar ao lado deles de repente passava a temer a fúria divina, de tão bons que eram.

E era preciso ser maleável, pois esperava-se de você que conseguisse tocar uma variedade incrível de músicas. Um dia *backing vocals* para Tom Jones, no seguinte um álbum de comédia com The Scaffold ou fazer um arranjo e tocar piano para os Hollies, ou tentar criar uma versão rock do tema de *Zorba, o grego* para The Bread and Beer Band, projeto de Tony King que nunca decolou. Conhecia-se gente nova e faziam-se novos contatos todos os dias: músicos, produtores, arranjadores, staff de gravadoras. Certa vez eu gravava com The Barron Knights quando Paul McCartney entrou de repente no estúdio. Sentou-se na sala de controle e escutou um pouco. Foi então até o piano e, após anunciar que iria mostrar o que estava fazendo num estúdio próximo, tocou "Hey Jude" por oito minutos. A comparação certamente pôs em perspectiva o que faziam os Barron Knights, uma canção-piada sobre uma hipotética participação do comediante Des O'Connor nos Jogos Olímpicos.

Às vezes uma sessão era fantástica de tão incrível que era a música tocada. E às vezes era fantástica de tão horrível que era a música. Fiz um monte de álbuns de covers para um selo chamado Marble Arch: versões feitas nas coxas de sucessos do momento, lançadas em coletâneas com títulos como *Top of the Pops*, *Hit Parade* e *Chartbusters*, vendidas a preço barato em supermercados. Sempre que alguém traz à baila meu envolvimento nelas, descreve-as como um ponto desesperadamente baixo da minha carreira: o pobre artista anônimo reduzido a cantar músicas dos outros sem receber crédito para tirar um troco. Olhando para trás, claro que é possível encarar dessa forma, mas na época a sensação certamente não era essa, pois as gravações dos álbuns de covers eram gritantemente, uivantemente divertidas.

As instruções que recebia do produtor Alan Caddy eram fantásticas, um pedido totalmente estapafúrdio atrás do outro. "Você pode cantar 'Young, Gifted and Black?'" Bem, não é uma canção que faça lá muito sentido na voz de um branquelo de Pinner, mas eu posso tentar. "A próxima é 'Back Home', para a Copa do Mundo, e precisamos que vocês soem como a seleção da Inglaterra." Tá bem, aqui só tem três cantores e uma é mulher, a diferença não vai ser *imperceptível*, mas você é que manda. Certa vez me foi pedido para soar como Robin Gibb, dos Bee Gees, ótimo cantor, mas dotado de estilo vocal muito particular: um vibrato anasalado, trêmulo, algo inquietante. Impossível, a não ser que agarrasse minha própria garganta e ficasse balançando-a para os lados enquanto cantasse. Achei uma ótima sacada, mas causou um pandemônio total entre os outros músicos. Lá fiquei eu a uivar, os dedos apertados ao redor do pescoço, tentando desesperadamente não olhar para o outro lado do estúdio, onde os demais cantores que participavam da gravação, David Byron e Dana Gillespie, escoravam-se um no outro chorando de rir.

Querem saber o quanto eu curtia as gravações de álbuns de covers, esse suposto lamentável fundo do poço da minha vida profissional? Pois voltei e fiz um *depois* de minha carreira solo ter decolado. Juro, não é mentira. "Your Song" composta, o álbum *Elton John* na rua, já havia tocado no *Top of the Pops*, estava a ponto de fazer minha primeira turnê pelos Estados Unidos e ainda assim apareci no estúdio e soltei a voz com gosto em versões picaretas de "In the Summertime" e "Let's Work Together" para um álbum horroroso desses vendidos em supermercados a 14 *shillings* e 6 *pence*. Como de hábito, foi uma farra.

Mas o trabalho em estúdio estava longe de ser o mais importante aspecto de minha amizade com Tony King. Ele tinha um ótimo círculo de amigos, uma espécie de pequena gangue composta basicamente por homens gays do meio musical. Produtores de discos, homens que trabalhavam na BBC, promotores e marqueteiros, e um escocês chamado John Reid, jovem, ambicioso, muito confiante e engraçado. Ascendia com uma velocidade incrível na indústria musical. Acabaria por ser promovido a diretor da Tamla Motown para o Reino Unido, cargo de prestígio por meio do qual lidava com as Supremes, os Temptations e Smokey Robinson e que Tony comemoraria com a devida solenidade, passando a chamá-lo dali para a frente de Pamela Motown.

O grupo de Tony não era particularmente desordeiro ou escandaloso – era mais comum vê-los organizando jantares ou saindo juntos para restaurantes e pubs do que fazendo a ronda das boates gays de Londres –, mas eu adorava a companhia deles. Eram sofisticados, inteligentes e muito, muito engraçados: adorava o seu senso de humor caricato. Quanto mais pensava no assunto, mais percebia haver algo curioso quanto à forma como me sentia em casa quando estava com eles. Nunca fui um recluso, sempre tive amigos aos montes – na escola, no Bluesology, na Denmark Street –, mas havia algo diferente ali, uma sensação de pertencimento. Sentia-me como uma das crianças de *Mary Poppins* sendo subitamente exposta a um mágico novo mundo. Doze meses após um John Baldry bêbado anunciar para Deus e o mundo no Bag O'Nails que eu era gay, concluí que ele estava certo.

Como que para acentuar a questão, minha libido resolveu do nada dar as caras pela primeira vez na vida, como um afobado atrasado para uma festa que deveria ter começado dez anos antes. Aos 21 anos de idade, de repente parecia estar vivendo uma adolescência tardia. Sem manifestá-lo, comecei a sentir interesse repentino por vários homens. Nem só o senso de humor e o amplo conhecimento da *soul music* americana me faziam achar John Reid tão cativante, por exemplo. Evidentemente, atitude eu não tomava nenhuma. Nem saberia como. Nunca tentara conscientemente jogar conversa para cima de alguém na vida. Nunca havia estado numa boate gay. Não fazia ideia de como se chega em alguém. O que eu deveria dizer? "Quer ir ao cinema comigo e depois de repente botar o pau pra fora?" É esta a maior lembrança que guardo da realidade do despertar da minha sexualidade. Não me lembro de sentimentos de ansiedade ou de aflição. Só lembro de querer fazer sexo, não fazer absolutamente ideia alguma de como proceder e sentir-me horrorizado com a possibilidade de errar. Nunca cheguei sequer a contar para Tony que era gay.

Até porque eu tinha outras questões na mente. Certa manhã, Bernie e eu fomos convocados para uma reunião na DJM com Steve Brown, que recentemente substituíra Caleb como gerente do estúdio. Ele nos disse ter ouvido as canções que vínhamos gravando e achar que estávamos perdendo nosso tempo.

"Tá na hora de parar com essa bobagem. Vocês não são muito bons nisso." E, com um movimento de cabeça, claramente pegando gosto por tema tão desalentador, acrescentou: "Aliás, são péssimos. Nunca vão dar certo como compositores. Não levam o menor jeito".

Fiquei lá eu com cara de tacho. Ah, que ótimo. "*Então é isso.*" Já vejo no meu horizonte a lavanderia de Northwood Hills. Ou talvez não: sempre há o trabalho de estúdio. Mas e o Bernie? O pobre coitado vai acabar voltando para Owmby-by-Spital para retomar o trabalho de empurrar um carrinho de mão cheio de galinhas mortas, tendo como únicas provas de uma passagem pela indústria musical um single fracassado cuja letra nem é dele e um bilhete de rejeição do Octopus, seja lá quem eles sejam. Não havíamos sequer terminado de pagar a prestação do estéreo.

Com a mente a mil, me dei conta de que, em algum lugar da sala, Steve Brown continuava a falar. Dizia algo a respeito de "Lady What's Tomorrow", uma canção que compusemos e nem sequer nos demos ao trabalho de tentar vender. Era influenciada por Leonard Cohen e Cilla Black claramente não se interessaria. Mas aparentemente Steve Brown, sim.

"Vocês precisam compor mais canções assim", continuou. "Vocês têm de fazer o que querem fazer, não o que acham que vai vender. Vou falar com o Dick e ver se dá para a gente fazer um álbum."

Mais tarde, Bernie e eu nos sentamos no pub, tentando processar o que acabara de acontecer. Por um lado, não tinha grandes ambições de ser artista solo. Por outro, a oportunidade de parar de compor chorumelas e pop chiclete era boa demais para se recusar. E ainda achávamos que lançar discos de Elton John era uma boa forma de exibir o tipo de canções de que gostávamos. Quanto mais exposição obtivessem, maior seria a probabilidade de que outro artista mais famoso as ouvisse e decidisse gravá-las.

Havia um problema. O contrato com a Philips era para singles: eles queriam mais um para suceder "I've Been Loving You", não um álbum. Steve Brown então gravou uma nova canção que eu e Bernie havíamos composto seguindo suas instruções de parar de tentar ser comerciais e fazer o que gostássemos. Chamava-se "Lady Samantha" e me parecia um ponto de virada. Admito, naquele estágio da minha carreira fazer um single que eu pudesse ouvir sem emitir um grito involuntário de horror já teria constituído um ponto de virada. Mas "Lady Samantha" era uma canção bem boa. Soava completamente diferente de "I've Been Loving You": tinha mais estofo, era mais estilosa, mais confiante. Lançada em janeiro de 1969, virou o que se costumava chamar de "turntable hit", uma forma educada de dizer que tocou muito no rádio, mas comprar, ninguém comprou.

Logo após o fracasso do single, descobrimos que a Philips não tinha interesse em renovar nosso contrato: por alguma razão inexplicável, demonstravam uma enorme resistência em financiar o álbum de um artista que, até então, só lhes dera prejuízo. Dick James mencionou de passagem lançar o disco ele mesmo, montar um selo em vez de licenciar gravações para outras companhias, mas estava mais interessado em falar sobre o Eurovision Song Contest. Para seu júbilo, uma das tentativas de composição comercial que estávamos instruídos a deixar de lado estava sendo considerada uma possível representante do Reino Unido. Lulu iria cantar seis canções em seu programa de TV e o público britânico escolheria a vencedora. Dizer que Bernie recebeu tal notícia com frieza é pouco. Ficou horrorizado. Na época, o concurso da Eurovision não era encarado como a cafonália que é hoje, mas ainda assim não é como se o Pink Floyd e o Soft Machine estivessem se estapeando para participar. Pior, ele na verdade não tivera envolvimento algum com a canção, apesar de seu nome estar nos créditos. A letra era minha. Repetia-se a história de "I've Been Loving You". Estávamos de volta ao início.

Os piores temores de Bernie se confirmaram quando nos sentamos em Frome Court para assistir ao programa de Lulu. Nossa canção – *minha* canção – era totalmente medíocre e esquecível, mais do que se podia dizer sobre as outras. Cada um dos demais compositores parecia ter inventado algo tão horrendo que não dava para esquecer nem com muita vontade. Uma das canções era do tipo que faria alemães bêbados batucarem nos joelhos numa cervejaria da Baváric. Outra trazia a revoltante combinação de uma big band com um *bouzouki*. Outra ainda se chamava "March". O título não se devia ao mês de março. A canção era literalmente sobre marchar, e seu arranjo contava com uma banda militar para deixar bem claro. Steve Brown estava certo. Não sabíamos fazer esse tipo de coisa de jeito nenhum, fato sublinhado pelo voto popular, em que a nossa canção ficou em último. Venceu a canção fanfarrona alemã. Chamava-se "Boom Bang-A-Bang".

No dia seguinte, chegamos à DJM e descobrimos que o *Daily Express* publicara um artigo explicando prestativamente que nossa canção perdera por ser obviamente a pior de todas. Vencido, Dick aceitou que talvez fosse melhor pararmos de desperdiçar o tempo dos outros e dedicarmo-nos ao nosso álbum. Se a Philips não queria lançar, ele contrataria um assessor de imprensa e daria início ao seu próprio selo.

Isolamo-nos então no pequeno estúdio da DJM, com Steve Brown na produção e Clive Franks operando o gravador. Clive foi o cara que gravou as Troggs Tapes; anos depois, viria a coproduzir alguns dos meus álbuns e até hoje trabalha comigo, como o engenheiro de som dos meus shows ao vivo. Juntos, nos atiramos de cabeça nas novas canções. Efeitos de som psicodélicos, cravos, solos de guitarra invertidos (cortesia de Caleb), flautas, bongôs, divisão de elementos por canais estéreo (*panning*), interlúdios com improvisos de jazz, falsos finais onde o som desaparecia e depois voltava, o som do assovio de Clive. Ali há de tudo e mais um pouco. Poderíamos ter nos saído melhor se nos déssemos conta de que menos é mais, mas ninguém pensa assim quando faz o seu primeiro álbum. Lá no fundo da mente, uma vozinha diz que sabe lá se você chegará a fazer outro um dia e o melhor é aproveitar a oportunidade e experimentar de tudo. Mas, Deus do céu, como foi divertido. Que aventura! O álbum se chamou *Empty Sky*. Saiu pela DJM, o novo selo de Dick, em 6 de junho de 1969. Ainda me lembro de escutar a faixa-título e pensar que era a melhor coisa que já ouvira na vida.

Empty Sky não fez sucesso – só vendeu alguns milhares de cópias –, mas eu ainda sentia que, bem gradualmente, as coisas haviam começado a andar. As críticas traziam mais esperança do que entusiasmo, mas eram certamente um passo à frente em relação à sentença do *Daily Express* de que não sabíamos compor algo tão bom quanto "Boom Bang-A-Bang". Logo após o lançamento, um telefonema nos informou que o Three Dog Night havia gravado "Lady Samantha" em seu novo álbum. O Three Dog Night! Eles eram americanos! Uma banda de rock americana havia gravado uma de nossas canções. Não uma apresentadora de programa de variedades de sábado à noite na BBC1, não algum concorrente ao Eurovision Song Contest: uma banda de rock americana moderna e bem-sucedida. Bernie e eu tínhamos uma canção num álbum que estava no Top 20 nos EUA.

E como *Empty Sky* me fornecera material, eu poderia me apresentar ao vivo. Os primeiros shows foram experimentos. Coisas rápidas, acompanhado dos músicos que conseguisse arranjar – geralmente Caleb e sua nova banda Hookfoot – e eu ainda ficava nervoso: da última vez que subira num palco, ao lado de Long John Baldry e seu gravador de fita, estava de caftã e acometido de um colapso total da vontade de viver. Mas os shows foram melhorando à medida que eu me sentia mais confortável, e ganharam vida nova quando formei minha própria banda. Foi no entorno da DJM que conheci Nigel Olsson e Dee Murray. Nigel tocava numa banda chamada Plastic Penny, que tivera um grande sucesso em 1968 e, incrivelmente, comprara uma das canções que Bernie e eu havíamos tentado vender no ano anterior. De certa forma, nos pareceu um sinal da nossa sorte que a tenham gravado num álbum lançado logo que passou o momento do Plastic Penny e sua carreira foi para o buraco. Dee, enquanto isso, havia sido membro do The Mirage, uma banda psicodélica que lançara singles por anos sem nunca chegar a lugar nenhum. Eram músicos fantásticos e a sintonia foi imediata. Dee era um baixista incrível. Nigel, um baterista da estirpe de Keith Moon e Ginger Baker, um showman cuja bateria ocupava a maior parte da nossa sala de ensaios e exibia seu nome gravado nas peles dos dois bumbos. Os dois cantavam. Não precisávamos de guitarrista. O som feito por nós três já era poderoso e rascante. Além disso, tocar em trio confere uma liberdade tremenda para experimentar. Não importava se não conseguiríamos replicar os arranjos complexos do álbum: podíamos estender canções, improvisar, fazer solos, criar medleys ou arriscarmos uma velha canção de Elvis ou uma versão de "Give Peace a Chance".

Comecei a dar mais atenção à imagem que projetava no palco. Queria ser o líder da banda, mas estava preso atrás do piano. Não podia saracotear como Mick Jagger ou destruir meu instrumento como Jimi Hendrix ou Pete Townshend: posteriormente, uma experiência amarga me ensinaria que, quando você se exalta e tenta destruir um piano empurrando-o palco abaixo, a impressão que se passa é menos a de um deus indomável do rock e mais a do homem do caminhão de mudanças fazendo besteira. Pensei nos pianistas que adorava quando era garoto e em como conseguiam transmitir entusiasmo presos atrás do que eu carinhosamente chamava de a velha viga de dois metros e meio. Pensei em Jerry Lee Lewis chutando a banqueta e saltando em cima das teclas, em Little Richard tocando de pé e curvado para trás, até mesmo em Winifred Atwell e em como virava o rosto para o público com um sorriso aberto. Todos influenciaram minha postura de palco. Tocar piano de pé como Little Richard, ficaria claro, é complicadíssimo para alguém com braços tão curtos quanto os meus, mas me esforcei. Se nosso som já não lembrava o de ninguém, nossa presença de palco agora também não. Naquela virada da década de 1960 para a de 1970, independentemente do que mais estivesse ocorrendo na música pop, eu estava bem certo de não haver nenhum outro power trio comandado por um piano e cujo líder tentasse unir a atitude escandalosa e agressiva do rock'n'roll dos primórdios com a jovialidade de Winifred Atwell.

Enquanto fazíamos o circuito das faculdades e das casas de shows hippies como o Roundhouse, nossos shows tornavam-se mais agitados e nossa música melhorava, em especial depois de começarmos a tocar a mais recente leva de canções criada por Bernie e eu. Confesso nem sempre ser o melhor crítico do meu próprio trabalho – sou, afinal de contas, quem anunciou em altos brados que "Don't Let the Sun Go Down on Me" era tão ruim que jamais consideraria lançá-la, e disso falaremos mais depois –, mas até eu percebia como o nosso material novo era superior a qualquer coisa que tivéssemos feito antes. Foi fácil compor aquelas canções – Bernie escreveu a letra de "Your Song" durante o café da manhã certo dia em Frome Court, me entregou e fiz a música em exatos quinze minutos – porque, de certa forma, o trabalho pesado já havia sido feito. Elas soavam como o ápice de todas as horas que havíamos gasto tentando compor juntos, dos shows com Nigel e Dee que haviam aumentado minha confiança, dos anos passados contra a minha vontade na Royal Academy, das noites no circuito de clubes com o Bluesology. Em algo como "Border Song" ou "Take Me to the Pilot", ouvia-se certo suingue e fervor que eu captara ao tocar com Patti LaBelle e Major Lance, mas também a influência clássica absorvida em todas aquelas manhãs de sábado em que fora forçado a estudar Chopin e Bartók.

Todas elas eram também o produto daquele quarto em Frome Court. Quando compúnhamos, dois grupos eram presença constante no estéreo da Littlewoods. Um era o duo de rock-soul Delaney & Bonnie. Eu era totalmente obcecado pelo som de seu tecladista, Leon Russell. Era como se ele tivesse entrado em minha mente e descoberto exatamente como eu gostaria de tocar piano antes de saber fazê-lo. Conseguira sintetizar toda a música que eu amava – rock'n'roll, blues, gospel, country – num único estilo inteiramente natural.

E o outro era The Band. Ouvíamos sem parar seus dois primeiros álbuns. Assim como o piano de Leon Russell, suas canções soavam como se alguém tivesse acendido uma tocha e nos mostrado um novo caminho a seguir, uma forma de fazermos aquilo que queríamos fazer. "Chest of Fever", "Tears of Rage", "The Weight": era algo assim que almejávamos compor. Bernie ficava doido com as letras. Desde a infância, adorava histórias de coragem da América mítica, e eram elas o que The Band contava: "Virgil Caine is the name and I served on the Danville train, 'til Stoneman's cavalry came and tore the tracks up again".* Músicos brancos que faziam *soul music* sem regravar "In the Midnight Hour" ou recorrer a algo que fosse uma pálida imitação de artistas negros. Era uma revelação.

Mostramos a Dick as demos das novas canções e ele ficou estupefato. Sem levar em conta as vendas de *Empty Sky*, disse querer um novo álbum. E mais, iria nos dar £ 6 mil para produzi-lo. Uma formidável demonstração de fé. Era uma quantia incrível para se gastar num álbum naquela época, em especial tratando-se de um artista que

---

* "Virgil Caine é meu nome e servi no trem de Danville / Até a cavalaria de Stoneman chegar e explodir mais uma vez os trilhos."

mal vendera alguma coisa até então. Mas, sem duvidar da confiança que Dick tinha em nós, também acho que talvez tenha sido forçado a aumentar a aposta. Bernie e eu havíamos feito amizade com Muff Winwood, irmão de Stevie, que trabalhava para a Island Records e morava não muito longe de Frome Court – creio termos literalmente esbarrado nele certa vez no trem de volta para Pinner. Íamos umas duas noites por semana à sua casa, levando uma garrafa de Mateus Rosé e uma caixa de chocolates para sua esposa Zena – *quanta* sofisticação! –, para jogar totó ou Banco Imobiliário e colher dicas de Muff sobre a indústria musical. Quando ele ouviu as novas canções, ficou muito animado e quis nos levar para a Island, uma gravadora muito maior e mais bacana do que a DJM. Ouvir falar de concorrência pode ter estimulado Dick a abrir o cofre.

Qualquer que tenha sido a razão, o dinheiro nos permitiria gravar fora da DJM, em um estúdio de verdade, o Trident, no SoHo. Steve Brown sugeriu procurarmos um produtor independente: Gus Dudgeon, do single "Space Oddity", de David Bowie, que chegara ao topo da parada e cujo som todos amávamos. Agora teríamos verba para um naipe de cordas e um arranjador, Paul Buckmaster, também ligado a "Space Oddity". Quando Paul apareceu, mais parecia D'Artagnan – seu cabelo era comprido e repartido no meio, tinha cavanhaque e usava um chapelão. Parecia algo excêntrico, o que acabaria por se revelar uma impressão inicial enganosa. Não era algo excêntrico. Era excêntrico a ponto de termos a sensação de ser louco de pedra. Postava-se em frente à orquestra e fazia ruídos com a boca para indicar o que desejava que os músicos fizessem: "Não sei descrever o que quero, mas quero que façam um som assim". E saía exatamente como ele queria. Era um gênio.

A verdade é que aquela gravação foi estranhamente mágica no geral. Eu, Gus, Steve e Paul havíamos planejado tudo antecipadamente – as canções, o som, os arranjos – e tudo se encaixou à perfeição. Mal havia encostado num cravo até alugarmos um para "I Need You To Turn To"; era um instrumento bastante difícil de tocar, mas eu consegui. Estava morrendo de medo de tocar ao vivo com uma orquestra, mas fiz uma preparação mental, disse a mim mesmo que o momento havia chegado, algo estava finalmente por acontecer. Todos aqueles clubes mixurucas com Long John Baldry e seu gravador de fita, todas as horas de estúdio como músico contratado, Derf a circular pela plateia colhendo gorjetas com o copo de cerveja no Northwood Hills

Hotel, Bernie e eu fugindo de Furlong Road e dos sonhos de Linda de me transformar em Buddy Greco: tudo aquilo havia me trazido até aquele momento. E funcionou. O álbum ficou pronto em quatro dias.

Sabíamos ter feito algo bom, algo que nos faria subir de patamar. E acertamos. Lançado em abril de 1970, *Elton John* teve críticas excelentes, foi tocado no programa de John Peel e entrou timidamente nas paradas. Começaram a surgir ofertas para tocar na Europa, ainda que em cada uma dessas ocasiões algo bizarro acontecesse. Em Paris, algum gênio nos colocou para abrir o show de Sérgio Mendes & Brasil '66. Uma plateia que esperava uma noite de bossa nova nos mostrou sua satisfação por ampliarmos inesperadamente seus horizontes musicais expulsando-nos do palco sob vaias. Quando chegamos a Knokke, na Bélgica, descobrimos que não iríamos tocar: tratava-se de um concurso de canções televisionado. Fomos à Holanda para aparecer num programa de TV e, em vez de nos deixar tocar, insistiram em me filmar num parque fazendo playback de "Your Song" com um microfone enquanto ao meu redor, sabe-se lá por qual razão, atores fingiam ser *paparazzi* tirando fotos minhas. De vez em quando algum canal de TV ainda exibe esse vídeo. Minha cara é de absoluta fúria, como se estivesse a ponto de socar alguém – uma representação bem fiel do que eu sentia, mas não exatamente a melhor forma de apresentar uma doce balada sobre o desabrochar do amor.

Em casa, porém, o boca a boca certamente se espalhava. Em agosto, tocamos no Krumlin Festival, em Yorkshire, e era para ter sido um desastre. Era um descampado no meio dos pântanos. Um frio de rachar, chuva torrencial e desorganização total. Ainda estavam montando o palco na hora de o festival começar, dando tempo às bandas que deveriam estar tocando para começarem a criar caso quanto à ordem dos shows. Eu não tinha a menor disposição para aquilo: simplesmente entramos em cena, distribuímos brandy ao público e arrasamos, enquanto o Atomic Rooster e o The Pretty Things, atrás do palco, continuavam a discutir qual banda era maior do que a outra. Comecei a avistar gente famosa na plateia dos shows em Londres, um sinal de que começava a circular na indústria musical a informação de que valia a pena dar uma checada na gente. Algumas semanas antes do Krumlin, Pete Townshend, do The Who, e Jeff Beck haviam aparecido no nosso show no clube Speakeasy, que substituíra o Cromwellian e o Bag O' Nails como o grande point da indústria musical na cidade. Fomos chamados a tocar "Border Song" no *Top of the Pops*: nossa aparência não ajudou muito as vendas do single, mas Dusty Springfield foi ao nosso camarim se apresentar e se oferecer para dublar *backing vocals* durante nossa aparição. Fiquei de queixo caído. Eu viajara até Harrow para vê-la ao vivo com os Springfields quando ainda estava na escola e ficara de bobeira perto da porta de saída dos artistas depois, só para vê-la de novo: passara por mim com um top lilás e uma saia rosa-chá, incrivelmente chique. Eu fizera parte de seu fã-clube no início da década de 1960 e tinha pôsteres seus na parede do quarto.

O único obstáculo ao nosso progresso era Dick: ele encasquetara que tínhamos de ir tocar nos Estados Unidos. Havia conseguido vender o álbum a uma gravadora de lá chamada Uni – uma divisão da MCA – e não parava de falar sobre o quanto eles estavam entusiasmados e como queriam que fizéssemos algumas apresentações em clubes. Eu não via motivo e expus minha opinião. Algo estava começando a acontecer na Inglaterra. Os shows estavam ótimos, o álbum vendia razoavelmente e Dusty Springfield gostava de mim. Bernie e eu compúnhamos uma canção atrás da outra – já havíamos começado a trabalhar nas demos do álbum seguinte. Para que deixar passar a maré favorável e ir aos Estados Unidos, onde ninguém sabia quem eu era?

Quanto mais eu argumentava, mais irredutível ele se tornava. Foi quando surgiu uma corda salva-vidas. Após o show do Speakeasy, Jeff Beck me convidara a aparecer no Chalk Farm, onde ele ensaiava, para levar um som. Seu agente então solicitou uma reunião na DJM. Jeff queria realmente que eu, Dee e Nigel fôssemos sua banda de apoio numa turnê americana. E durante a apresentação eu teria um momento solo no qual poderia cantar minhas próprias canções. A oferta parecia incrível. Jeff Beck era um dos melhores guitarristas que eu conhecia. Seu último álbum, *Beck-Ola*, fora um sucesso estrondoso. É verdade que só ficaríamos com 10% dos lucros de cada noite, mas 10% do que Jeff Beck faturava já era bem mais do que estávamos ganhando. E o importante era a exposição. Seriam plateias grandes, e eu tocaria minhas canções para elas – não como um artista completamente desconhecido, mas como parte da banda de Jeff Beck. Não como uma atração de abertura que todos poderiam muito bem ignorar, mas no meio da apresentação principal.

Estava a ponto de perguntar-lhes onde deveria assinar quando Dick disse para o agente de Beck que podia enfiar seus 10% lá mesmo. O que dera nele? Tentei o contato visual no intuito de comunicar-lhe em silêncio que seria uma sábia consideração calar a boca imediatamente. Ele não olhava para mim. O agente disse que era pegar ou largar. Dick deu de ombros.

"Te garanto", disse ele, "que dentro de seis meses Elton John vai estar faturando o dobro do que Jeff Beck ganha."

Hein? Puta que pariu, Dick, seu idiota. *Pra que* dizer uma coisa dessas? Aquilo soava tremendamente como uma frase que me perseguiria pelo resto da carreira. Já conseguia me enxergar dali a cinco anos, ainda na batalha, tocando em clubes, O Cara que Iria Ganhar o Dobro do que Jeff Beck Ganha. O agente foi embora de imediato – na maior pressa para informar ao resto da indústria musical que Dick James não batia bem, provavelmente –, mas Dick não estava nem aí. Eu não precisava de Jeff Beck. Poderia ir aos Estados Unidos sozinho. As canções de *Elton John* eram ótimas. A banda, fantástica ao vivo. A gravadora americana estava totalmente comprometida conosco. Iriam fazer o possível e o impossível para nos promover. Um dia eu agradeceria a ele.

De volta a Frome Court, conversei com Bernie. Ele sugeriu que encarássemos a coisa toda como férias. Poderíamos visitar lugares que só tínhamos visto na TV ou em filmes – o número 77 da Sunset Strip, a mansão da Família Buscapé. Ir à Disneylândia. Comprar discos. Além disso, a gravadora americana iria fazer o possível e o impossível para nos promover. Provavelmente mandariam uma limusine ao aeroporto para nos pegar. Ou talvez um Cadillac. Um Cadillac!

Lá estávamos nós ajustando a vista ao sol de Los Angeles, nosso pequeno grupo – eu e Bernie, Dee e Nigel, Steve Brown e Ray Williams, que a DJM designara como meu empresário, nosso roadie Bob e David Larkham, o autor das capas de *Empty Sky* e *Elton John*. Todos atordoados, de fuso virado, e tentando entender por que havia um típico ônibus londrino vermelho-sangue estacionado na saída do aeroporto LAX. Um típico ônibus londrino vermelho-sangue com o meu nome na lateral: CHEGOU ELTON JOHN. Um típico ônibus londrino vermelho-sangue no qual Norman Winter, o nosso relações-públicas americano, nos chamava a embarcar. Bernie e eu trocamos um rápido olhar consternado. "Ai, caralho, isso é a nossa limusine, né?"

É impossível conceber a lentidão de um ônibus Routemaster londrino até pegar um do LAX até Sunset Boulevard. A viagem levou duas horas e meia, em parte porque o troço não passa de 60 km/h, em parte porque tivemos de dar uma volta enorme – é proibido a um ônibus de dois andares trafegar na *freeway*. De canto de olho, via Bernie afundar cada vez mais no assento, a ponto de não dar para vê-lo do lado de fora, talvez para evitar que Bob Dylan ou um membro da The Band de passagem risse da sua cara.

Certamente não era como eu imaginava nossa chegada à Califórnia. Não fosse pelas palmeiras que via pela janela e por estar cheio de americanos no ônibus – o staff da Uni Records –, aquilo era igual a pegar o 38 até Clapton Pond. Ali fui apresentado à primeira diferença entre gravadoras inglesas e americanas. Na Inglaterra, por mais que a gravadora ame você, por mais apaixonadamente que trabalhe no seu álbum, tudo é temperado com certa reserva, uma tendência natural à discrição e ao humor seco. Nos Estados Unidos, claramente não era este o caso: o entusiasmo era incessante, um tipo totalmente diferente de energia. Ninguém jamais falara comigo da forma como Norman Winter estava falando: "Vai ser um estouro, fizemos isto, fizemos aquilo, Odetta vai ao show, o Bread vai ao show, os Beach Boys vão ao show, vai ser incrível". Ninguém jamais falara *tanto* comigo quanto Norman Winter: na minha percepção, a boca dele não havia se fechado por um minuto desde que se apresentara no portão do desembarque. Era ao mesmo tempo surpreendente e estranhamente empolgante.

E tudo o que ele disse se revelaria verdade. Norman Winter e seu departamento de promoções *haviam* feito isto e feito aquilo: lojas de discos em LA tinham o disco em estoque e pôsteres em exposição, entrevistas estavam marcadas, astros aos montes haviam sido convidados para o show. Alguém convencera meu colega de gravadora Neil Diamond a subir ao palco e me apresentar. David Ackles iria *abrir* o show para mim, o que soava completamente absurdo.

"Mas David Ackles é da *Elektra!*", contestava timidamente Bernie, lembrando quantas horas havíamos passado em Frome Court a ouvir seu álbum de estreia e falar da incomparável aura descolada da Costa Oeste da gravadora que o lançara: a Elektra, comandada pelo grande Jac Holzman, a casa de The Doors e do Love, de Tim Buckley e de Delaney & Bonnie.

Tratava-se de um trabalho fantástico, de uma equipe apaixonada e engajada que usara toda a sua experiência em criar badalação. Milagrosamente, haviam transformado num acontecimento o show de um desconhecido num lugar para trezentas pessoas E o efeito cascata daquilo sobre mim certamente foi profundo. Antes, eu tinha dúvidas quanto à ideia de tocar nos EUA; agora estava morrendo de medo. Quando Ray organizou um dia de passeio a Palm Springs e todos foram, sabiamente preferi ficar sozinho no hotel e me concentrar na questão urgente do pânico de subir ao palco. Quanto mais surtava, mais furioso ficava. Como ousavam os outros ir a Palm Springs para se divertir quando deviam ter ficado comigo no hotel, estupidamente doentes de preocupação? Na ausência de qualquer pessoa com quem gritar, liguei para Dick James em Londres e gritei com ele. Ia voltar para a Inglaterra. Naquele minuto. Eles que enfiassem no rabo o show, a lista de convidados badalada e a apresentação por Neil Diamond em pessoa. Dick precisou usar todos os seus poderes de persuasão de tiozão para me impedir de fazer as malas. Acabei resolvendo ficar e dividir o tempo que restava antes do show entre compras de discos e leves ataques de mau humor sempre que alguém mencionava Palm Springs.

Lembro com absoluta clareza de dois aspectos do primeiro show no Troubadour. Um é que os aplausos que ouvi ao subir ao palco tinham uma característica ligeiramente curiosa: vinham acompanhados de uma espécie de murmúrio de surpresa, como se o público esperasse outra pessoa. De certa forma, creio ter sido isso mesmo. A capa do álbum *Elton John* é escura e melancólica. Os músicos na contracapa exibem aparência despojada, algo hippie – eu estou de camiseta preta e colete de crochê. Era por aquele sujeito que estavam esperando: um cantor e compositor amuado, introspectivo. Mas duas semanas antes de viajar, quando saí para comprar roupas novas, fui a uma loja em Chelsea chamada Mr. Freedom, sobre a qual havia um boca a boca forte: o designer Tommy Roberts não impunha freios à imaginação, fazia roupas que pareciam ter sido concebidas por um cartunista. As da vitrine eram tão ousadas que fiquei horas zanzando pela calçada, criando coragem para entrar. Ao fazê-lo, Tommy Roberts foi tão amistoso e entusiasmado que me convenceu a comprar um lote de roupas que nem Tony King consideraria usar em público. Ao vesti-las, me senti diferente, como se expressasse um lado da minha personalidade até então oculto, um desejo de chocar, de ser exagerado. Creio que tudo remetia àquela foto de Elvis vista por acaso no barbeiro em Pinner, ainda na infância: eu havia gostado daquela sensação de espanto, de ver um astro que levava sua mente a viajar tentando entender que diabo era aquilo. As roupas da Mr. Freedom não eram ousadas por serem sexy ou ameaçadoras. Eram ousadas por serem maiores do que a vida, mais divertidas do que o mundo ao seu redor. Eu as amava.

Antes de subir ao palco do Troubadour, vesti-as todas de uma vez. E assim, em vez de um cantor e compositor hippie e introspectivo, a plateia se deparou com um homem de calça jeans amarelo-berrante, camiseta de manga comprida com estrelas estampadas por todos os lados e um par de botas pesadas de operário, também de cor amarelo-berrante, e das quais se projetavam enormes asas azuis. Nos Estados Unidos da década de 1970, não era esse o visual de cantores-compositores sensíveis. Nos Estados Unidos da década de 1970, não era esse o visual de ninguém com a cabeça no lugar.

E o outro detalhe de que me lembro com absoluta clareza é de dar uma espiada na plateia enquanto tocávamos, tomar um susto e morrer de vergonha ao avistar Leon Russell na segunda fila. Não vira qualquer dos astros da galáxia supostamente reunida ali, mas era impossível não reparar nele. Sua aparência era incrível, a vasta cabeleira prateada e a longa barba a emoldurar um rosto impassível, firme. Não conseguia tirar os olhos dele, ainda que me desse uma tonteira. Estava tudo indo tão bem – Dee e Nigel afiados, havíamos começado a relaxar e estender um pouco as canções. E agora, de um momento para o outro, estava tão nervoso quanto no dia do passeio a Palm Springs, no hotel. Era como um daqueles pesadelos terríveis em que você está de volta à escola em dia de prova e de repente percebe estar sem calça e sem cueca: no show mais importante de sua carreira, ali está seu ídolo na plateia, impassível, a encará-lo.

Tinha de recuperar a calma. Tinha de fazer algo para afastar da mente a imagem de Leon Russell me vendo tocar. De supetão, fiquei de pé e chutei a banqueta. Dobrei os joelhos, martelando as teclas como Little Richard. Me agachei, me equilibrando numa mão enquanto tocava com a outra, a cabeça embaixo do piano. E então me levantei, joguei o corpo para a frente e os pés para o alto, me equilibrando no teclado. A julgar pelo ruído da plateia, ninguém esperava aquilo também.

Após o show, na muvuca do camarim lotado, eu estava atordoado. O show havia sido incrível. Todos os ingleses estavam em êxtase. O ritmo e a intensidade da fala de Norman Winter sugeriam termos visto no caminho do aeroporto o que era na verdade sua versão mais relaxada e lacônica. O pessoal da Uni Records não parava de trazer gente para me cumprimentar. Jornalistas. Celebridades. Quincy Jones. A esposa de Quincy Jones. Os filhos de Quincy Jones. Pelo jeito ele levara a família inteira. Eu já não assimilava mais nada.

Foi quando congelei. Debaixo do vão da porta, visível por trás do ombro de algum dos trocentos parentes de Quincy Jones, lá estava Leon Russell. E havia começado a abrir caminho entre as pessoas na minha direção. Seu rosto, tão impassível e firme quanto havia parecido do palco: não parecia se tratar de um homem que tivesse acabado de curtir a melhor noite de sua vida. Caralho. Fui desmascarado. Ele vai apontar para todo mundo a fraude que eu sou. Vai dizer que eu não sei tocar piano.

Ele apertou minha mão e perguntou como eu estava. Falava com um sotaque discreto de Oklahoma. E disse então que o show havia sido ótimo. E perguntou se eu não queria fazer uma turnê com ele.

Os dias seguintes transcorreram como um sonho estranho e febril. Fizemos mais shows no Troubadour, todos lotados, todos fantásticos. Mais celebridades apareceram. A cada noite, remexia mais a fundo na mala de roupas da Mr. Freedom, desencavava itens mais e mais escandalosos, até que me vi a encarar uma plateia de astros de rock e formadores de opinião de Los Angeles usando shortinho apertado prateado com as pernas de fora e uma camiseta com a inscrição ROCK AND ROLL em lantejoulas. Leon Russell foi de novo ao camarim e me deu sua receita caseira de remédio para irritação na garganta, como se fôssemos velhos amigos. A Uni Records levou-nos todos à Disneylândia, e eu comprei uma batelada de álbuns na Tower Records da Sunset Strip. A crítica publicada pelo *LA Times* era assinada pelo editor de música, Robert Hillburn. "Regozijem-se", era a primeira palavra. "O rock, que ultimamente vem passando por um período dos mais chochos, tem um novo astro. Seu nome é Elton John, um inglês de 23 anos cuja estreia no Troubadour, na noite de terça-feira, foi, por quase todos os ângulos, magnífica." Puta que pariu. Bob Hillburn era um figurão: eu sabia que ele estivera no show, mas não fazia ideia de que iria escrever aquilo. Quando a resenha saiu, de repente Ray Williams se viu inundado de ofertas de promotores americanos de shows. Foi decidido que ficaríamos mais tempo por lá e faríamos mais shows, em São Francisco e Nova York. Eu dava uma entrevista atrás da outra. O álbum *Elton John* tocava em todas as rádios FM. Uma rádio de Pasadena, a KPPC, publicou um anúncio de página inteira no *Los Angeles Free Press* literalmente me agradecendo por ter ido ao país.

Como todo mundo sabe, a fama, em especial a repentina, é oca, rasa e perigosa, e seus poderes sombrios e sedutores não substituem o amor verdadeiro ou a amizade real. Por outro lado, quando se é terrivelmente tímido e desesperadamente necessitado de uma dose extra de confiança – alguém que passou boa parte da infância procurando ser o mais invisível possível para não atiçar o mau humor da mãe ou a ira do pai –, posso garantir que ser incensado como o futuro do rock'n'roll pelo *LA Times* e festejado por uma sucessão de seus heróis musicais é muito bem-vindo. Como prova, apresento-lhes o espetáculo de Elton John, virgem aos 23 anos, um homem que nunca deu uma cantada em ninguém na vida, na noite de 31 de agosto de 1970. Estou em São Francisco, onde tenho show marcado dentro de alguns dias, passando a noite no Fillmore, assistindo à banda inglesa de folk-rock Fairport Convention – como eu, sobreviventes das infernais poças d'água do Krumlin Festival – e sendo apresentado ao dono do local, o lendário promotor de shows Bill Graham, que deseja me agendar para sua casa nova-iorquina, o Fillmore East. Mas não estou concentrado no Fairport Convention ou em Bill Graham. Pois decidi que é hoje que vou seduzir alguém. Ou me permitir ser seduzido. Certamente um ou outro: qualquer dos dois serve.

Eu descobrira que John Reid estaria por acaso em São Francisco na mesma época que eu, para as celebrações do décimo aniversário da Motown Records. Desde que o conhecera por intermédio de Tony King, visitara-o de surpresa algumas vezes na EMI. Quaisquer débeis sinais que eu estivesse tentando dar – se é que *estava* – passaram em branco. Parecia achar que eu só o visitava para saquear a pilha de singles de *soul music* na sua sala ou para entregar cópias de meus próprios discos. Mas isso havia sido antes. Encorajado pelos acontecimentos da semana anterior, dei um jeito de descobrir onde ele estava hospedado e telefonar. Resfolegante, contei tudo o que ocorrera em LA e, da forma mais casual possível, sugeri que nos encontrássemos. Eu estava hospedado no Miyako, um agradável hotelzinho de inspiração japonesa perto do Fillmore. Quem sabe ele não queria vir tomar um drinque comigo uma noite dessas?

O show acabou. Fui ao camarim dar um oi para o Fairport, tomei alguns drinques e papeei rapidamente, e então pedi desculpas e voltei sozinho para o Miyako. Não fazia muito tempo que subira para o quarto quando me ligaram da recepção: há um sr. Reid aqui para vê-lo. Ai, meu Deus. É hoje.

QUATRO

As coisas andaram rápido após aquela noite em São Francisco. Uma semana depois, eu estava em Filadélfia dando entrevistas quando recebi um telefonema de John, que havia voltado para a Inglaterra, me contando ter esbarrado com Tony King na BBC. Ele havia contado a Tony o que ocorrera e quais eram os nossos planos. Inicialmente perplexo – "Reg? Reg é *gay*? Vocês vão morar juntos, tipo *morar juntos*?" –, Tony achara hilariante o meu desejo de que o relacionamento permanecesse discreto. "Mas como assim o Reg quer que seja discreto? Ele está com você! Qualquer um que já tenha pisado num clube gay de Londres sabe sobre *você*! Isso dá no mesmo que pendurar a porra de um sinal em neon do lado de fora da janela escrito EU SOU GAY."

Eu preferia a discrição, pois não tinha certeza de como as pessoas reagiriam caso soubessem. Não deveria ter me preocupado. Nenhum dos meus amigos ou das pessoas com quem eu trabalhava estava nem aí. Bernie, a banda, Dick James e Steve Brown: fiquei com a sensação de estarem aliviados por eu ter finalmente trepado. E fora daquele círculo não parecia passar sequer remotamente pela cabeça de ninguém que eu pudesse ser outra coisa que não hétero. Parece inacreditável hoje ninguém ter sequer desconfiado considerando-se como eu me vestia e o que fazia no palco, mas aquele era um outro mundo. Faziam apenas três anos que a homossexualidade havia deixado de ser crime na Grã-Bretanha: o conhecimento e a compreensão do assunto da parte do público em geral eram superficiais. Durante a turnê americana, todas as *groupies* lendárias daquele período – as Plaster Casters e Sweet Connie de Little Rock – davam as caras nas coxias para o evidente deleite da banda e da equipe técnica. E eu só pensava: "Pera lá, o que você veio fazer aqui? Não pode ser por *minha causa*! Ninguém te contou? E ainda que não tenham contado, acabei de subir ao palco nos braços de um fisiculturista, vestindo metade do suprimento mundial de bijuterias, lantejoulas e penas de marabu! Isso não te sugere *nada*?". Aparentemente não. Eu ia me tornar mestre em sair de fininho e me trancar no banheiro para escapar delas.

Se alguém do meu círculo achou estranho eu ir brincar de casinha com John tão rápido, não mencionou. E a rapidez com que o relacionamento progrediu acabaria sendo apenas a primeira indicação de como eu era. Era o tipo de pessoa que conhecia alguém, ficava imediatamente nas nuvens e começava a planejar uma vida conjunta. Incapaz de diferenciar uma paquera de amor verdadeiro, já enxergava a cerquinha branca do jardim e uma eternidade de êxtase conjugal antes de sequer dirigir a palavra à pessoa. Depois, quando me tornei realmente famoso, isso virou um terrível problema tanto para mim quanto para o objeto da minha afeição. Eu insistia para que a pessoa largasse a própria vida para me acompanhar nas turnês, e o resultado era sempre desastroso.

Mas estamos nos adiantando. Eu realmente estava apaixonado por John – aquele típico primeiro amor, intenso, inocente, ingênuo. E acabara de descobrir o sexo. Fazia sentido irmos morar juntos. Naquelas circunstâncias, minha situação de moradia estava longe da ideal. Seja alguém hétero ou gay, é igualmente difícil administrar um relacionamento significativo de caráter sexual morando no quarto de hóspedes da casa da mãe e com o parceiro musical tentando dormir na parte de baixo do beliche.

Quando voltei dos Estados Unidos, começamos juntos a procurar apartamento para alugar. Achamos um num empreendimento chamado Water Gardens, perto da Edgware Road: quarto, banheiro, sala e cozinha. Bernie foi morar temporariamente com Steve Brown. Também se apaixonara na Califórnia por uma garota chamada Maxine, no famoso passeio a Palm Springs. Não admira que tenha querido tanto ir para lá.

As últimas pessoas a quem contei foram minha mãe e Derf. Esperei até algumas semanas depois de ter me mudado. Acho que estava criando coragem. Finalmente achei ter chegado o momento certo na noite em que John e eu iríamos ver Liberace no London Palladium. Tínhamos ingressos, mas disse a John para ir sozinho, pois naquela noite eu precisava ligar para mamãe. Estava nervoso, mas o telefonema foi tranquilo. Disse a ela que era gay e a reação foi de absoluta naturalidade. "Ah, nós sabemos. Faz muito tempo que sabemos disso." Na época atribuí sua consciência da minha sexualidade ao poder místico intangível da intuição de uma mãe, embora hoje, olhando para trás, veja que ela e Derf provavelmente suspeitaram do que ocorria ao me ajudarem a levar minhas coisas para Water Gardens e perceberem que morava num quarto e sala com outro homem.

Mamãe não ficou exatamente exultante com o fato de eu ser gay – falou alguma coisa sobre estar me condenando a uma vida de solidão, o que não parecia fazer muito sentido considerando-se que eu estava num relacionamento – mas ao menos não me renegou ou se recusou a aceitar. O bizarro foi quando John chegou em casa, me dando a impressão de ter tido uma noite bem mais estressante do que a minha. Na metade do show, Liberace anunciara inesperadamente ter um convidado muito especial na plateia, um novo e brilhante cantor que iria se tornar um grande astro: "...e eu sei que ele está aqui esta noite, e vou fazê-lo se levantar e acenar para todos vocês, pois ele é fabuloso... Elton John!". Na suposição de que minha relutância em aparecer se devia à modéstia, Liberace começara a ficar cada vez mais solícito – "Vamos lá, Elton, não seja tímido, o público quer te ver. Vocês não querem ver Elton John, senhoras e senhores? Estou lhes dizendo, este cara vai estourar! Vamos aplaudi-lo calorosamente e ver se conseguimos que ele dê um alô". Enquanto isso, um enorme holofote cruzava as fileiras da plateia em vão. No relato de John, Liberace ficou um século insistindo naquilo, e o público foi ficando a princípio inquieto e depois audivelmente irritado com minha grosseira recusa em dar as caras. Enquanto isso, a única pessoa na casa que sabia onde Elton John havia se enfiado estava cada vez mais preocupada com a possibilidade de tornar-se o primeiro ser humano na história a morrer de constrangimento. Finalmente Liberace desistiu. De acordo com John, ele ainda sorria, mas algo na forma como irrompeu *Rapsódia Húngara* de Liszt adentro sugeria um estado de fúria assassina.

À parte o fato de arruinar um concerto de Liberace enquanto saía do armário perante meus pais, estava vivendo no paraíso. Finalmente podia ser quem eu era, não ter medo de sê-lo, não ter medo de sexo. Quando digo que foi John quem me ensinou a ser devasso, o faço sem maldade alguma. Como dissera Tony, John conhecia de fato a cena gay, os clubes e os pubs. Íamos ao Vauxhall Tavern para ver Lee Sutton, uma *drag queen* fabulosa – "Meu nome é Lee Sutton, D.S.M., O.B.E.: Dirty Sex Maniac, On the Bed with Everybody"* – e ao clube Sombrero, na Kensington High Street. Fazíamos jantares e outros músicos apareciam. Certa noite, depois que fomos assisti-lo ao vivo, Neil Young voltou para casa conosco e, após alguns drinques, decidiu tocar inteiro para nós, às duas da manhã, o álbum que ainda iria lançar. Já cientes de que uma festa improvisada estava acontecendo devido ao som horripilante de minha amiga Kiki Dee, bêbada, enfiando a cara numa porta de vidro enquanto carregava uma bandeja com todas as nossas taças de champanhe, os vizinhos ficaram visivelmente ouriçados ao ouvirem Neil Young tocar seu novo álbum. E foi assim que ouvi pela primeira vez a clássica "Heart of Gold", num arranjo singular para piano solo, voz e vassoura do vizinho batendo à toda no teto, com acompanhamento de gritos implorando para Neil Young calar a boca.

De repente, minha carreira ganhara impulso. Não éramos tão grandes no Reino Unido quanto nos Estados Unidos, mas a banda e eu havíamos voltado da América com um novo senso de propósito. Tanta gente nos validara e ratificara por lá que sabíamos agora estar no rumo certo. As notícias de Los Angeles haviam chegado à Inglaterra e, de repente, a imprensa se interessara. Uma revista hippie chamada *Friends* mandou um jornalista para me entrevistar. Mostrei a ele duas faixas que já havíamos gravado para o álbum seguinte, *Tumbleweed Connection*, e sua reação no artigo foi tão deslumbrada quanto havia sido a de Robert Hillburn: "Creio que, juntamente com seu letrista, ele possivelmente se tornará o melhor, e quase certamente o mais popular compositor da Inglaterra e, em algum momento, do mundo". Tocamos no Royal Albert Hall, abrindo para o Fotheringay, uma banda formada pela ex-cantora do Fairport Convention, Sandy Denny. Como a plateia do Troubadour, eles também esperavam um cantor-compositor sensível – o complemento perfeito ao som deles, um folk-rock melancólico – e, em vez disso, eu trouxe rock'n'roll,

---

* "Maníaca sexual e pervertida, na cama com todo mundo". As iniciais D.S.M. e O.B.E., por sua vez, são uma ironia com condecorações de caráter oficial – D.S.M. sendo Distinguished Service Medal (Medalha por Serviços Notáveis), e O.B.E., Order of the British Empire (Ordem do Império Britânico). (N.T.)

roupas da Mr. Freedom e saltos sobre o teclado do piano com os pés para trás. Com tanta adrenalina e confiança, como eles iriam entrar depois de nós? Óbvio que, quando a adrenalina baixou e me dei conta do que havíamos feito, me senti péssimo. Sandy Denny era uma das minhas heroínas, uma vocalista fantástica. Aquele seria o seu grande show de lançamento da nova banda e eu o havia arruinado. Saí de fininho, morrendo de vergonha, antes mesmo de eles subirem ao palco.

Mas o momento me parecia perfeito. A década de 1960 havia terminado, os Beatles haviam se separado e uma nova onda de artistas começava a acontecer toda ao mesmo tempo: eu, Rod Stewart, Marc Bolan, David Bowie. Musicalmente éramos todos muito diferentes, mas em certos aspectos éramos farinha do mesmo saco. Todos londrinos de classe operária, todos havíamos passado a década anterior contemplando sonhos a distância, ralando no mesmo circuito de clubes noturnos e nunca conseguindo chegar aonde queríamos. E todos nos conhecíamos. Nossos caminhos haviam se cruzado nas coxias de clubes de r&b e em shows no Roundhouse. Nunca fui grande amigo de Bowie. Amava sua música e socializamos umas poucas vezes, visitando o Sombrero com Tony King e jantando juntos em Covent Garden enquanto ele ensaiava para a turnê de *Ziggy Stardust*, mas ele sempre tinha um ar distante, algo aéreo, ao menos na minha presença. Honestamente não sei dizer qual era o problema, mas estava na cara que havia algum. Anos depois, me daria várias alfinetadas em entrevistas: a mais famosa foi quando me chamou de "bicha pobre do rock'n'roll", ainda que, sendo justo, estivesse totalmente cheirado ao dizê-lo.

Mas Marc e Rod eu adorava. Não poderiam ser mais diferentes. Marc parecia ter vindo de outro planeta: tinha certa qualidade etérea, como se estivesse somente de passagem pela Terra a caminho de algum outro lugar. Dava para sentir na sua música. "Ride a White Swan" tocava direto no rádio quando nos mudamos para Water Gardens, e soava diferente de tudo, não se entendia bem de onde ele vinha. Em pessoa, era assim mesmo. Era maior do que a vida – hétero, mas muito espalhafatoso – e ao mesmo tempo incrivelmente bondoso e gentil. Claramente tinha um ego enorme, mas também não parecia se levar nada a sério. Conseguia sei lá como ser ao mesmo tempo absolutamente sedutor e totalmente, descaradamente, enrolador. Dizia os maiores disparates na maior cara de pau: "Querido, vendi um milhão de discos hoje de manhã". E eu pensava: Marc, *ninguém na história da música* jamais vendeu um milhão de discos numa manhã, muito menos você. Mas tinha algo de tão atraente e cativante que eu não conseguia abrir a boca para contrariá-lo. Acabava indo na onda. "Um milhão, Marc? Parabéns! Incrível!"

De Rod eu já ouvia falar havia anos por causa da conexão com Long John Baldry, mas só fui conhecê-lo de fato depois de ele gravar "Country Comfort", uma das canções novas que havia mostrado ao jornalista da *Friends*. Ele mudou a letra, e reclamei à beça disso nos jornais: "Soa como se ele estivesse inventando a letra na hora! Nem cantando 'The Camptown Races' ele teria se afastado tanto do original!". Ali foi ditado o tom da nossa amizade. Temos muito em comum. Ambos amamos futebol e colecionamos obras de arte. Ambos fomos criados no pós-guerra por famílias de poucas posses, portanto nenhum de nós jamais ficou sem jeito de aproveitar os frutos do sucesso, digamos. Mas o que nos une de fato é o senso de humor. Para um homem com a conhecida obsessão de vida inteira por louras com pernões, Rod tem senso de humor surpreendentemente teatral. Na década de 1970, quando começamos a inventar nomes de *drag queens* para nós, ele embarcava feliz da vida. Eu era Sharon, John era Beryl, Tony era Joy e Rod era Phyllis. Há quase cinquenta anos, sacaneamos e tentamos pregar peças um no outro. Quando a imprensa especulava se meu cabelo estava caindo e se começara ou não a usar peruca, lá vinha na certa um presente de Rod: um daqueles secadores de cabelo antiquados com formato de capacete debaixo dos quais as velhas costumavam se sentar nos salões. Disposto a retribuir tamanha consideração, eu lhe enviava um andador recoberto de luzes pisca-pisca de Natal. Até mesmo hoje em dia, se reparo que ele lançou um álbum e está vendendo melhor do que o meu, sei que é mera questão de tempo até chegar o e-mail: "Olá, Sharon, escrevo só pra dizer que sinto muito pelo seu disco não estar nem no Top 100, querida. Que pena, e logo quando o meu vai tão bem! Com amor, Phyllis".

O auge disto foi no início da década de 1980, quando Rod ia tocar em Earls Court. Para promover o show, puseram um dirigível a flutuar sobre o local com o rosto dele pintado. Eu estava em Londres naquele fim de semana e dava para vê-lo da janela do meu quarto de hotel. Não iria perder uma oportunidade tão boa. Liguei para meus empresários e eles contrataram alguém para derrubá-lo: aparentemente caiu em cima de um ônibus de dois andares e foi visto pela última vez a caminho de Putney. Cerca de uma hora depois, toca o telefone. Era Rod, falando aos tropeções sobre o sumiço.

"Onde foi parar a merda do meu balão? Foi você, não foi? Piranha escrota!"

Um ano depois, eu iria tocar no Olympia e os promotores haviam pendurado um *banner* gigantesco de uma ponta a outra da rua. Foi misteriosamente cortado logo após ser colocado. O telefonema a me informar da sabotagem foi de Rod, que curiosamente parecia muito bem-informado sobre as circunstâncias do acontecido.

"Que pena o que aconteceu com seu *banner*, querida. Ouvi falar que não ficou nem cinco minutos pendurado. Aposto que nem deu pra você ver."

Nem bem havia me mudado para Water Gardens e já estava de volta aos Estados Unidos para mais uma turnê. É um país enorme e, em sua maior parte, não está nem aí se o *LA Times* chama você de futuro do rock. É preciso dar as caras e mostrar às pessoas o que você pode fazer. Além disso, tínhamos um novo álbum a promover – *Tumbleweed Connection* já estava terminado: gravado em março de 1970, foi lançado no Reino Unido em outubro. É como se fazia na época. Ninguém levava três anos para gravar um álbum. Gravava-se rápido, lançava-se logo, aproveitava-se a maré favorável trazendo sempre alguma novidade. A mim caía bem. Odeio perder tempo no estúdio. Creio se tratar de herança da época de músico contratado ou daquelas gravações de demos na calada da noite na DJM: estávamos sempre trabalhando contra o relógio.

Saímos em zigue-zague Estados Unidos afora então, geralmente como atração de abertura, tocando com Leon Russell, The Byrds, Poco, The Kinks e a nova banda de Eric Clapton, Derek & the Dominos. A ideia foi do meu agente de shows, Howard Rose, e era perspicaz: não faça o show principal, faça a abertura, deixe nas pessoas o gostinho de voltar e assistir a um show completo. Todos os artistas para quem abrimos foram de uma bondade e uma generosidade incríveis para conosco, mas era uma trabalheira. A cada noite, subíamos ao palco com a intenção de roubar o show. Saíamo-nos muito bem e pensando termos ofuscado os *headliners*, mas toda noite eles subiam ao palco e então tocavam ainda melhor. Fala-se muito que Derek & the Dominos eram uma catástrofe, empapuçados de heroína e álcool, mas quem os viu ao vivo naquele outono não saberia de onde veio essa fama. Foram fenomenais. Assisti ao show ao lado do palco, fazendo minhas anotações mentais. Eric Clapton era o astro, mas eu fiquei de olhos grudados foi no tecladista, Bobby Whitlock. Era de Memphis, aprendera o ofício nos estúdios da Stax e tocava com aquela paixão derivada do gospel das profundezas do Sul americano. Estar na estrada com eles ou com Leon era como nos tempos do Bluesology, acompanhando Patti LaBelle ou Major Lance: assistir e aprender com gente mais experiente.

Se ainda tínhamos muito a conquistar, ficou claro naquela turnê que nossa fama se espalhava. Em LA, jantamos com Danny Hutton, do Three Dog Night, e ele mencionou casualmente que Brian Wilson queria nos conhecer. Sério? Eu idolatrara os Beach Boys na década de 1960, mas sua carreira dera para trás e Brian Wilson tornara-se uma figura mítica, misteriosa – segundo as fofocas mais cabeludas, teria se tornado um recluso ou ficado louco, ou os dois. Ah, não, garantiu Danny, ele é muito fã, adoraria uma visita sua.

Fomos até sua casa em Bel Air, uma mansão em estilo espanhol com interfone no portão. Danny apertou o botão e disse que estava ali com Elton John. Do outro lado da linha, um silêncio espectral. E então ouvimos uma voz, sem sombra de dúvida a do líder dos Beach Boys, a cantar o refrão de "Your Song": "I hope you don't mind, I hope you don't mind". Quando nos aproximamos da porta da frente, ela se abriu e dela surgiu o próprio Brian Wilson, com boa aparência – talvez mais cheinho do que na capa de *Pet Sounds*, mas nada semelhante ao esquisitão recluso mencionado nas fofocas. Demos oi. Ele ficou olhando em nossa direção e apenas balançou a cabeça. Então cantou de novo o refrão de "Your Song". Disse para subirmos e conhecermos suas filhas. Descobrimos que elas estavam na cama, dormindo. Brian as acordou. "Este é Elton John!", disse, no maior entusiasmo. Compreensivelmente, a cara de suas filhas era de perplexidade. Ele então cantou para elas o refrão de "Your Song": "I hope you don't mind, I hope you don't mind". E cantou-o de novo para nós. Àquela altura, a graça de ouvir o refrão de "Your Song" cantado diretamente para mim por um dos verdadeiros gênios da música pop já começava a se esvair. Estava me dando conta com pesar que a noite seria longa e difícil. Virei-me na direção de Bernie e trocamos certo olhar que misturava um pouco de medo, de confusão e o fato de estarmos ambos tentando desesperadamente não rir do absurdo completo da situação. Um olhar que dizia: *que porra é essa?*

Nós nos acostumaríamos cada vez mais a trocar aquele exato olhar durante os últimos meses de 1970. Fui convidado para uma festa na casa de Mama Cass Elliot, na Woodrow Wilson Drive, em LA, lugar famoso como o point por excelência dos músicos de Laurel Canyon, onde Crosby, Stills & Nash decidiram tocar juntos, onde David Crosby levou para exibir aos amigos seu novo achado, uma cantora-compositora chamada Joni Mitchell. Quando cheguei, estavam *todos* lá. Era insano, como se todas as capas de discos do meu quarto em Frome Court tivessem ganhado vida: *que porra é essa?*

Passamos por Bob Dylan na escada do Fillmore East e ele parou, se apresentou e então disse a Bernie que havia adorado a letra de uma canção de *Tumbleweed* chamada "My Father's Gun": *que porra é essa?*

Estávamos sentados nos camarins após um show em Filadélfia quando a porta se abriu e, sem anúncio, entraram cinco caras. Impossível confundir The Band com quem quer que fosse: eles pareciam ter acabado de saltar de dentro da capa do álbum que havíamos tocado quase até furar na Inglaterra. Robbie Robertson e Richard Manuel começaram a nos contar que haviam vindo de Massachusetts de avião particular só para ver o show enquanto eu tentava me comportar como se The Band saindo de avião de Massachusetts para *me* ver tocar fosse a coisa mais normal do mundo e olhava de vez em quando para Bernie, igualmente engajado numa tentativa desesperada de agir com naturalidade. Um ano atrás sonhávamos em tentar compor canções como as deles. E agora estavam todos na nossa frente, nos pedindo para que tocássemos para eles *nosso* novo álbum: *que porra é essa?*

E não só The Band queria nos conhecer. Seus empresários, Albert Grossman e Bennett Glotzer, também. Eram figuras lendárias do meio musical americano, Grossman em especial, um célebre sujeito casca-grossa, empresário de Bob Dylan desde o início da década de 1960. Quando outra cliente sua, Janis Joplin, ficou viciada em heroína, sua reação não foi intervir e sim garantir o seu lado com um seguro de vida sobre ela. Devem ter ficado sabendo que eu estava sem empresário. Ray Williams era um amor, lhe devo muito e era incrivelmente leal – chegara a batizar sua filha de Amoreena, nome de outra faixa de *Tumbleweed Connection* –, mas, após a primeira turnê americana, conversei com o resto da banda e ninguém achava ser a pessoa certa para cuidar de nossos interesses. Percebi logo ao conhecê-los, contudo, que Grossman e Glotzer também não. Pareciam personagens de filme, daqueles detonados pela crítica pelo retrato escancaradamente cartunesco de dois empresários musicais americanos de fala incessante e agressiva. Mas eram de verdade, e seus esforços conjuntos para me ganhar tiveram êxito em me deixar apavorado. Enquanto o posto estivesse vago, não iriam me deixar em paz.

"Vou te seguir até assinar comigo", disse Glotzer.

Não estava brincando. Para se livrar dele, pelo jeito, só pedindo uma ordem de restrição. Mais uma vez, o apelo de me trancar no banheiro tornou-se difícil de resistir.

Talvez tenha sido enquanto me escondia de Bennett Glotzer que me ocorreu a ideia de ter John como empresário. Quanto mais eu a considerava, mais fazia sentido. John era jovem, ambicioso e cheio de adrenalina. Fora criado em Paisley, uma zona de classe operária, nas décadas de 1950 e 1960, uma experiência que o tornara durão o bastante para lidar com o que quer que a indústria musical lhe jogasse em cima. Éramos um casal, o que o faria zelar pelos meus interesses. Era um empreendedor nato com o dom da lábia, brilhante em sua função. Não se limitava a ter conhecimento musical, mas sabia usá-lo com astúcia. No início do ano, convencera pessoalmente a Motown a lançar como single uma faixa de Smokey Robinson & The Miracles lançada em álbum havia três anos. "Tears of a Clown" chegou ao primeiro posto da parada dos dois lados do Atlântico. Vendeu tanto que Smokey Robinson teve de repensar seus planos de parar de fazer música.

Todos acharam uma boa ideia, inclusive John. Ele pediu demissão da EMI e da Motown no fim do ano, arrumou uma mesa no escritório de Dick James – ao menos a princípio foi efetivamente funcionário da DJM, ganhava um salário para atuar como uma espécie de elo entre mim e a companhia – e assim ficou tudo estabelecido. Para celebrar, trocamos meu Ford Escort por um Aston Martin. Aquela foi a minha primeira compra verdadeiramente extravagante, o primeiro sinal de que a música estava me rendendo dinheiro de verdade. Pertencia a Maurice Gibb, dos Bee Gees, e era um verdadeiro carro de popstar: um DB6 roxo, vistoso, lindo. E totalmente impraticável, como descobrimos quando John foi ao aeroporto de Heathrow receber Martha & The Vandellas. Seria um de seus últimos trabalhos para a Motown e fomos de Aston Martin, todos orgulhosos. Martha & The Vandellas ficaram impressionadas até se darem conta que teriam de se acomodar no banco de trás. Os designers haviam claramente dedicado um tempo muito maior às linhas suaves e aos contornos poéticos do que a considerar se os assentos de trás conseguiriam acomodar um lendário trio de *soul music*. Elas deram um jeito. Talvez a famosa Escola de Charme da Motown oferecesse aulas de contorcionismo. Ao volante na A40, dei uma olhada pelo retrovisor. O banco de trás parecia o metrô de Tóquio na hora do rush. Mas peraí: são Martha & The Vandellas espremidas no banco de trás do meu carro – um Aston Martin. Um ano atrás eu dirigia um Ford Escort e isso teria soado muito estranho. No banco de trás daquele carro nunca havia superastros da Motown. Mas o conceito de estranho tornava-se relativo após o ano que eu tivera.

Eu não havia tido muito tempo para ruminar sobre o quanto minha vida mudara. Estava trabalhando demais. Passamos 1971 na estrada: um vaivém entre os Estados Unidos e a Inglaterra, e depois Japão, Nova Zelândia e Austrália. Éramos agora a atração principal, mas ainda seguíamos o conselho de Howard Rose, escolhendo tocar em locais ligeiramente menores do que poderíamos encher, ou uma noite em cada cidade quando poderíamos ter lotado duas. Fizemos o mesmo na Inglaterra: continuamos a tocar nas universidades e nos clubes de rock muito depois de já termos condições de lotar teatros. É uma atitude das mais astutas: não ser ganancioso, construir uma carreira aos poucos. E era típica de Howard, um homem brilhante e sempre pronto a dar bons conselhos, e que é meu agente até hoje. Tive muita sorte quanto às pessoas com quem trabalhei no início da minha carreira nos Estados Unidos. Jovens artistas britânicos podem facilmente cair na boca dos tubarões de lá, mas eu me deparei com gente que fez tudo o que podia para fazer eu me sentir parte de uma família: não só Howard, mas também meu editor musical David Rosner e sua esposa Margo.

Se não estivesse no palco, eu estava no estúdio. Lancei quatro álbuns nos Estados Unidos em 1971: *Tumbleweed Connection*, que só saiu por lá em janeiro; a trilha sonora de um filme chamado *Friends* em março (um êxito apenas relativo, mas que ainda assim se saiu melhor do que o filme, um fracasso total), um álbum ao vivo que graváramos no ano anterior, *11-17-70*, em maio; e *Madman Across the Water* em novembro. Gravamos *Madman* em quatro dias. Era para ter sido em cinco, mas perdemos um dia por causa de Paul Buckmaster. Ele passou em claro a noite anterior ao início das gravações para terminar os arranjos – suspeito que com certa dose de ajuda química – e fez o favor de virar uma garrafa de tinta em cima da única partitura, inutilizando-a. Fiquei furioso. Era o tipo do erro que custa caro, e depois dele passamos décadas sem trabalhar juntos. Mas, mesmo sem dizer nada, também fiquei impressionado quando ele escreveu toda a partitura de novo em 24 horas. Mesmo ao fazer besteira, Paul o fazia de forma a nos lembrar que era um gênio.

E eu amo *Madman Across the Water*. Na época, fez muito mais sucesso nos EUA do que na Inglaterra: lá chegou ao Top 10, aqui não passou do número 41. Não é um álbum particularmente comercial, não contava com singles que tenham estourado e as canções eram bem mais longas e complexas do que as minhas anteriores. Algumas das letras de Bernie pareciam um diário do ano anterior. Uma canção, "All the Nasties", era sobre mim; pensava em voz alta o que aconteceria se eu saísse do armário em público: "If it came to pass that they should ask – what would I tell them? Would they criticize behind my back? Maybe I should let them".* Absolutamente ninguém reparou sobre o que eu estava cantando.

Outra coisa ocorreu durante as gravações de *Madman*. Gus Dudgeon contratou um guitarrista chamado Davey Johnstone para tocar violão e bandolim em algumas das faixas. Eu gostei muito dele – era escocês, esguio, muito sincero, com um gosto musical excelente. Chamei Gus num canto e perguntei o que ele achava de incorporarmos Davey à banda. Já fazia um tempo que eu vinha pensando em expandir o trio para incluir um guitarrista. Gus não gostou da ideia. Davey era um músico fantástico, mas especializado no violão: até onde Gus soubesse, nunca sequer tocara guitarra elétrica. Estava numa banda chamada Magna Carta, dedicada ao folk bucólico, um estilo não muito presente no repertório de Elton John.

Era um argumento bastante convincente. Eu o ignorei e ofereci a vaga a Davey mesmo assim. Se aprendera alguma coisa ao longo dos últimos anos, era que às vezes o instinto é o que mais conta. Pode-se dar um duro danado, planejar tudo com o cuidado mais extremo, mas há momentos em que o que realmente conta é um pressentimento, a confiança no instinto ou o destino. E se eu jamais tivesse respondido àquele anúncio da Liberty? E se tivesse passado no teste e nunca tivessem me entregado as letras de Bernie? E se Steve Brown não tivesse aparecido na DJM? E se Dick não estivesse tão convicto de que eu devia ir aos Estados Unidos, quando parecia uma ideia tão estúpida?

---

* "Se ocorrer de perguntarem / o que devo lhes contar? / Será que me criticarão pelas costas? / Talvez eu deva deixar que o façam."

Assim, quando fomos à França gravar o álbum seguinte no Château d'Hérouville, Davey estava conosco. Eu havia promovido várias mudanças – pela primeira vez, tentava gravar um álbum com minha banda em vez de virtuoses de estúdio, pela primeira vez Davey tocava uma guitarra elétrica, pela primeira vez tínhamos verba para gravar no exterior, num estúdio residencial –, mas estava bem confiante. Imediatamente antes de partirmos para a França, mudei legalmente de nome para Elton John. Elton *Hercules* John. Sempre havia achado nomes do meio ligeiramente ridículos e por isso escolhi o mais ridículo que pude imaginar, o do cavalo do homem do ferro-velho na sitcom *Steptoe and Son*. Basicamente, estava de saco cheio do fuzuê nas lojas quando o caixa me reconhecia mas o nome no talão de cheques não batia, embora no fundo os motivos eram mais simbólicos do que práticos, como se afinal, conclusiva e *legalmente*, deixasse Reg Dwight no passado e me tornasse por completo a pessoa que deveria ser. Depois perceberia que as coisas não eram tão simples, mas naquela hora a sensação foi boa.

Eu amava a ideia de trabalhar no Château, muito embora o pacote incluísse sua reputação. Era supostamente mal-assombrado, e os locais aparentemente tinham um pé atrás com a clientela do estúdio desde que o Grateful Dead o ocupara, se oferecera para fazer um concerto gratuito para o vilarejo e então tomara a liberdade de expandir as mentes da França rural batizando os drinques do público com LSD. Mas o edifício era lindo, uma mansão do século XVIII – acabamos nos inspirando nela para batizar o álbum: *Honky Château* –, e eu estava animado com a ideia de ter de compor ali na hora.

Não sou um músico que saia por aí com melodias na cabeça o tempo todo. Não corro para o piano no meio da noite quando me bate a inspiração. Nem sequer penso em compor se não o estou fazendo. Bernie escreve as letras, me repassa, eu as leio, toco um acorde e algo toma conta de mim, algo passa pelos meus dedos. Minha musa, Deus, sorte: podem dar o nome que quiserem. Eu não faço ideia do que seja. Simplesmente sei de cara para onde a melodia deve ir. Certas canções levaram tanto tempo para serem compostas quanto se leva para escutá-las. "Sad Songs (Say So Much)" foi assim – me sentei, li a letra e a toquei, basicamente como se ouve no disco. Às vezes leva um pouco mais de tempo. Se após quarenta minutos eu ainda não gostar do que fiz, desisto e parto para outra. Bernie já escreveu certas letras para as quais nunca consegui criar música. Há uma, ótima, chamada "The Day That Bobby Went Electric", sobre ouvir Dylan cantar "Subterranean Homesick Blues" pela primeira vez. Simplesmente jamais consegui encaixar nela uma melodia que soasse adequada; tentei quatro ou cinco vezes. Mas nunca tive um bloqueio, nunca me sentei com uma letra de Bernie e não saiu nada. Não sei por quê. Não sei explicar e nem quero. Aliás, adoro não saber explicar. O que torna tudo bonito é a espontaneidade.

Bernie levou sua máquina de escrever para o Château e montamos instrumentos na sala de jantar, bem como no estúdio. Ele desovava suas letras e as deixava para mim no piano. Eu acordava cedo, ia à sala de jantar, via o que ele havia criado e compunha canções enquanto tomava o café da manhã. Na primeira manhã que passamos lá, eu já havia feito três quando a banda surgiu cambaleando na escada procurando algo para comer: "Mona Lisas and Mad Hatters", "Amy" e "Rocket Man".

Uma vez que Davey se convenceu de não se tratar de uma peça detalhada que estávamos pregando no novato, que eu realmente havia composto três canções durante a soneca dele, pegou a guitarra e me pediu para tocar "Rocket Man" de novo. Ele não adicionou um solo ou fez qualquer das coisas características de guitarristas solo. Pegou um cilindro de *slide guitar* e tocou algumas notas estranhas, solitárias, que pairavam ao redor e à distância da melodia. Foi ótimo. Como eu disse: às vezes a intuição é o mais importante. Às vezes há que se confiar no destino.

O resto da banda estava tão acostumado a tocar junto que havia entre nós algo quase telepático: eles sabiam intuitivamente o que fazer com uma canção, sem ninguém precisar orientá-los. Era fantástico sentarmo-nos juntos na sala de jantar do Château e ouvirmos uma canção ganhar forma ao nosso redor, experimentando ideias e sabendo de antemão serem as ideias certas. Houve épocas na minha vida em que a música foi uma fuga, a única coisa a funcionar quando todo o resto parecia quebrado, mas naquele momento eu não tinha do que fugir. Tinha 24 anos, sucesso, estabilidade e amor. E o melhor, o dia seguinte seria de folga e eu iria a Paris com toda a intenção do mundo de *saquear* a loja da Yves Saint-Laurent.

CINCO

Em 1972, John e eu nos mudamos de Londres para Virginia Water, em Surrey, trocando nosso apartamento de quarto e sala por algo um pouco mais imponente: compramos um bangalô de três quartos, com piscina e uma sala de jogos montada onde antes era o sótão. Batizei-o de Hercules por causa do meu nome do meio. Bernie e Maxine, que haviam se casado em 1971, tinham uma casa ali perto; mamãe e Derf, que finalmente haviam se casado também, mudaram-se para logo adiante e davam uma olhada na casa quando estávamos longe. Aquela área da Inglaterra é apelidada cinturão dos corretores de ações, o que a faz parecer um subúrbio aborrecido, mas estava longe de ser o caso. Para início de conversa, Keith Moon morava a dez minutos de distância e obviamente tornava a vida cotidiana menos previsível. Ele era genial, mas sua dieta química parecia tê-lo privado de qualquer compreensão do conceito de hora. Aparecia do nada às 2h30 da manhã, geralmente com Ringo Starr, também morador da área, a tiracolo, totalmente alucinado e verdadeiramente surpreso de ter nos acordado. Ou então se materializava na entrada de carros sem aviso, às sete da manhã do Dia de Natal, em um Rolls-Royce conversível de capota abaixada e com o *Greatest Hits* dos Shadows tocando a todo volume. "Ô, menino! Vem dar uma olhada no carro novo! Vamos dar uma volta! Agora! Nem precisa tirar o roupão!"

Mas a pessoa mais interessante que conheci em Virginia Water nada tinha a ver com a indústria musical. Conheci Bryan Forbes ao entrar em sua livraria no povoado em busca de algo para ler. Ele se aproximou, me cumprimentou e disse achar que tinha me reconhecido. Não seria de se estranhar – a essa altura, o espalhafato do meu figurino de palco havia vazado para minha indumentária cotidiana e minha ideia de roupa casual para fazer compras à tarde numa cidade-dormitório em Surrey envolvia um casaco laranja brilhante de pele e um par de botas com salto plataforma de 20 cm. Mas ele na verdade não havia me reconhecido em absoluto: com o andar da conversa, ficou cada vez mais aparente ter achado que eu era um dos Bee Gees.

Uma vez esclarecido que eu não era um dos irmãos Gibb, nos demos muito bem. Bryan era fascinante. Havia sido ator e se tornara roteirista, romancista, diretor e ainda viria a ser chefe de estúdio. Era casado com a atriz Nanette Newman e os dois pareciam conhecer todo mundo em pessoa, de lendas de Hollywood a escritores e astros de TV. Se você estivesse nos Estados Unidos e expressasse um desejo antigo de conhecer David Niven ou Groucho Marx, Bryan organizava um encontro. Foi assim que acabei ganhando um pôster de filme dos Irmãos Marx assinado "Para John Elton, de Marx Groucho": ele não entendia o porquê de eu ter um nome, nas suas palavras, "virado ao avesso". O curioso é que me lembrei de Groucho anos depois no Palácio de Buckingham, quando fui condecorado, pois fui anunciado à rainha por Lorde Chamberlain exatamente desta forma: "Sir John Elton".

Num domingo de verão à tarde, John e eu fazíamos um lanche sentados na área externa do bangalô quando reparamos que uma senhora de sessenta e poucos anos meio parecida com Katharine Hepburn se aproximava de bicicleta pela nossa entrada de carros. Era Katharine Hepburn. "Estou hospedada na casa de Bryan Forbes. Ele disse que não haveria problema se eu usasse a piscina de vocês." John e eu assentimos estupefatos. Cinco minutos depois, ela voltou de maiô reclamando que havia um sapo morto na piscina. Quando fiquei na dúvida sobre a melhor forma de retirá-lo de lá – sou meio fresco com essas coisas –, ela simplesmente entrou na água e o pegou com a mão. Perguntei como teve coragem de encostar nele.

"Isso é caráter, meu jovem", disse, com um sisudo movimento de cabeça.

Quem fosse convidado a almoçar na casa dos Forbes se veria sentado entre Peter Sellers e Dame Edith Evans, a deliciar-se com suas histórias, ou chegaria e descobriria a rainha-mãe entre os convidados. Bryan se dava com a Família Real: presidia o National Youth Theatre, do qual a princesa Margaret era benfeitora. E ela, ao que descobrimos, adorava música e a companhia de músicos. Acabaria por chamar a mim e à banda para jantar no Palácio de Kensington após uma apresentação no Royal Festival Hall, ocasião que se revelaria incrivelmente desconfortável. Não por causa da princesa Margaret, que foi um doce, amistosa com todos, mas sim de seu marido, lorde Snowdon. Os problemas do casamento eram conhecidos – sempre havia rumores nos jornais sobre casos de um ou de outro –, mas mesmo assim nada poderia ter nos preparado para sua chegada. Ele irrompeu na sala no meio da refeição, rosnando "Cadê a porra do meu jantar?", nesses termos. Começou uma tremenda briga e ela saiu da sala aos prantos. E eu e a banda lá, sentados, horrorizados e sem saber o que fazer. Vejam vocês quão bizarra pode ser a vida na Elton John Band. Outros músicos relaxam após um show fumando baseados, seduzindo *groupies* e detonando quartos de hotel. Nós acabamos por assistir a princesa Margaret e lorde Snowdon gritando um com o outro.

Mas não era apenas quem Bryan conhecia e sim o que ele conhecia, e o fato de tratar-se de um professor inato: paciente e generoso no uso de seu tempo, sofisticado nos gostos mas sem um pingo de esnobismo, disposto a fazer os outros se apaixonarem por tudo que o apaixonava. Aprendi muito sobre arte com ele, e comecei a colecioná-la por sua influência. No início era *art nouveau* e pôsteres *art déco*, moda no início da década de 1970 (Rod Stewart também os colecionava), depois pintores surrealistas como Paul Wunderlich. Passei a comprar abajures Tiffany e mobília Bugatti. Bryan fez eu me interessar por teatro e me recomendou livros. Tornamo-nos próximos e começamos a passar férias juntos: eu e John, Bryan, Nanette e suas filhas Emma e Sarah. Alugávamos uma casa na Califórnia por um mês e os amigos apareciam para nos visitar.

Nanette se revelaria uma ótima cúmplice para compras, algo de que me tornara grande adepto logo que passara a ganhar algum dinheiro. Na verdade, não é bem assim. Sempre adorei fazer compras, desde garoto. Quando me lembro como foi a infância em Pinner, vêm à mente as lojas: os carretéis de algodão de diferentes cores nas lojas de tricô frequentadas por minha avó, o cheiro de amendoim quentinho logo ao entrarmos na Woolworths, a serragem no chão da Sainsburys, em cujo balcão de manteiga tia Win trabalhava. Não sei por quê, mas algo nelas me fascinava. Sempre amei fazer coleções e presentear as pessoas, mais até do que ganhar presentes. Quando era garoto, o que mais gostava no Natal era pensar em como presentear meus familiares: loção pós-barba para o meu pai, um chapéu à prova d'água para minha avó, talvez uma jarra para minha mãe, comprada no quiosque próximo à estação Baker Street pelo qual costumava passar a caminho da Royal Academy of Music.

O sucesso, é claro, permitiu que me dedicasse a tal paixão em escala ligeiramente diferente. Voltávamos de LA com tanta coisa que a taxa por excesso de bagagem custava tanto quanto a passagem. Ouvia falar que tia Win estava se sentindo na pior, ligava para a concessionária e pedia que lhe enviassem um carro novo para animá-la. Ao longo dos anos, ouvi muito de terapeutas que isto é um comportamento obsessivo e viciante ou que estaria tentando comprar a afeição das pessoas com presentes. Com todo o respeito do mundo aos profissionais da psiquiatria que me disseram esse tipo de coisa, para mim é pura cascata. Não estou interessado em comprar a afeição de ninguém. Simplesmente me dá um enorme prazer fazer pessoas sentirem-se incluídas ou fazer com que saibam que penso nelas. Adoro ver os seus rostos quando são presenteadas.

Não preciso de um psiquiatra para me dizer que bens materiais não substituem amor ou felicidade pessoal. Já passei noites tristes e solitárias em casas cheias de coisas belas o suficiente para tê-lo compreendido faz tempo. Certamente não recomendo ir às compras no estado deprimente imediatamente após passar três dias cheirando cocaína, ou corre-se o risco de acordar no dia seguinte cercado de sacolas e sacolas cheias de tralha que você nem sequer lembra de ter comprado. Ou, no meu caso, de receber um telefonema na manhã seguinte informando da compra de um bonde. Não de miniatura. Um bonde mesmo, daqueles de Melbourne, tipo W2, com laterais abertas ao centro. E do outro lado da linha uma voz me informava ser preciso transportá-lo da Austrália para o Reino Unido, onde a única maneira de entregá-lo na minha casa seria pendurado em dois helicópteros Chinook.

Sou, portanto, o primeiro a admitir ter tomado algumas decisões precipitadas com um cartão de crédito nas mãos. Creio que poderia ter tocado minha vida sem um bonde no jardim ou a escultura de tiranossauro rex em fibra de vidro em escala natural que me ofereci para comprar de Ringo Starr ao fim de uma longa noite. Ringo na época queria vender sua casa e a presença do tiranossauro no jardim aparentemente estaria sendo um entrave com compradores em potencial. Mas, desde que me entendo por gente, sempre achei coleções curiosamente reconfortantes e gostei de fazer delas uma forma de aprender sobre os objetos que colecionava, fossem discos, fotografias, roupas ou obras de arte. E independentemente do que estivesse ocorrendo em minha vida pessoal, isso nunca mudou. Era reconfortante e agradável quando me sentia sozinho e perdido; era reconfortante e agradável quando me sentia amado, satisfeito e seguro. É assim com muita gente: o mundo está cheio de entusiastas por trens de brinquedo, colecionadores de selos e fanáticos por vinis. Sou apenas alguém com sorte por ter dinheiro suficiente para investir mais a fundo em minhas paixões do que a maioria das pessoas. Trabalhei duro para ganhar esse dinheiro e se alguém achar meus gastos excessivos ou ridículos, sinto muito, mas problema seu. Não sinto culpa alguma. Se é um vício, bem, já fui viciado esses anos todos em coisas bem piores do que aparelhos de jantar e fotografias. Isso me faz feliz. Sim, tenho mil velas num closet da minha casa em Atlanta e creio que seja excessivo. Mas uma coisa eu lhes digo: vocês nunca viram closet mais cheiroso na vida.

Não foram só meus hábitos de consumo que subiram de patamar. Tudo parecia estar se tornando maior, mais estrondoso e excessivo. Bernie e eu nunca havíamos tido a intenção de que "Rocket Man" se tornasse um single de enorme sucesso – víamos os álbuns como o veículo de nossa arte –, mas foi o que ocorreu: chegou ao segundo lugar da parada inglesa, muito mais alto do que qualquer de nossos singles anteriores, e foi disco de platina triplo nos Estados Unidos. Deparamo-nos com a comerciabilidade num outro âmbito, e o sucesso alterou o nosso público. Começaram a surgir garotas gritando nas primeiras filas dos shows e nas portas de saída dos teatros, agarrando-se chorosas ao carro quando tentávamos ir embora. Era muito peculiar, como se elas tivessem ido ver os Osmonds ou David Cassidy, pegado o caminho errado e ido parar no nosso show.

Eu dava um duro danado, talvez excessivo, mas a impressão é de que o impulso por trás de mim não diminuía, me carregava independentemente do cansaço, me fazia superar qualquer tipo de empecilho. Peguei mononucleose imediatamente antes de entrarmos no estúdio para gravar *Don't Shoot Me, I'm Only the Piano Player* no verão de 1972. Deveria ter cancelado as gravações para ter tempo de me recuperar, mas aguentei firme e fui para o Château d'Hérouville, deixando a adrenalina me levar. Quem ouve o álbum não imagina que eu estava doente: a voz que canta "Daniel" e "Crocodile Rock" não soa combalida. Poucas semanas depois de terminá-lo, estava de volta à estrada. Continuava a investir nas apresentações ao vivo, tentando torná-las mais exageradas e chocantes. Passei a contratar figurinistas profissionais – Annie Reavey de início, depois Bill Whitten e Bob Mackie – e incentivá-los a fazer o que lhes desse na telha, não importava quão insano: mais penas, mais lantejoulas, cores mais berrantes, saltos plataforma mais altos. Você concebeu uma roupa coberta de bolas multicoloridas presas a faixas de elástico que brilham no escuro? Quantas bolas? Por que não colocar mais algumas? Não vai dar pra tocar piano com ela? Isso é problema meu.

Tive então a ideia de levar "Legs" Larry Smith, ex-The Bonzo Dog Doo-Dah Band, em turnê conosco. Legs era baterista, mas seu outro grande talento era o sapateado. Quando estávamos gravando *Honky Château*, o chamamos ao estúdio para sapatear em uma canção chamada "I Think I'm Going to Kill Myself", e agora queria que o fizesse no palco também. Seu número foi ficando cada vez mais elaborado ao longo da turnê. Legs subia ao palco de capacete, com uma cauda longa de vestido de casamento. Passou então a entrar acompanhado de dois anões vestidos de fuzileiros navais americanos e com confete a cair do teto. Depois inventou um número em que dublávamos "Singin' in the Rain", com diálogos e tudo. Larry se reclinava sobre o piano e suspirava: "Ai, Elton, queria tocar igual a você. Aposto que você pega todos os garotos". Como de hábito, ninguém nem desconfiava.

Cheguei até a convidar Larry quando me chamaram para fazer a Royal Variety Performance, o que causou o maior rebuliço. Bernard Delfont, que organizava o show, inexplicavelmente não queria um homem de capacete e cauda de vestido de casamento sapateando em frente à rainha-mãe. Eu o mandei se foder, disse "sem Larry não toco" e ele acabou cedendo. Isso foi o que a noite teve de melhor, à parte o fato de eu dividir o camarim com Liberace. Ele claramente se esquecera, ou me perdoara, pela ausência na performance no London Palladium poucos anos antes e foi simplesmente divino, uma verdadeira encarnação do showbiz. Levou baús e mais baús de roupas. Eu me achava um escândalo, vestido com terno risca de giz de lurex multicolorido com sapatos de salto plataforma combinando e cartola, mas perto da sua metade do camarim, a minha mais parecia um canto particularmente deselegante da Marks & Spencer. Ele usava um terno coberto de lâmpadas mínimas que se acendiam quando se sentava ao piano. Ganhei um autógrafo seu – a assinatura imitava o contorno de um piano – e passei a tarde ouvindo uma história fantástica atrás da outra com um sotaque inacreditavelmente exagerado. No mês anterior, contou ele, a plataforma hidráulica que o fazia aparecer no centro do palco havia dado defeito no meio de sua entrada triunfal. Pois ele não se fez de rogado e tocou por quarenta minutos com apenas a cabeça visível para o público.

Eu estava cada vez mais obcecado em ter minha própria entrada triunfal, pois era o único momento do show em que me movia de fato, em que não ficava preso atrás do piano. O auge foi quando tocamos no Hollywood Bowl em 1973. Penduraram no palco um enorme painel meu de cartola e casaca, cercado por dançarinas. Tony King subiu primeiro e apresentou Linda Lovelace, na época a maior estrela pornô do mundo. Depois uma sucessão de sósias desceu uma escadaria iluminada ao fundo do palco, ladeada por palmeiras: a rainha, Batman e Robin, o monstro de Frankenstein, o papa. E, finalmente, ao som da fanfarra da 20th Century Fox, eu, vestido com o que chamo de A Incrível Fantasia de Canudinho de Queijo, totalmente coberta por penas brancas de marabu – tanto a calça quanto o casaco –, com chapéu combinando. Enquanto eu descia, as tampas de cinco pianos de cauda se abriam, formando a palavra ELTON.

Por consideração a todos que achassem aquilo sutil ou discreto demais, houve a ideia de promover uma revoada de quatrocentos pombos brancos, saídos dos pianos de cauda. Sei lá se estavam dormindo ou assustados demais para voar, mas não saiu nenhum. Ao me encarapitar no alto do meu piano, percebi ter no palco a companhia inesperada de John Reid – a julgar pela expressão de fúria, sentindo-se pessoalmente ofendido pela não aparição dos pombos, como se tivessem agido de propósito para afrontar-lhe a autoridade – e de um mais acanhado Bernie, correndo de um piano para outro a agarrar pombos e jogá-los para o alto freneticamente.

Números de dança, penas de marabu, pombos voando – ou não, como pode ser o caso – para fora de pianos de cauda com meu nome na tampa: a banda não era muito chegada a esse tipo de coisa, e Bernie também não. Achava que dispersava a atenção da música. Já eu acreditava estar forjando uma personalidade distinta da de qualquer outro roqueiro. Fora isso, me divertia. Isto gerava desentendimentos absurdos. A maior dupla de compositores de sua época entregue a uma discussão no *backstage* do Santa Monica Civic, não por causa de dinheiro ou direção musical, mas sim sobre a pertinência ou não de eu subir ao palco com um boneco iluminado de Papai Noel pendurado na frente do meu pau. Às vezes Bernie tinha razão. O figurino literalmente afetava a música. Eu tinha um par de óculos com o formato da palavra ELTON, recoberto de luzes. O peso somado dos óculos e da bateria que alimentava as luzes me esmagava as narinas; parecia que eu estava cantando de nariz tapado. Para ser justo, o impacto emocional das letras que ele escrevia com tanto carinho devia mesmo ser amortecido.

O show no Hollywood Bowl foi um grande evento, uma espécie de lançamento do meu álbum seguinte, *Goodbye Yellow Brick Road*. Ao menos para os meus padrões, sua feitura havia sido algo tortuosa. Havíamos partido furtivamente para os estúdios Dynamic Sounds, em Kingston, Jamaica: na época considerava-se muito moderno gravar um álbum em algum lugar mais exótico do que a Europa. O Dynamic Sounds parecia um destino óbvio. Bob Marley gravara lá. Cat Stevens também. Foi onde os Rolling Stones gravaram *Goats Head Soup*. Mas, ao chegarmos, descobrimos que havia uma fábrica de prensagem de discos contígua ao estúdio, e que seus funcionários estavam em greve. Quando chegávamos, eles abriam à força as janelas do micro-ônibus que nos trazia do hotel e cuspiam fibra de vidro moída em todos com zarabatanas, algo tremendamente irritante. Ao chegarmos ao estúdio em si, nada funcionava. Se pedíamos um microfone diferente, alguém fazia um lento sinal com a cabeça e dizia: "Acho que a gente consegue um em… três dias". Era caso perdido. Não faço ideia de como os Rolling Stones fizeram um disco lá. Talvez Keith estivesse tão chapado que esperar três dias por um microfone que funcionasse tenha parecido vinte minutos.

Por fim desistimos, voltamos ao hotel e telefonamos para agendar sessões de gravação no Château d'Hérouville. Enquanto aguardávamos o avião para ir embora de lá, a banda sentou-se à beira da piscina e tratou de se ocupar com o que a mim pareceu uma tentativa ferrenha de bater o recorde mundial de consumo de maconha. Quando chegamos ao Château, tínhamos tantas canções que *Goodbye Yellow Brick Road* acabou virando um álbum duplo. Lançado, decolou de uma forma que nenhum de nós esperava. É um disco bem sombrio em vários aspectos. Canções sobre tristeza e desilusão, outras sobre alcoólatras, prostitutas e assassinatos, uma canção sobre uma lésbica de 16 anos que acaba morta no metrô. E no entanto vendia e vendia e vendia, até eu não fazer mais ideia de quem continuava a comprá-lo. Não falo superficialmente: eu não sabia *mesmo* quem o estava comprando. A gravadora americana insistia para que eu lançasse "Bennie and the Jets" como single e eu batia pé com todas as minhas forças: é uma canção bem estranha, não se parece com mais nada que eu tenha feito, dura cinco minutos, por que não lançar "Candle in the Wind", como fizeram na Inglaterra? Foi quando me contaram que a música estava tocando em todas as rádios de música negra de Detroit. Lançada, disparou para o topo da parada de *soul music* da Billboard: era irreal, meu nome entre os singles de Eddie Kendricks, Gladys Knight e Barry White. Posso não ter sido o primeiro branco a conseguir tal feito, mas digo com alguma certeza ter sido o primeiro artista de Pinner.

Fazia tanto sucesso àquela altura que excursionava pelos Estados Unidos a bordo do Starship, um velho Boeing 720 comercial convertido em opulento ônibus de turnê voador para uso exclusivo da elite do rock'n'roll da década de 1970. Contavam-se as histórias mais escabrosas sobre as festas ali promovidas pelo Led Zeppelin. A mim incomodava menos o que tivessem feito do lado de dentro e mais o que fizeram do lado de fora. O troço era pintado de roxo e dourado. Parecia uma caixa gigantesca de chocolates Milk Tray com asas. Sem problemas: poderíamos mandar refazer a pintura segundo as nossas especificações. E assim foi feito. Trocamos para vermelho e azul com estrelas brancas. Muito mais elegante.

Do lado de dentro, o Starship tinha um bar decorado em papel-alumínio laranja e dourado com um longo espelho atrás, um órgão, mesas de jantar, sofás e uma TV com vídeo, onde minha mãe insistiu em ver *Garganta profunda* enquanto almoçava ("Não está todo mundo falando desse filme? Sobre o que é, afinal?"). O Led Zeppelin pode ter feito toda sorte de baixarias a bordo, mas tenho certeza que eles nunca se distraíram por uma hora vendo uma senhora de meia-idade guinchar horrorizada enquanto Linda Lovelace mandava ver. "Ah, não, meu pai do céu, o que é isso agora? Ai, não posso nem olhar! Como é que ela consegue fazer isso?"

Na parte de trás havia um quarto com chuveiro, uma lareira de mentirinha e mesas de cabeceira feitas de acrílico. Dava para se esconder por lá e fazer sexo. Ou ficar de mimimi; foi como eu estava passando certa noite quando Sharon Lawrence, minha assessora de imprensa americana, começou a bater na porta e implorar para eu sair de lá: "Volta pro bar, nós temos uma surpresa pra você". Mandei ela se foder. Ela voltava sempre, e eu sempre a mandava se foder. Até que ela caiu em prantos. "Você precisa voltar ao bar! Precisa! Mesmo!" Fulo de raiva, abri a porta e fiz o que ela pediu, bufando, revirando os olhos e porra-caralho-me-deixa-na-minha-ndo. Quando cheguei ao bar, Stevie Wonder estava sentado ao órgão a postos. E começou a cantar "Happy Birthday"* para mim. Se não estivéssemos a 40 mil pés, eu teria rezado para o chão se abrir e me engolir.

Olhando de fora, tudo parecia perfeito: as turnês ficavam cada vez maiores e mais espetaculares, os discos vendiam tanto que os jornalistas começavam a me chamar de maior artista pop do mundo. John assumira por completo a posição de empresário: o contrato que ele assinara em 1971 com a DJM havia expirado e ele saíra do escritório da empresa para fundar a sua. Também havíamos criado nossa própria gravadora, a Rocket, em parceria com Bernie e Gus Dudgeon, não para lançar os meus discos, mas para encontrar talentos e dar-lhes uma chance. Às vezes éramos melhores em identificar talentos do que em trabalhá-los: não conseguimos fazer estourar uma banda chamada Longdancer apesar do evidente valor de seu guitarrista, um adolescente chamado Dave Stewart, provado anos depois quando ele formou o Eurythmics. Mas tivemos sucessos também. Contratamos Kiki Dee, que John e eu conhecíamos havia anos: ela fora a única cantora inglesa branca a gravar pela Motown quando John trabalhava lá. Lançava singles desde o início da década de 1960, sem jamais conseguir nenhum sucesso até lançarmos sua versão de "Amoureuse", canção de uma francesa chamada Véronique Sanson que havia fracassado no Reino Unido, mas chamado a atenção de Tony King, que a sugeriu a Kiki.

Na encolha, porém, começavam a surgir os problemas. Passamos as primeiras semanas de 1974 gravando no Caribou Ranch, um estúdio nas Montanhas Rochosas que daria nome ao nosso novo álbum, *Caribou*. Cantar em tamanha altitude podia ser duro, e por isso acabei dando um piti enquanto registrávamos "Don't Let the Sun Go Down on Me". Depois de anunciar que odiava tanto a canção que pararíamos imediatamente de gravá-la e a mandaríamos para Engelbert Humperdinck ("E se ele não quiser, pode mandar para a Lulu, e ela lança como lado B!"), fui convencido a retornar à cabine de re-

---

* Stevie Wonder possui uma canção intitulada "Happy Birthday" com outra letra e outra melodia. (N.E.)

gistro dos vocais e completar o *take*. Gritei então com Gus Dudgeon, dizendo odiá-la mais ainda agora que estava pronta e prometendo matá-lo com minhas próprias mãos se entrasse no álbum. Fora isso, correu tudo bem no Caribou. Era um estúdio muito mais luxuoso que o Château. Ficávamos em belas cabanas de madeira recheadas de antiguidades – a cama em que eu dormia teria supostamente pertencido a Grover Cleveland, que fora presidente dos Estados Unidos no século XIX. Havia uma sala de projeção de filmes, e músicos de passagem por Denver ou Boulder vinham nos visitar. Stevie Wonder, que obviamente me perdoara pelo incidente no Starship, apareceu um dia, pegou uma moto de neve e insistiu em pilotá-la. Antes mesmo de alguém perguntar, eu já respondo: não, não faço a menor ideia como Stevie Wonder desceu as Montanhas Rochosas do Colorado ao volante de uma moto de neve sem morrer nem matar ninguém, mas ele conseguiu.

Certa noite, quando já terminávamos de gravar, entrei numa sala nos fundos do estúdio e lá estava John mexendo em alguma coisa numa mesa. Havia um canudo e um pó branco. Perguntei o que era, e ele disse ser cocaína. Perguntei que efeito tinha e ele disse: "Ah, faz a gente se sentir bem". Perguntei se podia experimentar, e ele disse que sim. A primeira carreira que cheirei me deu ânsia de vômito. Odiei a sensação no fundo da garganta, aquela estranha combinação de dormência causada pela droga em si com uma certa consistência seca de talco derivada do que quer que houvessem misturado à cocaína. Por mais que engolisse, não passava. Fui ao banheiro e vomitei. E então voltei imediatamente à sala onde John estava e pedi um pouco mais.

Que diabos eu estava fazendo? Experimentei, detestei, me fez vomitar – precisa de um recado mais claro de Deus para parar por aí? Difícil imaginar aviso mais claro de se tratar de má ideia, a não ser uma chuva de enxofre e ser acometido de um surto de furúnculos. Por que então eu não parei por ali? Em parte porque vomitar não impediu a cocaína de fazer efeito, e gostei da sensação. Aquele súbito jorro de confiança e euforia, a sensação de poder me abrir de repente, sem timidez, falar com qualquer um. Tudo lorota, é claro. Eu, cheio de energia, curioso, com senso de humor, sede de conhecimento, não precisava de uma droga para conseguir falar com as pessoas. A cocaína, por sinal, me dava mais confiança do que conseguia administrar. Se não estivesse totalmente cheirado quando os Rolling

As fotografias, à excecção daquelas indicadas, pertencem à família do autor ou à sua colecção pessoal

(Acima à esquerda) Com um ano de idade, em 1948

(Acima à direita) Com minha mãe, Sheila Dwight, no jardim dos fundos da casa de vovó, na Pinner Hill Road, nº 55

(À direita) Em frente ao Palácio de Buckingham com minha mãe e meu avô Fred Harris, em junho de 1950

> Bastava ouvir uma melodia uma vez para eu me sentar ao piano e tocá-la perfeitamente de ouvido

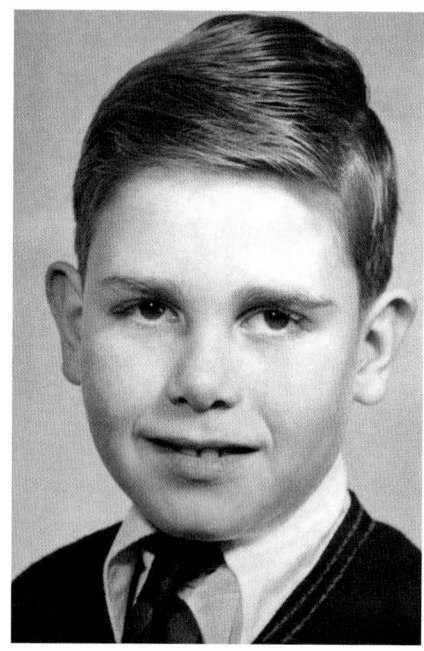

(À esquerda) Eu e meu pai, num raro momento em que ele não estava reclamando dos efeitos morais desastrosos de Little Richard sobre meu caráter.
(À direita) Eu, acintosamente comum, na Pinner County Grammar

O Bluesology em 1965. Foto usada para ilustrar a partitura de nosso single "Come Back Baby", impressa na suposição insana de que alguém que não o Bluesology se dispusesse a cantá-lo

(À esquerda) O irmão que eu nunca tivera. Bernie com meu primo Paul e meu bigode de vida misericordiosamente curta. Mamãe, tia Win e tia Mavis estão sentadas atrás. (À direita) Frome Court, onde Bernie e eu moramos com mamãe e Derf no apartamento de cima

Abril de 1969, em frente ao meu mais novo bem, um Hillman Husky

arrie Wentzell

Uma foto promocional de mim e de Bernie, tirada no verão de 1970,
quando começou o falatório em torno do novo álbum

O Troubadour, em 1970. Tivesse minha vontade sido feita, eu teria voltado para casa de supetão sem jamais ter tocado lá

A noite em que tudo mudou. No palco do Troubadour, de macacão amarelo e camisa estampada com estrelas

Meu herói. Eu com Leon Russell em Nova York, em 1970. Imagine este rosto a encarar você ao longo da apresentação mais importante da sua vida

Eu e John Reid, jovens e apaixonados, em 1972

Aprendi muito sobre arte com Bryan Forbes. Aqui estou, embarcando visivelmente noutra viagem de descoberta em sua livraria de Virginia Water

Atrás do palco do Shaw Theatre com a princesa Margaret e seu marido, Lorde Snowdon. A princesa Margaret convidou a mim e à banda para um jantar memorável

Dee, eu, Davey e Nigel no Château d'Hérouville, em 1972. Que fique registrada minha concepção de traje casual para uma sessão de gravação

Stones deram as caras no Colorado e me convidaram a subir ao palco com eles, talvez só tivesse tocado "Honky Tonk Women", acenado para a plateia e saído. Em vez disso, resolvi que estava tudo indo tão bem que valia a pena continuar no palco e tocar com eles pelo resto do show, sem antes tomar a precaução de perguntar aos Stones se queriam um tecladista auxiliar. Keith Richards não parava de me encarar e, por algum tempo, interpretei aquilo como fascinação com o brilhantismo de minhas contribuições à sua obra. Algumas canções depois, minha mente captou enfim que a expressão em seu rosto não sugeria profunda apreciação musical. Seu olhar, na verdade, dava toda a pinta de alguém a ponto de partir para a violência contra um músico que não se tocava de não ser mais bem-vindo. Saí de fininho, percebendo que Keith continuava a me encarar com uma expressão que sugeria um acerto de contas mais tarde, e achei melhor não estar mais por ali na hora da festa pós-show.

Mas o apelo da cocaína não se resumia à sensação física. Ela tinha certo *pedigree*, uma aura moderna e exclusiva. Cheirar era tornar-se membro de uma turminha de elite que, em segredo, gozava de algo ousado, perigoso e ilícito. Por patético que seja, aquilo me falava à alma. Tornara-me bem-sucedido e popular, mas nunca me sentira *cool*. Até mesmo na época do Bluesology eu era o nerd sem cara de popstar, em quem as roupas descoladas nunca caíam bem, que se enfurnava em lojas de discos enquanto o resto da banda trepava e se drogava. E a cocaína fazia eu me sentir *cool*: as conversas em código sutil para descobrir quem tinha a parada, ou quem estava a fim – quem era da turma e quem estava por fora –, as visitas discretas aos banheiros de boates e bares. Mais uma vez, tudo lorota, é claro. Eu já fazia parte de um clube. Desde o início de minha carreira solo, só recebera de outros artistas gentileza e amor. Desde o meu primeiro minuto em LA, músicos que adorava e idolatrava – gente cujos nomes um dia haviam sido míticos, estampados em capas e selos de discos – haviam se desdobrado para me oferecer sua amizade e seu apoio. Mas, ao finalmente acontecer, meu sucesso havia sido tão rápido que, apesar da recepção calorosa, eu ainda me sentia ligeiramente deslocado, como se não pertencesse ao clube.

No fim das contas, cheirar uma carreira e outra logo a seguir era a minha cara. Nunca fui o tipo de drogado que não consegue se levantar da cama sem uma carreira ou que precisa fazê-lo todos os dias. Mas quando começava, não parava até me certificar de não ter sobrado cocaína em lugar nenhum da vizinhança. Não demorei a perceber que precisaria de outra pessoa – um assistente pessoal ou um *roadie* – para vigiar meu pó: não porque fosse importante demais para isto ou medroso demais, mas se eu ficasse a cargo do suprimento de cocaína da noite, no fim da tarde já não teria sobrado nada. Meu apetite era inacreditável o suficiente para gerar comentários nos círculos em que começava a entrar. Levando-se em conta que eu era um astro do rock a circular por LA da década de 1970, este era um feito nada desprezível. Mais uma vez, seria de se esperar que tudo isso tivesse me levado a pensar melhor. Infelizmente, os dezesseis anos seguintes seriam cheios de incidentes que teriam levado qualquer ser humano racional a pensar melhor sobre seu consumo de drogas, como ainda falaremos. Este era o problema. Por cheirar cocaína, eu já não era mais um ser humano racional. Você pode tomar por base o fato de as drogas não estarem afetando sua carreira para convencer a si próprio de estar bem. Mas é impossível cheirar tal quantidade de coca e pensar de forma sã e ponderada. Você se torna irracional e irresponsável, autocentrado, dono da verdade. Os outros que aceitem tudo ou deem o fora. É uma droga de merda.

Eu havia tomado a pior decisão da minha vida, mas na época não me dei conta. Os problemas no meu relacionamento com John, contudo, estavam cada vez mais na cara. Já disse antes como era ingênuo a respeito de relacionamentos gay. Algo que eu não sabia era quão absolutamente natural John considerava fazer sexo com outras pessoas pelas minhas costas. Relacionamentos abertos são bem mais comuns entre os homens gays do que entre casais hétero, mas eu não queria isso. Estava apaixonado. Ao perceber, ele não deixou de ser promíscuo, só de ser honesto. E como resultado passei por algumas cenas verdadeiramente humilhantes. Durante uma festa na casa do diretor John Schlesinger, em LA, John simplesmente sumiu. Fui procurá-lo e o achei no andar de cima, na cama com alguém. Minha mãe me telefonou durante uma turnê para dizer que havia aparecido nas imediações da casa em Virginia Water e descobrira que John estava organizando uma suruba na minha ausência. Quando eu o confrontava, saía uma briga enorme, as coisas se acalmavam e então ele fazia exatamente o mesmo outra vez. Ou pior, inventava alguma nova forma de galinhagem que parecia feita sob medida para me deixar ainda mais histérico. Descobri que ele fora à pré-estreia de um filme, se engraçara com uma famosa atriz de TV e iniciara um caso com ela.

Ela. Até com mulher ele estava trepando. O que eu iria fazer quanto a essa inesperada guinada em nossa relação?

A coisa não parava e era um horror. Eu passava metade da vida aos prantos por causa do comportamento dele, mas não fazia diferença alguma. Por que não o deixava, então? Em parte por amor. Era completamente louco por John, e quando nos sentimos assim por alguém infiel, sempre inventamos a desculpa que for, a quantidade de vezes que for, nos iludimos de que dessa vez ele está falando sério e, de agora em diante, tudo vai ficar bem. E John de fato me amava, do jeito dele. Mas era totalmente incapaz de manter o pau dentro da cueca se surgisse uma oportunidade.

Eu também continuava com ele por medo. John tinha um gênio terrível, e que facilmente descambava para a violência, em especial quando bebia ou cheirava. Às vezes seus ataques eram involuntariamente engraçados. Eu ligava para o escritório da Rocket e pedia para chamarem-no. "Ah, ele saiu. Deu um ataque e tentou jogar uma máquina de escrever elétrica escada abaixo. Mas como ainda estava ligada na tomada, não deu certo. Aí ficou ainda mais furioso, demitiu todo mundo e saiu de supetão. A gente tá aqui pensando se vai pra casa ou não." Mas na maioria das vezes não tinham a menor graça. Eu vi John ameaçar alguém com um copo quebrado numa festa promovida por Billy Gaff, empresário de Rod Stewart. Ele bateu num porteiro de hotel em São Francisco após uma discussão sobre estacionar o carro. Deu um soco num engenheiro de som em frente a um monte de jornalistas americanos no lançamento de *Goodbye Yellow Brick Road*. Quando estávamos em turnê pela Nova Zelândia em 1974, jogou um copo de vinho no rosto do cara do departamento de promoções da gravadora local quando acabou o uísque na festa que deram para mim. Uma repórter de um jornal local tentou intervir e tomou um soco também. Na mesma noite, horas depois, noutra festa, comecei a discutir com outro jornalista local sobre o incidente, que não havia testemunhado. John cruzou o salão correndo, nocauteou o sujeito e começou a dar-lhe pontapés.

Na manhã seguinte, fomos presos e autuados por agressão. Eu fui absolvido, tive de pagar uma multa de US$ 50 e saí o mais rápido possível da Nova Zelândia. Deixei John por lá, pois seu pedido de fiança foi negado e ele acabaria condenado a 28 dias na prisão de Mount Eden. Peguei o voo para casa sem ele. Seu comportamento era totalmente indefensável, mas naquela época a linha a separar um empresário de rock durão de um marginal não raro era tênue – veja o caso de Peter Grant e do Led Zeppelin – e, enquanto esperava sábado à noite por seu telefonema semanal da prisão, consegui de alguma forma construir na mente uma versão do ocorrido na qual ele era a vítima, agindo com nobreza em minha defesa, ancorando-me na sua alegação de que a jornalista o chamara de viadinho antes de ele bater nela, como se isso justificasse algo.

A ficha só caiu quando John *me* bateu. Foi na noite em que demos uma festa à fantasia em Hercules. Nem me lembro qual a razão da discussão, provavelmente o mais recente item no caderno de chifres de John, mas começou ainda antes de os convidados chegarem e foi ficando cada vez mais intensa. Houve gritos, bateção de portas e um belo espelho *art déco* que ganhamos de Charlie Watts, dos Rolling Stones, foi despedaçado. Foi quando John me arrastou até o banheiro e me deu um forte soco no rosto. Perdi o equilíbrio e caí para trás. De tão chocado, não reagi. Ele saiu às pressas do banheiro e me olhei no espelho. Meu nariz sangrava e eu tinha um corte no rosto. Me limpei e a festa transcorreu como se nada tivesse acontecido. Todos se divertiram à beça – Derf veio travestido, Tony King chegou totalmente coberto de tinta dourada como Shirley Eaton em *007 contra Goldfinger*. Mas algo havia acontecido. Para mim, foi como se a chave de um interruptor tivesse sido finalmente virada. Não teria mais como criar desculpas para o comportamento de John. Não teria como continuar com alguém que me batia.

Creio que John realmente não esperava que eu anunciasse querer terminar com ele. Mesmo após se mudar para uma casa na Montpelier Square, em Knightsbridge, e eu pedir à minha mãe e a Derf para me ajudarem a achar um lugar para morar sozinho – não tinha tempo algum para procurar uma casa eu mesmo –, acho que ele ainda estava apaixonado por mim. Tive a sensação de que, se eu lhe pedisse para voltar, o faria no ato. Mas eu não o queria de volta. Queria que continuasse a ser meu empresário, mas em todos os demais aspectos a relação havia mudado. O equilíbrio de poder tornara-se diferente: até então era ele a personalidade dominante, mas após deixarmos de ser um casal, me tornei mais confiante e decidido. Ele passou a representar outros artistas – não só músicos; também comediantes como Billy Connolly e Barry Humphries –, mas nosso relacionamento profissional ainda dava certo, pois eu sabia quão astuto ele era e como seu ouvido musical era apurado. Certa manhã, no escritório da

South Audley Street, ele disse que queria me mostrar algo de um de seus novos clientes, e que iria ser um grande sucesso mundial. Ouvimos a canção e balancei a cabeça, incrédulo.

"Você não está pensando em lançar isso de verdade, está?"

Ele fechou a cara. "Qual é o problema?"

"Bom, em primeiro lugar, leva três horas. Em segundo, é a coisa mais caricata que já ouvi na vida. E o título também é absolutamente ridículo."

John permaneceu impassível. "Estou te falando", disse, levantando a agulha do toca-discos de cima da prensagem-teste de "Bohemian Rhapsody". "Essa vai ser uma das maiores canções de todos os tempos."

Mas se a canção mais famosa do Queen me passou batida a princípio, Freddie Mercury eu entendi de imediato. Amei-o no instante em que o conheci. Como parte da tradição, ele ganhou um nome de *drag queen*: Melina, em homenagem à atriz grega Melina Mercouri. Era magnífico. Incrivelmente inteligente e corajoso. Gentil, generoso e cheio de ideias, mas escandalosamente divertido. Deus do céu, sair pelas boates com ele e Tony King – eram grandes amigos – era passar a noite às gargalhadas. Ninguém era poupado, nem mesmo os outros membros do Queen. "Já viu o guitarrista, querida? A sra. May? Já viu o que ela usa no palco? Tamancos! Umas porras duns tamancos! Como eu fui parar no mesmo palco de um guitarrista que usa umas porras duns tamancos?"

Nem mesmo Michael Jackson, a quem Freddie chamava de Mahalia, um nome no qual não creio que Michael achasse metade da graça que Freddie achava. Ele havia incorrido na ira de Freddie ao tentar interessá-lo em seu zoológico particular, e o jeito de Freddie contar a história era épico a ponto de rivalizar com qualquer de suas rotinas de palco. "Ai, querida! Aquela lhama horrorosa! Me despenco até a Califórnia pra conhecer a srta. Jackson e ela me leva pro jardim e lá está a lhama. E aí me pede pra ajudar a levá-la de volta pra baia! Eu de terno branco coberto de lama, acabei tendo de gritar com ela: 'Pelo amor de um caralho, Mahalia, tira esse caralho dessa lhama de perto de mim!' Ai…", acrescentava com uma tremedeira para efeito dramático, "foi um pesadelo, querida."

SEIS

Fui apresentado a John Lennon por intermédio de Tony King, que havia se mudado para LA e assumido a direção-geral da Apple Records nos Estados Unidos. Aliás, na ocasião em que fomos apresentados, ele estava dançando com Tony King. Nada de mais nisso, a não ser pelo fato de que não estávamos numa boate, não havia música tocando e Tony estava vestido dos pés à cabeça como a rainha Elizabeth II. Tratava-se do edifício da Capitol Records, em Hollywood, onde ficava o novo escritório de Tony, e eles estavam filmando um anúncio de TV para o próximo álbum de John, *Mind Games*. Por motivos que só John saberia explicar, este era o conceito.

Gostei dele de cara. Não só por ser um Beatle e, portanto, um dos meus ídolos. Era um Beatle que achava uma boa ideia promover seu novo álbum dançando com um homem vestido de rainha, pelo amor do caralho. Pensei: juntos, vamos ficar que nem pinto no lixo. E estava certo. Logo que começamos a conversar, me sentia como se já nos conhecêssemos a vida inteira.

Começamos a passar bastante tempo juntos, sempre que eu estava nos EUA. Ele havia se separado de Yoko e estava morando em Los Angeles com May Pang. Sei da fama desse período de sua vida, que teria sido conturbado, desagradável e sombrio, mas para ser honesto, nunca enxerguei nada disso nele. Ocasionalmente ouvia histórias – sobre sessões de gravação com Phil Spector que saíram totalmente do controle, sobre a noite em que ele ficou doidão e destruiu a casa do produtor de discos Lou Adler. A sombra era perceptível em algumas pessoas com quem ele andava: Harry Nilsson era um doce, um cantor e compositor incrivelmente talentoso, mas bastava um drinque a mais e virava outra pessoa, alguém em cujo entorno todo cuidado era pouco. E John e eu certamente nos drogamos muito juntos e tivemos algumas noitadas alucinadas, como bem sabe o pobre Dr. John. Fomos vê-lo tocar no Troubadour e ele convidou John ao palco para dar uma canja. John estava tão doido que tocou órgão com os cotovelos. Acabou sobrando para mim tirá-lo do palco.

Na verdade, nem era preciso sair à rua para se ter uma noitada alucinada na companhia de John. Certa noite em Nova York, estávamos enfurnados na minha suíte no hotel Sherry-Netherland avançando decididamente por sobre um monte de cocaína quando alguém bateu na porta. Pensei imediatamente que era a polícia: quando você cheira muita cocaína e alguém bate sem aviso na porta, *sempre* pensa de imediato que é a polícia. John fez um gesto para que eu fosse ver quem era. Olhei pelo olho mágico. Minha reação foi uma mistura peculiar de alívio e incredulidade. "John", sussurrei. "É Andy Warhol."

John balançou freneticamente a cabeça e passou o dedo em frente à garganta como quem a corta. "De jeito nenhum. Não atende", sussurrou.

"Hein?", respondi, também sussurrando. "Como assim não atender? É o *Andy Warhol*."

Mais batidas. John revirou os olhos. "Ele está com aquela porra daquela câmera no pescoço?", perguntou.

Espiei de novo pelo olho mágico e fiz que sim. Andy levava sua Polaroid para tudo que era canto.

"Pois é", disse John. "Você quer que ele entre aqui e saia tirando fotos quando tem cocaína *pendurada* no seu nariz?"

Tive de admitir que não. "Então não abre essa porra", sussurrou John, e assim retomamos o que fazíamos, procurando ignorar as batidas insistentes do mais famoso ícone mundial da *pop art*.

Mas aquele aspecto sórdido, intimidante e destrutivo de John de que as pessoas falavam, a verve cortante e maliciosa, com ele eu realmente nunca me deparei. Não estou de forma alguma tentando pintar o retrato póstumo de um santo. Obviamente eu sabia que aquele lado existia, mas nunca o vi em primeira mão. Tudo o que vi da parte dele foi bondade, gentileza e diversão, tanto que levei minha mãe e Derf para conhecê-lo. Saímos para jantar e, quando John foi ao banheiro, Derf achou que seria uma ótima brincadeira retirar a dentadura e colocá-la no copo dele: havia algo contagiante no senso de humor de John que levava as pessoas a fazer tais coisas. Meu Deus do céu, como era engraçado. Sempre que estava com ele – melhor ainda, com ele e com Ringo –, ria, ria, ria sem parar.

Tornamo-nos tão próximos que, quando sua ex-mulher Cynthia levou seu filho Julian a Nova York para vê-lo, ele pediu a mim e a Tony que os acompanhássemos na viagem. Fomos para os EUA a bordo do SS *France*, um antigo e belíssimo navio em sua última viagem de Southampton a Nova York. A maior parte da minha banda foi também, com as respectivas esposas. Os demais passageiros nos esnobavam consideravelmente – ricaças americanas gordas diziam coisas como "Parece que é famoso, mas nunca ouvi falar dele" quando eu passava –, mas, para ser justo, havia tingido meu cabelo de verde-claro e os ternos do designer Tommy Nutter que levava nas malas eram berrantes a ponto de dar dor de cabeça. Não é como se eu pudesse reclamar de chamar atenção, para o bem ou para o mal. Gostaram ainda menos de mim certa tarde quando ganhei no bingo, em especial porque me animei além da conta e gritei "BINGO!" a plenos pulmões. Depois descobriria que a bordo do SS *France* a forma correta de sinalizar a vitória era sussurrar graciosa e delicadamente a palavra "house". Bem, não é assim que ensinam a gente a jogar bingo em Pinner, gata.

Eu não estava nem aí. Me divertia à beça: jogava squash, assistia àqueles shows de cabaré terríveis que por alguma razão sempre acabavam com todos cantando "Hava Nagila" na maior animação. Na metade da viagem, recebi uma chamada telefônica por ondas curtas para me avisar que *Caribou*, meu álbum mais recente, lançado em junho de 1974, havia chegado ao disco de platina. E eu estava compondo o seguinte. Bernie havia criado um conjunto de canções sobre nossa juventude: formavam uma sequência e de certa forma contavam nossa história. As letras eram lindas. Canções sobre tentar compor canções. Canções sobre a rejeição às nossas canções. Uma canção sobre minha estúpida tentativa fracassada de suicídio na Furlong Road e outra sobre o estranho relacionamento que havíamos desenvolvido. Esta última se chamava "We All Fall in Love Sometimes". Encheu meus olhos de lágrimas por ser verdade. Eu não era apaixonado por Bernie no sentido físico, mas o amava como um irmão, era o melhor amigo que eu já tivera.

Para tais letras foi ainda mais fácil do que o habitual compor a música, o que veio bem a calhar, pois só me deixavam usar a sala de música duas horas por dia durante o almoço. No restante do tempo, era ocupada pela pianista clássica do navio. Quando eu aparecia, ela saía com a pose de quem estava me fazendo um enorme favor, dirigia-se a uma sala diretamente acima e começava a tocar de novo. Às vezes era acompanhada por uma cantora de ópera, estrela do terrível espetáculo de cabaré que mencionei. Eu então passava duas horas tentando vedar o ruído. *Captain Fantastic and the Brown Dirt Cowboy* foi composto assim. Uma canção por dia – às vezes duas – durante o horário de almoço com o acompanhamento de uma pianista ressentida martelando as teclas logo acima. E eu teria de me lembrar delas. Não havia levado um gravador de rolo.

Em Nova York, ficamos no Hotel Pierre, na Quinta Avenida. John Lennon estava na suíte logo acima e mandou nos chamar. Queria mostrar-nos seu novo álbum, ainda com mixagem provisória. Mais do que isso, queria que eu tocasse em duas das canções, "Surprise Surprise" e "Whatever Gets You Through the Night". A segunda tinha jeito de sucesso, mais ainda algumas noites depois quando fomos ao estúdio Record Plant East, pegado à Times Square. O engenheiro de gravação era Jimmy Iovine, que se tornaria um dos homens mais poderosos da indústria musical, mas o produtor foi o próprio John, e ele trabalhara bem rápido. Todos pensam nele como alguém que fica incontáveis horas a experimentar no estúdio devido a *Sergeant Pepper* e a "Strawberry Fields", mas era rápido e entediava-se facilmente, no que tinha muito a ver comigo. Quando terminamos a gravação, eu estava convencido de que chegaria ao topo da parada. John não estava: singles de Paul haviam chegado ao número 1, singles de George também, singles de Ringo idem, mas dele, nunca. Propus uma aposta – se a canção chegasse ao número 1, ele teria de participar de um show meu. Só queria vê-lo tocar ao vivo, algo que mal havia feito desde a separação dos Beatles: nada além de algumas aparições em shows beneficentes.

Justiça seja feita, ele não tentou escapar da aposta quando "Whatever Gets You Through the Night" chegou ao número 1, nem mesmo depois de viajar a Boston com Tony para ver um show meu e entender onde se metera. Subi ao palco para o bis com uma roupa que mais lembrava uma caixinha de chocolates em formato de coração com um manto acoplado. John virou-se para Tony, meio espantado, e disse: "Puta que pariu, é isso que o rock'n'roll virou hoje em dia, então?".

Mesmo assim tocou conosco no Madison Square Garden no Dia de Ação de Graças de 1974, com a condição de que nos assegurássemos de que Yoko não apareceria: continuavam estremecidos. Yoko, é claro, apareceu mesmo assim – o que, devo dizer, é a *cara* dela –, mas Tony certificou-se de estar sentada fora do campo de visão de quem estava no palco. Antes do show, ela enviou uma gardênia a John, que a usou na lapela durante a apresentação. Não tenho certeza se foi esta a razão do nervosismo que lhe acometeu antes de subir ao palco ou se apenas não sabia o que esperar da ocasião. De uma forma ou de outra, bateu-lhe um medo repentino. Vomitou antes da apresentação. Chegou até a tentar convencer Bernie a acompanhá-lo, mas sem êxito: Bernie odiava os holofotes desde sempre e nem mesmo um Beatle desesperado poderia convencê-lo a mudar de ideia.

Em toda a minha carreira, sinceramente, nunca ouvi ruído de plateia semelhante ao que aquela fez quando o apresentamos. Simplesmente não parava ou diminuía. Mas eu sabia como o público se sentia. A minha sensação de vertigem era a mesma, e a do resto da banda também. Aquele era provavelmente o ponto alto de nossas carreiras até então, dividir o palco com alguém de tal quilate. As três canções passaram voando e ele saiu. Voltou para o bis, dessa vez com Bernie a tiracolo, os dois tocando pandeiros em "The Bitch Is Back". Foi fabuloso.

Após o show, Yoko apareceu no *backstage*. Terminamos a noite no Hotel Pierre – eu, John, Yoko, Tony e John Reid. Bebíamos num reservado e, como se toda a situação já não fosse peculiar o bastante, Uri Geller apareceu do nada, veio para a nossa mesa e começou a entortar todas as colheres e garfos dela. E então começou a tentar ler nossas mentes. Que dia bizarro. Mas acabou por levar John a se reconciliar com Yoko, ter Sean (meu afilhado) e recolher-se a uma vida de felicidade doméstica no edifício Dakota. Fiquei feliz por ele, ainda que me ocorressem vários lugares melhores do que o Dakota para se recolher a uma vida de felicidade doméstica. Só a arquitetura daquele prédio já era muito sinistra. Eu ficava arrepiado meramente ao observá-lo. Roman Polanski, afinal, escolheu ambientar *O bebê de Rosemary* lá por alguma razão.

Gravar *Captain Fantastic* revelara-se tão fácil quanto compô-lo. As sessões foram uma delícia: no verão de 1974, havíamos retornado ao Caribou e gravado as canções na ordem em que aparecem no álbum, como se estivéssemos contando uma história no processo. Registráramos ainda alguns singles: uma cover de "Lucy in the Sky With Diamonds" com John na guitarra e nos *backing vocals* e "Philadelphia Freedom", das raras canções cuja letra encomendei a Bernie. Normalmente, deixo ele escrever sobre o que tem vontade. Como aprendemos na época em que tentávamos compor singles para Tom Jones ou Cilla Black e fracassávamos miseravelmente, não sabíamos compor sob demanda. Mas Billie Jean King havia me pedido para escrever uma canção-tema para sua equipe de tênis, os Philadelphia Freedoms. Não podia recusar: eu adorava Billie Jean. Havíamos nos conhecido um ano antes numa festa em LA e ela virara uma das minhas melhores amigas. A comparação soa estranha, mas ela e John Lennon me lembravam um ao outro. Ambos eram muito determinados, gentis, amavam uma boa risada e tinham forte convicção de usar a fama para promover mudanças. John era politicamente engajado, Billie foi uma tremenda pioneira do feminismo e dos direitos dos gays e das mulheres no esporte, não só no tênis. Todas as grandes estrelas do tênis feminino de hoje deveriam agradecer-lhe de joelhos, pois foi ela que teve peito de dizer em plena euforia da vitória no Aberto dos Estados Unidos: "Ou vocês dão às mulheres o mesmo prêmio ganho pelos homens, ou eu não jogo ano que vem". Eu a amo de paixão.

Compreensivelmente, talvez, Bernie não estava lá tão entusiasmado com a ideia de fazer uma letra sobre tênis – não é bem um tópico ideal para uma canção pop – e preferiu escrever sobre a cidade de Filadélfia. Funcionou perfeitamente, pois o som da canção era influenciado pela música que então emanava da cidade: The O'Jays, MFSB, Harold Melvin & The Blue Notes. Era esta a música que eu escutava nas boates gays de Nova York: a Crisco Disco, a Le Jardin e a 12 West. Adorava-as, embora certa vez a Crisco Disco tenha me barrado. Eu estava com Divine, a lendária *drag queen*. Sim, sim, pois é: Elton John e Divine barrados numa boate gay. Mas ele estava de caftã, eu de casaco multicolorido e disseram que havíamos exagerado. "Tão achando que isso aqui é o quê? Halloween, por acaso?"

Não se frequentava tais lugares para pegar homem, ou ao menos eu não o fazia. Só ia lá para dançar; se terminasse a noite com alguém, ótimo. Nada de drogas, exceto talvez *poppers*. Não era preciso. A música bastava: "Honey Bee", de Gloria Gaynor, "I'll Always Love My Mama", dos Intruders. Canções fabulosas, inspiradoras de verdade, música de fibra. Chamamos Gene Page, o arranjador dos discos de Barry White, para fazer o arranjo de cordas de "Philadelphia

Freedom" e deu certo no som e no estilo. Só pode ter dado – alguns meses depois, o MFSB fez uma cover e batizou seu álbum com o nome da canção.

"Philadelphia Freedom" foi disco de platina nos Estados Unidos. Alguns meses depois, *Captain Fantastic* tornou-se o primeiro álbum da história a estrear na parada americana já no primeiro lugar. Eu estava por toda parte em 1975. Não só no rádio: *por toda parte*. Em fliperamas – a Bally fabricou uma máquina do Capitão Fantástico. Nas emissoras de TV negras: fui um dos primeiros artistas brancos a ser convidado a aparecer no *Soul Train*. Fui entrevistado pelo excepcionalmente descontraído Don Cornelius, que curtiu a mais nova criação de Tommy Nutter vestida por mim, com lapelas enormes e riscas de giz marrons e douradas. "Meu irmão, onde você arrumou esse terno?"

Mas eu continuava inquieto. Decidi mudar a banda e demitir Dee e Nigel. Liguei eu mesmo para os dois, que aceitaram bem a decisão, Nigel mais do que Dee, mas sem qualquer grande briga ou ressentimentos da parte de nenhum dos dois. Hoje me sinto pior do que na época. Deve ter sido devastador para eles – haviam sido fundamentais à banda por anos e estávamos no auge de nossas carreiras. Eu só olhava para a frente então, e o instinto me dizia que precisava renovar meu som, torná-lo mais suingado e agressivo. Chamei Caleb Quaye para a guitarra e Roger Pope para a bateria – ambos haviam tocado em *Empty Sky* e *Tumbleweed Connection* – e dois músicos americanos de estúdio, James Newton Howard e Kenny Passarelli, para tocar teclados e baixo.

Também fiz um teste com outro músico americano, um guitarrista, mas não deu certo. Por um lado, não houve entrosamento musical, e por outro ele assustou o resto da banda ao dizer que gostava de enrabar galinhas e então decapitá-las. Aparentemente quando se faz isto, o esfíncter do animal se contrai e você goza. Não consegui entender se o absolutamente horrendo era seu senso de humor ou sua vida sexual. Não há muitas regras no rock'n'roll, mas eis algumas: siga sua intuição musical, certifique-se de ler as cláusulas em letra miúda antes de assinar contrato e, se for possível, tente não formar uma banda com alguém que enraba e decapita galinhas. Ou que simplesmente fala a respeito do assunto. Seja qual for o caso, vai dar nos nervos em algum momento quando você tiver de dividir um quarto de hotel com a pessoa.

Houve ainda outra complicação. O casamento de Bernie e Maxine havia acabado e ela estava de caso com Kenny Passarelli. Meu novo baixista estava comendo a esposa do meu parceiro de composição. É óbvio que a situação era tremendamente dolorosa para Bernie, mas eu já tinha problemas suficientes na minha vida sem me envolver nos relacionamentos de outras pessoas.

Levei a nova banda para ensaiar em Amsterdã. Os ensaios foram fantásticos – o entrosamento musical era perfeito –, mas os dias de folga eram o caos absoluto: nosso entrosamento no consumo de drogas era igualmente perfeito. Tony King apareceu com Ringo Starr e saímos todos num passeio de barco pelos canais que logo degenerou numa gigantesca orgia de drogas. Foi um completo bacanal. Naquele dia, pelo jeito, ninguém reparou na beleza arquitetônica do Grachtengordel. Todos estavam ocupados demais cheirando coca e soprando fumaça de baseados nas bocas uns dos outros. Ringo ficou tão chapado que, em dado momento, perguntou se podia entrar para a banda. Pelo menos foi o que me contaram depois – eu não ouvi. Se foi verdade, provavelmente ele esqueceu o assunto um minuto e meio depois de as palavras saírem de sua boca.

Uma das razões de me drogar tanto era por estar na fossa, apaixonado por alguém que era hétero e não me amava. Passava tanto tempo nos quartos de hotel a chorar e escutar "I'm Not in Love", do 10cc, que Tony mandou fazer um disco de ouro para me presentear: para Elton John, por 1 milhão de execuções de "I'm Not in Love".

Na verdade, desde a separação de John, minha vida pessoal era mais ou menos um desastre. Me apaixonava o tempo todo por homens hétero, perseguia o impossível. Às vezes a coisa se prolongava por meses, aquela loucura de imaginar diariamente que aquele seria o dia do telefonema no qual ele diria "ah, por sinal, eu te amo", apesar de já ter dito antes que não havia chance alguma.

Ou então eu gostava da aparência de alguém num bar gay e antes de sequer falar com a pessoa já estava totalmente apaixonado, convencido de ser o homem com quem estava destinado a passar o resto da vida e esboçando mentalmente um lindo futuro. Era sempre o mesmo tipo. Louro, olhos azuis, bonito e mais novo do que eu, para poder sufocá-lo com um certo tipo de amor paternal – o mesmo tipo que parecia ter me faltado na infância. Não é como se os conquistasse; eu os sequestrava. "Olha só, quero que você deixe toda sua vida de lado e venha para a estrada, dar a volta ao mundo comigo." Os rapazes ganhavam relógios, camisas, carros, mas acabavam sem nenhum propósito de vida a não ser estar comigo, e como eu vivia ocupado, ficavam largados pelos cantos. Na época não me dava conta, mas sugava deles a própria existência. E, passados uns três ou quatro meses, eles se ressentiam, eu me entediava e tudo acabava em lágrimas. Alguém entrava em cena para se livrar deles por mim e tudo recomeçava. Um comportamento absolutamente terrível: enquanto um estava no aeroporto voltando para casa, outro já estava a caminho.

A época era de degeneração e um monte de popstars se comportava da mesma forma. Rod Stewart às vezes informava moças que sua presença já não era mais conveniente por meio de uma passagem de avião largada na cama; também não ganharia quaisquer prêmios por cavalheirismo. Mas bem lá no fundo, eu sabia: "não dá para ser assim".

Só que eu precisava de um agrado para o ego, de alguém com quem conversar. Não suportava ficar sozinho. Não sabia lidar com o isolamento ou refletir. Precisava de gente ao redor. Era incrivelmente imaturo. No fundo, ainda era aquele menino da Pinner Hill Road. Os eventos, os shows, os discos, o sucesso eram o máximo, mas, quando me afastava de tudo aquilo, não era um adulto, e sim um adolescente. Achar que mudar de nome havia significado tornar-me uma pessoa diferente não podia estar mais errado. Eu não era Elton. Era Reg. E Reg ainda era o mesmo de quinze anos atrás, entocado em seu quarto enquanto os pais brigavam, inseguro, desconfortável com o corpo, com aversão a si próprio. Não queria voltar para casa à noite e encontrá-lo. Se o fizesse, o tormento poderia me engolir.

Certa noite, enquanto gravava com a nova banda no estúdio Caribou, tomei uma overdose de Valium antes de dormir. Doze comprimidos. Não lembro exatamente o que me levou a fazê-lo. Provavelmente algum catastrófico caso de amor malfadado. Quando acordei no dia seguinte, entrei em pânico, corri escada abaixo e liguei para Connie Pappas, que trabalhava com John Reid, e contei o que havia feito. Enquanto falava com ela ao telefone, apaguei. James Newton Howard me ouviu cair e me carregou nos braços escada acima, de volta para o quarto. Um médico foi chamado e me receitou calmantes. Olhando em retrospecto, me parece uma decisão das mais estranhas por se tratar de alguém que acabara de tentar se matar com uma overdose de calmantes, mas deve ter dado certo, ao menos a curto prazo; conseguimos terminar de gravar.

O primeiro show da nova banda foi no estádio de Wembley, em Londres, em 21 de junho de 1975. O evento se chamava Midsummer Music; mais do que um show, era como um festival de um dia só. Eu mesmo escalara os artistas: o Stackridge, banda dos quadros de nossa gravadora Rocket, seguido do Rufus com Chaka Khan, de Joe Walsh, dos Eagles e dos Beach Boys. Todos ótimos, a plateia os adorou. Como atração principal, toquei o disco *Captain Fantastic and the Brown Dirt Cowboy* inteiro, as dez canções do início ao fim. O show mais grandioso de minha carreira até ali. Tudo perfeito – o som, as atrações de abertura, até o tempo. E foi um completo desastre.

Eis algo que aprendi. Se você escolheu subir ao palco imediatamente depois dos Beach Boys, cuja apresentação consistiu em praticamente todos os sucessos de um dos mais incríveis e amados catálogos de sucessos da história da música pop, é uma péssima ideia tocar dez canções novas seguidas que ninguém na plateia conhece direito, pois o álbum que integram chegou às lojas poucas semanas atrás. Infelizmente, aprendi essa lição fundamental logo após as primeiras três ou quatro canções do show de Wembley, ao notar uma inquietação na plateia semelhante à de colegiais durante uma preleção particularmente demorada. Aguentamos firmes. O som que fazíamos era maravilhoso – como eu disse, nosso entrosamento musical era perfeito. Comecei a ver as pessoas indo embora. Fiquei apavorado. Fazia anos que não perdia a sintonia com o público. De uma hora para outra, fui acometido daquela mesma sensação de quando Long John Baldry insistia em tocar "The Threshing Machine" ou em fazer sua imitação de Della Reese.

A atitude óbvia a tomar seria recuar e começar a tocar sucessos. Mas não poderia fazê-lo. Para início de conversa, havia uma questão de integridade artística. Além disso, eu falara com toda a pompa ao subir ao palco que iria tocar o álbum inteiro. Não poderia simplesmente atacar de "Crocodile Rock" no meio do caminho. Ai, caralho. O jeito era segurar a onda. Nem meia hora de show e já imaginava as críticas. Aguentamos firmes. As canções ainda soavam magníficas. Mais gente ia embora. Comecei a pensar na grande festa marcada para depois do show. Estaria cheia de astros supostamente deslumbrados com minha performance: Billie Jean, Paul McCartney, Ringo Starr. Genial. Ê situação da porra. Cá estou eu fazendo cagada na frente de 82 mil pessoas e *metade dos Beatles*.

No final tocamos os sucessos, mas, como bem apontaram as resenhas, foi uma providência tímida e tardia. Voltamos aos EUA com uma dupla lição sobre os riscos da integridade artística e sobre o sucesso não impedir ninguém de cair de bunda no chão.

Eu passava cada vez mais tempo nos EUA, a tal ponto que fazia sentido alugar uma casa em LA. Encontrei uma no alto da Tower Grove Drive, que depois compraria. Era em estilo colonial espanhol e fora construída para o astro do cinema mudo John Gilbert. Ele morava lá na época em que teve um caso com Greta Garbo. Havia uma cabana no jardim, próxima a uma cachoeira. Consta que Garbo dormia ali quando queria ficar só.

Era uma boa vizinhança, apesar de uma casa próxima ter sido destruída por um incêndio logo depois de eu me mudar. O fogo teria começado em função de o dono estar vertendo cocaína em crack, algo que eu desprezava com veemência. Manipular drogas quimicamente significava ser drogado, e eu, graças a uma lógica interna incrivelmente confusa, tinha absoluta certeza de não sê-lo, contra todas as gritantes evidências. Podia virar a noite cheirando e depois passar seis meses sem fazê-lo. Assim, não era um viciado. Estava tudo bem.

Era uma bela casa, e contratei uma governanta chamada Alice para tomar conta dela e de mim durante minhas ressacas. Abarrotei o lugar com tudo que colecionava – *art nouveau*, *art déco*, mobília Bugatti, abajures Gallé, cristais Lalique, pôsteres incríveis –, mas só habitava de fato três aposentos: meu quarto, a sala de TV e a de sinuca. Esta última, aliás, era mais usada para seduzir rapazes. Strip sinuca! Dava certo geralmente, em especial depois de algumas carreiras.

Esta era outra razão que me levava a cheirar tanto: descobri ser um afrodisíaco, o que é estranho, pois, para a maioria das pessoas, mata totalmente a possibilidade de ereção. Para mim, sinto dizer, nunca foi problema. Muito pelo contrário. Dependendo da quantidade que cheirasse, ficava de pau duro por dias. E eu gostava da fantasia: se estivesse cheirado, fazia coisas que nunca teria a coragem de tentar sóbrio. A cocaína desinibe as pessoas por completo. Até homens hétero, às vezes. Depois de cheirar umas duas carreiras, faziam coisas que normalmente nunca cogitariam. Na manhã seguinte, imagino, se arrependiam – ou, de vez em quando, queriam mais.

Mas eu nunca fui tão chegado a foder. Era um observador, um *voyeur*. Meio que estabelecera meu fetiche: assistir enquanto dois ou três caras se pegavam. Meu prazer sexual derivava daquilo, juntar algumas pessoas que normalmente não trepariam umas com as outras e fazê-las trepar umas com as outras. Participar mesmo, não participava. Só olhava, tirava fotos com a Polaroid, organizava a suruba. Meu único problema era ser totalmente pilhado com o estado da casa. Os caras trepavam em cima da mesa de sinuca comigo gritando "Cuidado pra não gozar no feltro!", o que tendia a cortar um pouco o clima. Não ter, eu mesmo, tanto interesse por trepar é a razão de nunca ter pegado HIV. Se eu gostasse de trepar, é quase certo que estaria morto.

A Tower Grove Drive virou uma grande casa de festas, o lugar para onde todos iam para terminar a noitada. LA era o centro da indústria musical em meados da década de 1970. E tinha boates gay fantásticas: a After Dark e a Studio One. A primeira era uma *disco* e das mais alternativas, a segunda tinha shows de cabaré. Foi onde vi Eartha Kitt, que eu amava quando era criança, embora não tenha chegado a vê-la se apresentar. Antes do show, fui ao camarim cumprimentá-la e fui recebido com as seguintes palavras: "Elton John. Nunca gostei de nada que você fez". "Sério? Bem, agradeço pela honestidade e pela franqueza. Acho que vou para casa."

Quando Dusty Springfield aparecia por lá, íamos ao rinque de patinação para ver as LA Thunderbirds. Era tão caricato e fabuloso, tudo combinado, feito luta livre, mas as lésbicas adoravam – era basicamente um bando de fanchonas rodopiando sobre patins e brigando umas com as outras. E organizávamos almoços e jantares fantásticos. Franco Zeffirelli apareceu para almoçar e nos revelou que os amigos próximos o chamavam de Irene. Simon e Garfunkel apareceram certa noite para jantar e jogar Imagem e Ação. Ou tentar jogar Imagem e Ação; eram péssimos. O melhor que posso dizer a respeito é que eram melhores do que Bob Dylan. Ele simplesmente não compreendia aquele negócio de "quantas sílabas?". Pensando bem, nem o "soa como o quê?". Um dos melhores letristas do mundo, o homem mais literato da história do rock, e incapaz de dizer se uma palavra tinha uma ou duas sílabas ou com qual outra rimava! Era tão ruim que comecei a jogar laranjas nele. Fiquei sabendo disso na manhã seguinte por um Tony King às gargalhadas. Não é bem um telefonema que se queira receber de ressaca. "Bom dia, querida – está lembrada de ter jogado laranjas no Bob Dylan ontem à noite?" Ai, meu Deus do céu.

Havia algo discretamente estranho e sombrio em LA também. Seis anos depois, os crimes da família Manson ainda pairavam sobre a cidade. Seu legado era a sensação assustadora de nunca se estar totalmente seguro lá, nem mesmo numa mansão em Beverly Hills. Hoje em dia todas as casas contam com seguranças e circuito interno de TV, mas ninguém tinha isso na época, nem os ex-Beatles, razão pela qual acordei certa manhã com uma garota sentada no pé da cama me olhando. Não podia me levantar, pois dormia pelado. Só me restava sentar e gritar com ela para dar o fora dali. Não houve resposta alguma. Continuava a me olhar, o que conseguia ser pior do que se tivesse dito alguma coisa. A governanta enfim apareceu e tirou-a de lá. Fiquei uma pilha de nervos porque não conseguimos decifrar como diabos ela entrou na casa.

Mas não era preciso uma *stalker* para me alertar sobre o lado sombrio de LA. Certa noite fui ao Troubadour ver a Average White Band. Eram fantásticos, tanto que subi ao palco para dar uma canja e arrastei Cher e Martha Reeves comigo. Após o show, levei a banda a um lugar chamado Le Restaurant, onde a comida era ótima e ninguém torcia o nariz para comportamentos excêntricos: a gerência não surtara nem na festa de aniversário de John Reid, num ato de extrema tolerância, visto que um amigo decidira levar para dentro do restaurante o cavalo que trouxera de presente para John, e o bicho imediatamente cagara no chão. Ficamos na rua até as seis da manhã. Passar tempo com eles tinha algo de adorável: uma banda jovem inglesa à beira do estrelato, fazendo uma residência no Troubadour e embasbacada com a perspectiva de estourar nos EUA: me traziam à memória eu mesmo cinco anos antes. Mas dois dias depois, John Reid me ligou para contar que Robbie, o baterista da Average White Band, havia morrido. Na noite seguinte à nossa noitada, a banda foi a outra festa em Hollywood Hills, algum escroto lhes forneceu heroína e eles cheiraram achando que era cocaína. Poucas horas depois, ele morreu no quarto do hotel.

Suponho que poderia ter ocorrido em qualquer lugar, mas sua morte definia LA muito bem. Ali, podia parecer que o velho clichê sobre sonhos virarem realidade não era um velho clichê, mas um fato. De certa forma, foi a cidade que fez de mim um astro; onde meus ídolos me festejaram; onde acabei tomando chá com Mae West (para meu deleite, ela chegou com alarde, um sorriso lascivo e a frase "Ah, meu panorama favorito – uma sala cheia de homens!", que sugeria uma noite decepcionante a levar-se em conta que os homens éramos eu, John Reid e Tony King). Mas se você não ficasse esperto – se pegasse caminhos errados ou andasse com companhias erradas –, LA poderia facilmente engoli-lo também.

O prefeito de Los Angeles, Tom Watson, batizou a semana de 20 a 26 de outubro de 1975 de Semana Elton John. Entre outras coisas, eu ganharia uma estrela na Calçada da Fama de Hollywood, bem em frente ao Grauman's Chinese Theatre. Tinha dois shows marcados no Dodger Stadium, com capacidade para 55 mil pessoas. Eu já tocara para públicos maiores – havia 82 mil pessoas naquele show em Wembley, ao menos antes de se encherem e começarem a ir embora –, mas as apresentações no Dodger ainda soavam como o meu auge. Era o primeiro artista autorizado a se apresentar lá desde os Beatles em 1966, ocasião em que o organizador relaxara na segurança. Houvera um princípio de tumulto ao final da apresentação e desde então os donos do estádio não haviam querido saber de shows de rock. Essas apresentações me traziam ainda uma peculiar sensação de retorno ao lar, dado que minha carreira decolara cinco anos antes no Troubadour.

Fretei então um Boeing 707 da PanAm e mandei trazer minha mãe, Derf, minha avó e um monte de amigos da Inglaterra, assim como o staff da Rocket, jornalistas, gente da mídia e uma equipe de documentaristas comandada pelo apresentador de *talk show* Russell Harty. Fui recebê-los na pista do aeroporto com Tony King e uma frota de Rolls-Royces e Cadillacs: boas-vindas como eu esperara receber da primeira vez que fora ao país, em vez daquela merda de ônibus de dois andares. Pode ter sido algo exagerado, mas eu queria que minha família visse, que se divertissem como nunca, que tivessem orgulho de mim.

A Semana Elton John passou voando. Minha família fez passeios à Disneylândia e aos estúdios da Universal. Houve uma festa no iate de John Reid, o *Madman*, para celebrar o lançamento de *Rock of the Westies*. A pomposa inauguração da estrela na Calçada da Fama acabou sendo meio cafona. Usei um terno Bob Mackie verde-limão estampado com estrelas que traziam os nomes de outros astros reconhecidos pela Calçada da Fama e chapéu-coco da mesma cor. Me locomovi até lá com um carrinho de golfe pintado de dourado com um enorme par de óculos iluminados e gravata-borboleta no painel dianteiro. Sei que não era exatamente um modelo de discrição no palco, mas há limite para tudo. Há imagens da ocasião no YouTube, e fica bem claro para quem observar a expressão no meu rosto quão maravilhoso estava achando tudo aquilo. Não sei se vocês alguma vez já tiveram de passar lentamente em meio a uma multidão de fãs gritando, sob os olhares de toda a mídia mundial, sentados num carrinho de golfe dourado com um par de óculos iluminados e gravata-borboleta no painel dianteiro. Caso não tenham passado por isso, posso garantir que a experiência é das mais excruciantes.

Eu me sentia incrivelmente desconfortável e tentei relaxar por meio de caretas durante os discursos e piadas quando chegou minha vez de falar ("Declaro inaugurado este supermercado!"), mas mal podia esperar pelo término daquilo. Depois vim a saber ter sido a primeira ocasião na história da Calçada da Fama em que fora preciso interditar o Hollywood Boulevard de tanta gente que apareceu para a cerimônia.

No dia seguinte, chamei minha família para almoçar na Tower Grove Drive. Como ocorrera com *Captain Fantastic*, *Rock of the Westies* entrou direto no primeiro lugar da parada de álbuns nos Estados Unidos. Ninguém jamais fizera aquilo antes de mim – nem Elvis, nem os Beatles – e eu agora o fazia pela segunda vez em apenas seis meses. Tinha 28 anos de idade e era, naquele momento, o maior popstar do mundo. Aproximavam-se os shows de maior prestígio da minha carreira. Minha família e amigos estavam ali, compartilhando do meu sucesso. Foi quando decidi tentar me matar de novo.

Mais uma vez, não lembro exatamente o que provocou a decisão. Só sei que me levantei da mesa em que minha família almoçava, ao lado da piscina, fui até o andar de cima e engoli um monte de Valiums. Então desci de novo de roupão, anunciei que havia tomado vários comprimidos e iria morrer. E me atirei na piscina.

Não lembro exatamente quantos comprimidos tomei, mas foi menos do que naquela noite no Caribou Studios – um sinal de que, no fundo, não tinha absolutamente intenção alguma de me matar. Esse fato entrou claramente em foco quando percebi o peso do roupão me puxando para o fundo. Para alguém que supostamente se encontrava em pleno processo de dar fim a tudo – aparentemente convencido de que a vida nada mais tinha a oferecer, tomado por uma ânsia pela piedosa libertação representada pela morte –, é surpreendente como de repente me bateu um medo de me afogar. Comecei a nadar freneticamente para a beira da piscina. Alguém me ajudou a sair. A lembrança mais clara que tenho é a da voz de minha avó subindo de tom. "Oh", disse ela. E então, com um tom visivelmente ofendido, sem dúvida a voz de uma senhora idosa de classe operária de Pinner percebendo que suas férias maravilhosas na Califórnia corriam súbito risco de serem encurtadas, acrescentou: "Melhor então nos mandarmos daqui".

Não consegui parar de rir. Talvez tenha sido a exata reação de que necessitava. Esperava "ai, tadinho!" e ganhei "por que agir feito um babaca?".

Boa pergunta: *por que* estava agindo de forma tão babaca? Acho que fazia drama para tentar chamar a atenção. Tenho noção do quão louco isso soa por um lado, pois a cidade onde morava acabara de decretar uma Semana Elton John, eu me preparava para tocar perante 110 mil pessoas e uma equipe de câmeras da ITV fazia um documentário sobre mim. Queria mais atenção ainda? Mas a de que eu necessitava era de outro tipo. Tentava fazer minha família compreender que havia algo errado, independentemente do meu sucesso: podia parecer que estava tudo bem e que eu tinha uma vida perfeita, mas não tinha. Não podia lhes dizer "acho que estou me drogando demais", pois jamais entenderiam; nem sabiam o que era cocaína. Não tinha coragem de dizer "olha, não estou me sentindo nada bem, preciso de um pouco de amor", pois não queria que notassem as rachaduras na fachada. Era muito turrão, e tinha muito medo da reação da minha mãe, para chamá-la num canto e dizer: "Olha, mãe, preciso muito falar com você; não estou muito bem aqui, preciso de alguma ajuda, o que você acha?". Ao invés de fazê-lo, engolia tudo e depois mais um pouco e, quando botava para fora, era uma explosão como a do Vesúvio, com aquela ridícula encenação de suicídio. Este sou eu: é tudo ou nada. A culpa não era da minha família, de forma alguma. Era minha. Era orgulhoso demais para admitir que minha vida não era perfeita. Era patético.

Chamaram um médico. Como me recusava a ir para o hospital e passar por uma lavagem estomacal, ele me deu um líquido horrendo que me fez vomitar. Tão logo botei os bofes para fora, estava ótimo: "Ok. Agora tá tudo bem. Então, tenho esses dois shows pra fazer". Soa ridículo (*era* ridículo), mas havia saltado do leito de morte como que de supetão: tá bom, então, já tentei cometer suicídio, tá feito, e agora? Se alguém do meu entorno achou estranho, ficou na sua. E 24 horas depois eu estava no palco do Dodger Stadium.

Os shows foram um triunfo absoluto. Tocar ao vivo tem disso, pelo menos para mim. Até mesmo hoje em dia, qualquer transtorno por que porventura esteja passando fica totalmente em segundo plano. Na época, quando estava no palco simplesmente me sentia diferente de quando descia dele. Era o único momento em que realmente sentia ter controle dos meus atos.

Foram grandes eventos. Cary Grant esteve no *backstage*, lindo de morrer. Um coral gospel, o James Cleveland's Southern California Community Choir, se apresentou comigo. Billie Jean King subiu ao palco e fez *backing vocals* em "Philadelphia Freedom". Fiz os seguranças usarem ridículos macacões lilás com babados. Chamei o mais famoso vendedor de carros usados da Califórnia, um homem chamado Cal Worthington, para subir ao palco com um leão – sabe Deus o motivo, creio que ajudasse a compor o clima geral de alegria. Até Bernie apareceu perante o público, algo praticamente inédito.

Vesti uniforme e boné dos Dodgers com lantejoulas, uma criação de Bob Mackie. Subi em cima do piano e brandi um bastão de beisebol. Martelei as teclas até a pele dos dedos rachar e sangrar. Tocamos por três horas e foi maravilhoso. Graças a tantos anos passados em clubes acompanhando Major Lance ou tocando com o Bluesology para vinte pessoas, sei fazer um bom show: tenho experiência, minhas apresentações nunca ficam abaixo de determinado nível. Mas há certas ocasiões em que algo a mais acontece no palco: no momento em que você entra, fica claro que tudo vai dar certo. É como se suas mãos se movessem independentes do cérebro, não é nem preciso se concentrar, você se sente livre como um pássaro, pode fazer o que quiser. Esses são os shows que ficam na mente para sempre, e assim foram as duas noites no Dodger Stadium. O som estava perfeito, bem como o tempo. Ainda me lembro de como me senti naquele palco, da adrenalina que corria pelo meu corpo.

Foi um momento de consagração, e tive sabedoria suficiente para entender que nem sempre seria assim, ao menos não naquele nível. Não importa quem ou quão maravilhoso você seja, seus discos não entrarão direto no primeiro lugar da parada por toda a eternidade. Sabia que apareceria alguém ou algo novo. Era um momento já esperado, e pensar nele não me assustava em nada. Foi quase um alívio quando "Grow Some Funk of Your Own", o segundo single de *Rock of the Westies*, não foi um grande sucesso. Por um lado, estava exausto: de excursionar, de dar entrevistas, da catástrofe contínua que era minha vida pessoal. E, por outro, nunca me propusera a perseguir o sucesso por meio de singles. Era um artista de álbuns, discos como *Tumbleweed Connection* e *Madman Across the Water*, que por acaso virara uma enorme máquina de singles, emplacando sucesso atrás de sucesso atrás de sucesso, nenhum deles intencionalmente composto com esse propósito.

Na verdade, uma das poucas vezes em que me sentei com o intuito de compor um single de sucesso foi no fim de 1975. Estava de férias em Barbados com um grande grupo de amigos: Bernie estava lá, Tony King, Kiki Dee, muita gente. Achei que devíamos compor um dueto, para que Kiki e eu cantássemos. Bernie e eu nos saímos com duas opções. Uma se chamava "I'm Always on the Bonk": "I don't know who I'm fucking, I don't know who I'm sucking, but I'm always on the bonk".* A outra era "Don't Go Breaking My Heart". Compus a melodia ao piano, bolei o título, Bernie a finalizou e odiou o resultado. Não o culpo: Bernie não gostava, aliás não gosta, de nada que lhe soe como música pop banal. Mas até ele teve de admitir que o potencial comercial da canção era substancialmente maior que o de "I'm Always on the Bonk".

---

* "Não sei quem estou comendo / Não sei quem estou chupando / Mas vivo de pau duro."

SETE

Só topei dar entrevista à *Rolling Stone* porque estava afogado em tédio. Minha turnê mundial de 1976 seria supostamente território livre de imprensa. Não havia qualquer necessidade de promovê-la, pois todos os ingressos haviam se esgotado de imediato. Só que eu já estava enfurnado numa suíte do Sherry-Netherland, em Nova York, havia duas semanas – tínhamos uma sequência de shows marcados no Madison Square Garden –, e não me restara mais nada para fazer fora do palco.

Era difícil sair do hotel. Estávamos em agosto, fazia um calor insuportável em Manhattan, mas uma multidão de fãs sentava praça permanentemente na entrada. Se conseguisse passar por eles, enfrentava o caos em qualquer lugar para onde fosse. Sem exagero, tinha visto velhinhas serem derrubadas e pisoteadas por gente que queria me ver, e essa imagem não faz ninguém se sentir bem com a fama. Ainda assim tentara me manter ocupado. Visitara, ou fora visitado por, todos os conhecidos que estavam na cidade. Tinha ido dançar na 12 West e visitado uma estação de rádio chamada WNEW, em cujos estúdios me deram champanhe. Um ato de generosidade de que devem ter se arrependido imediatamente, pois logo entrei no ar e ofereci aos ouvintes uma avaliação completa e franca de um crítico de rock chamado John Rockwell, que falara mal do meu show. "Deve ter chulé. Deve ter meleca no nariz." Fui às compras, embora percebesse ter provavelmente esgotado as possibilidades da terapia pelo comércio quando me vi comprando um relógio-cuco que anunciava as horas cheias não com a presença de um cuco, mas sim de um enorme pênis de madeira. Dei-o de presente para John Lennon quando fui visitá-lo. Achei ser um bom presente para um homem que tinha tudo. John e Yoko eram um caso tão sério quanto o meu em termos de compras. Possuíam vários apartamentos no Dakota, tão cheios de obras de arte, antiguidades e roupas de valor incalculável que uma vez enviei-lhes um cartão com uma nova letra para "Imagine": "Imagine six apartments, it isn't hard to do, one is full of fur coats, another's full of shoes".* Tinham rebanhos de vacas, pelo amor de Deus – gado Holstein premiado. Anos depois, perguntei que fim levaram as vacas. Yoko deu de ombros e disse: "Ah, me livrei delas. Era mugido demais".

Mas depois de presentear John Lennon com um relógio-cuco temático de pênis não me restara nada para fazer, ou ao menos nada que valesse o risco de mandar uma velhinha para o hospital. Fiquei bundando pelo hotel. A banda certamente não estava no clima de matar o tempo comigo, pois havia demitido todos duas noites atrás, minutos antes de subirmos ao palco.

Aquela fora uma turnê estranha. Comercialmente tinha sido um grande sucesso e, de certa forma, havíamos nos divertido. Kiki Dee viajara conosco para cantar "Don't Go Breaking My Heart". Apesar de todo o pé atrás de Bernie, a música chegara ao primeiro lugar nos dois lados do Atlântico no verão. No Reino Unido, viajáramos de carro, visitando atrações turísticas entre os shows, parando para tomar sorvete e esgueirando-nos por pubs na hora do almoço. Nos Estados Unidos, os shows haviam sido gigantescos – astros de Hollywood no *backstage*; uma grande apresentação em Massachusetts por ocasião do Bicentenário da nação em 4 de julho, na qual me vesti de Estátua da Liberdade; uma aparição de Divine como convidado, saracoteando ao redor da banda apesar de um de seus saltos ter quebrado no minuto em que subiu ao palco.

E conheci Elvis Presley, no *backstage* do Capital Centre em Landover, Maryland, algumas noites antes de eu mesmo me apresentar lá. Levei Bernie comigo, e minha mãe também. Parecia fazer sentido: mamãe me apresentara à música de Elvis, agora eu iria apresentá-la ao próprio. Fomos conduzidos a um camarim cheio de gente: apesar de eu estar acostumado a astros de rock que só andavam em multidão, nunca vira nada como a *entourage* de Elvis. Ele era cer-

---

* "Imagine seis apartamentos / Não é difícil / Um cheio de casacos de pele / O outro cheio de sapatos."

cado por primos, velhos amigos da época de Memphis, gente que parecia ter sido empregada tão somente para entregar-lhe bebida e toalhas. Quando consegui passar por todos para apertar-lhe a mão, fiquei de coração partido. Havia algo visivelmente e clamorosamente errado com ele. Estava acima do peso, tinha uma coloração cinzenta e suava. Onde deveriam estar seus olhos só havia dois buracos negros sem expressão. Andava como alguém que acaba de despertar de uma anestesia geral, de forma estranha e arrastada. Um filete de tintura de cabelo preta escorria por sua testa. Incoerente, ausente.

Nosso encontro foi curto e desconfortável ao extremo. Eu estava a um só tempo fascinado e horrorizado, não exatamente uma receita para conversas animadas. E Elvis... bem, não consegui entender se ele não fazia ideia de quem eu era — as chances eram grandes de que não soubesse quem *ninguém* era — ou se sabia muito bem e não estava muito feliz em me ver. Elvis, todos sabiam, não era chegado a competição — corria um boato louco de que, quando visitara Richard Nixon na Casa Branca, literalmente se queixara dos Beatles com o presidente dos EUA — e, alguns anos antes, sua ex-mulher Priscilla me contatara, dizendo que Lisa Marie, a filha do casal, era minha grande fã, e perguntando se eu toparia conhecê-la como presente de aniversário. Tomamos chá juntos em minha casa em LA. Talvez ele tivesse raiva de mim por isso.

Perguntei se tocaria "Heartbreak Hotel" e a forma como ele grunhiu dava toda a pinta de que não. Pedi um autógrafo e vi suas mãos tremerem ao segurar a caneta. A assinatura mal era legível. E então vimos o show. Ocasionalmente, enxergava-se alguma fagulha, um sinal do incrível artista que ele um dia fora. Ela permanecia acesa por uns dois versos de uma canção para então desaparecer. A lembrança principal que guardo é a das echarpes que distribuía para as mulheres da plateia. No passado, ele fora famoso por distribuir echarpes de seda no palco, um gesto grandioso e digno do Rei do Rock'n'roll. Mas os tempos claramente haviam mudado. Aquelas eram echarpes baratas, feitas de náilon: não iriam durar muito. E, como apontou mamãe, nem ele.

"Ano que vem ele morre", disse ela na saída. E estava certa.

Mas ao longo das semanas seguintes eu não conseguia parar de remoer nosso encontro. Não era só o fato de tê-lo visto em tão mau estado, ainda que isto em si fosse incrível — a última coisa que esperava sentir ao me ver, afinal, na presença de Elvis era pena. A questão era que entender como ele terminara daquela forma, enclausurado e distante do mundo exterior, era um pouco fácil demais para mim. Talvez tivesse passado tempo demais prisioneiro de hotéis caros sem nada para fazer. Talvez tivesse esgotado sua cota de velhinhas em macas e decidido que o mundo exterior não valia a pena.

Com todo o sucesso, a turnê me soara muito familiar: os estádios, o Starship, as celebridades, até mesmo nosso repertório. Tínhamos um novo álbum já gravado, *Blue Moves*, duplo, mas só sairia no outono e eu aprendera no ano anterior em Wembley minha lição quanto a impor material novo a uma plateia não preparada para isso. Em especial material da estirpe do de *Blue Moves*. Tenho muito orgulho do disco, mas trata-se de música complexa, difícil de tocar, bem experimental e com influências de jazz. E sua atmosfera era sorumbática e reflexiva: Bernie abria o coração sobre seu divórcio de Maxine e minha música seguia o tom. Cheguei a escrever alguns versos, os que abrem "Sorry Seems to Be the Hardest Word", o miserável desfecho de mais uma desastrosa paixonite por um homem hétero: "What can I do to make you love me? What can I do to make you care?".* É um álbum ótimo, mas não exatamente a obra de duas pessoas que estejam dando piruetas rua abaixo, transbordando de felicidade.

E o verdadeiro problema da turnê fora este. As férias em Barbados haviam sido ótimas, mas já pareciam algo muito distante. Emocionalmente, eu havia voltado àquele mesmo ponto de quando me atirara na piscina em LA. Minha mãe e Derf haviam achado uma nova casa para mim, chamada Woodside. Parecia um lugar agradável, certamente – uma casa enorme em falso estilo georgiano em Old Windsor, com 37 acres de terreno –, mas eu não tinha como ter certeza, pois mal dormira lá desde que me mudara. Tivera apenas tempo suficiente para pedir a Derf que fizesse algumas prateleiras para minha coleção de discos e arregimentasse uma pequena fauna de bichos de estimação: um coelho chamado Clarence, uma cacatua chamada Ollie e Roger, um pássaro mainá que aprendera com alguém a dizer "vá à merda", uma frase que posteriormente o colocaria em maus lençóis quando a pronunciou na frente da princesa Margaret, minha convidada para o almoço. Mas bastou Roger chegar e mandar todo mundo à merda para eu seguir seu conselho: havia sempre gravações e turnês a fazer.

Eu ainda amava tocar ao vivo, mas estava fisicamente esgotado. Começara a ter convulsões, quase como ataques epilépticos; não

---

* "O que posso fazer para você me amar? / O que posso fazer para você se importar?"

acontecia sempre, mas acontecia o bastante para me assustar. Fiz uma tomografia, mas o neurologista não achou nada de errado, muito embora eu tenha certeza de que, se tivesse contado a ele o que consumia regularmente pelo nariz, teria feito um diagnóstico preciso na hora. Bernie não estava muito melhor. Desde o divórcio, você só o via sem uma cerveja na mão se ele a tivesse largado para cheirar uma carreira. Comecei a sugerir que tentasse compor com outras pessoas nas horas vagas – não que houvesse qualquer problema em nossa relação em nível profissional ou pessoal, mas talvez uma mudança de ares fizesse bem a ambos.

O caldo entornou na penúltima noite da residência no Madison Square Garden. Disse à banda no *backstage* que não dava mais. Pagaria a todos o equivalente a mais um ano de trabalho como indenização, mas não haveria mais turnês num futuro próximo. Perto do fim do show, balbuciei algo evasivo sobre sumir por um tempo. No instante em que o disse, não me era claro se era mesmo para valer ou não. Por um lado, estava evidente que daquele jeito, me arrastando mundo afora, não dava para continuar. Eu havia me convencido de aquela ser a raiz de todos os meus problemas. Por isso estava sempre tão exausto, por isso meus relacionamentos nunca davam certo, por isso era infeliz. Mas, por outro lado, ainda amava tocar ao vivo. E estava na estrada desde os 18 anos. Era o meu trabalho. Não conhecia a vida adulta sem ele. Iria fazer o que o dia inteiro? Ficar olhando Derf instalar prateleiras e ouvir um pássaro mainá me mandar à merda de dez em dez minutos?

Portanto, estava em modo pensativo quando o jornalista da *Rolling Stone* chegou ao hotel. Chamava-se Cliff Jahr e estava me infernizando atrás de uma entrevista havia semanas. Eu não fazia ideia de que Cliff era gay assumido, bem-resolvido e determinado a descobrir a verdade sobre minha sexualidade. Não acho que a questão para ele fosse política – na época tirar gente do armário à força não era visto como um golpe certeiro contra uma sociedade repressora. Acho que não passava de um *freelancer* loucamente à procura de um furo.

Fui saber depois que Cliff tinha um plano elaborado para extrair a informação de mim à base de puxação de saco. Incluía uma palavra em código que lançaria em meio à conversa como sinal para o fotógrafo sair da sala, quando então usaria sua astúcia de jornalista para me fazer confessar-lhe meu segredo mais oculto. Muito inteligente, mas não houve oportunidade para seu plano meticuloso ser posto em prática. Eu toquei no assunto primeiro. Ele me perguntou se estava apaixonado por alguém, a pior pergunta a me fazer naquela época salvo se a pessoa estivesse com tempo sobrando e louca para preenchê-lo ouvindo eu me queixar do terrível estado de minha vida pessoal. Comecei a contar como estava desesperado para encontrar um amor. Conjeturei em tom aflito e escancarado se relacionamentos com mulheres não durariam mais do que aqueles que eu tivera com homens. Ele pareceu algo surpreso e, em atitude tremendamente digna, perguntou se eu queria que o gravador fosse desligado para falar em *off*. Eu respondi que não. Foda-se. Honestamente, não me parecia nada do outro mundo. Todos ao meu redor já haviam me aceitado como gay anos antes. Todos na indústria musical sabiam do meu relacionamento com John Reid. E não pode ter sido um susto tão grande para Cliff Jahr, pois já havia contado antes a história de quando Divine e eu fomos barrados na Crisco Disco. Era só prestar atenção às provas circunstanciais: eu estava tentando entrar numa boate gay cujo nome faz referência a um famoso lubrificante anal na companhia da mais famosa *drag queen* do mundo. A notícia de que não era heterossexual não podia ter pegado ninguém de surpresa.

Ele me perguntou se eu era bissexual e respondi que sim. Se quiserem me acusar de ter disfarçado, acusem, mas eu de fato tivera um relacionamento com uma mulher antes e teria outro depois. Perguntou se eu e Bernie já havíamos sido um casal e respondi que não. Surgiu o nome de John Reid, desconversei e disse nunca ter tido um caso sério com ninguém. Certamente não era da minha alçada sair tirando gente do armário nas páginas da *Rolling Stone*. Disse a ele achar que todo mundo deveria poder ir para a cama com quem quisesse. "Menos cabras. Aí seria demais", acrescentei.

Naquele momento, John Reid abriu a porta e enfiou a cabeça de repente. Queria saber se estava tudo bem. Não sei se foi simplesmente *timing* perfeito ou se ele estava o tempo todo escutando atrás da porta num estado de pânico crescente e não conseguiu mais se segurar quando comecei a fazer piadas sobre bestialidade. Talvez também ele achasse cabras demais. Disse a John que estava tudo bem. E estava, de fato. Não senti alívio, nervosismo, orgulho, nada que se espere de alguém por ocasião da saída pública do armário. Na verdade não senti nada. Todo o estresse sobre minha sexualidade e o que as pessoas poderiam pensar dela acontecera anos antes. Eu não estava nem aí.

As pessoas ao meu redor não compartilhavam da minha atitude. Não que alguém jamais tenha dito algo diretamente. Por respeito ao dinheiro substancial que ganhavam por meu intermédio e cabreiros em atiçar nosso velho amigo, o Gênio da Família Dwight, a fazer uma de suas aparições espetaculares, não teriam ousado. Mas quando a matéria foi publicada, tive a sensação de John Reid e minha gravadora americana estarem em estado de ansiedade, à espera do impacto desastroso que as revelações teriam sobre minha carreira.

Afinal a poeira baixou e o escopo total e desconcertante do dano causado ficou claro. Foi nenhum. Alguns doidos escreveram para a *Rolling Stone* e disseram rezar para Deus poupar minha alma pervertida de sua ira e da danação eterna. Algumas estações de rádio americanas anunciaram que não tocariam mais as minhas músicas, mas não me incomodei nem um pouco: correndo o risco de soar arrogante, tinha a forte suspeita de que minha carreira iria tropeçar independentemente daquilo. Houve quem dissesse que as vendas de meus discos nos Estados Unidos caíram em função da matéria, mas os álbuns já haviam começado a vender menos antes. *Rock of the Westies* pode ter chegado ao primeiro lugar, mas vendeu muito menos do que *Captain Fantastic*.

Na Inglaterra, enquanto isso, o *Sun* cancelou uma promoção cujos vencedores ganhariam cópias de *Blue Moves* sob a alegação de que a capa – uma bela pintura de Patrick Procktor da minha coleção, retratando gente sentada num parque – não exibia nenhuma mulher e, portanto, constituía propaganda homossexual horripilante da qual o público deveria ser protegido. A lógica parecia ser a de que o leitor do *Sun*, ao ver um quadro com alguns homens sentados num parque, poderia imediatamente jogar fora a aliança, abandonar a esposa e os filhos e correr para o bar gay mais próximo cantando "I Am What I Am" no caminho. Mas as reações adversas pararam por aí.

A imprensa britânica, aliás, parecia menos interessada na minha vida sexual do que no meu couro cabeludo. De certa forma, eu não podia culpá-la: havia cerca de um ano que o assunto me incomodava bastante. Meu cabelo começara a cair um pouco no início da década de 1970, mas uma tintura malfeita em Nova York havia levado meus fios a uma repentina debandada em massa. Fascinado pela estilista Zandra Rhodes, cujo cabelo aparentemente mudava de cor para combinar com a roupa, vinha pintando o meu de todos os tons que se possa imaginar havia anos num salão em Londres, e sem nenhum efeito colateral aparente. Não faço ideia do que o cabeleireiro de Nova York aplicou nele, mas pouco tempo depois começou a cair aos chumaços. Ao final da turnê de 1976, não me restava quase nada no alto da cabeça.

Eu odiava o que via no espelho. Algumas pessoas são abençoadas com um tipo de rosto que casa bem com a careca. Não é meu caso. Sem cabelo, minha semelhança com o Shrek é perturbadora. Mas parecia haver salvação. Fui encaminhado a um homem chamado Pierre Putot em Paris, supostamente grande pioneiro na arte do transplante capilar. Àquela altura, esse campo era tão recente que qualquer médico a trabalhar nele poderia ser considerado um grande pioneiro, mas me asseguraram de ele ser o melhor. É só passar por um simples procedimento, diziam, e eu sairia da clínica dele em Paris um novo homem, sob gritos de *incroyable!* e *sacre bleu!* dos passantes fascinados com minha nova e leonina juba.

Não foi bem isso o que aconteceu. Para início de conversa, o procedimento nada tinha de simples. Durou cinco horas. Passei por ele duas vezes, e nas duas doeu à beça. A técnica usada tinha o desgostoso nome de "colheita de faixa": retirava-se uma faixa do couro cabeludo da nuca com um escalpo para transplantá-la no topo da cabeça. O ruído da remoção do cabelo era desconcertantemente parecido com o de um coelho a roer uma cenoura. Após o primeiro procedimento, saí da clínica me contorcendo em agonia, perdi o equilíbrio ao tentar entrar no banco traseiro do carro que me esperava e bati a cabeça na moldura da porta. Foi quando soube que, por mais que um transplante de cabelo doa, não passa de uma picadinha comparado à sensação de bater a cabeça na porta do carro imediatamente após um transplante de cabelo. Sem parar de pressionar com um lenço o couro cabeludo, que agora sangrava, fiz a única coisa que me veio à mente para desviar a atenção da dor. Disse ao motorista que queria fazer compras.

Para piorar, o transplante não funcionou. Por que, eu não sei, mas não pegou. Não foi culpa do médico. Talvez a quantidade de drogas que eu tomava tenha influenciado. Ou talvez tenha sido porque a única coisa que me disseram para evitar nas semanas logo após o procedimento foi usar chapéu, conselho que ignorei por completo devido ao fato de, sem chapéu, eu estar parecendo algo saído do clímax de um filme de terror com um machado na mão a fazer colheita de campistas adolescentes. Minha cabeça estava cheia de cicatrizes e estranhas crateras. Talvez eu pudesse ter optado por um meio-termo e usado algo mais leve, como uma bandana, mas aparecer em público paramentado como uma cartomante cigana parecia um pouco demais até para mim.

Quando as notícias dos recentes desdobramentos na clínica de *monsieur* Putot chegaram à imprensa, foi uma loucura. Nada que eu tivesse feito até então em minha carreira parecia fasciná-los como o transplante de cabelo o fez. Os *paparazzi* tornaram-se obcecados em conseguir uma foto minha sem chapéu. Eu parecia guardar ali debaixo o segredo da vida e da felicidade eternas em vez de cabelo ralo. Os *paparazzi*, contudo, não deram sorte – passei a usar chapéu em público em caráter permanente por mais ou menos uma década. No final da década de 1980, imediatamente antes de decidir ficar sóbrio, resolvi dar um basta naquilo, pintei de louro platinado o que restava do meu cabelo e apareci daquele jeito na capa do meu álbum *Sleeping With the Past*. Após ficar sóbrio, fiz uma extensão capilar, processo em que se acrescenta cabelo ao que resta do seu. A estreia do meu novo visual foi no concerto-tributo a Freddie Mercury. Nas palavras de um jornalista, eu parecia ter um esquilo morto na cabeça. Ele foi cruel, mas, sou forçado a admitir, havia algo de verdade naquilo.

Acabei cedendo a uma peruca, fabricada pelas mesmas pessoas que as fazem para filmes de Hollywood. É a coisa mais estranha. Todo mundo passou anos obcecado com meu cabelo ou a falta dele. Comecei a usar peruca e praticamente ninguém mais toca no assunto. Dito isto, ela tem seus inconvenientes. Alguns anos atrás, estava dormindo em casa, em Atlanta, e acordei ouvindo vozes no apartamento. Fiquei certo de serem ladrões. Vesti um roupão e saí me esgueirando para ver o que estava havendo. Estava na metade do corredor quando me dei conta de estar sem peruca. Corri de volta para o quarto pensando que, se fosse para ser espancado até a morte por intrusos, ao menos não fosse com a careca à mostra. Peruca devidamente colocada, entrei na cozinha e encontrei dois encanadores a consertar um vazamento. Pediram mil desculpas por me acordar, mas, apesar do alívio, reparei que não tiravam os olhos de mim. Talvez fosse fascinação por ser eu, imaginei ao voltar para a cama. Ao passar pelo banheiro, porém, entendi que os encanadores não estavam estupefatos por verem o lendário Elton John diante de seus olhos. Estavam estupefatos por verem o lendário Elton John diante de seus olhos com a peruca ao contrário. Estava absolutamente ridículo, parecia Frankie Howerd depois de uma noite de tempestade e ventania. Tirei o troço e voltei a dormir.

O mundo em geral pareceu receber muito bem a notícia de minha sexualidade, mas ainda assim fiquei pensando se não deveria talvez ter calculado melhor o *timing* do anúncio. Eis um conselho que dou a qualquer um planejando sair do armário em público: certifique-se de não fazê-lo imediatamente após ser nomeado presidente do conselho administrativo de um clube de futebol britânico, a não ser que queira passar suas tardes de sábado ouvindo torcedores adversários a gritar "Don't sit down when Elton's around, or you'll get a penis up your arse",* ao som da melodia de "My Old Man Said Follow the Van". Imagino que este seria o ponto onde eu deveria me lançar num discurso contra a homofobia das torcidas de futebol da década de 1970, mas, para ser honesto, achava divertido. Humilhante, talvez, mas divertido. Não me sentia ameaçado e nem assustado. Estava na cara que era brincadeira, para levar na esportiva. Eles gritavam, eu sorria e acenava.

Na verdade, no que se referia ao Watford FC, eu tinha problemas bem maiores a encarar do que qualquer coisa gritada pela torcida adversária. Um jornalista torcedor do clube, durante uma entrevista comigo em 1974, foi quem primeiro mencionou que o Watford estava em apuros e não só dentro de campo. Eu ainda era torcedor ávido, ainda ia vê-los jogar sempre que conseguia, ainda no The Bend, o mesmo ponto da arquibancada da Vicarage Road onde ficava na infância, com meu pai. Nas partidas, não era só aquele local que me trazia memórias de infância. O Watford continuava a ser um time tão ruim quanto aquele da década de 1950, empacado permanentemente na lanterna da liga de futebol. Ser seu torcedor às vezes me lembrava de quando era membro do Bluesology: amava-os loucamente, mas sabia que não iriam dar em nada.

Graças ao jornalista, fiquei sabendo que o clube estava também em dificuldades financeiras. Não tinham dinheiro, pois ninguém estava interessado em vê-los perder toda semana. Estavam desesperadamente à procura de formas de fazer caixa. Entrei em contato e sugeri fazer um show beneficente no estádio. Eles aceitaram

---

* "Não sente se Elton estiver por perto / Ou vai acabar levando um pau no reto."

e, em retribuição, me ofereceram a oportunidade de comprar ações do clube e tornar-me vice-presidente. Na apresentação, me vesti de abelha – a coisa mais próxima que encontrei da mascote do time, uma vespa chamada Harry – e levei Rod Stewart para cantar comigo. Quando nada, serviria para agraciar Rod com uma tarde rindo sem parar do estado lamentável do campo (reconhecidamente um pardieiro, ainda com a pista de corridas de galgos ao redor do gramado), da natureza catastrófica dos resultados do time em contraste com seu amado Celtic e, em especial, do meu novo cargo de vice-presidente.

"Que diabos você entende de futebol, Sharon?", perguntou ele. "Se entendesse alguma coisa, não torcia pra esses caras."

Mandei ele à merda. O restante do conselho não poderia ter sido mais acolhedor. Se os incomodava de alguma forma terem o único vice-presidente na liga de futebol a aparecer nas reuniões com cabelo verde e laranja e mais alto do que todos em razão dos saltos plataforma, nunca mencionaram. Para o Watford em si, contudo, minha presença não parecia fazer grande diferença: o time continuava uma mixórdia, o clube continuava quebrado. Uma ideia continuava a me rondar a mente. Se torcer pelo Watford era tão frustrante quanto tocar no Bluesology, talvez, como na época da banda, coubesse a mim tomar alguma atitude.

Portanto, quando o presidente do conselho, um empresário local chamado Jim Bonser, se ofereceu para me vender o clube na primavera de 1976, aceitei. John Reid ficou furioso, não parava de falar como ser dono de um clube de futebol representaria um rombo nas minhas finanças. Mandei ele à merda também. Queria muito embarcar naquilo. Sempre tive uma personalidade competitiva, fosse no squash, no tênis de mesa ou no Banco Imobiliário. Mesmo hoje em dia, quando jogo tênis, não é só para dar umas raquetadas e fazer exercício. Quero disputar uma partida, e quero vencê-la. Presidir o clube falava àquele lado da minha personalidade. O desafio me agradava. E mais do que isso, estava de saco cheio de ter os fins de semana sempre estragados por mais uma derrota do Watford.

E eu amava o clube. Torcer pelo Watford era uma constante numa vida em que todo o resto havia se modificado até ficar irreconhecível. A Vicarage Road ficava a oito ou dez quilômetros de onde eu nascera. Era um vínculo com minhas raízes, me lembrava que, independentemente de quanto sucesso fizesse, de quão famoso fosse, de quanto dinheiro ganhasse, ainda era aquele rapaz de classe operária vindo de uma casa padronizada em Pinner.

Mas não era só isso. Adorava vivenciar o universo do clube por ser diferente em tudo do meio musical onde costumava circular. Sem glamour, sem luxo, sem limusines, sem o Starship. Pegava o trem para Grimsby com os jogadores, assistia ao jogo, ouvia a torcida adversária mencionar meu desejo aparentemente insaciável de enfiar o pau no cu do primeiro que passasse por perto e pegava o trem de volta levando uma caixa com peixes da região, dada de presente ao final da partida pelos diretores do Grimsby.

Não havia conversa-fiada. Quando se alcança um determinado grau de sucesso no meio musical, percebe-se que muitas pessoas ao seu redor passam a lhe dizer o que acham que você quer ouvir, não o que pensam de fato. Ninguém quer irritá-lo, ninguém quer desencaminhar a situação. Mas no Watford não havia nada disso. Os funcionários e os jogadores eram amistosos e respeitosos, mas não estavam ali para massagear meu ego. Falavam sem o menor problema caso não tivessem gostado muito do meu novo álbum – "Por que você não canta outra música como 'Daniel'? Eu gostava daquela" – ou achado ridículo o casaco que eu estivesse usando. O fato de ninguém pegar leve comigo por ser Elton John me era esfregado no nariz à força sempre que inventava de jogar uma pelada com eles. Recebia um passe, via um jogador do Watford no outro time partir para cima de mim e, quando me dava conta, a bola estava com ele e eu estava em pleno voo de costas, em alta velocidade, a ponto de me estabacar com a bunda no chão.

E, da minha parte, não havia malcriação ou faniquitos de diva. Tinha de aprender a ser um bom perdedor, a apertar as mãos de diretores dos times adversários quando nos venciam. Não podia perder a calma, ficar de mimimi, encher a cara ou tomar drogas, pois não estava lá na condição de mega-astro cujas vontades deveriam ser feitas, mas como representante do Watford Football Club. Uma vez infringi as regras. Após enfiar a cara na cocaína de forma épica, apareci de ressaca num jogo em 26 de dezembro, Boxing Day,* e comecei a entornar o uísque da sala do conselho. No dia seguinte, me deram um sermão violento, o tipo de descompostura que normalmente ninguém tinha colhão para me passar.

---

* *Boxing Day* é uma data comemorativa pós-Natal praticada em muitos países como o Reino Unido. (N.E.)

"Que porra é essa? Você está afundando a si mesmo e ao clube."

O homem que me descascava era Graham Taylor, o novo técnico que eu mesmo convencera a treinar o Watford em abril de 1977. Tinha 32 anos quando eu o conheci – jovem para um técnico de futebol – e me fazia lembrar Bernie. Como ele, era natural de Lincolnshire. Como ele, acreditou em mim. Graham era muito bem pago para um técnico de time pequeno como o Watford, mas aceitar o cargo certamente representou descer de patamar. Ele já havia tirado seu time anterior, o Lincoln City, da quarta divisão e seria natural que partisse dali para algo maior e não de volta ao fundo do poço. Mas, assim como ocorrera com Bernie, nos demos bem de imediato e, como ocorrera com Bernie, eu não interferia no que ele fazia, preferindo deixá-lo trabalhar.

E assim como ocorrera com Bernie, quando as coisas começaram a dar certo, a decolagem foi além da nossa imaginação. Graham era um técnico incrível. Arregimentou uma comissão técnica fantástica para trabalhar com ele. Bertie Mee, um veterano que jogara na década de 1930 e conhecia todos os meandros do futebol, veio do Arsenal para ser seu assistente. Eddie Plumley veio do Coventry para ser diretor executivo. Graham trouxe reforços e encorajou jovens de incrível talento. Contratou John Barnes, que tinha 16 anos de idade: um dos maiores jogadores que a Inglaterra já viu, e Graham o trouxe pelo preço de um uniforme novo. Transformou jogadores da base como Luther Blissett e Nigel Callahan em astros. Fez todos treinarem muito mais duro do que antes e jogarem um futebol animador – dois grandes centroavantes, dois pontas velozes, um excelente ataque, muitos gols, o que levava as pessoas a quererem ver o time jogar. Acabou com a pista dos galgos e mandou erguer novas arquibancadas e uma baia familiar, um local especificamente planejado para pais poderem trazer seus filhos e assistir aos jogos em segurança. Hoje, todos os times têm uma. O Watford foi o primeiro.

Tudo aquilo me custava dinheiro e, portanto, mais resmungos de John Reid. Não estava nem aí. Não era empresário, não despejava dinheiro no clube como investimento financeiro. O Watford estava no meu sangue. Fiquei obcecado a ponto de me tornar supersticioso – se estivéssemos vencendo, não trocava de roupa ou esvaziava os bolsos – e tão loucamente entusiástico que conseguia literalmente convencer pessoas a torcer pelo time. Converti meu velho amigo Muff Winwood, um torcedor do West Brom, em membro do conselho do Watford. Compareci a reuniões em órgãos municipais para tentar em vão convencê-los a nos deixar construir um novo estádio nos estertores da cidade. Após os jogos, ia ao Clube dos Torcedores, um pequeno prédio na arquibancada principal, conhecer a torcida e ouvir suas propostas. Queria que soubessem que de fato me importava com o clube, que valorizava os torcedores, sem os quais o Watford não seria nada. Organizei grandes festas para os jogadores, os funcionários e suas famílias em Woodside, com peladas e corridas do ovo na colher. Comprei um Aston Martin e mandei-o pintar com as cores do clube – amarelo, com uma faixa vermelha e preta no meio – para dirigi-lo até os jogos fora de casa: chamava-o de Carro da Diretoria. Não me dei conta do quanto aquilo chamara atenção até ser apresentado ao príncipe Philip. Conversávamos educadamente quando ele mudou de assunto de repente.

"Você mora perto do Castelo de Windsor, não é?", perguntou. "Já viu o idiota que passeia por aquela área num carro pavoroso? É amarelo berrante com uma faixa ridícula. Você sabe quem é?"

"Sim, Alteza. Na verdade sou eu."

"É mesmo?" Ele não me pareceu particularmente chocado com a notícia. Aliás, pareceu bem satisfeito de ter achado o idiota em questão e assim poder conceder-lhe a graça de seus conselhos. "Mas que diabos você tem na cabeça? É ridículo. Faz parecer um pateta. Livre-se daquilo."

Se não desse para chegar ao jogo a tempo ao volante do Carro da Diretoria, eu fretava um helicóptero. Se não pudesse comparecer por estar no exterior, telefonava para o clube e a ligação era conectada à transmissão de rádio interna do jogo para o hospital local: no *backstage* em algum canto dos Estados Unidos, a banda me escutava berrar feito um louco, sozinho no camarim, porque havíamos vencido um mata-mata contra o Southampton. Se fosse madrugada na Nova Zelândia, eu acordava para ouvir o jogo. Se o horário batesse com o início de um show, eu o atrasava. Era maravilhoso: o entusiasmo com os jogos, a sensação de camaradagem, de ser parte de um grupo no qual a impressão era de todos perseguirem a mesma meta, dos jogadores às senhoras que serviam o chá. A felicidade pessoal que o Watford me trazia não tinha preço.

E, além disso, não era como se estivesse jogando dinheiro fora. O retorno do que gastava era visível. O Watford começou a vencer e assim se manteve. Uma temporada depois, estávamos na Terceira Divisão. Duas temporadas depois, na Segunda. Em 1981, pela primeira vez em toda sua história, o Watford subiu para a Primeira Divisão. No ano seguinte, fomos vice-campeões, o segundo time mais bem-sucedido da Grã-Bretanha. O que nos levaria à Copa da UEFA, para enfrentar as maiores equipes da Europa: o Real Madrid, o Bayern de Munique, a Inter de Milão. Era isto o que eu havia dito a Graham que queria ver o time alcançar naquele primeiro encontro. Ele havia olhado para mim como se eu fosse maluco e começado a me dizer como daríamos sorte de continuar na Quarta Divisão com aquele time ("O centroavante é uma girafa!") até se dar conta de que eu falava sério e estava disposto a investir de acordo. Concluímos que levaria provavelmente dez anos. O Watford atingiu a meta em cinco.

E então, em 1984, chegamos à final da Copa da Inglaterra, o torneio de futebol mais antigo e prestigioso do país: estádio de Wembley, 100 mil ingressos vendidos. Já estava habituado ao êxito do Watford àquela altura – é curioso quão fácil é se acostumar ao sucesso depois de décadas de fracasso –, mas logo antes de a partida começar caiu repentinamente a ficha do quão longe havíamos chegado, do pequeno time fracassado que ninguém queria ver jogar, do qual as pessoas riam, até aquele momento. A banda de metais começou a tocar "Abide With Me", o hino tradicional do torneio, e foi o que bastou: comecei a chorar perante as câmeras da BBC. Acabou sendo o ponto alto do dia. O Everton venceu por 2 x 0. Deveria ter sido um jogo bem mais parelho, um dos gols não deveria ter sido validado, mas em última análise eles jogaram melhor. Fiquei arrasado, mas fiz uma festa para o time assim mesmo: era uma conquista fantástica.

Ao contemplar a torcida em Wembley antes do início da partida, tive a mesma sensação vivida no palco do Dodger Stadium. E, como naquela ocasião, minha impressão era de que aquele seria uma espécie de ponto alto, que melhor não teria como ficar. Eu estava certo. Alguns anos depois, Graham saiu para treinar o Aston Villa. Escolhi como seu substituto um técnico chamado Dave Bassett, mas não deu certo: não havia química, a mistura com a equipe não dava liga. Comecei a achar que devia ter deixado o Watford quando Graham o fez. Ainda amava o clube, mas havia uma sensação de alinhamento dos astros, uma mágica na nossa conjunção que eu não conseguia evocar sem ele.

Acabaria por vender o Watford a Jack Petchey, um multimilionário que fizera sua fortuna com carros. Sete anos depois, comprei de volta várias ações do clube e tornei-me presidente do conselho novamente – achava que Jack estava metendo os pés pelas mãos, sendo um empresário e não alguém envolvido de coração com o clube, que havia caído novamente para a Segunda Divisão. Só o fiz porque Graham aceitou voltar a ser o técnico. O time respondeu bem, mas não foi como na primeira vez, não havia o desafio incrível de ascender do fundo do poço. Finalmente Graham saiu de novo e dessa vez eu o segui. Renunciei ao cargo de vez em 2002. Estranhamente, demos sequência em silêncio à nossa parceria. Até Graham morrer em 2017, eu ainda ligava para ele o tempo todo para conversar sobre o time: como estavam jogando, o que achávamos do mais recente treinador. Independentemente de suas outras realizações no futebol, nada afastava o coração de Graham Taylor do Watford.

Tenho um orgulho enorme de nossas realizações, mas devo ao Watford muito mais do que o clube deve a mim. Fui presidente do conselho na pior época da minha vida: anos de vício e infelicidade, relacionamentos fracassados, maus negócios, processos judiciais, uma turbulência sem fim. Em meio a tudo aquilo, o Watford foi uma fonte de alegria constante. Quando não sentia amor na minha vida pessoal, sabia tê-lo do clube e de seus torcedores. Deles extraía algo para concentrar minha atenção, uma paixão capaz de afastar a mente de tudo que estava dando errado. Por motivos óbvios, há passagens da década de 1980 das quais não tenho a mais vaga lembrança – já era difícil lembrar dos acontecimentos no dia seguinte, quanto mais trinta anos depois –, mas cada jogo do Watford assistido ficou permanentemente gravado na minha memória. A noite em que eliminamos o Manchester United da Copa da Liga Inglesa em pleno Old Trafford, quando ainda éramos uma equipe de Terceira Divisão: dois gols de Blissett, ambos de cabeça, jornais que nunca se dignavam a cobrir o Watford chamaram os jogadores de Elton John's Rocket Men na manhã seguinte. A noite de novembro de 1982 em que enfrentamos o Nottingham Forest fora de casa pelo mesmo torneio, então chamado de Milk Cup. Eles nos venceram por 7 × 3, mas para mim foi uma das maiores partidas de futebol que vi na vida, e Brian Clough, o lendário técnico do Forest, concordou comigo, virando-se então para Graham e dizendo que jamais teria permitido a *seu* presidente do conselho sentar-se na porra da lateral do campo como eu havia feito. Não fosse aquele time de futebol, sabe Deus o que teria acontecido comigo. Não é exagero quando digo que talvez o Watford tenha salvado minha vida.

OITO

De volta ao lar no outono de 1976, teoricamente aposentado dos palcos, dediquei-me a fazer obras em Woodside. Há uma casa no mesmo local em Old Windsor desde o século XI – foi construída para o médico de Guilherme, o Conquistador –, mas vivia pegando fogo; a versão mais recente datava de 1947, erguida para Michael Sobell, que ficara rico fabricando aparelhos de rádio e televisão. O estilo original imitava o georgiano, mas ao reformá-la optei por fugir à decoração do período da Regência ou à *palladiana* em favor de um estilo que especialistas em design de interiores chamam de Popstar Doidão de Meados da Década de 1970 Perde a Linha. Abarcava máquinas de fliperama, *jukeboxes*, palmeiras douradas, *memorabilia* por toda parte. Abajures Tiffany dividiam a cena com o par de botas Doc Martens com salto de 1,20 m usado por mim na sequência do filme *Tommy*, baseado no disco do The Who, em que cantava "Pinball Wizard". Nas paredes, gravuras de Rembrandt disputavam espaço com discos de ouro e badulaques que ganhara de fãs. Mandei fazerem um campo de pelada no terreno e uma discoteca profissional ao lado da sala de estar, com luzes, globo espelhado, cabine de DJ e um par de alto-falantes enormes. Uma sala abrigava uma réplica do trono de Tutancâmon. Alto-falantes instalados do lado de fora da casa eram conectados ao aparelho de som do meu quarto. Ao acordar, punha uma fanfarra para tocar de forma a avisar aos presentes que estava descendo. Achava a maior graça, para mim era puro humor caricato, mas por alguma razão visitantes não preparados para aquilo tendiam a reagir com expressão pensativa, considerando a possibilidade de o sucesso ter me subido à cabeça.

Havia no terreno uma *orangerie* convertida num apartamento à parte, com seu próprio jardim, e ali instalei minha avó. Seu segundo marido, Horace, havia morrido e a mim não agradava a ideia de ela morar sozinha com mais de 70 anos. Seria seu lar pelo resto da vida, até morrer em 1995. Enxerguei naquilo um círculo lindamente harmônico. Eu nasci na casa dela, ela morreu na minha, ainda que sua vida por lá tenha sido bastante autônoma. Sempre foi independente, e não quis privá-la dessa liberdade. Os portões de Woodside a guardavam, me dando a certeza de ela estar segura, mas vivia sua própria vida, tinha seus próprios amigos. Eu podia aparecer para vê-la quando quisesse, mas também mantê-la à distância da loucura da minha vida, protegê-la de todos os excessos e da estupidez. E ela parecia bem feliz por lá, a caminhar pelo jardim. Estava tirando as ervas daninhas dos canteiros quando a rainha-mãe apareceu para almoçar – quando a conheci na casa de Bryan Forbes havíamos nos dado bem, e ela me convidara para jantar no Royal Lodge, em Windsor. Era muito divertida. Após a refeição, insistira para que dançássemos ao som de sua gravação favorita, uma velha canção de bar irlandesa chamada "Slattery's Mounted Fut". Creio que existe uma versão de Val Doonican.

Tendo vivido a experiência surreal de dançar com a rainha-mãe ao som de uma canção de bar irlandesa, não vi problema em convidá-la para almoçar. Ela havia me dito ter sido amiga da família que vivera em Woodside antes da guerra. Imaginei que poderia querer rever a casa. Quando aceitou o convite, achei divertidíssima a ideia de não dizer à minha avó com antecedência quem era a visita. Só a chamei, dizendo: "Vem aqui, vó, tem alguém querendo te conhecer". Infelizmente, minha avó não achou graça. Quando a rainha-mãe foi embora, instalou-se o pandemônio.

"Como você me faz uma coisa dessas? Me bota pra conversar com a rainha-mãe de galochas e luvas de jardinagem! Nunca fiquei tão constrangida na minha vida! Nunca mais me faça uma dessas!"

Contratei alguns empregados para cuidar de Woodside. Um cara chamado Bob Halley foi meu chofer a princípio, e sua esposa Pearl era a governanta: uma mulher adorável, mas se revelaria uma desgraça na cozinha. Tinha algumas faxineiras e um secretário chamado Andy Hill. Era filho do senhorio do Northwood Hills, o pub onde eu tocara piano na infância, e contratei-o basicamente porque arrastava uma asa para ele: quando me desencantei, percebi que não se adequava ao emprego. Deve haver alguma lição nisso. Afinal, o cargo acabaria ficando com Bob Halley.

Pedi à minha mãe para administrar a casa, e isto se revelaria um erro clamoroso. Ela era ótima na contabilidade, mas regia o lugar com mão de ferro. Eu havia reparado numa mudança em seu comportamento. Ainda era feliz com Derf, mas por alguma razão parecia estar revertendo ao jeito de antes de conhecê-lo: instável, difícil, contestadora, nunca satisfeita com nada. Imaginei que trazê-la para trabalhar comigo pudesse nos aproximar de novo, como em Frome Court quando Bernie e eu estávamos começando. Mas não. Era como se o prazer sentido por ela quando comecei a fazer sucesso tivesse se esgotado. Parecia detestar tudo que eu fazia. Uma nuvenzinha negra de reclamações presunçosas a acompanhava – minhas roupas, meus amigos, minha música. Também brigávamos muito por causa de dinheiro. Entendo que, por ter vivido os anos da guerra e do racionamento, sua visão de mundo frugal, não-desperdiçar-para-não-faltar, fosse muito arraigada. Mas, como já ficou bastante claro à esta altura, minha atitude para com gastos é outra. Cansei de ter cada compra questionada, ter de quebrar o pau com ela sempre que comprava um presente para alguém. Parecia não haver como escapar dela, nenhuma privacidade. Você acorda de manhã depois de trepar com alguém e a primeira pessoa em quem você e sua última conquista esbarram é sua mãe, brandindo um recibo em suas fuças raivosamente, querendo saber: "Por que gastar tanto num vestido para a Kiki Dee?". É esquisito demais. Corta totalmente o clima de enlevo pós-coito. Pior ainda, ela tinha por hábito ser absolutamente desagradável com o restante do staff da casa, tratava-os como lixo, como se fosse a senhora da mansão e todos os demais fossem seus servos: vivia eu tendo de consertar as coisas quando ela perdia a calma e gritava com alguém. A situação acabaria tornando-se claustrofóbica e tensa demais. Ela e Derf se mudaram para o litoral sul e, francamente, foi um alívio.

Estava sozinho na cama em Woodside numa manhã de domingo, assistindo à TV sem prestar muita atenção, quando surgiu na tela de repente um cara de cabelo laranja berrante chamando Rod Stewart de velho acabado de merda. Como que por encanto, passei a assistir fascinado: não podia perder alguém cagando na cabeça de Rod. Seu nome era Johnny Rotten, suas roupas eram incríveis e o achei hilariante, um misto de jovem raivoso com bicha velha rabugenta, pura verve e acidez. Estava dando entrevista sobre a cena punk ascendente de Londres a uma mulher chamada Janet Street-Porter. Gostei dela também, era desbocada, ousada. Para ser absolutamente justo com Rod, Johnny Rotten parecia odiar tudo – não tinha a menor dúvida de que me achava outro velho acabado de merda. Ainda assim, guardei na cabeça que deveria telefonar depois para Rod, só para me certificar de que ele soubesse. "Oi, Phyllis, ligou a TV hoje cedo? Tinha uma banda nova chamada Sex Pistols e você não vai acreditar: te chamaram de velho acabado de merda. As palavras foram exatamente estas: Rod Stewart é um velho acabado de merda. Terrível, hein? Aos 32 anos! Que derrota."

Não estava nem aí para o que eles achavam de mim. Amava o punk, sua energia, sua atitude, seu estilo. E amei ver meu velho amigo Marc Bolan não perder a chance de alegar tê-lo inventado vinte anos antes; não poderia haver reação mais típica de Marc. O punk não me chocava – quem vivenciou o escândalo e a agitação social causados pelo rock'n'roll na década de 1950 é praticamente imune à ideia de música causar afronta – e não me sentia ameaçado ou tornado obsoleto. Não me passava pela cabeça que fãs de Elton John fossem queimar suas cópias de *Captain Fantastic* e passar a ir ao Vortex para cuspir no The Lurkers. E, se decidissem fazê-lo, lavaria minhas mãos: não era uma onda musical que estivesse interessado em surfar. Mas achava o Clash, os Buzzcocks e Siouxsie & The Banshees fantásticos. Janet Street-Porter também. Um dia após a exibição do programa, falei com ela ao telefone, convidei-a para almoçar e pronto: somos melhores amigos desde então.

Mesmo sem me afetar diretamente, o punk representava um sinal de mudanças à vista. *Outro* sinal de mudanças à vista. Havia vários. Eu já não trabalhava mais com a DJM e Dick James. Meu contrato expirou logo após o lançamento de *Rock of the Westies*. Eles retinham o direito de lançar um álbum ao vivo chamado *Here and There*, que eu detestei – não que a música em si fosse ruim, mas era composto de velhas gravações de 1972 e 1974 e parecia existir meramente para dar lucro. Aquilo foi o fim. Recusei-me a assinar um novo contrato com eles e me transferi para meu próprio selo, Rocket. John Reid vinha resmungando sombriamente que Dick nos roubava fazia tempo. Considerava injustos os contratos assinados por mim e por Bernie na década de 1960, achava muito baixos nossos *royalties* e algo suspeita a fórmula como nosso faturamento no estrangeiro era calculada. Depois de a DJM, seus gerentes e subsidiárias estrangeiras tirarem sua parte, Bernie e eu recebíamos apenas quinze paus de cada £ 100 ganhas. Era o padrão da indústria musical da época, mas o padrão da indústria musical da época estava errado. Acabamos levando a questão à Justiça em meados da década de 1980 e ganhamos. Odiei cada minuto do processo, pois adorava Dick e nada tinha de desabonador a dizer a seu respeito em nível pessoal. E no entanto senti precisar fazê-lo: a indústria tinha de mudar a maneira como tratava os artistas. Pouco tempo depois, Dick teve um ataque do coração fatal e seu filho Steve me culpou por sua morte. Foi uma baixaria lastimável. Minha história com Dick não deveria ter acabado dessa forma.

Além de sairmos da DJM, Bernie e eu havíamos concordado em dar um tempo à parceria. Não houve qualquer quebra-pau, qualquer grande desentendimento. Apenas nos pareceu a melhor coisa a fazer. Havíamos passado dez anos atrelados um ao outro e seria bom parar antes que nossa parceria começasse a parecer uma rotina obstrutiva. Não queria nos ver na situação de Bacharach e David, que trabalharam juntos até não poder ver mais a cara um do outro. Sem mim, Bernie só fizera um álbum solo, onde lia suas poesias com acompanhamento musical de Caleb Quaye e Davey Johnstone. Dick James o lançara e depois convocara uma reunião totalmente ridícula para procurar me convencer a levar Bernie para abrir meus shows na próxima turnê americana. "Ele pode ler os poemas! O pessoal vai amar!" Não entendo como Dick achava essa ideia boa, a não ser que tivesse feito na encolha um seguro de vida sobre Bernie e pretendesse obter retorno financeiro rápido mandando alguém matá-lo no palco. O público americano de rock da década de 1970 podia gostar de muita coisa, mas não de ouvir um homem ler poemas sobre sua infância em Lincolnshire por 45 minutos, independentemente do quão maravilhosos fossem. Ressaltei que fazer Bernie subir ao palco para agradecer ao público ao final de um show já era difícil; imagine botá-lo para abri-lo com um monólogo experimental. A ideia, graças aos céus, foi abandonada.

Só que Bernie realmente estava mostrando seu trabalho por conta própria. Havia feito um álbum com Alice Cooper, um grande projeto conceitual sobre o alcoolismo de Alice e sua recente internação para desintoxicação. Chamara nosso velho baixista Dee Murray para participar, e Davey Johnstone na guitarra. O álbum era bom. Fiquei bem impressionado. Por que, então, aquela sensação tão esquisita ao checar os créditos de composição e ver o nome de Alice Cooper ao lado do de Bernie em vez do meu? Bem, na verdade, nada havia de esquisito. Era algo bem claro. Odiava ter de admitir, mas eu estava com ciúmes.

Afastei o sentimento da mente. Afinal, tinha um novo parceiro de composição, Gary Osborne, que conhecera quando ele escreveu a letra em inglês de "Amoureuse", a canção francesa com a qual Kiki Dee finalmente fizera sucesso. Seu método era o oposto do de Bernie – Gary gostava de ter a música nas mãos antes de começar a escrever a letra –, mas fizemos juntos algumas ótimas canções: "Blue Eyes", "Little Jeannie", uma balada chamada "Chloe". E ficamos muito amigos. Tanto que foi para Gary e sua esposa Jenny que liguei aos prantos no Dia de Natal quando meu então namorado misteriosamente me deu bolo, não vindo de avião de LA como o combinado. Uma escolha catastrófica de parceiro até para os meus padrões, resolvera que não era gay na verdade e dera no pé com uma aeromoça da tripulação do Starship. Não que tenha me contado nada disso. Simplesmente sumiu. Não estava a bordo do avião quando este pousou em Heathrow e literalmente não ouvi mais falar dele. Talvez eu devesse ter imaginado, mas, com toda a sinceridade, ele não parecia tão hétero assim quando estava na cama comigo. Fiquei na pior, sentado sozinho em casa com um monte de presentes por abrir e um peru por cozinhar: antevendo um Natal romântico e tranquilo, dera uma semana de folga para todos os empregados de Woodside. Gary e Jenny mudaram de planos e vieram de carro de Londres para ficar comigo. Eram um casal adorável.

E não trabalhar com Bernie tinha certamente outras vantagens. Tinha a chance de experimentar musicalmente como nunca fizera antes. Fui a Seattle gravar algumas canções para um EP com o produtor Thom Bell, o homem cujas gravações de *soul music* em Filadélfia haviam inspirado "Philadelphia Freedom". Ele me fez cantar em tom mais baixo que o habitual e envolveu as canções em cordas exuberantes. Vinte e sete anos depois, uma das faixas que gravamos, "Are You Ready for Love", alcançou o topo da parada britânica, um indício claro do quão atemporal é o som de Thom Bell. Depois, compus ótimas canções com o cantor *new wave* Tom Robinson. Uma delas se chamava "Sartorial Eloquence"; minha gravadora americana decidiu que o título teria de ser mudado, pois o público de lá era burro demais para compreendê-lo. Insistiram em trocá-lo para "Don't Ya Wanna Play This Game No More", que não tem a mesma poesia. Outra das faixas de Tom, "Elton's Song", era bem diferente de qualquer coisa ao estilo de Bernie, um retrato melancólico de um colegial gay vidrado num amigo. Compus com Tim Rice, cuja década de 1970 fora dedicada a bater recordes e ganhar prêmios com *Jesus Cristo Superstar* e *Evita*, seus musicais em parceria com Andrew Lloyd Webber. Na época só uma das canções que fizemos foi lançada – "Legal Boys", no meu álbum *Jump Up!*, de 1982 –, mas décadas depois a parceria com ele se tornaria uma das mais importantes de minha carreira.

E, ainda que ocasionalmente, compus sozinho pela primeira vez. Num domingo em Woodside, taciturno e de ressaca, compus um instrumental em sintonia com tal estado de espírito e não parava de cantarolar por cima da melodia um único verso: "Life isn't everything".* Na manhã seguinte, soube que um rapaz chamado Guy Burchett, funcionário da Rocket, havia morrido num acidente de moto por volta do horário em que eu compusera a canção, e por isso a chamei de "Song for Guy". Não se parecia com nada que eu tivesse feito antes, minha gravadora americana recusou-se a lançá-la como single (fiquei irado), mas na Europa foi um sucesso colossal. Anos depois, quando fui apresentado a Gianni Versace, ele me disse ser sua canção favorita do meu repertório. Falava sem parar sobre quão incrivelmente corajosa a julgava. Achei uma certa forçação de barra: certamente era diferente, mas eu não a descreveria como corajosa. Mais tarde ficaria aparente que Gianni a achava incrivelmente corajosa porque entendera errado o título e achava se tratar de "Song for a Gay".

Alguns dos meus experimentos, porém, deveriam ter ficado no laboratório. No início de 1978, videoclipes ainda eram novidade e decidi me atirar de cabeça. Claro: iria fazer o videoclipe mais incrível, caro e exuberante de todos os tempos para uma canção chamada "Ego". Gastamos uma fortuna contratando o diretor Michael Lindsay-Hogg. Foi rodado como um filme, com dezenas de atores, cenários elaborados, tochas, uma cena de crime, flashbacks rodados em sépia. Estava tão comprometido com o projeto que até topei tirar o chapéu na tela em dado momento. Alugamos um cinema do West End para a *première*, sem lembrarmo-nos de que, se alguém vai a uma pré-estreia, espera um filme de mais de três minutos e meio. Quando terminou, houve aplausos hesitantes e um ar indisfarçável de "é só isso?" tomou conta da sala, como se eu tivesse convidado as pessoas para um jantar de gala e lhes oferecido um Twix. Pedi então

---

* "A vida não é tudo."

para passarem o vídeo outra vez, e funcionou: a atmosfera mudou bastante, "é só isso?" prontamente substituído pelo igualmente indisfarçável "de novo não!". Melhor de tudo foi que ninguém exibiu o diabo do troço – ainda faltavam alguns anos para a chegada da MTV e programas de TV não tinham espaço para clipes – e o single fracassou. Ao menos valeu a John Reid uma desculpa para dar um dos seus célebres ataques com o pessoal do escritório, quando saía demitindo gente por incompetência e tendo de recontratar todo mundo logo depois. Odeio fazer clipes desde então.

E houve o álbum *disco*, uma ideia que creio ter sido inspirada em parte por todo o tempo que eu passava no Studio 54. Se estivesse em Nova York, aparecia por lá. Era surpreendente, diferente de qualquer clube onde já tivesse estado. O gerente da casa, Steve Rubell, fora abençoado com a capacidade de criar um ambiente incrível, cheio de garçons lindos de shortinho e outros personagens extraordinários. Não falo das celebridades, embora houvesse um monte, e sim de gente como Disco Sally, com cara de 70 anos e sempre parecendo se esbaldar, e Rollereena, um sujeito que se vestia de Miss Havisham de *Grandes esperanças* e circulava de patins pela pista de dança. O mais impressionante é Steve Rubell ter sido capaz de criar aquele ambiente incrível quando aparentemente estava sempre doidão de Mandrix. Tinha-se a impressão de o Studio 54 ser um ambiente mágico onde tudo podia acontecer e às vezes acontecia. A Rocket deu uma festa lá certa vez e, em dado momento, avistei Lou Reed e Rachel, sua namorada transgênero, a bater papo com Cliff Richard, logo quem. Embora fosse agradável ver gente com o que talvez pudéssemos descrever comedimante como visões de mundo distintas a integrar-se tão bem, confesso ter ficado cismado quanto a qual poderia ser o assunto.

Um lance de escada abaixo, havia um porão onde as celebridades podiam cheirar cocaína em cima de uma máquina de fliperama. Descer até lá era certamente uma experiência – certa noite fui interrompido por uma Liza Minnelli bem pra lá de Bagdá querendo saber se eu me casaria com ela –, mas o que me atraía de verdade no clube era justamente o que ninguém menciona ao falar do Studio 54: a música. Bem, a música e os garçons, mas estes eram caso perdido. Tentava chegar neles, mas só largavam do serviço às sete da manhã. Claro, por mim esperaria até as sete feliz da vida, mas àquela altura os excessos da noite geralmente já cobravam a conta e não acontecia mais nada. Fica difícil criar uma aura de sedução quando seus olhos estão virados cada um para um lado e você precisa de três tentativas até conseguir achar a saída da boate.

O apelo, portanto, era a música. Eu amava a *disco* tanto quanto ao ouvi-la pela primeira vez nos clubes gay de LA. Por essa razão mandara construir uma discoteca em Woodside: para poder discotecar quando vinha gente para passar a noite, impressioná-los com minha grande coleção de singles de 12 polegadas. Mas, era forçado a admitir, os DJs do Studio 54 tinham uma coleção melhor, e o sistema de som à sua disposição fazia os alto-falantes que eu mandara vir especialmente do Trident Studios, em Londres, soarem como um rádio de pilha com a bateria no fim. Botavam todo mundo para dançar, até Rod Stewart, o que era um feito – por alguma razão, Rod costumava agir como se dançar fosse contra sua religião. Sempre precisava de algum estímulo para ir até a pista. É aí que vinham a calhar as minhas garrafinhas de nitrato de amila. *Poppers* haviam se tornado uma sensação em clubes gay na década de 1970: era cheirar e sentir-se eufórico, um barato breve e legal. A marca que eu comprava, sinto informar, chamava-se Gozo e seu efeito em Rod costumava ser particularmente transformador. Eu lhe oferecia um pouco e, de repente, depois de horas de recusa em levantar a bunda da cadeira, lá ia ele para a pista de dança, onde passava o resto da noite. Só parava quando precisasse de mais uma dose. "Éééé, tem mais um pouco de Gozo aí, Sharon?"

Um dos grandes produtores da *disco* era Pete Bellotte, conhecido meu desde a década de 1960: o Bluesology e sua banda, The Sinners, haviam dividido noites no Top Ten Club de Hamburgo. Foi bom vê-lo novamente, e o álbum que fizemos poderia ter funcionado se eu não tivesse decidido não compor nada, só cantar qualquer coisa que Pete e seus compositores contratados me trouxessem. Suspeito que a lógica por trás da ideia tenha sido influenciada pelo fato de eu só dever mais dois álbuns à Uni, minha gravadora americana. Ainda estava furioso com eles por terem se recusado a lançar "Song for Guy" e queria me livrar do contrato o mais rápido possível, e com o mínimo de esforço. Nem tudo em *Victim of Love* era terrível – se tivessem tocado a faixa-título na pista do Studio 54, eu teria dançado –, mas fazer um álbum por má-fé como naquele caso nunca é boa ideia. Por mais cuidado que se tome, o espírito penetra na música: dá para perceber que a motivação não é honesta. Além disso, foi lançado no fim de 1979, a mesma época em que teve início nos EUA uma reação violenta contra a *disco*, particularmente venenosa para com artistas de rock que ousassem se aventurar no gênero. *Victim of Love* afundou feito uma pedra dos dois lados do Atlântico. Mais uma vez, o escritório da Rocket foi sacudido pelos berros de John Reid demitindo todo mundo para depois ter de readmiti-los como um cordeirinho.

Como suspeitara já ao anunciá-la no palco do Madison Square Garden, minha aposentadoria dos palcos não era um plano com que conseguisse me comprometer. Ou, ao menos, nem sempre conseguia. Não me decidia se aquela havia sido a minha jogada mais esperta ou a mais estúpida. Minha opinião mudava o tempo todo, dependendo do estado de espírito, com resultados previsivelmente insanos. Uma hora estava em casa, feliz da vida, dizendo para Deus e o mundo como era maravilhoso não ficar acorrentado ao velho ciclo das turnês, regozijando-me com o tempo que ganhava para dar atenção ao Watford FC. Outra, estava ao telefone com a Stiff Records, a pequena gravadora independente por onde gravavam Ian Dury e Elvis Costello, oferecendo meus préstimos de tecladista para a turnê que os dois fariam juntos. Eles aceitaram. Minha repentina sede de encarar uma plateia de novo era reforçada pelo tesão que nutria por um dos artistas do selo, Wreckless Eric – infelizmente, e apesar do nome artístico sugestivo, nem de longe tão irresponsável a ponto de se envolver comigo.

Reuni então um novo grupo de músicos de apoio, cuja base era a China, a banda formada por Davey Johnstone quando eu disse que não iria excursionar mais. Durante três meses, ensaiamos freneticamente para um concerto beneficente em Wembley com o qual havia me comprometido por estar envolvido com a organização promotora, a Goaldiggers. Nos ensaios, comecei a dar tímidos sinais de querer ir novamente para a estrada com eles. Na noite do show, contudo, resolvi que era uma péssima ideia e de novo anunciei minha aposentadoria no palco, dessa vez sem informar de antemão a ninguém. John Reid ficou furioso. Deve ter dado para ouvir nossa ampla e dura discussão no *backstage* após o show não só no estádio, mas em quase todo o Norte de Londres.

Por fim, concluí: se era para tocar ao vivo de novo, teria de ser diferente, um desafio. Decidi excursionar com Ray Cooper, a quem já conhecia antes de eu ser famoso. Ele tocara em uma banda chamada Blue Mink, do núcleo que circundava a DJM – Roger Cook, seu cantor, também era compositor ligado à editora da DJM, e praticamente todos os membros do Blue Mink haviam dado alguma ajuda nos meus primeiros álbuns. Ray tocava percussão na minha banda intermitentemente havia anos, mas naqueles shows seríamos só eu e ele, tocando em teatros em vez de estádios. Já nos apresentáramos antes naquele formato umas duas vezes, eventos beneficentes no Rainbow em Londres, o primeiro alegrado pela presença da princesa Alexandra, prima da rainha. Durante toda a performance, ela esteve sentada educadamente. Depois, no *backstage*, já começou a conversa com todo o gás, lançando mão de um doce sorriso e da pergunta: "Como vocês têm tanta energia no palco? Cheiram muita cocaína?".

Foi um daqueles momentos em que o tempo parece parar enquanto o cérebro tenta compreender que diabos está acontecendo. Seria ela tão incrivelmente inocente a ponto de não entender bem as implicações do que acabara de dizer? Ou pior, saberia muito bem? Jesus, ela *sabia*? Teriam relatos sobre meu apetite pantagruélico por cocaína – tema fervilhante no meio musical – chegado ao Palácio de Buckingham? Teria virado assunto na mesa de jantar? "Pois então estivestes na casa de Elton John e conhecestes a avó dele, mamãe? Ouvistes que é vidrado em uma boa poeirinha?" Mas dei um jeito de segurar a onda e balbuciar uma tépida negativa.

De qualquer forma, os shows no Rainbow haviam sido muito empolgantes, afora as perguntas inesperadas de membros da Família Real sobre meu consumo de drogas. Foram aterrorizantes no melhor sentido possível – quando se está sozinho no palco com um percussionista, é impossível desligar por um momento e deixar a banda segurar a onda. Há que se concentrar a cada segundo, e ser especialmente afiado na execução. E quando saímos em turnê, funcionou muito bem. As críticas foram excelentes e eu sentia todas as noites aquela mistura perfeita de apreensão e entusiasmo, que é exatamente como um artista deve se sentir ao subir ao palco. Foi libertador, desafiador, gratificante, por ser totalmente diferente de qualquer coisa que eu tivesse feito antes: as canções tocadas, a forma como as tocamos, até os lugares onde nos apresentamos. Estava a fim de visitar países onde ainda não havia tocado, mesmo que não fosse tão conhecido por lá: Espanha, Suíça, Irlanda, Israel. E foi assim que acabei voando do Heathrow, caído de costas, pernas para cima, rumo a Moscou.

Estar caído de costas e com as pernas para cima era consequência de voar pela Aeroflot. No momento em que o avião decolou, ficou evidente que a companhia estatal russa não se dera ao trabalho de soldar os assentos ao chão da aeronave. Também não tive como não reparar na ausência de máscaras de oxigênio para caso de emergência. O que o avião tinha, sim, de sobra era um odor bem característico: antisséptico, penetrante, me lembrava um pouco o sabão carbólico com que minha avó me dava banho quando era criança. Nunca soube exatamente do que se tratava, mas era o cheiro da Rússia em 1979 – sentia-o em todos os hotéis também.

Quando sugerira ao promotor de shows Harvey Goldsmith tocar na Rússia, fora quase em tom de piada. Nunca imaginei que fosse acontecer. O rock ocidental era mais ou menos proibido pelos comunistas – álbuns gravados em fita cassete eram passados de mão em mão como contrabando – e a homossexualidade, ilegal; portanto as chances de eles aceitarem uma apresentação de um roqueiro abertamente gay pareciam quase inexistentes. Mas Moscou fora escolhida como sede dos Jogos Olímpicos de 1980 e creio que estivessem em busca de divulgação prévia e positiva. Não queriam a União Soviética vista como um estado cinzento e monolítico onde era proibido se divertir. Harvey protocolou o requerimento por meio do secretariado de Relações Exteriores e os russos enviaram um representante da agência estatal de promoção musical para ver uma das minhas apresentações com Ray em Oxford. Tendo sido devidamente estabelecido que não éramos os Sex Pistols e não representávamos grande ameaça à moral da juventude comunista, deram o sinal verde à turnê. Levei minha mãe e Derf, um grupo de jornalistas ingleses e americanos e uma equipe de filmagem, com os roteiristas Dick Clement e Ian LaFrenais à frente, para fazer um documentário. Era uma empreitada tremendamente emocionante, uma verdadeira jornada rumo ao desconhecido, apesar de poder acabar a qualquer momento com morte por asfixia se o avião sofresse despressurização.

Fomos recebidos no aeroporto de Moscou por um grupo de dignitários, duas moças que seriam nossas tradutoras e um ex-militar chamado Sasha. Fui informado de que seria meu guarda-costas. Todo o resto da comitiva presumiu no ato que ele iria nos espionar para a KGB. Quanto a mim, resolvi que poderia me espionar o quanto quisesse – era extremamente atraente, apesar de decepcionantemente dado a falar da esposa e dos filhos. Embarcamos num trem noturno para Leningrado. Estava quente – eu, vestido para o inverno nas estepes siberianas, me deparara em Moscou com uma onda de calor sufocante. E desconfortável, mas aí não por culpa dos russos. O problema era que a fina parede entre as cabines me permitia ouvir muito bem John Reid fazendo todo o possível para seduzir um repórter do *Daily Mail*.

O hotel em Leningrado não era dos mais animadores. A comida era indescritível: 57 variedades de sopa de beterraba com batatas. Se os melhores hotéis serviam aquilo, que diabos comia o povo? Todos os andares eram vigiados por velhas de rosto severo, típicas *babushkas* russas, de olho em qualquer impropriedade ocidental. Mas o lugar se revelaria o maior antro de pegação. Na primeira manhã passada lá, os *roadies* desceram para o café com cara de extasiados. Haviam aprendido que serem do Ocidente e terem qualquer possível ligação com rock'n'roll, ainda que fosse carregar os amplificadores, os tornava irresistíveis para as camareiras. Elas iam aos quartos, abriam as torneiras das banheiras para confundir os ouvidos das *babushkas* à espreita, tiravam toda a roupa e os agarravam. O bar do hotel parecia uma festa infindável, abarrotado de gente vinda da Finlândia com a intenção específica de encher a cara de vodca russa barata. O troço era letal. Em dado momento, alguém se aproximou de mim e, para meu espanto, me passou um baseado. Ali, no meio da Rússia comunista repressora, os *roadies* de alguma forma haviam conseguido rastrear maconha. Pareciam estar com a bunda virada para a lua. E talvez fosse contagioso – não demorou muito para Sasha aparecer e sugerir que fôssemos para o meu quarto. De tão espantado, eu mesmo levantei espontaneamente a questão da esposa e dos filhos. Mas não, disse ele, tudo bem. "No exército, todos os homens fazem sexo uns com os outros porque a gente nunca vê nossas esposas." E foi assim que terminei a noite bêbado, chapado e trepando com um soldado. Não sei bem o que esperava de minhas primeiras 48 horas na Rússia, mas certamente não era aquilo.

Mesmo sem ter sido levado para a cama por um de seus cidadãos, eu teria me apaixonado pela Rússia do mesmo jeito. O povo era espantosamente gentil e generoso. Era estranho como me lembravam dos americanos: o calor humano e a hospitalidade eram os mesmos. Fomos levados ao Hermitage, ao Palácio de Verão, à cabana de Pedro, o Grande, ao Kremlin. Vimos coleções de arte impressionista e ovos Fabergé belíssimos, o suficiente para nos fazer esquecer do que iríamos almoçar. Para onde fôssemos, as pessoas tentavam nos presentear: barras de chocolate, bichos de pelúcia, coisas que devem ter precisado economizar para comprar. Colocavam-nas nas nossas mãos na rua ou as empurravam janela do trem adentro quando ele partia da estação. Minha mãe foi levada às lágrimas. "Essa gente não tem absolutamente nada, e estão dando presentes a você."

Os shows, em Leningrado e Moscou, acabaram sendo fantásticos. Quando digo "acabaram sendo" é porque sempre começavam mal. Os melhores assentos eram dados a membros do alto escalão do Partido Comunista para garantir uma reação que jamais ultrapassasse o aplauso polido. Quem realmente queria me ver estava espremido lá no fundo. Mas eles não contavam com Ray Cooper. Ray é um músico fabuloso, capaz de tocar os instrumentos mais discretos da forma mais exuberante que se possa imaginar. É o Jimi Hendrix do pandeiro, um *frontman* aprisionado no corpo de um percussionista. E na Rússia tocou como se todas as performances loucamente espalhafatosas de seu passado tivessem sido um mero ensaio. Incitava a plateia a bater palmas ou corria para a frente do palco e ordenava que se levantassem. Deu certo. A garotada lá de trás veio em disparada pelos corredores até a frente do palco. Jogavam flores, pediam autógrafos entre uma canção e outra. Eu fora avisado para não cantar "Back in the USSR", logo a cantei. Se a KGB estava me espionando, claramente não fizera o trabalho direito ou teria aprendido que não existe garantia maior que eu vá fazer algo do que me dizer para não fazê-lo.

Após o show de Moscou, milhares de pessoas se aglomeraram ao redor do local, gritando meu nome – muito mais gente do que poderia ter cabido lá dentro. Da janela do camarim, joguei as flores que recebera de volta para eles. Minha mãe me observava. "Melhor seria jogar um tomate", disse ela, com a lembrança do nosso mais recente banquete de sopa de beterraba com batatas ainda fresca na mente. "Nunca devem ter visto um."

Como operação de relações públicas para a União Soviética, minha visita foi pura perda de tempo. Seis meses depois eles invadiram o Afeganistão, e qualquer boa vontade internacional que tivessem obtido por me deixar cantar "Bennie and the Jets" passou a não contar muito. Mas para mim foi o início de uma longa história de amor com a Rússia e os russos. Passei a tocar lá sempre desde então, mesmo quando as pessoas me diziam que eu não deveria. É possível que a situação para os gays russos esteja pior sob Vladimir Putin do que em 1979, mas o que eu ganharia em boicotá-los? Lá, tenho uma posição muito privilegiada. Sempre fui aceito e bem-vindo, apesar de saberem que sou gay, portanto não tenho medo de dizer o que penso. Posso fazer declarações que sejam denunciadas, posso encontrar gente de movimentos gays e gente do Ministério da Saúde e promover o trabalho feito no país pela Elton John AIDS Foundation. Nunca mais me encontrei com Sasha, mas chegou ao meu conhecimento mais tarde que ele foi uma das primeiras pessoas a morrer de Aids na Rússia. Hoje o país vive uma das epidemias de HIV/Aids de alastramento mais rápido no mundo. Nada disso vai mudar sem que haja uma negociação, sem que as pessoas sentem-se e conversem. Em algum lugar, o debate precisa começar. Por isso sempre toco por lá e em cada ocasião digo algo no palco sobre homofobia e direitos dos homossexuais. Às vezes algumas pessoas se levantam e saem do recinto, mas a maioria aplaude. Continuo a fazê-lo porque devo isso ao povo russo. Devo a mim mesmo.

Se os shows com Ray Cooper me ensinaram algo, foi que meu lugar era o palco. Minha vida privada continuava a ser o mesmo caos, com uma variedade de namorados e drogas – numa certa ocasião, fui levado às pressas de Woodside para o hospital com suspeita de problemas de coração. Na realidade, não tinha nada a ver com o coração, mas tudo a ver com ter resolvido jogar tênis contra Billie Jean King imediatamente após mais um festival de cheiração. *Victim of Love* à parte, meus álbuns vendiam direitinho – o seguinte, *21 at 33*, foi disco de ouro nos EUA em 1980 –, mas nem de longe como um dia haviam vendido, apesar de eu e Bernie termos voltado a trabalhar juntos, ainda que de mansinho, umas duas canções por vez. Às vezes ele me enviava letras com recados bem diretos. Não era preciso ser um gênio para decifrar aonde ele queria chegar quando me mandou uma canção chamada "White Lady White Powder", o retrato de um viciado incorrigível em cocaína. Tive o colhão dourado de cantá-la como se fosse sobre alguma outra pessoa.

Mas no palco, todo o resto desaparecia por algumas horas. Após o lançamento de *21 at 33*, saí em turnê mundial. Havia reformado a Elton John Band original – eu, Dee e Nigel – e incrementado-a com uma dupla de guitarristas de estúdio geniais, Richie Zito e Tim Renwick, e James Newton Howard nos teclados. Nos shows com

Ray, baixara a bola e deixara o espalhafato por conta dele, mas para essa turnê decidira voltar à carga. Contatei meu velho *costumier* Bob Mackie e um designer chamado Bruce Halperin e dei aos dois a orientação de fazerem o seu pior: calças boca de sino e saltos plataforma não estavam mais em cogitação, pois a moda havia mudado, mas Bruce se saiu com algo que mais lembrava o uniforme de um general, coberto de flechas e relâmpagos vermelhos e amarelos, com lapelas semelhantes às teclas de um piano e quepe combinando.

Os shows foram maiores do que nunca. Em setembro de 1980, toquei perante meio milhão de pessoas no Central Park, a maior plateia da minha vida. Para o bis, Bob preparou um figurino de Pato Donald. Na teoria, uma ideia fantástica. Na prática, deixou muito a desejar. Para começar, não conseguia nem vestir o troço direito. No *backstage*, com um braço enfiado no lugar da perna e a perna entrando onde era o braço, chorava de rir enquanto todos ao meu redor me apressavam. "Tem 500 mil pessoas aí fora. Vai todo mundo achar que não tem bis! Vão dar o show por terminado e ir pra casa!" Ao subir finalmente ao palco, me dei conta de que deveria ter feito algum ensaio geral antes do show para ver como o figurino funcionaria. Se o tivesse feito, teria tomado ciência de dois pequenos problemas. Um, não dava para caminhar com a roupa – os pés de pato literais eram enormes como os de mergulhadores. Segundo, não dava para sentar – com o enorme traseiro acolchoado, o melhor possível era se encarapitar delicadamente na banqueta do piano. Tentei tocar "Your Song", mas não conseguia parar de rir. Bastava meu olhar cruzar com o de Dee, ele com a expressão resignada de um homem que havia retornado após cinco anos e descoberto que tudo continuava tão ridículo quanto antes, para ter um acesso de riso. Mais uma vez, a delicada balada de Bernie sobre amor juvenil em flor era dizimada por minha escolha de figurino de palco.

Mas roupa de pato à parte, foi um show fantástico: clima perfeito de outono em Nova York, público escalando as árvores para enxergar melhor o palco. Toquei "Imagine" e a dediquei a John Lennon. Não nos víamos havia anos. Após o nascimento de Sean, ele realmente se entocara – é provável que as últimas coisas de que desejava ser lembrado fossem as bebedeiras insanas de 1974 e 1975. Mas após o show houve uma grande festa no Peking, um barco convertido em museu flutuante no East River, e ele e Yoko deram as caras totalmente sem aviso. Engraçadíssimo como sempre, cheio de entusiasmo com o novo álbum que estava fazendo, mas eu estava exausto demais e fiquei pouco na festa. Combinamos de nos ver quando eu retornasse a Nova York.

A turnê seguiu em frente, cruzou os Estados Unidos e depois tomou o rumo da Austrália. Nosso avião acabara de pousar em Melbourne quando a voz de uma aeromoça anunciou pelo alto-falante para que nosso grupo não desembarcasse. Teríamos de ficar a bordo. É estranho, mas no momento em que escutei aquilo, senti um peso no coração: sabia que alguém havia morrido. Meu primeiro pensamento foi de que havia sido minha avó. Quando saía em viagem e passava pela *orangerie* para me despedir, sempre pensava se ela ainda estaria por lá quando voltasse. John Reid foi à cabine de comando saber o que estava havendo e voltou aos prantos, parecendo inteiramente desnorteado. E me contou que John Lennon havia sido assassinado.

Não dava para acreditar. Não só na morte, mas na forma brutal como ocorrera. Outros amigos meus haviam morrido jovens: primeiro Marc Bolan em 1977, depois Keith Moon em 1978. Mas não da forma como John morreu. Com Marc, foi um acidente de carro. Keith basicamente morreu de um caso incurável de ser Keith Moon. Nenhum dos dois foi assassinado por um completo estranho na calçada da própria casa por motivo nenhum. Era inexplicável. Era inconcebível.

Não sabia o que fazer. Como agir? Em vez de flores, mandei para Yoko um bolo de chocolate enorme. Ela sempre amou chocolate. Não havia funeral para comparecer, e ainda estávamos em Melbourne quando ocorreu o memorial solicitado por Yoko, no domingo seguinte à sua morte. Alugamos então a catedral local e conduzimos o nosso próprio serviço fúnebre exatamente na mesma hora em que as pessoas se reuniram no Central Park. Cantamos o Salmo 23, "O Senhor é meu pastor". Todos aos prantos: banda, *roadies*, todo mundo. Bernie e eu escreveríamos depois uma canção para ele, "Empty Garden". Uma letra fantástica, nada sentimental – Bernie também conhecia John e sabia que ele odiaria algo assim –, apenas irada, aturdida, triste. É uma de minhas favoritas, mas raramente a interpreto ao vivo. É difícil demais, traz emoções demais. Décadas após a morte de John, incluímos "Empty Garden" em um de meus shows em Las Vegas e, nos telões, exibimos lindas imagens dele cedidas por Yoko. Continuavam a me vir lágrimas aos olhos ao cantá-la. Amava John de verdade, e quando se ama tanto alguém, não creio que se supere de fato sua morte.

Dois anos depois de John morrer, recebi um telefonema de Yoko. Disse que precisava me ver com urgência, eu teria de ir imediatamente a Nova York. Peguei um avião sem ter ideia de qual era a questão, mas ela parecia desesperada. Ao chegar ao Dakota, ela me disse que havia encontrado montes de fitas com canções inacabadas em que John vinha trabalhando pouco antes de morrer. Me perguntou se eu as terminaria para que pudessem ser lançadas. Era muito lisonjeiro, mas não queria fazê-lo de jeito nenhum. Achava cedo demais, aquela não era a hora. Aliás, para mim jamais haveria hora certa. Só pensar naquilo já me assustava. Tentar decifrar como finalizar canções iniciadas por John Lennon: seria presunção demais. E a ideia de colocar a voz na mesma gravação que ele? Achei horrível. Yoko foi insistente, mas eu também.

Foi um encontro muito desconfortável, portanto. Me senti muito mal ao sair de lá. Yoko pensava estar honrando o legado de John, tentando concretizar seus desejos, e eu me recusara a ajudar. Tinha certeza de ter razão, mas isto não tornava a situação menos deprimente (ela acabou lançando as canções como estavam, no álbum de nome *Milk & Honey*). Em busca de algo para distrair minha mente, fui ao cinema para assistir *O sentido da vida*, do Monty Python. Acabei rindo de me mijar com Mr. Creosote, aquele homem repugnante que come até explodir. Pensei então como John teria achado aquilo engraçado. Era precisamente o seu senso de humor: surreal, cortante e satírico. Dava quase para ouvir sua risada, aquele cacarejar contagiante que sempre me fazia rir junto. Era como eu desejava me lembrar dele. É como me lembro.

NOVE

Fui acordado pelo som de alguém martelando a porta da minha suíte de hotel. Sequer conseguia pensar em quem poderia ser, pois não era capaz de pensar em nada. Foi só eu abrir os olhos para perceber se tratar de uma ressaca do tipo que faz você achar que não é ressaca: não é possível se sentir tão mal só por causa de abusos, tem de ser algo mais sério. Não era só a cabeça. Todo o meu corpo doía. Especialmente as mãos. Desde quando ressaca faz as mãos doerem? E por que essa pessoa na porta não ia tomar no cu, apesar de eu repetir diversas vezes para que o fizesse?

Mas não. Continuava a bateção, acompanhada de uma voz me chamando. Era Bob Halley. Levantei da cama. Deus do céu, que ressaca *monumental*. Nem após a festa de Ano-novo de Ringo Starr em 1974 eu me sentira tão mal, apesar de aquela festa ter começado às oito da noite para só terminar às três e meia da tarde do dia seguinte. Ou naquela ocasião em Paris, alguns anos antes, quando alugara um apartamento com vista para o Sena teoricamente com o intuito de fazer gravações, mas, chegando lá, encomendara cocaína pura e me recusara a ir para o estúdio. John Reid apareceu um dia pela manhã para me arrastar até a gravação e me descobriu tendo passado a noite em claro e doidão a ponto de alucinar alegremente que a mobília da cozinha estava dançando comigo. A viagem talvez seja a mesma em que decidi fazer a barba totalmente pra lá de Bagdá e, no meu estado alterado de consciência, fiquei tão vidrado na ideia de raspar tudo que uma das sobrancelhas foi junto. Eu misturo um pouco essas ocasiões.

Abri a porta e Bob me lançou um olhar intrigado, como quem espera que eu diga algo. Como não disse, ele o fez. "Vem cá que eu quero te mostrar uma coisa."

Acompanhei-o até o quarto dele. Bob abriu a porta, revelando uma cena de devastação total. A não ser pela cama, não havia uma única peça do mobiliário intacta. Tudo estava tombado, de pernas pro ar ou em pedaços. Em meio às lascas via-se um chapéu de caubói que ele gostava de usar. Estava totalmente achatado, como o de Eufrazino Puxa-Briga quando o Pernalonga lhe joga uma bigorna na cabeça.

"Que porra é essa?", disse eu. "O que aconteceu aqui?"

Houve uma longa pausa. "Elton", disse ele, afinal. "Você aconteceu."

Como assim, eu aconteci? Do que ele estava falando? Aquilo não podia ter nada a ver comigo. Minha última lembrança era de estar me divertindo muito. A troco de que sairia quebrando tudo?

"Eu estava no bar", reagi, indignado. "Com o Duran Duran."

Bob me lançou outro olhar. Parecia estar querendo adivinhar se eu estava ou não falando sério. Então suspirou. "Sim, estava", respondeu. "A princípio."

Ia tudo tão bem. Era junho de 1983 e estávamos em Cannes rodando o clipe de "I'm Still Standing", previsto para ser o primeiro single do meu álbum seguinte, *Too Low for Zero*. Desde o fiasco de "Ego" eu tentara me envolver o mínimo possível com a feitura dos vídeos, mas daquela vez decidira botar para quebrar. Em parte porque o diretor era Russell Mulcahy, com quem já trabalhara antes e de quem gostava muito. Russell era a bola da vez no início da década de 1980 quando se tratava de vídeos de aparência glamorosa, exótica e cara – foi quem levou o Duran Duran para Antigua e os filmou cantando "Rio" num iate. Mas também porque eu desejava fazer de "I'm Still Standing" e *Too Low for Zero* sucessos comerciais. Bernie e eu havíamos retomado a parceria em tempo integral. Durante a separação-teste, havíamos feito algumas boas canções, mas concluímos que seria preciso fazer um álbum inteiro juntos para restabelecer a sintonia. Como gostara dos shows com Dee e Nigel, reuni a antiga banda no estúdio, com Davey na guitarra e Ray Cooper na percussão. Skaila Kanga, minha amiga dos tempos de Royal Academy of Music, tocou harpa, como havia feito em *Elton John* e *Tumbleweed Connection*.

Voamos até Montserrat para gravar no estúdio de George Martin, cujo produtor Chris Thomas havia arregimentado uma equipe muito boa de engenheiros e operadores de fita: Bill Price, Peggy McCreary, recém-chegada de um trabalho com Prince, e uma alemã chamada Renate Blauel. Eu registrara lá parte do meu álbum anterior, *Jump Up!*, em 1981, mas dessa vez era diferente. Bernie estava conosco e o álbum era o primeiro a reunir a velha Elton John Band desde *Captain Fantastic* em 1975. Uma máquina bem azeitada estava voltando à vida, mas cujos resultados não soavam como nossos álbuns da década de 1970, e sim novos em folha. Eu passara a experimentar mais com sintetizadores, sem limitar-me ao piano. As canções fervilhavam: "I Guess That's Why They Call It the Blues", "Kiss the Bride", "Cold as Christmas". E "I'm Still Standing" soava como o cartão de visitas do álbum. A letra era sobre uma das ex de Bernie, mas eu a achava adequada também como recado à minha nova gravadora americana, que com toda a franqueza estava se revelando um pé no saco.

A Geffen Records era relativamente nova – fora fundada em 1980 –, mas já abrira a lojinha contratando os maiores astros disponíveis: não só eu, mas Donna Summer, Neil Young, Joni Mitchell e John Lennon. Todos nós atraídos pela reputação de David Geffen – na década de 1970, ele conduzira os Eagles e Jackson Browne ao sucesso – e pela promessa de liberdade artística completa. Mas meu primeiro álbum para eles, *The Fox*, de 1981, não fora muito bem. Embora *Jump Up!* já tivesse vendido mais, a única das grandes contratações do selo a obter um grande sucesso até então havia sido John, e isto por ter sido assassinado. Antes de sua morte, a crítica falara mal do álbum com Yoko, *Double Fantasy*, e as vendas não decolavam. Parecia uma forma deveras drástica de se obter sucesso. A Geffen entrou em pânico e começou a tomar medidas ridículas. Demitiu Giorgio Moroder, produtor de Donna Summer, mentor de literalmente todos os sucessos dela. Pôs Joni Mitchell no estúdio com um mago dos sintetizadores chamado Thomas Dolby, tão apropriado à música dela quanto um coral tirolês alpino. Mais tarde processaria Neil Young por ser imprevisível: basta entender o mínimo sobre sua carreira para que isto soe como processar Neil Young por ser Neil Young. Nada daquilo me cheirava bem e achei que "I'm Still Standing" soava como um tiro de alerta para ficarem espertos. Uma canção grandiosa, posuda, confiante, um foda-se bem dado.

O vídeo teria de ser igualmente grandioso, posudo, confiante, e foi o que Russell providenciou: uma gigantesca produção, envolvendo tomadas aéreas de helicópteros e legiões de dançarinos com pintura corporal e figurinos. Trouxemos a Nice meu Bentley conversível, para eu dirigi-lo Croisette abaixo. Havia coreografia, da qual esperava-se ao menos de início que eu participasse. Visivelmente impressionada pela demonstração dos meus dotes trabalhados nas pistas de dança da Crisco Disco e do Studio 54, Arlene Phillips, a coreógrafa, ficou pálida e decidiu de súbito reduzir minhas atribuições naquele departamento até só me restar estalar os dedos e caminhar pelo calçadão em sincronia com a música. Talvez tivesse medo de eu ofuscar os profissionais, e ter dito mais tarde algo sobre eu ser o pior dançarino que já vira fosse um brilhante blefe duplo, pensado para evitar envergonhá-los.

A filmagem começou às quatro da manhã e estendeu-se por todo o dia. Quando o sol se pôs, fizemos uma pausa e voltei ao meu hotel, o Negresco, para me recompor antes das cenas noturnas. No lobby, esbarrei com Simon Le Bon. Estava na cidade com o Duran Duran e iriam todos para o bar. Será que eu gostaria de ir junto? Não o conhecia tão bem, mas achei que um drinque rápido fosse me animar. Enquanto ponderava sobre o que pedir, Simon me perguntou se já havia tomado vodca martini. Não havia. Quem sabe não experimentava?

Os relatos sobre o que ocorreu depois variam. Sinto, mas não posso confirmá-los nem negá-los, pois não lembro de nada além da companhia agradabilíssima do Duran Duran e de ter reparado quão fácil a vodca martini havia descido. Dependendo de qual história julgue-se mais crível, eu bebi mais seis ou oito doses no espaço de uma hora, e também cheirei algumas carreiras. Aparentemente retornei então ao set do videoclipe, exigi que ligassem as câmeras, tirei toda a roupa e comecei a rolar no chão pelado. John Reid estava lá, pois participava do vídeo como figurante, vestido de palhaço. Resolveu me dar uma bronca, à qual reagi muito mal. Tão mal, aliás, que dei-lhe um soco na cara. Segundo algumas testemunhas, parecia ter quebrado o nariz dele. Estava explicada a dor nas mãos, mas fiquei chocado. Nunca havia agredido alguém na minha vida adulta antes e nunca o fiz depois. Odeio violência física a ponto de não conseguir nem assistir a uma partida de rúgbi. Por outro lado, se era para romper o hábito de uma vida inteira e dar um soco na cara de alguém, bem poderia ser John Reid mesmo: valeria como troco pela porrada que ele me deu quando estávamos juntos.

John saiu bufando do set, pegou a chave do Bentley e saiu em disparada noite adentro. Só se foi ouvir falar dele de novo no dia seguinte, quando ligou para o escritório da Rocket aos berros, mandando chamarem o reboque. Dirigira até Calais, pegara o *ferry* até Dover e o carro quebrara. Quando o caminhão chegou, seus ocupantes ficaram compreensivelmente confusos ao prestarem atendimento a um Bentley conversível dirigido por um homem com roupa e maquiagem de palhaço, coberto de sangue.

Depois de John Reid ir embora, outra pessoa conseguiu me vestir – segundo me disseram, foi preciso tentar várias vezes – e Bob Halley me arrastou para o hotel. Minha contrariedade com sua intervenção foi expressa por meio da destruição do quarto dele. Como fecho de ouro, pisoteei seu chapéu, cambaleei de volta ao meu quarto e apaguei.

Bob e eu sentamo-nos na cama às gargalhadas. Não havia nada a fazer senão rir até perder o fôlego com aquele horror todo – e dar alguns telefonemas pedindo desculpas. Aquele dia deveria ter me feito pensar demoradamente sobre meu comportamento. Mas, como vocês talvez possam adivinhar, não foi bem o que ocorreu. O maior impacto dos eventos de Nice sobre minha vida foi – vocês vão amar – eu ter decidido beber mais vodcas martini. Daquele ponto em diante, todas as noitadas começariam com quatro ou cinco vodcas martini, depois um restaurante (talvez o L'Orangerie, caso estivesse em Los Angeles), uma garrafa e meia de vinho durante o jantar e então levar todo mundo para o meu quarto para cheirar e fumar. Ia se tornar minha escolha de bebida em parte pelo bônus do desligamento da memória, de forma a não me recordar na manhã seguinte do comportamento horrível da véspera. De vez em quando alguém sentia-se impelido a me telefonar e rememorar os acontecimentos. Eu me desculpava. Ainda me lembro de um telefonema furioso de Bernie após uma noite no Le Dome, restaurante em LA onde tinha participação acionária, em que fiquei bêbado e fiz um discurso a meu ver hilariante no qual insultei a mãe de John Reid. Mas havia algo reconfortante em não ter lembranças em primeira mão. Daquela forma conseguia fingir para mim mesmo que provavelmente não havia sido tão ruim quanto disseram, ou que fora apenas um incidente isolado. Até porque na maioria das vezes ninguém ousava dizer nada, por eu ser quem era. Sucesso tem dessas coisas. Você ganha uma licença para se comportar mal, e ela só é revogada depois que a glória se apaga por completo, ou se você decidir ser homem e tomar jeito por iniciativa própria. Na época, não havia risco algum de qualquer das duas coisas me acontecer.

Passei o resto de 1983 em viagens. Saí de férias com Rod Stewart, o que vinha se tornando um hábito. Já havíamos ido ao Rio de Janeiro para o Carnaval, uma experiência hilária. Para garantir que conseguíssemos identificar um ao outro na multidão, havíamos comprado trajes de marinheiro numa loja de roupas badalada. Vestimos as fantasias, saímos do hotel e descobrimos que um navio gigantesco acabara de atracar no porto. As ruas estavam tomadas por uniformes de marinheiro: o lugar parecia uma convenção da Marinha Real. Dessa vez nos decidimos por um safári na África. Achamos que todos por lá nos considerariam roqueiros broncos e malvestidos e por isso teimamos em nos vestir todas as noites com ternos brancos para o jantar, apesar do calor escaldante. As demais pessoas no safári, todas vestidas de forma bem mais adequada para o clima, em vez de sentirem-se reconfortadas, ficavam nos lançando olhares desconfiados, como se dois completos malucos tivessem se juntado ao grupo.

Depois fui à China com o Watford, numa excursão após o término da temporada inglesa de futebol. Éramos o primeiro time inglês convidado a visitar o país. Foi estranho – e não foi desagradável – estar num país onde literalmente ninguém, à exceção de meus companheiros de viagem, tinha a menor ideia de quem eu era. E a China era fascinante. O país ainda não havia se aberto ao Ocidente. Alguns anos depois, quando eu e o time retornamos, já se percebia alguma influência ocidental. Viam-se pessoas de bicicleta com fornos de micro-ondas amarrados na garupa, e bares tocavam discos de Madonna. Mas naquele momento ainda era como visitar um outro mundo. Por motivos que só o Partido Comunista Chinês entendia, não era permitido torcer durante jogos de futebol, e estes ocorriam sob um silêncio sepulcral. Fomos visitar o túmulo de Mao e o vimos em seu caixão de cristal, uma experiência bizarra. Na Rússia, eu havia visto o corpo de Lênin, e parecia em bom estado, mas com Mao certamente havia algo errado. Melhor dizendo, algo errado no que fora feito a Mao para preservar seu cadáver. Sua pele tinha o mesmo tom rosa-choque daqueles doces em forma de camarão e com gosto de isopor que as crianças comem. Não quero caluniar quem cuidou de embalsamá-lo, mas tive a forte suspeita de Mao estar se decompondo.

E então, em outubro, fui à África do Sul e me apresentei em Sun City, uma ideia fantasticamente estúpida. A campanha contrária ainda não havia esquentado – isso só ocorreu depois de o Queen tocar lá, em 1984 –, mas tocar na África do Sul já era polêmico o bastante para alimentar minhas dúvidas. John Reid me garantiu não haver problema. Artistas negros haviam tocado em Sun City: Ray Charles, Tina Turner, Dionne Warwick, até mesmo Curtis Mayfield. Seria tão condenável assim se o grande poeta do movimento pelos direitos civis havia aceitado tocar lá? Tecnicamente nem era África do Sul, por sinal, e sim Bophuthatswana. O público não era segregado.

Claro, havia problema. Não faria diferença se o público fosse segregado – com os preços dos ingressos, sul-africanos negros não poderiam ir ao show mesmo querendo. Se tivesse me dado ao trabalho de pesquisar mais a fundo, eu teria descoberto que, na ocasião do show de Ray Charles, sul-africanos negros furiosos depredaram o ônibus da turnê e os concertos em Soweto tiveram de ser cancelados. Mas não pesquisei. Segui em frente sem tomar cuidado. Não era como ir à Rússia, apesar de haver quem fosse contra. Na África do Sul, quem sofria por obra do apartheid queria de fato que artistas boicotassem o país. A viagem não teria como trazer nada de positivo. Não há, portanto, sentido algum em justificá-la. Às vezes a gente faz merda e só nos resta levantar a mão e admitir. Cada um daqueles artistas negros mencionados se arrependeu amargamente depois de sua decisão, e eu também. Ao voltar, assinei uma petição pública elaborada por ativistas antiapartheid, dizendo que nunca mais retornaria.

Enquanto isso, na Inglaterra, meu pai estava seriamente doente. Um dos meus meios-irmãos veio ao *backstage* num show em Manchester e me falou sobre o problema de coração dele, que exigia uma cirurgia de ponte de safena quádrupla. Ao longo dos anos eu mantivera distância, mas liguei para ele em casa e me ofereci para pagar-lhe uma cirurgia particular. Ele recusou veementemente. Lamentável, em especial para seus outros filhos e sua esposa: ele os amava, eles o amavam e teria sido bom para todos se seus problemas de saúde tivessem sido resolvidos o mais rápido possível. Mas ele não quis minha ajuda. Sugeri que nos encontrássemos em Liverpool, quando o Watford jogasse lá. Não seria longe demais para ele, que concordou. O futebol era nosso único elo. Não me lembro de ele jamais ter me

O popstar mais improvável da Inglaterra recebe seus discos de ouro.
Stephen James, Bernie, eu e Dick James no escritório da DJM

(À esquerda) Com minha adorável avó, Ivy Sewell. (À direita) Fazendo todo o possível para ofuscar Rod Stewart, como de hábito

© May Pang

(Acima) Sua Alteza Real, Tony King, com o leal súdito John Lennon emergindo de baixo de sua saia

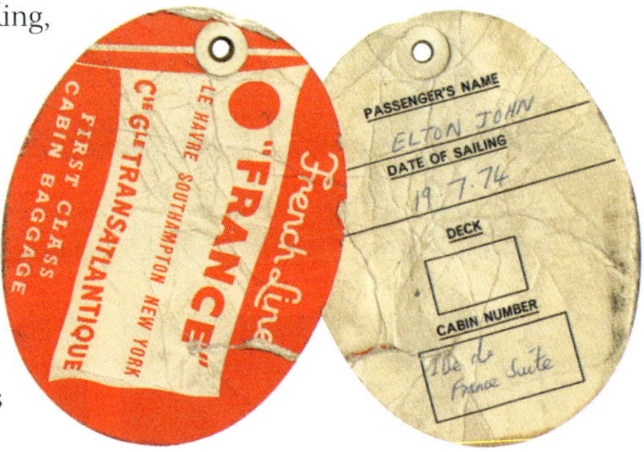

(À direita) Etiquetas de bagagem da viagem no SS France, onde compunha *Captain Fantastic and the Brown Dirt Cowboy* de dia e encarava quaisquer desafiantes no bingo à noite

Cortesia da Rocket Entertainment

© Mike Hewitson

Ensaiando com John no Record Plant, em Nova York, na véspera do show do Dia de Ação de Graças no Madison Square Garden

Na pista do aeroporto com o Starship, recém-pintado segundo minhas especificações

"Não vai dar pra tocar piano assim? Isso é problema meu": sobe ao palco o mestre da timidez e da modéstia, em meados dos anos 1970

Ao volante de um carrinho de golfe pintado de ouro e com óculos luminosos e gravata-borboleta à frente do painel, na cerimônia da revelação de minha estrela na Calçada da Fama de Hollywood. Dá para ver como eu estava animado com a situação

Com a maravilhosa Billie Jean King e Bernie, respectivamente inspiração e coautor de "Philadelphia Freedom"

Com Bernie na Tower Grove Drive, em Los Angeles, nos anos 1970.
Os efeitos contínuos de um desastroso experimento com tintura
de cabelo são claramente visíveis no crânio de John

No palco com Stevie Wonder, em Wembley, em 1977. Para surpresa de todos os presentes, eu anunciaria na ocasião minha aposentadoria dos palcos. De novo

(Acima) No Studio 54, para a festa de Roberta Flack. Comigo estão Andy Warhol, Jerry Hall e Ahmet Ertegun. Claramente é o início da noite, visto que meus dois olhos apontam para a mesma direção

(À esquerda) Em Leningrado com Ray Cooper, em 1979

(À esquerda) Vestido de Pato Donald, sem conseguir caminhar nem me sentar direito, em apresentação no Central Park, em setembro de 1980

(Abaixo) A outra grande parceria da minha carreira: Graham Taylor, técnico do Watford, discute táticas com o presidente do conselho, em 1983

Atrás do palco do Live Aid com o magnífico Freddie Mercury, que acabara de roubar o show e me informar alegremente que eu parecia a rainha-mãe na minha apresentação

George Michael queria deixar para trás a música pop mais frívola – assim sendo, eu naturalmente apareci no concerto de despedida do Wham!, em junho de 1986, vestido de Ronald McDonald

visto tocar ao vivo e nem de conversarmos sobre música. Meu trabalho claramente não o interessava.

Antes do jogo, convidei-o para almoçar no Adelphi Hotel. Foi tudo bem. Ativemo-nos a assuntos protocolares cordiais. Às vezes o assunto protocolar morria e um silêncio desconfortável sublinhava o fato de não nos conhecermos muito bem. Eu ainda tinha raiva pela forma como fora tratado, mas não toquei no assunto. Não queria um grande confronto, tanto porque estragaria o dia quanto por ainda ter medo dele: minha vida mudara tanto ao longo dos anos, mas nosso relacionamento continuava congelado em 1958. Assistimos ao jogo do camarote da diretoria. O Watford tomou uma sova de 3 × 1 – estávamos havia pouco tempo na Primeira Divisão e o time me pareceu intimidado por jogar num estádio enorme como o Anfield –, mas acho que ele gostou assim mesmo, embora fosse difícil ter certeza. Bem no fundo, creio que esperava impressioná-lo por ser agora presidente do conselho do clube que ele me levava para ver jogar na infância, pelo fato de a torcida gritar "Elton John's Taylor-made army"* quando o time marcava um gol ou avançava no ataque. Se minha música não me valera um "muito bem, filho, estou orgulhoso de você", talvez minhas conquistas com o Watford o fizessem. Mas a frase nunca foi dita. Já remoí muito esse assunto e não consegui concluir se ele tinha problemas em expressar tais sentimentos para mim ou se sentia-se constrangido por estar errado quanto às escolhas feitas por mim contra sua vontade. Em todo caso, nos despedimos em relativos bons termos. Nunca mais o vi. Não fazia sentido. Não existia um relacionamento a ser consertado. Nossas vidas eram totalmente separadas havia décadas. Eu não tinha belas lembranças de infância a rememorar e saborear.

Em dezembro de 1983, voltamos a Montserrat. *Too Low for Zero* havia sido um grande sucesso, meu álbum mais bem-sucedido em quase uma década – disco de platina na Inglaterra e nos Estados Unidos, platina quíntupla na Austrália –, e por isso decidimos repetir a fór-

---

* O grito é um trocadilho. Seu sentido fonético é "O exército feito sob medida de Elton John", pois a expressão "tailor-made" ("feito por alfaiate", literalmente) significa "sob medida". Mas neste caso, como deixa clara a grafia "Taylor-made", a referência é ao técnico Graham Taylor. O grito, portanto, significaria algo como "O exército de Elton John, montado por Taylor". (N.T.)

mula: Bernie a cargo de todas as letras, a velha Elton John Band a cargo da música e Chris Thomas no comando da produção. A única mudança real na equipe foi a promoção de Renate Blauel de operadora de fita para engenheira de som. Era zelosa e todos gostavam dela – os outros músicos, a equipe, Chris. Era calada mas forte e segura de si. Estúdios de gravação naquela época eram o próprio clube do Bolinha. Não se viam muitas mulheres trabalhando neles, mas Renate vinha construindo uma carreira simplesmente por ser incrivelmente boa no que fazia; já havia progredido e trabalhado como engenheira com o Human League e o The Jam.

Peguei meu voo no Boxing Day e cheguei de péssimo humor. Minha mãe e Derf haviam ido a Woodside para passar o Natal e ela imediatamente retomara a velha rotina de administrar a casa e tratar mal os empregados. Tivera um arranca-rabo monstro com uma das faxineiras, o que evoluiria para um arranca-rabo monstro comigo, e ela e Derf acabaram indo embora de supetão na noite de Natal.

Mas logo ao chegar, me animei. Tony King pegara um voo um dia antes para nos encontrar e passar o Ano-novo. Ele agora morava em Nova York e trabalhava na RCA, onde ficava a cargo de Diana Ross e Kenny Rogers. Parara de beber, passara a frequentar reuniões do AA e estava com ótima aparência, ainda que nos trouxesse histórias de horror sobre o que ocorria nas comunidades gay do Greenwich Village e de Fire Island como resultado de uma nova doença chamada Aids. Ficamos de brincadeira no estúdio, eu a inventar personagens – uma senhora aristocrática chamada Lady Choc Ice, uma cantora lúgubre, à *la* Nico, chamada Gloria Doom – e Tony fingindo entrevistá-las. Ambos manifestamos nossa vigorosa aprovação pelo rapaz que ficara com a antiga função de Renate, Steve Jackson: era louro e lindo.

Depois de alguns dias, Tony voltou a Nova York. Algumas semanas mais tarde eu telefonei para ele e disse que tinha notícias.

"Vou me casar", anunciei.

Tony riu. "É mesmo? Com quem? Aquele operador glamoroso? Vai virar sra. Jackson?"

"Não", respondi. "Vou me casar com Renate."

Ele continuou a rir.

"Tony", disse. "É sério. Eu propus casamento a Renate e ela já aceitou. Vai ser dentro de quatro dias. Você tem como pegar um voo pra Sydney?"

O riso do outro lado da linha parou abruptamente.

Eu havia chegado a Montserrat com meu namorado mais recente a tiracolo, um australiano chamado Gary, que eu conhecera alguns anos antes em Melbourne. Apenas mais um numa longa sequência de rapazes louros e bonitos por mim sequestrados. Me apaixonara por ele e prosseguira com meu método infalível para transformar minha vida e a dele num inferno. Convencera o rapaz a deixar a Austrália e vir morar comigo em Woodside, enchera-o de presentes para então me encher e encarregar Bob Halley de mandá-lo para casa. Voltaríamos a entrar em contato, eu mudaria de ideia e lhe pediria para voltar a Woodside para então me encher e mandar Bob comprar-lhe uma passagem de volta para Brisbane. O relacionamento não andava a não ser em círculos. Por que era sempre assim? Sabia ser minha culpa, mas era estúpido demais para compreender o que estava fazendo de errado. Cocaína tem dessas coisas, nos tornaególatras e narcisistas, tudo tem de ser do jeito que a gente quer. E como também nos torna profundamente erráticos, acabamos sem ter a menor ideia de que jeito é esse. Tal mistura é deprimente o bastante para a vida em geral e letal para qualquer tipo de relacionamento pessoal. Para quem gosta de passar a vida num mundo desolado composto de tolices ilusórias sem fim, a cocaína não poderia ser mais recomendada.

Mas voltando a Montserrat, as canções surgiam rápida e consistentemente e as gravações tinham outro lado bom: passava cada vez mais tempo com Renate. Gostava muito da companhia dela, era inteligente, gentil e muito, muito divertida – seu senso de humor era bem britânico. Era linda, mas não parecia ciente disso, vestida sempre com jeans e camiseta. Parecia algo isolada e solitária, uma mulher a habitar um mundo de homens, e isolado e solitário era exatamente como me sentia. Demo-nos incrivelmente bem: tanto que comecei a gostar mais de passar tempo com ela do que com Gary. Inventava motivos para ficarmos um na companhia do outro, pedia-lhe que voltássemos ao estúdio depois do jantar sob pretexto de ouvir o trabalho daquele dia, mas na verdade só para conversar. Em mais de uma ocasião, me peguei a refletir preguiçosamente que ela era tudo o que eu gostaria que uma mulher fosse, se eu fosse hétero.

Obviamente, tratava-se de um "se" considerável. Tão imenso, aliás, que só com pensamentos confusos e irracionais em espantosa profusão para não enxergá-lo como totalmente intransponível. Por sorte, pensamentos confusos e irracionais eram minha especialidade naquela época, e rapidamente me entreguei a eles. E se não fosse eu o problema dos meus relacionamentos? E se o problema fosse serem relacionamentos gays? E se o relacionamento com uma mulher pudesse me trazer a felicidade que aqueles com homens não haviam trazido até então? E se o fato de eu gostar tanto da companhia de Renate não fosse um vínculo de afeto entre duas pessoas solitárias muito longe de casa, mas sim um súbito e inesperado jorro de desejo heterossexual? E se eu só tivesse passado os últimos catorze anos trepando com homens por ainda não ter encontrado a mulher certa? E se a tivesse encontrado agora?

Quanto mais eu pensava a respeito, mais achava ser verdade. Era uma linha de raciocínio capciosa e não se sustentava sob uma análise mais minuciosa, ou sob análise nenhuma. Mas, por capciosa que fosse, era mais fácil que enfrentar o problema real.

Estávamos bêbados num restaurante chamado Chicken Shack quando lancei pela primeira vez a ideia de nos casarmos. Renate compreensivelmente a recebeu com risos, achando ser brincadeira. Até aquele momento, não houvera sombra de um romance de fato entre nós, nem mesmo um beijo. Se eu tivesse algum juízo, teria deixado o assunto morrer. Mas àquela altura estava absolutamente convencido de ter achado a solução. Era o que eu queria, resolveria todos os meus problemas de uma tacada só. De certa forma, estava apaixonado: pela ideia de me casar, pela companhia de Renate. Se ela não estivesse por perto, eu sentia sua falta. Era muito parecido com estar apaixonado.

Quando toda a *entourage* se transferiu de Montserrat para Sydney, eu e a banda para os ensaios da turnê australiana, Renate e Chris Thomas para mixar o álbum, eu a levei para jantar num restaurante indiano e fiz o pedido novamente. Amava-a, queria passar o resto da vida com ela. Devíamos nos casar. E logo, ali mesmo na Austrália. Era 10 de fevereiro de 1984 – poderíamos nos casar no Dia dos Namorados. Dava para fazer acontecer. Era uma loucura, mas soava romântico. Renate aceitou.

Corremos de volta para o hotel onde estávamos hospedados, o Sebel Town House, reunimos todos no bar e demos a notícia. "Gente! Adivinhem?" A resposta foi um mar de caras de espanto, em especial a de Gary, que viajara conosco para a Austrália e agora se via mais uma vez como meu ex-namorado. Convidei John Reid e Bernie para padrinhos. A festa resultante bateu o recorde de dinheiro gasto no bar numa só noite. Todos claramente precisavam de drinques fortes para processar o que havia acabado de acontecer.

Os dias seguintes passaram voando. Havia uma recepção a organizar, uma igreja a encontrar, problemas a superar por dar entrada nos documentos em prazo tão apertado. Falei ao telefone com o pai de Renate e pedi sua mão. Era um empresário de Munique. Foi extremamente compreensivo levando-se em conta terem acabado de informá-lo do nada que sua filha se casaria com um astro do rock notoriamente homossexual dentro de quatro dias. Liguei para minha mãe e Derf e contei a eles. Pareceram tão confusos quanto todos os demais, mas, a exemplo destes, não tentaram me impedir. Não fazia sentido. Naquele estágio da minha vida, minha palavra era lei, e, caso alguém tentasse me desafiar, ouvia gritos e objetos inanimados voavam pelos ares e espatifavam-se. Nada de que me orgulhar, mas era assim. Alguns amigos tentaram decifrar minha motivação, e na maioria dos casos concluíram que eu estava casando por ter decidido ter filhos. Deixei quieto – para ser honesto, a explicação era mais plausível do que a verdadeira –, mas nada poderia estar mais longe da minha mente. Próximo dos quarenta e mais do que capaz de me comportar feito criança, tudo de que não precisava era uma criança de verdade adicionada à equação.

Se tivesse tido mais tempo para matutar, talvez Renate tivesse mudado de ideia. Mas acho que não teria. Ao longo dos anos, houve quem tentasse pintá-la como uma noiva de fachada ou uma interesseira, mas não era uma coisa nem outra. O casamento, para ela, estava ocorrendo por todas as razões certas. Acho que me amava de verdade, o suficiente para saber onde estava se metendo e ainda assim achar que teria como dar certo. Ela me achava uma alma perdida e acreditava que poderia me curar.

A cerimônia em si foi tão normal quanto pode ser qualquer casamento onde um dos padrinhos do noivo é o ex-amante com quem ele perdeu a virgindade. Renate usou um vestido de renda branco e um pingente de ouro e diamante que lhe dei de presente de casamento. Usava flores no cabelo. Estava linda. Nem os meus pais nem os de Renate compareceram, mas vários amigos sim: Tony King, Janet Street-Porter. A nova esposa de Bernie, Toni, foi uma das madrinhas. Rod Stewart não conseguiu ir, mas Billy Gaff, seu empresário, mandou um telegrama, cujo texto era: "Você pode ainda estar de pé,* querida, mas nós estamos todos com a cara no chão".

Nos degraus da igreja, fomos cercados por fãs e por *paparazzi*. As pessoas davam gritos e aplaudiam. Alguém numa janela próxima aumentou o volume do estéreo e pôs para tocar "Kiss the Bride", de *Too Low for Zero*, que apesar do título é a canção menos apropriada a uma cerimônia de casamento desde "D.I.V.O.R.C.E.", de Tammy Wynette. Por sobre meu esforço vocal nos versos "Don't say 'I do' – say 'bye bye'",** uma voz se projetava, me dando os parabéns de um jeito bem australiano. "Finalmente!", berrava a voz. "Bom pra você, bicha velha!"

A recepção no Sebel foi tão sutil e discreta quanto se podia imaginar. Mandamos vir rosas brancas da Nova Zelândia, onde passaríamos a lua de mel. Servimos lagosta, codorna e lombo de veado, Château Margaux e Puligny-Montrachet de boa safra. O bolo tinha cinco andares. Havia um quarteto de cordas. Como por tradição, houve discursos e leitura de telegramas. Também como por tradição, John Reid deu um soco em alguém, um cara do jornal *The Sun*, cuja reportagem o incomodara.

A festa depois foi transferida para minha suíte, onde havia mais bebida e cocaína. Passar a noite em claro cheirando significava poder me esquivar do problema de fazer sexo. Morria de medo, pois não tinha sombra de ideia de como fazer amor com uma mulher. Só pensar na questão já me constrangia.

Pois não deveria ter me preocupado. Renate era muito carinhosa e gentil e com ela aprendi a sentir a delicadeza de uma mulher, o amor de uma mulher e sua expressão física. Na verdade, de certa forma, o casamento funcionava. Tivemos momentos muito felizes. Amávamos a companhia um do outro. Adotamos dois cachorros, cocker spaniels. Demos jantares em Woodside, socializamos à beça. Meus amigos a adoravam; não havia absolutamente nada a desgostar. E ao contrário de todas as pessoas com quem eu havia estado desde John, Renate não se satisfazia em viver à sombra de Elton John. Tinha sua própria vida, seus próprios amigos, suas próprias ambições como produtora: começara a trabalhar no estúdio de Woodside com uma cantora chamada Sylvia Griffin, do elenco da Rocket. A única pessoa a tratá-la

---

* Em inglês, "You may still be standing", um trocadilho que faz referência à canção "I'm Still Standing", então um sucesso recente de Elton. (N.T.)
** "Não diga 'quero' / Diga 'tchau'."

com frieza era minha mãe, e por nenhum motivo relacionado a Renate ou à sua personalidade. Creio que minha mãe odiava a ideia de os laços do avental estarem finalmente sendo desfeitos, de outra pessoa passar a ocupar o papel central da minha vida.

Mas algo continuava a me incomodar. O casamento tinha por base uma mentira, e eu sabia. Ser um homem gay capaz de fazer sexo com uma mulher não significava que eu não fosse gay. Não fazia com que eu parasse de ver pornô gay em segredo. Não fazia eu parar de pensar em homens. E quando a mentira tornava-se grande demais para que eu conseguisse sustentar, me trancava sozinho com montes de cocaína. A essa altura, todos em Woodside já estavam acostumados ao meu uso da droga, e tratavam-no como um fato da vida. Lembro de Gladys, uma das faxineiras, me chamando discretamente a um canto certo dia e dizendo: "Quando eu estava limpando o quarto, achei aquele seu remédio especial branco no chão. Deixei na mesinha de cabeceira". E lá estava: ainda em cima do espelho onde eu batia as carreiras. Mas Renate não estava preparada para lidar com aquilo. Fez todo o possível para que eu parasse. Todo o possível. Certa manhã eu estava trancado num quarto com cortinas fechadas, tendo passado a noite em claro e cheirando mais para adiar o momento da parada, quando batia a ressaca, cujos efeitos dobravam ou triplicavam a culpa e a vergonha já presentes por estar mentindo e sendo egoísta. Ouvi de repente um ruído do lado de fora da janela – o som de uma escada sendo encostada na parede. Meu pensamento imediato, como sempre, foi o de que era a polícia. Era Renate. Ela subiu a escada e entrou abrindo as cortinas. "O que é que está havendo? Ok, eu vou experimentar um pouco dessa coisa, a gente cheira juntos." Não era sua intenção fazê-lo, só estava tentando me chocar, me fazer perceber como estava sendo estúpido.

Não funcionou.

DEZ

Vale ressaltar que Renate não se casou apenas com um gay viciado em drogas. Já teria sido ruim o suficiente. Mas se casou com um gay viciado em drogas cuja vida estava a ponto de virar de ponta-cabeça de formas que ele não imaginara possíveis até então. Os primeiros dois anos que passamos juntos foram normais, ao menos para meus padrões. Vimos juntos a derrota do Watford na final da Copa da Inglaterra. Fiz outro álbum, de nome *Ice on Fire*. Gus Dudgeon o produziu; foi nosso primeiro trabalho conjunto desde meados da década de 1970. Na Inglaterra, o grande sucesso foi "Nikita", canção de amor para uma russa a quem Bernie, por acidente ou travessura, dera um nome de homem. Ela me acompanhou ao Live Aid, onde montamos uma área no *backstage* com grama artificial e um churrasco para convidar outros artistas. Freddie Mercury chegou, ainda eufórico com a performance arrasadora do Queen, e me ofereceu uma apreciação tipicamente sua do chapéu com que eu decidira me apresentar. "Querida! Que porra era aquela na sua cabeça? Parecia a rainha-mãe!" Renate foi comigo ao concerto de despedida do Wham! em Wembley, no verão de 1986, quando escolhi celebrar a crucial decisão de George Michael de deixar para trás a música pop mais frívola e anunciar-se como um cantor e compositor maduro aparecendo ao volante de um carro de três rodas vestido de Ronald McDonald. George queria cantar "Candle in the Wind" como um marco da seriedade de seu novo momento, mas ao subir ao palco mandei ver ao piano uma versão com jeito de pub de "When I'm Sixty-Four".

Mas no final daquele ano as coisas começaram a sair perigosamente dos eixos. Começou nos Estados Unidos, quando percebi haver algo de errado com minha voz. Foi muito estranho. Estava me apresentando no Madison Square Garden e cantava sem o menor problema, mas fora do palco não conseguia emitir nada superior a um sussurro. Resolvi que a melhor estratégia seria descansar a voz entre shows e transformar aquilo em piada. Arrumei uma peruca de Harpo Marx e um sobretudo e passei a vesti-los no *backstage*, apertando uma buzina ao invés de falar.

Mas ao chegarmos à Austrália minha voz piorou. Foi exatamente quando chegou às lojas meu álbum novo. Chamava-se *Leather Jackets*, e nenhum outro lançamento meu jamais chegou tão perto de ser um desastre absoluto. Sempre tentara ser rígido quanto a não usar drogas no estúdio, mas daquela vez a regra foi arremessada pela janela, talvez porque Renate não estivesse lá – estava concentrada num projeto próprio de produção –, ou talvez porque eu estivesse tentando calar a voz que me dizia como meu casamento fora um equívoco terrível. Independentemente da razão, o efeito da cocaína no meu processo criativo foi exatamente o que se poderia esperar. Em *Leather Jackets* entrou qualquer merda. A música de trabalho foi "Heartache All Over the World", uma canção tão banal, que bastava sacudir o mindinho para fazê-la sumir da mente. Havia velhas sobras de estúdio, canções que eu não julgara boas o suficiente para álbuns anteriores, mas, após cheirar algumas carreiras, reconheci de súbito como obras-primas perdidas que teriam de ser apresentadas ao público em caráter de urgência. Havia uma canção terrível que compus com Cher chamada "Don't Trust That Woman", cuja letra era inacreditável. "You can rear-end her, ooooh, it'll send her."* Dá para imaginar o que eu achava da canção pelo fato de não tê-la assinado com meu próprio nome. Foi creditada a Cher e à minha velha personagem criada no estúdio, Lady Choc Ice. Evidentemente, se você odeia uma canção a ponto de não querer admitir tê-la composto, não é lá muito boa ideia gravá-la e lançá-la, mas eu estava chapado a ponto de ter deixado qualquer semblante de lógica totalmente para trás.

Nem tudo era ruim: "Hoop of Fire" tinha classe, ainda mais se comparada ao resto, e a balada "I Fall Apart" era mais um exemplo da sobrenatural habilidade de Bernie em colocar palavras na minha boca tão expressivas da minha situação pessoal que poderiam ter sido

---

* "Você pode comê-la por trás / Ooooh, vai deixá-la louca."

escritas por mim. Mas não havia como fugir ao fato de que, no geral, se *Leather Jackets* caísse de quatro, não levantava nunca mais.

Por isso quis que a turnê subsequente fosse especial, algo tão ambicioso e tão espetacular a ponto de obliterar a memória do álbum que a precedera. Autorizei Bob Mackie a soltar a franga nos figurinos, e assim acabei subindo ao palco na Austrália me revezando entre uma peruca moicana rosa gigantesca com pele de leopardo nas laterais, outra imitando o penteado explosivo de Tina Turner na década de 1980 e uma roupa que dava a impressão de Mozart ter entrado para uma banda de glam rock – um terno branco de lantejoulas com peruca *à la* século XVIII e uma pinta falsa na bochecha. A ideia da roupa de Mozart era servir como um comentário irônico à segunda metade do show, na qual a Orquestra Sinfônica de Melbourne me acompanhava. Se alguém enxergasse naquilo pretensão, um astro do rock se portando como um grande compositor clássico, bem, eu já havia feito a conexão antes.

Sair em turnê com uma orquestra e tocar rock'n'roll era algo que ninguém havia tentado antes. Representava a possibilidade inédita de tocar ao vivo canções dos meus primeiros álbuns exatamente como haviam sido gravadas, incluindo os lindos arranjos de Paul Buckmaster. Gus Dudgeon foi à Austrália apenas para supervisionar o som. Cada instrumento da orquestra foi microfonado individualmente, também algo que ninguém jamais havia feito, e o efeito foi estarrecedor: quando entravam as cordas em "Madman Across the Water", era de arrepiar os cabelos. O som era ultrapotente – quando os violoncelos e os contrabaixos atacavam em conjunto, sentia o palco vibrar – e isto vinha bem a calhar, pois o astro principal penava para emitir qualquer som.

Para um cantor, não havia sensação mais bizarra e desconcertante: quando abria a boca no palco, não fazia ideia do que iria acontecer. Às vezes, nada de errado. Noutras, rouquidão, falta de ar e não atingir as notas. Por alguma razão, parecia me afetar bem mais quando falava do que quando cantava. Tentava apresentar uma canção e não saía nada. Era como se alguém tivesse atendido às preces de longa data de certos críticos e descoberto uma forma de me desligar.

Claramente havia um problema sério. Tentei manter a fé no velho remédio para irritação na garganta que Leon Russell me ensinara no camarim do Troubadour em 1970: gargarejo com mel, vinagre de maçã e água tão quente quanto pudesse suportar. Não fez a menor diferença. Finalmente, após um show em Sydney no qual emiti sons mais altos nos intervalos entre canções do que ao cantá-las – acessos de tosse com catarro multicolorido e tão grotesco que fazia os figurinos de Bob Mackie parecerem sóbrios –, a sanidade prevaleceu e concordei em consultar um otorrino, o dr. John Tonkin.

Ele examinou minha laringe e encontrou cistos nas cordas vocais. Se benignos ou malignos, naquele momento não dava para saber. Se fossem malignos, tchau – a laringe teria de ser removida e eu nunca mais falaria de novo, cantar muito menos. Para ter certeza, só com uma biópsia. Ele então me encarou com olhar severo. "Você fuma maconha, não fuma?", perguntou.

Congelei. Havia começado com os baseados para contrabalançar a cocaína, mas logo descobrira curti-los por si sós. Era uma droga diferente de cocaína e álcool. Estas, eu cria me tornarem mais sociável, apesar da montanha cada vez maior de evidências a sugerir que tornavam meu comportamento o mais antissocial possível.

Já a maconha não me fazia querer sair para a farra ou passar dias acordado. Me fazia rir, e a música sob seu efeito soava fantástica. Eu amava em particular ficar chapado e ouvir Kraftwerk, cuja música era tão simples, repetitiva e hipnótica. Tratando-se de mim, óbvio, não dava para fumar de vez em quando um baseado e curtir a audição de *Trans-Europe Express* ou *The Man Machine*. Imediatamente comecei a ir com tanta sede ao pote quanto fazia com todo o resto. Na época da turnê australiana, já contava com um *roadie* cuja função mais ou menos específica era enrolar baseados. Para onde fosse, lá ia ele junto com uma caixa de sapatos cheia deles.

Detalhes como este, eu preferi não mencionar quando o dr. Tonkin perguntou se eu fumava maconha. "Um pouco", falei timidamente. Ele revirou os olhos, respondeu com firmeza "muito, você quer dizer", e me ordenou que parasse. Podia bem ter sido a causa dos cistos e, mesmo que não fosse, certamente não estava ajudando. Parei de fumar maconha para sempre naquele dia. Àquela altura, não era exatamente um mestre da autodeterminação no tocante a álcool e drogas. Perdi a conta das vezes em que disse a mim mesmo "nunca mais" quando acometido por uma ressaca terrível e, depois, apaguei a frase logo que esta passou. Às vezes mantinha-me firme por meses, mas acabava tendo uma recaída mais cedo ou mais tarde. Ali descobri que nada como sentir pânico absoluto para ajudar a largar um vício e nada como a palavra "câncer" para causar pânico absoluto. O dr. Tonkin disse ainda que eu deveria cancelar o resto da turnê australiana, mas me recusei: faltava uma semana de shows em Sydney. Para início de conversa, o custo do cancelamento teria sido astronômico – havia mais de cem músicos envolvidos, iríamos filmar os shows e gravá-los para um álbum ao vivo. Mais importante, porém, era que, se havia uma chance de eu nunca mais poder cantar de novo, ao menos iria adiar o último dia o quanto pudesse.

Decidi adotar a mesma atitude estoica de o-show-deve-continuar quando fosse contar à banda e à equipe técnica. Mas o que de fato fiz foi adentrar o bar do Sebel Town House (sim, de novo), anunciar com voz rouca "eles acham que estou com câncer na garganta" e cair em prantos. Não consegui evitar. Estava muito assustado. Mesmo se a operação desse certo, mesmo se a biópsia trouxesse boas notícias, ainda poderia ser o meu fim, ao menos como cantor – Julie Andrews emergira de uma cirurgia para remover um cisto das cordas vocais com a voz completamente destruída.

Terminamos a turnê. Em pânico e me sentindo mal, saí correndo do último show, no Sydney Entertainment Centre, que seria transmitido ao vivo pela TV, minutos antes de começar. Ao sair do local às pressas, com a orquestra já tocando a introdução, passei por Phil Collins, que estava chegando; iria ocupar seu assento no último minuto para não ser incomodado por fãs. Pareceu assustado ao ver o astro principal tomando o rumo oposto.

"Ah, oi, Elton... peraí, pra onde você *vai*?"

"Pra casa!", gritei, sem sequer parar.

Isso de sair de supetão de locais de shows quando deveria estar no palco não era novo. Alguns anos antes, saíra furioso de um show de Natal no Hammersmith Odeon entre o final da apresentação e o bis. Só me acalmei e decidi retornar quando o carro já estava na rotatória de Hogarth, a dez minutos de distância: só que, ao nos prepararmos para voltar, percebemos que levaria mais tempo, pois seria preciso contornar uma via de mão única. O incrível foi a plateia ainda estar lá quando voltei.

Em Sydney, já tinha mudado de ideia antes mesmo de alcançar o carro. Acabou sendo o melhor show de todos. O pensamento de que poderia ser o meu último me sustentou. O ápice foi "Don't Let the Sun Go Down on Me". Apesar da voz dissonante e rascante, creio que nunca a interpretei tão bem: com o ribombar da orquestra a acompanhá-la, a canção sempre era apoteótica, mas naquela noite cada verso parecia ter ganhado um novo sentido, uma ênfase especial.

Terminada a turnê, me internei e fui operado na Austrália mesmo. Melhor não poderia ter sido. Não havia câncer. Os cistos foram removidos. Após a recuperação, me dei conta de que minha voz fora alterada para sempre, mas gostei de como soava. Mais grave, não me permitia mais cantar em falsete, mas havia algo no som que me agradava. Soava mais poderosa, mais madura, tinha uma força diferente. Mal podia acreditar na minha sorte; 1987, me pareceu, havia começado mal, mas agora só teria como melhorar. Não poderia estar mais errado.

A primeira manchete no *The Sun* foi em fevereiro de 1987 – ESCÂNDALO: ELTON E SEUS RAPAZES. Olhando para trás, era questão de tempo até me tornar alvo do jornal: eu era gay, bem-sucedido e dado a expor opiniões fortes, e aos olhos do *Sun* isto bastava para tornar justa uma cruzada contra mim. Seu editor na época, Kelvin MacKenzie, era um homem tão tóxico que a Agência de Controle Ambiental deveria tê-lo interditado. O *Sun*, sob seu comando, não era um jornal e sim um entusiasmado experimento diário de socar o quanto coubesse de racismo, misoginia, xenofobia e especialmente homofobia em 64 páginas no formato tabloide. É difícil achar quem não se lembre do *Sun* na década de 1980, de tão asqueroso que era. Tratava as pessoas como lixo, fossem famosas ou não. Encontrou uma brecha na lei que lhe permitia identificar vítimas de estupro caso ninguém tivesse sido preso pelo crime. Oferecia dinheiro a homossexuais para deixarem a Grã-Bretanha: PAGAMOS NA HORA PRA GAYS IREM EMBORA. Quando um ator de TV chamado Jeremy Brett estava morrendo de doença cardíaca, o *Sun* mandou jornalistas confrontarem-no no hospital para saber se tinha Aids – aliás, o jornal dizia a seus leitores que não havia como contraí-la por meio de sexo heterossexual.

Li boquiaberto a matéria sobre mim. A ironia era haver dezenas de homens mundo afora que poderiam teoricamente ter vendido uma pauta sobre sexo e drogas relacionada comigo (ex-namorados, peguetes ressentidos) e, no entanto, a julgar por sua primeira matéria, o *Sun* conseguira desencavar alguém que eu nunca vira mais gordo e obter uma história de orgia num lugar onde eu jamais estivera – a casa de Billy Gaff, o empresário de Rod Stewart.

Para ser justo, porém, nunca teriam conseguido uma história como aquela com alguém que de fato tivesse trepado comigo. Se era ou não completamente inventada – e era –, nem era o ponto principal, mas sim o fato de parecer ter sido completamente inventada por um louco de pedra. Constava que eu me preparara para a orgia vestindo "shortinho enfiado de couro". *Shortinho de couro?* Já usei muita coisa ridícula nesta vida, mas nunca, em momento algum, me preparei para uma noite tórrida me espremendo num shortinho de couro – sabe como é, a ideia é que a pessoa queira trepar comigo e não bata o olho e saia correndo aos berros. Além disso, aparentemente eu "trazia um consolo nas mãos" e "parecia Cleópatra". Ah, claro, Cleópatra: última rainha da dinastia ptolemaica, amante de Júlio César e Marco Antônio e a mais celebrada portadora de shortinhos enfiados e consolos da história mundial.

Por um lado, era risível. Por outro, não tinha graça nenhuma. A matéria sugeria que os garotos de programa envolvidos eram menores de idade. Quando uma mentira é repetida certo número de vezes, vira verdade na cabeça das pessoas, especialmente se publicada. E se acreditassem naquilo? Que diabos eu deveria fazer? Renate, minha mãe e Derf leriam aquilo, talvez até minha avó. Deus do céu, a tia Win, que trabalhava numa banca. Já a imaginava recebendo a remessa do *Sun* naquela manhã, horrorizada; vendendo exemplares para gente que sabia quem seu sobrinho era e riria dela.

Minha reação inicial foi simplesmente a de me trancar em Woodside e entornar vodca martinis. Recebi então um telefonema de Mick Jagger. Ele lera a matéria e queria me aconselhar. Disse que não deveria em circunstância alguma tentar processá-los. Na década de 1960, quando ele notificou o *News of the World* pela falsa acusação de ter se gabado do seu uso de drogas a um repórter disfarçado, o jornal reagiu espionando-o e armando o famoso flagrante de drogas em Redlands: ele e Keith Richards foram parar na prisão até o clamor da opinião pública derrubar as sentenças. Estranhamente, a conversa teve o efeito oposto ao desejado por Mick. Como apontei a ele, não me importava com o que a imprensa dizia a meu respeito. Às vezes uma crítica ruim ou um comentário maldoso me magoavam, mas ser uma figura pública é isso aí. É encarar de frente e superar. Mas deixar que inventassem mentiras a meu respeito sem consequências? Por que deveria?

Tinha como provar a inverdade do que eles publicavam. Na data em que estava supostamente na casa de Billy Gaff, vestido como um figurante de clipe do Village People e brandindo um consolo feito uma animadora de torcida, estava na verdade em Nova York, almoçando com Tony King e discutindo os detalhes de minha peruca de Tina Turner com Bob Mackie. Havia faturas de hotel, recibos de restaurantes e passagens de avião para provar. Eu tinha dinheiro para a ação judicial. Que se fodessem. Iria processá-los.

Após eu impetrar a primeira notificação, o *Sun* publicou mais e mais matérias, recheadas de mais e mais mentiras: a cada nova publicação, seguia-se uma notificação por calúnia, difamação e injúria. Algumas das mentiras eram muito desagradáveis – eles alegavam que eu pagava garotos de programa para me deixarem urinar neles – e outras, francamente bizarras. Havia uma alegação de que eu tinha em casa rottweilers com a laringe cortada: OS ASSASSINOS SILENCIOSOS DE ELTON. O único problema com essa história era eu não possuir rottweiler algum, somente dois pastores-alemães, que quase ensurdeceram a RSPCA quando vieram checar seu bem-estar. O *Sun* não cedia, mesmo depois de ficar aparente que os leitores não davam a mínima. Seus atos claramente não afetavam em nada minha popularidade – as matérias repercutiram mundo afora, mas o álbum ao vivo que gravamos na turnê australiana foi um grande sucesso, disco de platina nos Estados Unidos, e a versão de "Candle in the Wind" lançada como single entrou inesperadamente no Top 10 dos dois lados do Atlântico. Quem, sim, era afetado era o próprio *Sun*. A cada nova matéria sobre mim publicada na primeira página, caíam as vendas do jornal. Não sei se as pessoas haviam se dado conta da falsidade, se viam a situação como uma cruzada contra mim e a julgavam injusta, ou se estavam meramente de saco cheio de ler sobre aquilo.

Ciente de estar encrencado, o *Sun* começou a ficar cada vez mais obcecado em conseguir algo contra mim, algo que colasse. Eu era seguido por toda parte. No Century Plaza, em Los Angeles, a suíte de cobertura onde me hospedei estava grampeada. Havia sido alertado que poderia estar – era a suíte onde o presidente Reagan sempre ficava – e pedimos ao FBI uma varredura no quarto. Alguém estava tentando me assustar, fazer com que eu dissesse aos advogados para recuarem. O jornal ofereceu £ 500 a qualquer garoto de programa que declarasse ter trepado comigo. Não surpreende que tenham chovido candidatos, mas suas histórias eram tão obviamente inventadas que até o *Sun* relutou em usá-las.

O melhor que conseguiram foi pôr as mãos em algumas polaroides roubadas da minha casa. As fotos tinham dez anos. Numa delas eu fazia um boquete num sujeito. O jornal as publicou, e foi humilhante. Tentei me consolar com o pensamento de que ao menos era mais um feito inédito para minha lista: primeiro artista da história com dois álbuns consecutivos entrando direto no topo da parada americana, primeiro artista da história a ter sete canções seguidas no topo da parada americana, primeiro artista da história a aparecer num jornal de circulação nacional fazendo boquete em alguém. Além disso, para o *Sun* soava como um ato de desespero. Homem gay chupa pau: não é bem um furo de reportagem digno do Pulitzer. E o texto, foi impossível não notar, dizia mais sobre o jornalista que o escrevera do que sobre mim. Era "revoltante" pra lá, "perversão secreta" pra cá. Só alguém com uma vida sexual muito aborrecida para considerar um boquete o ápice inimaginável da depravação.

A coisa se estendeu por meses e meses, a ponto de eu ter impetrado dezessete notificações por calúnia contra o jornal. Adoraria dizer que minha convicção de que os derrotaria jamais foi abalada, mas não é verdade. Havia momentos em que estava bem, tomado por uma ira justificada, pronto a abatê-los. Noutros, chorava de desespero, até mesmo de vergonha. Não fizera nada do que me acusavam de ter feito, mas sabia ter aberto o flanco para algo assim acontecer. Meu uso de drogas era um segredo público. Certamente não havia trepado com menores de idade, mas também não havia sido tão cuidadoso na minha escolha de parceiros. Alguns anos antes, alguém que levei para a cama se serviu de um anel de safira e diamante, um relógio e algum dinheiro vivo antes de ir embora. Eu me preocupava com o processo, com minha vida privada dissecada em público, com o que o *Sun* faria para tentar me difamar.

Pensar no assunto me levava a fazer o que sempre fizera quando a barra pesava. Me trancava no quarto como na infância, quando meus pais brigavam, e tentava ignorar o que acontecia. A única diferença era a quantidade abundante de bebida e drogas a me acompanhar. Passava três dias sem comer para então acordar morto de fome e entupir o estômago de comida. Entrava em pânico por estar ganhando peso e pulava sem parar até forçar o vômito. Havia desenvolvido bulimia, embora na época não soubesse o que era isso. Mas sabia que alguns tipos de comida eram mais fáceis de vomitar logo de cara do que outros. Qualquer coisa pesada como pão era difícil, me dobrava sobre a privada no maior esforço. Percebi que teria de me ater a coisas suaves, e minha dieta tornou-se bizarra. Minha ideia de refeição para aqueles momentos obsessivos eram dois vidros de amêijoas da Sainsbury's e um pote de sorvete de manteiga de amendoim Häagen-Dazs. Enfiava tudo para dentro e depois para fora, forçava o vômito escondido achando que ninguém notaria. Obviamente notavam; eu reaparecia cheirando a vômito e parecendo ter chorado, pois vomitar faz os olhos lacrimejarem. Mas, como sempre, ninguém ousava me confrontar por medo das consequências. Todos os aspectos disso, da minha escolha de alimentos à minha atitude, parecem absolutamente nojentos hoje, mas na época era natural, era simplesmente o meu jeito de ser e agir.

Apesar de tudo, nos piores momentos, me forçava a levantar a cabeça com dois pensamentos como consolo. Um era o fato de, no tocante ao *Sun*, eu estar coberto de razão – se uma única palavra publicada pelo jornal fosse verdadeira, nunca teria ousado processá-los. O outro era que, por mais desesperador que parecesse o quadro, eu sabia haver gente em situação muito, muito pior, gente que encontrara forças para lidar com problemas que faziam os meus parecerem insignificantes. Alguns anos antes, numa sala de espera de médico, tomara ciência da história de um adolescente americano chamado Ryan White por meio de um artigo da revista *Newsweek*. O relato tanto me horrorizou quanto me inspirou. Era um hemofílico de Illinois, havia contraído Aids numa transfusão de sangue – e a Aids era uma doença que ocupava constantemente minha mente. Neil Carter, assistente pessoal de John Reid, foi a primeira vítima que conheci: diagnosticado, morreu em três semanas. Depois dele as comportas pareceram se abrir. Sempre que falava com Tony King nos Estados Unidos, onde a epidemia havia se alastrado, ele me contava de algum velho amigo, ou amigo de amigo, doente. Julie Leggatt, secretária de John Reid, foi a primeira mulher inglesa diagnosticada com a doença. Os exames de Tim Lowe, ex-namorado meu, haviam dado positivo, e também os de outro ex, Vance Buck, um amor de rapaz louro da Virgínia, fã de Iggy Pop, e cuja foto aparecia no encarte do meu álbum *Jump Up!*, imediatamente abaixo da letra de "Blue Eyes", composta por Gary Osborne e por mim com ele em mente. Era horrível, mas é só perguntar a qualquer homem gay que tenha vivido nas décadas de 1970 e 1980 para ouvir alguma história parecida: todos perderam alguém, todos se lembram do clima de medo.

Mas não era só o fato de Ryan White ter Aids, mas sim o que lhe acontecera por ter contraído a doença. Fora marginalizado em sua cidade, Kokomo. O superintendente do seu distrito escolar lhe recusara o direito de comparecer às aulas por medo de que infectasse os colegas. Ele e sua mãe Jeanne envolveram-se numa longa batalha judicial. Quando o departamento de educação de Indiana lhes deu ganho de causa, um grupo de pais entrou com uma liminar para impedir seu retorno: foram autorizados a organizar um leilão de arrecadação de fundos no ginásio da escola para mantê-lo afastado. Como não funcionou, montaram uma escola alternativa só para seus filhos não precisarem se aproximar dele. Foi xingado na rua, picharam seu armário na escola com a palavra BICHA e vandalizaram seus pertences. Furaram os pneus do carro de sua mãe e uma bala foi disparada contra a janela da frente da casa da família. O jornal local o apoiou e foi alvo de ameaças de morte. Até a igreja metodista virou as costas à família: durante a bênção da missa de Páscoa, ninguém na congregação apertava a mão de Ryan e lhe dizia "que a paz esteja convosco".

Ao longo de todo esse processo, Ryan e sua mãe Jeanne se comportaram com dignidade, bravura e compaixão inacreditáveis. Cristãos verdadeiramente devotos dos ensinamentos de Cristo, perdoaram pessoas que infernizaram suas vidas já difíceis o bastante. Em vez de censurar, tentavam educar. Ryan virou um porta-voz inteligente, simpático e articulado para pessoas com Aids numa época em que esta ainda era demonizada como a vingança de Deus contra gays e drogados. Quando fiquei sabendo que ele gostava da minha música e queria me conhecer, entrei em contato com sua mãe, convidei-os para uma apresentação em Oakland e levei-os à Disneylândia no dia seguinte. Adorei os dois. Jeanne me lembrava as mulheres da minha família, minha avó em especial: era de classe operária, falava sem rodeios, era esforçada, bondosa mas claramente dotada de uma couraça de aço inquebrável. E Ryan parecia absolutamente formidável. Estava tão debilitado que tive de empurrá-lo pela Disneylândia em cadeira de rodas, mas não demonstrava raiva ou rancor e nunca fraquejava. Não queria pena e nem compaixão. Ao conversar com ele, tive a impressão de, por saber não ter muito tempo de vida pela frente, não querer desperdiçá-lo sentindo pena de si próprio ou raiva dos outros – sua vida era literalmente muito curta para isso. Era um menino adorável, e só queria levar a vida mais normal possível. Eram uma família incrível.

Mantivemos contato depois. Eu telefonava, mandava flores, perguntava se havia algo que pudesse fazer para ajudar. Via Ryan sempre que podia. Quando Kokomo ficou insuportável para os dois, emprestei dinheiro a Jeanne para se mudar com a família para Cicero, uma cidade pequena nos arredores de Indianápolis. Queria simplesmente dar o dinheiro, mas ela insistiu para que fosse um empréstimo; chegou a elaborar um contrato e me fazer assiná-lo. Quando me sentia desencantado com a situação que vivia, pensava neles. Aquilo era coragem real diante de algo verdadeiramente terrível. Portanto, nada de autocomiseração. Bola pra frente.

Ainda assim, mantive a discrição até Michael Parkinson se envolver. Na década de 1970, eu havia comparecido a seu *talk show* – acabara tocando um piano de pub para Michael Caine cantar "Maybe It's Because I'm a Londoner" – e nos tornáramos amigos. Quando as matérias começaram a sair no *Sun*, ele me contatou e disse ter um novo programa de entrevistas na ITV chamado *One to One*, com cada episódio dedicado a um convidado. Por que eu não ia a Leeds e aparecia? Fiquei na dúvida, mas ele foi persistente.

"Não é por mim que estou fazendo isso", disse ele. "É por você. Eu te conheço, e sei como é o *Sun*. Você não está falando em público e precisa fazê-lo. Se não disser nada, as pessoas vão concluir que está escondendo algo."

Acabei aparecendo no programa. Quem procurar no YouTube perceberá o efeito dos acontecimentos sobre mim. Barba por fazer, uma roupa qualquer, abatido, pálido. Mas deu certo. O público estava claramente do meu lado. Michael me perguntou sobre o *Sun* e contei ter acabado de descobrir que haviam tentado subornar a recepcionista do meu médico para conseguir minha ficha de paciente.

"Acho que querem examinar o meu esperma", disse eu. "É estranho, porque, a julgar pelas matérias que eles vêm publicando, já devem ter visto toneladas dele."

Ele me perguntou sobre Renate e respondi termos nos reconciliado. Era verdade, ainda que por pouco tempo. Não havia nada que pudéssemos fazer para impedir nosso gradual afastamento, a separação quase completa de nossas vidas, apesar de termos tentado. Em 1986, havíamos nos separado, voltado, nos separado, voltado e continuado assim enquanto a saga do *Sun* se desenrolava. Isto diz muito sobre o tipo de pessoa que Renate era, alguém capaz de reatar um casamento que sabia estar condenado em meio a um escândalo nas páginas de tabloides, tudo por perceber que eu estava em apuros e precisava de apoio. Ofereceu-se para testemunhar em meu favor caso a ação por injúria, calúnia e difamação fosse a juízo.

Pouco tempo depois, o garoto de programa que havia feito as alegações iniciais ao *Sun* deu entrevista a outro tabloide admitindo ter inventado tudo e não me conhecer. "Nem gosto da música dele", acrescentou. Na manhã do dia em que o julgamento da primeira ação por calúnia teria início, o *Sun* abriu totalmente as pernas, me oferecendo um acordo de £ 1 milhão. Foi a maior indenização por calúnia da história do país, mas até saiu barata para eles – se tivéssemos seguido adiante com a ação, acabariam tendo de me pagar milhões. Naquela noite, em vez de me preparar para sentar no banco das testemunhas, fui ver Barry Humphries no Theatre Royal, Drury Lane, e ri de me mijar com sua personagem Dame Edna Everage. Após a performance, permanecemos no West End à espreita da chegada às bancas do primeiro clichê dos jornais do dia seguinte. Quando forçado a pedir desculpas por inventar notícias, o *Sun* era célebre por publicar a correção escondida na página 28 com o menor corpo de letra possível. Mas eu havia dito que o pedido de desculpas teria de ser do mesmo tamanho das alegações iniciais – manchete de primeira página, tamanho gigante: DESCULPE, ELTON.

As pessoas diriam posteriormente que minha vitória foi um marco e mudou os jornais britânicos, mas para mim o *Sun* não mudou tanto assim. Dois anos depois, publicariam a mais notória mentirada de sua história a respeito do comportamento da torcida do Liverpool durante o desastre de Hillsborough. Não é como se a checagem de fatos de repente tenha se tornado prioridade máxima. O que, sim, mudou foi a forma de os jornais *me* tratarem, pois se tocaram que eu entraria na Justiça caso inventassem matérias. Fiz o mesmo outra vez alguns anos depois, quando o *Daily Mirror* alegou que eu fora visto numa festa em Hollywood contando aos convidados sobre a maravilhosa nova dieta que descobrira, à base de mastigar a comida e cuspi-la ao invés de engoli-la: A DIETA DA MORTE DE ELTON. Sequer estava nos Estados Unidos na ocasião. Ganhei £ 850 mil e doei para a caridade. Dinheiro não era a questão. A questão era dar um recado bem claro. Podem dizer o que quiserem de mim. Podem dizer que sou uma bicha velha careca e sem talento, caso achem isso. Talvez eu ache quem disse um babaca, mas se fosse ilegal emitir opiniões polêmicas sobre os outros eu mesmo já teria sido preso anos atrás. Mas quem publicar mentiras a meu respeito vai me ver no tribunal.

Alguns meses depois da vitória sobre o *Sun*, Renate e eu finalmente decidimos encarar a verdade sobre quem eu era. Divorciamo-nos no início de 1988. Passáramos quatro anos casados. Era a atitude correta, mas a sensação foi horrível. Partira o coração de alguém que amava e que me amava incondicionalmente, alguém a quem eu jamais poderia culpar. Ela poderia ter me depenado no divórcio e ainda assim não poderia culpá-la: tudo que dera errado era minha culpa, somente minha. Mas Renate era digna e decente demais para isso, apesar dos conselhos em contrário de seus advogados – ou seja, a teoria da aproveitadora era totalmente furada. Os advogados de ambos os lados se coçavam por uma briga, mas nós dois não queríamos saber. Pareciam achar ter em mãos o divórcio da década, uma batalha judicial inevitavelmente arrastada e amarga. Livramo-nos deles, sentamo-nos com um bloco de papel A4 e resolvemos a questão nós mesmos. Dor houve; animosidade, nenhuma. Ao longo dos anos seguintes, sempre que algo acontecia comigo, a imprensa batia à porta dela tentando fazê-la lavar roupa suja. Ela nunca, jamais o fez: só dizia para deixarem-na em paz.

Vi Renate uma única vez após o divórcio. Ela se mudou de Woodside para uma bela casa de campo num vilarejo de Surrey. Fui até lá para vê-la certa tarde, sozinho. Tomamos chá e choramos muito. Eu disse quão arrependido estava por ter-lhe causado tanta dor. Foi um encontro emotivo, mas nada difícil ou desconfortável – com tudo o que ocorrera, ainda existia um amor verdadeiro. Quando tive filhos, convidei-a a vir até Woodside. Queria que ela os conhecesse, queria vê-la, queria que fosse parte de nossas vidas, e nós da dela, de alguma forma. Mas ela não quis e eu não forcei. Tenho de respeitar seus sentimentos, pois o respeito de Renate por mim sempre foi absoluto.

ONZE

O estado da quadra de squash era o sinal de que minha paixão por coleções havia saído ligeiramente do controle. Quando me mudei para Woodside, um dos aspectos de que mais gostava na casa era a quadra. Quem viesse me visitar era desafiado para um jogo. Mas já fazia algum tempo que partida de squash alguma ocorria em Woodside, pois já não dava mais para entrar na quadra. O lugar vivia cheio de caixas e estas, cheias de coisas que eu comprava: em turnê, nas férias, em leilões, onde fosse. Não conseguia desempacotar nada, pois literalmente me faltava espaço em casa para botar tanta tralha. Cada centímetro quadrado de parede estava ocupado por pinturas, pôsteres, discos de ouro e platina, prêmios emoldurados. Minha coleção de discos estava empilhada por toda parte. Havia um aposento especial para ela que virara um labirinto, com corredores e mais corredores de estantes do chão ao teto abrigando tudo que eu adquirira desde a infância: ainda estavam lá os 78 rpms que comprara do meu bolso na Siever's de Pinner, com "Reg Dwight" escrito a caneta nos rótulos e fotos dos artistas recortadas de revistas coladas às capas com fita adesiva. Mas eu conseguira invadir outros cômodos também, pois comprara uma coleção de discos alheia. Tratava-se da coleção de Bernie Andrews, um produtor de rádio da BBC; ele trabalhara no *Saturday Club* e com John Peel, e possuía todos os singles lançados na Inglaterra entre 1958 e 1975, milhares e milhares de discos. Claro que um monte deles era uma porcaria. Mesmo nos anos mais milagrosos da música pop, a quantidade de lançamentos ruins ainda era superior à de bons. Mas minha mentalidade de colecionador completista era atraída por aquela ideia: ter em casa todos os singles lançados no país! Era a própria realização de uma fantasia louca de infância.

Se eu só colecionasse discos, talvez desse para administrar, mas não era o caso. Colecionava de tudo: arte, antiguidades, roupas, cadeiras, joias, objetos decorativos de vidro. Lindos vasos *art déco* e abajures de mesa Gallé e Tiffany ficavam largados no chão, pois não havia mais espaço em mesa alguma – uma situação incrível dada a quantidade de móveis que eu conseguia socar em cada cômodo. Caminhar pela casa era como tomar parte na corrida de obstáculos mais cara do planeta. Era pisar em falso ou virar-se de supetão – algo bem fácil de acontecer para quem passava uma parte significativa da vida de porre ou drogado –, e corria-se o risco de fazer espatifar algo que custara milhares de libras. Com tudo isso, não era um ambiente dos mais relaxantes para viver. Eu convidava pessoas e passava metade do tempo gritando para tomarem cuidado ou prestar atenção no que estavam fazendo. De vez em quando enfiava a cabeça pela porta da quadra de squash – respirando fundo, havia espaço suficiente – e me batia a estranha sensação de desespero. Desde a infância, a posse de objetos sempre havia me trazido felicidade, mas naquele momento me causava angústia. O que fazer com tanta tralha?

Alguns meses após separar-me de Renate pela última vez, encontrei uma solução radical. Iria vender tudo. Tudo. Cada quadro, cada item de *memorabilia*, cada peça de mobília, cada objeto de arte. Todas as roupas, todas as joias, tudo de vidro, todos os presentes de fãs. Tudo na casa, à exceção dos discos. Entrei em contato com a Sotheby's, que organizara pouco antes uma grande venda póstuma dos pertences de Andy Warhol, e disse querer leiloar tudo. Especialistas da casa foram a Woodside dar uma xeretada e saíram de lá com aparência debilitada. Não entendi se o problema era a quantidade de tralha que eu queria vender – um deles sussurrou para mim que aquela seria a maior coleção particular de móveis Carlo Bugatti do mundo – ou o péssimo gosto de parte dos itens. Eu acreditava ter desenvolvido um bom olho para arte e mobília, mas também era dotado de uma tolerância extremamente alta para o kitsch espalhafatoso. Certos itens na minha casa faziam meus antigos figurinos de palco parecerem a última palavra em bom gosto e elegância. Havia uma estátua de chimpanzé-pigmeu com figurino eduardiano que um fã me mandara; um bilhete a acompanhara explicando que a escultura representava a futilidade da guerra. Havia um rádio em forma de boneca paramentada com camisola transparente: os botões de volume e sintonia ficavam um em cada peito. Uma banheira tinha duas torneiras douradas com grandes testículos de acrílico acoplados.

Resolvi ficar com alguns roteiros originais do *Goon Show* com anotações à mão de Spike Milligan, comprados num leilão, e com quatro pinturas: dois Magrittes, um Francis Bacon, este retratando seu amante George Dyer, no qual gastara £ 30 mil em 1973 com todos me dizendo que era louco, e *The Guardian Readers*, a pintura de Patrick Procktor exposta na capa de *Blue Moves*. Todo o resto iria embora.

Antes que alguém fique com uma impressão errada, devo ressaltar que não tinha a menor intenção de passar a viver uma vida mais simples e profunda, desapegada das rédeas do consumismo e livre de posses materiais. Se alguém achou isso na época, se desiludiu logo na minha primeira reunião na Sotheby's para discutir o leilão que se aproximava. Em tese, fui até lá para conversar sobre a venda de meus bens mundanos; na prática, saí com duas pinturas dos artistas russos de vanguarda Igor e Svetlana Kopystiansky. Minha motivação era na verdade a de um recomeço. Queria remodelar e redecorar Woodside por completo. Já não queria viver numa casa de popstar doidão. Queria algo que tivesse o jeito de um lar.

A Sotheby's levou três dias só para transportar todos os itens de Woodside para seu depósito em Londres. Havia tanto a vender que tiveram de organizar quatro leilões diferentes. Um para figurinos de palco e *memorabilia*, um para joias, um para *art déco* e *art nouveau* e um denominado "coleções diversas", onde entraram de serigrafias de Warhol a malas e bolsas para kilts escoceses – em algum momento, aparentemente, eu adquirira duas destas.

Usei uma foto de alguns dos itens na capa do meu novo álbum, que batizei *Reg Strikes Back*: depois dos eventos de 1987, me parecia o título certo. Antes do leilão, a Sotheby's organizou uma exposição. Só um quarto do que estava à venda foi exposto, mas bastou para encher o museu Victoria and Albert. Foi bizarro saber que o ex-primeiro-ministro Edward Heath esteve por lá: talvez estivesse à procura de torneiras douradas com testículos de acrílico. Os leilões foram um sucesso estrondoso. Tiveram de instalar barreiras na entrada para dar conta da multidão. Pinturas foram vendidas pelo dobro do valor esperado. Itens que imaginei ver fãs levarem a preço de banana saíram por mais de 1000 libras. Tudo foi vendido: o chimpanzé que representava a futilidade da guerra, as bolsas para kilts, o rádio com a boneca de camisola. Até as faixas penduradas do lado de fora da Sotheby's para anunciar o leilão foram vendidas.

Eu mesmo não apareci. Saí de Woodside no dia em que as vans de transporte chegaram e, por dois anos, não pisei na casa. Não teria como saber então, mas ao voltar para lá minha vida teria se transformado de forma ainda mais radical que meu lar.

Decidi me mudar para Londres enquanto a casa era esvaziada. A princípio, fiquei num hotel – o Inn On The Park, palco da famosa ocasião em que liguei para o escritório da Rocket cobrando providências quanto ao vento que não me deixava dormir. Este é obviamente o melhor momento para deixar claro de uma vez por todas que esta história não passa de lenda urbana, que nunca fui tão louco a ponto de pedir à minha gravadora para dar um jeito no tempo, que estava simplesmente incomodado com o vento e queria mudar de quarto, ir para um mais silencioso. Infelizmente não posso dizer nada disto, pois a história é totalmente verdadeira. Eu de fato estava louco e iludido o bastante para mandar chamar Robert Key, diretor internacional da Rocket, e pedir a ele que desse um jeito no vento. Minha intenção não era de forma alguma mudar de quarto. Eram onze da manhã, passara a noite inteira em claro e havia drogas por toda parte: a última coisa de que precisava era dos camareiros entrando no quarto para ajudar a me transferir para outro andar. Amuado, expus a situação para Robert, a quem dou enorme crédito por não dar a menor atenção ao meu pedido. Do outro lado da linha, pude ouvir o som abafado de sua voz com a mão por cima do fone, dizendo ao resto do escritório: "Deus do céu, a bicha pirou de vez!". E então as palavras agora dirigidas diretamente a mim: "Elton, você enlouqueceu? Desliga essa merda de telefone e volta pra cama!".

Passei a alugar uma casa na zona oeste de Londres, mas passava a maior parte do tempo em turnê ou nos Estados Unidos. Havia me apaixonado por um cara chamado Hugh Williams, que morava em Atlanta. Mas também passava tempo frequentemente em Indianápolis. A mudança para Cicero tornara Ryan White mais feliz, mas nada iria interromper a evolução de sua doença. Na primavera de 1990, sua mãe Jeanne me ligou e disse que ele havia sido levado às pressas para o Hospital Infantil Riley com uma grave infecção respiratória. Estava respirando por aparelhos. Voei imediatamente para lá. Ao longo da semana seguinte, tentei me fazer útil no hospital enquanto Ryan alternava momentos de consciência e inconsciência. Não sabia de que outra forma poderia ajudar. Limpava o quarto. Trazia sanduíches e sorvete. Punha flores em vasos e comprava bichos de pelúcia para as outras crianças da enfermaria. Agia como secretário de Jeanne, blindava-a dos telefonemas, fazia o mesmo trabalho que pagava Bob Halley para fazer para mim. Ryan havia ganhado tanta visibilidade na defesa da causa dos doentes de Aids que tornara-se uma celebridade. Quando a notícia de que estava em seus últimos dias se espalhou, muita gente procurou Jeanne para oferecer apoio e foi demais para ela dar conta. Quando Michael Jackson ligou, fui eu que segurei o fone próximo ao ouvido de Ryan. Ele só conseguia ouvir. Estava debilitado demais para falar.

Ao voltar ao hotel, meus pensamentos estavam com Jeanne e sua filha Andrea. Lenta e dolorosamente, elas viam Ryan morrer. Haviam rezado por um milagre, mas em vão. Tinham todo o direito à raiva e ao ressentimento. Mas não sentiam nem uma nem outro. Eram duronas, piedosas, pacientes e gentis. Adorava a companhia delas até nas piores circunstâncias, mas me faziam sentir uma vergonha inédita. Passara metade da vida irado e ressentido por coisas desimportantes. Era o tipo de pessoa que pegava o telefone e gritava com os outros porque o tempo do lado de fora do meu hotel em Park Lane não estava do meu agrado. Com tudo que minha infância havia tido de errado, não fora criado para me comportar daquele jeito. Como diabos me tornara aquela pessoa? Sempre dera um jeito de justificar meu comportamento para mim mesmo ou fazer graça com ele, mas não dava mais: a vida real invadira minha bolha de celebridade.

Como minha presença em Indianápolis não era segredo, fui chamado a participar de uma apresentação no Hoosier Dome em prol do Farm Aid, a organização beneficente estabelecida por Neil Young, Willie Nelson e John Mellencamp. Era um megaevento. A lista de participantes ia de Lou Reed a Carl Perkins, passando pelo Guns n' Roses. Tivera o maior prazer em aceitar o convite, mas não queria mais ir, pois não queria abandonar Jeanne ao lado do leito de Ryan; sabia que lhe restava pouco tempo. Corri para o local do show e subi ao palco com a mesmíssima roupa que estava usando no hospital. Toquei sem acompanhamento versões apressadas de "Daniel" e "I'm Still Standing", dediquei "Candle in the Wind" a Ryan e corri de volta para o hospital. Cheguei uma hora depois e estava ao lado de Ryan quando ele morreu, na manhã seguinte, 8 de abril, às 7h11 da manhã. Tinha 18 anos. Faltava um mês para se formar no colégio.

Jeanne havia me pedido para ajudar a carregar o caixão de Ryan, e também para me apresentar no funeral. Cantei "Skyline Pigeon" com uma foto dele em cima do piano. A canção, do meu primeiro álbum, *Empty Sky*, fora uma das primeiras verdadeiramente boas compostas por Bernie e eu e parecia adequada à ocasião: "dreaming of the open, waiting for the day that he can spread his wings and fly away again".*

O funeral foi um grande evento. A CNN o transmitiu ao vivo. Michael Jackson compareceu, bem como a primeira-dama, Barbara Bush. Havia fotógrafos por toda parte e centenas de pessoas a esperar na chuva. Alguns dos presentes eram gente que havia infernizado a vida dos White em Kokomo. Compareceram, pediram desculpas a Jeanne, pediram a ela que os perdoasse. E ela perdoou.

O velório foi com caixão aberto. Após a cerimônia, a família e amigos próximos reuniram-se em torno do corpo para se despedirem. Ele estava vestido com sua jaqueta jeans desbotada e um par de óculos de sol espelhados, sua escolha de traje para ser enterrado. Pus as mãos em seu rosto e disse que o amava.

Voltei para o hotel sentindo-me estranho. Não era só o luto, havia algo mais a me incomodar: estava com raiva de mim. Remoía o fato de Ryan ter feito tanto em tão pouco tempo para ajudar pessoas com Aids. Um menino que não tinha nada, e mudara a percepção do público. Ronald Reagan fizera todo o possível para ignorar a Aids quando era presidente e no entanto escrevera um artigo na edição daquele dia do *Washington Post* celebrando Ryan e criticando "o medo e a ignorância" em torno da doença. Eu era o mais famoso astro de rock gay do mundo. Passara a década de 1980 vendo amigos, colegas e ex-amantes morrerem de forma horrível; anos depois, gravei todos os seus nomes em placas afixadas nas paredes da capela de Woodside. Mas o que eu fizera de relevante? Praticamente nada. Todos os anos fazia teste de HIV e milagrosamente toda vez dava negativo. Havia me apresentado em eventos beneficentes e participado da gravação de um single, uma versão de "That's What Friends Are For", de Burt Bacharach, com Dionne Warwick, Stevie Wonder e Gladys Knight. Foi um enorme sucesso, o single mais vendido do ano nos EUA, arrecadando US$ 3 milhões. Comparecera a eventos beneficentes de Elizabeth Taylor, pois

---

* "Sonhando com a imensidão / À espera do dia em que possa abrir as asas e voar de novo."

a conhecia havia muitos anos. Sua imagem era pomposa, mas na vida real não era nem um pouco. Era incrivelmente bondosa, acolhedora e hilariante – tinha um senso de humor obsceno, bem inglês. Só era recomendável não dar bobeira com suas joias na presença dela. Era obcecada. Se gostasse de algo que você estivesse usando, daria um jeito de seduzi-lo para que lhe desse de presente. Quem entrasse em seu camarim com um relógio Cartier sairia com o pulso abanando, sem nem ter certeza de como ela conseguira tirá-lo de si. Creio que usava as mesmas habilidades quando se tratava de arrecadar fundos. Tinha peito para levantar da cadeira e fazer algo. Ajudou a lançar a Fundação Americana para a Pesquisa da Aids. Forçou Hollywood a dar atenção ao tema, apesar de todos dizerem que o envolvimento lhe prejudicaria a carreira.

Era isso que eu deveria estar fazendo. Deveria estar na linha de frente. Deveria ter posto o meu na reta como Liz Taylor fez. Deveria estar marchando com Larry Kramer e o Act Up. Tudo que havia feito até ali – singles beneficentes, eventos com celebridades – parecia superficial, para constar. Deveria estar usando minha fama como plataforma para obter a atenção das pessoas e fazer a diferença. Estava enojado.

Liguei a TV para ver a cobertura do funeral e a sensação só piorou. A cerimônia havia sido linda, e minha performance, adequada. Mas toda vez que aparecia na tela, me sentia muito mal. Estava com uma aparência péssima e isso nada tinha a ver com a tragédia da morte de Ryan e tudo com a forma como vivia minha vida. Estava inchado e acinzentado. Meu cabelo estava branco. Parecia acabado, exausto, doente. Tinha 43 anos, parecia ter 70. Deus do céu, meu estado! Algo teria de mudar.

Mas por enquanto ainda não. Fui embora de Indianápolis e a vida voltou ao que eu me acostumara a considerar normal. Gravara um novo álbum antes de a saúde de Ryan piorar. Agora teria de promovê-lo, coisa que me negara a fazer na etapa final de sua agonia. *Sleeping With the Past* havia sido gravado num estúdio chamado Puk, numa área rural da Dinamarca. Creio que a ideia tenha sido evitar em parte a imprensa, que fungava no meu cangote desde o divórcio de Renate, e em parte o tipo de atitude que marcara a produção de *Leather Jackets*. De certa forma funcionou. Nas profundezas dos campos da Dinamarca, nem mesmo eu conseguiria dar um jeito de encontrar drogas. O inverno estava no auge, um frio de congelar, desolação total: teria sido mais fácil achar um traficante de cocaína na Lua. Mas toda noite íamos à cidade mais próxima, Randers, para fazer o circuito dos pubs e maravilharmo-nos com o jeito dinamarquês de beber. Era um povo adorável, muito amigável, sempre disposto a apelar à minha natureza competitiva desafiando-nos a jogar dardos, mas bastava adicionar bebida e a herança viking ancestral tornava-se aparente. Não devia ter tentado acompanhar-lhes o ritmo, mas minha natureza competitiva também ali falou mais alto. A *schnapps* que os locais bebiam era mortal – apelidavam-na de Petróleo do Mar do Norte. Acordar no chão do quarto de alguém viraria um hábito, sempre com a língua grudada ao céu da boca e agarrado à convicção de que aquele caso específico de intoxicação por álcool seria fatal. Outros membros da equipe ainda viveram situações piores: no aniversário do produtor Chris Thomas, contratei uma banda de metais para bater à sua porta de manhã bem cedo e cantar "Parabéns pra você". Imaginem como isso soou para um homem acometido de uma ressaca monumental.

A *schnapps*, os pubs, as ressacas: vale mencionar que esta descrição é dos dias úteis da semana. Nos fins de semana eu relaxava um pouco mais. Pegava um voo para Paris e caía na farra. Na rue de Caumartin havia uma boate gay que eu adorava, chamada Boy. Até já me achava um pouco velho para passar a noite em boates, mas a música da Boy sempre acabava por me seduzir. Laurent Garnier e David Guetta foram DJs da casa – a *house* e o *techno* começavam a tomar conta das boates de Paris e soavam tão modernas, revigorantes e ousadas quanto soara a *disco* na década de 1970. Sempre que ouço "Good Life", do Inner City, penso na pista de dança da Boy fervendo.

Apesar das minhas visitas a Paris e da quantidade de Petróleo do Mar do Norte consumida durante suas gravações, *Sleeping With the Past* deu muito certo. A ideia do álbum era refletir a influência da velha *soul music*, o tipo de música que eu tocava em clubes noturnos na década de 1960. Daí o título. Em canções como "Amazes Me" e "I Never Knew Her Name", isso fica bem claro. A única faixa sobre a qual tinha dúvidas, por sinal, era uma balada chamada "Sacrifice". Em mais uma demonstração do infalível instinto comercial que me levara a ameaçar estrangular Gus Dudgeon caso "Don't Let the Sun Go Down on Me" fosse lançada, eu disse não a querer no álbum. Contornaram a situação, mas a gravadora queria lançá-la como single, o que me parecia uma estupidez – era uma balada de cinco minutos de duração, ninguém iria tocá-la. De início, entrou no lado B de "Healing Hands", canção que eu julgava bem mais comercial. O impacto do single foi reduzido até quase um ano depois, junho de 1990, quando o DJ Steve Wright começou a ignorar a ordem estabelecida no selo e a tocar o outro lado em seu programa na Radio One. De repente, começou a vender. Três semanas depois eu tinha meu primeiro single solo no topo da parada britânica.

Lembrando de como me sentira após o funeral de Ryan quanto à minha resposta à crise da Aids, decidi doar integralmente os *royalties* a quatro organizações de caridade britânicas dedicadas à causa, anunciando ainda que dali em diante adotaria a prática em todos os singles. Fiz uma doação à Stonewall, nova organização dedicada a defender os direitos de LGBTs como reação à Seção 28, lei recente que proibira governos provinciais e escolas na Grã-Bretanha de "promover" a homossexualidade. Ao subir ao palco do International Rock Awards, uma cerimônia televisionada, denunciei seu apresentador, um comediante homofóbico chamado Sam Kinison, cuja especialidade era fazer piadas sobre Aids. Uma semana após o funeral de Ryan, Kinison aparecera no programa de rádio de Howard Stern a fazer pouco do assunto. Eu disse estar ali sob protesto e que Kinison era um escroto e nunca deveria ter sido chamado para conduzir a cerimônia. A reação dele foi incrível. Começou a se lamuriar, dizer que eu lhe devia desculpas e minha atitude fora "indefensável". Um homem sem problema algum em rir da morte de "viados", cujo estilo era todo baseado em ofensas e dizer o indizível, de repente parecia terrivelmente ofendido com a palavra que eu usara para defini-lo. No dos outros era refresco. Pois que esperasse sentado pela porra da retratação.

E fiz algumas apresentações em benefício da instituição montada em nome de Ryan, na abertura do novo cassino de Donald Trump em Atlantic City, com Jeanne White como convidada. Mas não foram bons shows. Eu me entupia de álcool e drogas então, e cometia erros no palco. Nada muito drástico – um verso esquecido aqui, um acorde de piano errado ali. Duvido que alguém na plateia tenha reparado e ninguém da banda mencionou nada. Sindicâncias pós-show, sentar-se com todo mundo para discutir o que deu errado, nunca fizeram meu estilo. Quando a pessoa tocou maravilhosamente, deve ser informada. Ficar horas implicando por causa de errinhos bobos? Melhor deixar para lá. Mas, no fundo, sabia que havia quebrado uma de minhas próprias regras não escritas. Certamente já havia corrido para fora do palco ao final de shows no passado, louco para cheirar uma carreira, mas sempre fora inflexível quanto a me drogar *antes* de começar o show. Equivalia a deixar a plateia na mão.

Enquanto isso, em Atlanta, Hugh tinha notícias para mim. Não aguentava mais a bebida e as drogas. Sabia que não conseguiria largá-las sem ajuda, e decidira se internar numa clínica de desintoxicação. O tratamento previa confinamento no mesmo local em Sierra Tucson onde Ringo Starr se internara alguns anos antes em razão do alcoolismo. Iria para lá naquele mesmo dia.

Depois do que ocorrera em Indianápolis – a vergonha que sentira na companhia da mãe e da irmã de Ryan, como ficara horrorizado em ver a mim mesmo no funeral –, seria de se esperar que eu recebesse bem a notícia. Deveria ter pedido para acompanhá-lo. Mas fiquei possesso. Furioso. Hugh era meu mais recente comparsa: se ele admitia ter um problema, eu também tinha. Estava sendo acusado por tabela de ser um viciado em drogas.

Ele não era o primeiro a sugerir que eu precisava de ajuda. Depois que parara de trabalhar para mim, meu chofer, Mike Hewitson, havia escrito uma carta bem sensata e equilibrada – "Está mais do que na hora de parar com essa sandice, parar de entupir as narinas com essa porcaria" –, e eu reagira cortando contato com ele por um ano e meio. Tony King tentara conversar comigo. Ele e Freddie Mercury haviam me visitado e, ao saírem, Freddie disse que eu parecia estar muito mal e Tony deveria fazer alguma coisa: "Você precisa cuidar do seu amigo". Vindas de Freddie, que não era nenhum santo no tocante a bebida e drogas, as palavras devem ter pesado bastante. Mas eu optara por reduzir tudo o que Tony disse à pregação hipócrita de um alcoólatra em recuperação. E alguns anos antes George Harrison tentara conversar comigo durante uma festa insana promovida por mim na casa que alugava em LA. Instalara luzes por todo o jardim, dissera a Bob Halley para preparar a churrasqueira e convidara todo mundo que sabia estar na cidade. No meio da noite, totalmente alterado, vi se aproximar alguém de aparência mal-ajambrada que não reconhecia. Quem era aquele? Devia ser funcionário, talvez um jardineiro. Em altos brados, exigi explicações do jardineiro por estar se servindo de um drinque. Instalou-se um silêncio chocado, logo rompido pelo som da voz de Bob Halley. "Elton, que porra de jardineiro é essa? É o *Bob Dylan*."

Cheirado até o fundo da alma e louco para consertar a situação, apressei-me em agarrá-lo e conduzi-lo casa adentro.

"Bob! Bob! Meu querido, o que você tá fazendo com essa roupa horrível? Vamos lá pra cima e eu te empresto alguma coisa minha. Vem, meu caro!"

Bob limitava-se a me encarar, horrorizado. Sua expressão sugeria estar fazendo grande esforço para pensar em algo menos atraente do que se fantasiar de Elton John, sem que nada lhe ocorresse. Estávamos no fim da década de 1980, e um dos meus visuais então recentes unia um terno rosa a um chapéu palheta com uma réplica da Torre Eiffel em cima. Ou seja, não dava para culpá-lo. Mas eu, aditivado por doses de convicção em pó, não queria nem saber. Continuava arrastando-o para fora do jardim até escutar o som inconfundível da voz mordaz de George, com seu sotaque de Liverpool, me dando uma dura.

"Elton", disse ele. "Acho que está mais do que na hora de pegar leve no talco."

Bob conseguiu de alguma forma me enrolar e fazer com que eu desistisse de vesti-lo com minhas roupas, mas nada disso mudava o fato de um dos Beatles estar me dando a real em público sobre meu vício em cocaína. E eu ria como se não fosse nada.

Mas dessa vez eu não ri. A fúria suprema do Gênio da Família Dwight foi libertada de seu repouso, talvez com mais força do que o normal, porque, depois de Indianápolis, eu sabia que Hugh tinha razão. O arranca-rabo foi terrível. Eu gritava, berrava. Disse a Hugh as coisas mais ofensivas e dolorosas que pude pensar, daquelas tão horríveis que voltam para puxar seu pé – anos depois, do nada, você se lembra de repente do que disse então e ainda cerra os dentes e se retrai. Nada fez diferença alguma. Hugh estava decidido. Foi naquela tarde para o Arizona.

Incrivelmente, levando-se em conta como havia acabado nosso último encontro, Hugh me convidou a visitá-lo no centro de tratamento. Erro crasso. Entre eu chegar e ir embora, passaram-se vinte minutos, tempo suficiente para fazer um escândalo. Perdi as estribeiras de novo – porque este lugar é um pardieiro, os terapeutas são detestáveis, você está sofrendo lavagem cerebral, tem que sair daqui etc. Ele não saiu, dei um ataque e peguei o primeiro voo de volta a Londres.

Ao chegar fui de imediato para minha casa alugada e lá me tranquei. Passei duas semanas enfurnado no quarto, sozinho, cheirando cocaína e bebendo uísque. Nas raras ocasiões em que comia, me forçava a vomitar logo depois. Ficava dias e dias sem dormir, assistindo pornô e me drogando. Não atendia o telefone nem a porta. Se alguém batesse, me sentava por horas em silêncio absoluto, travado por paranoia e medo, medo de me mover porque poderiam ainda estar do lado de fora a me espionar.

Às vezes ouvia música. "Don't Give Up", de Peter Gabriel e Kate Bush, foi uma que ouvi incontáveis vezes, chorando com os versos "no fight left or so it seems, I am a man whose dreams have all deserted".* Às vezes passava dias inteiros fazendo listas sem o menor sentido de discos que possuía, canções que escrevera, pessoas com quem gostaria de trabalhar, times de futebol que vira jogar: qualquer coisa que servisse para passar o tempo, justificar o consumo de mais drogas, evitar que fosse dormir. Tinha uma reunião de conselho do Watford para ir, mas telefonei e disse que não estava bem. Não tomava banho nem me vestia. Ficava sentado batendo punheta com um roupão coberto pelo meu próprio vômito. Era nojento. Horrível.

Às vezes a vontade era de nunca mais ver Hugh. Às vezes me batia um desespero para falar com ele, mas não conseguia contatá-lo. Havia sido transferido para uma casa de recuperação da qual, depois da confusão que eu armara no centro de desintoxicação, ninguém me dava o endereço. Finalmente cheguei a tal nível de insalubridade que me dei conta de ter atingido o limite. Não dava mais. Se aquilo durasse mais alguns dias iria morrer de verdade, fosse de overdose ou de ataque do coração. Era isso que eu queria? Não era, e eu sabia. Apesar do comportamento autodestrutivo, não queria de fato me autodestruir. Não fazia ideia de como viver, mas morrer eu não queria. Localizei Barron Segar, ex-namorado de Hugh, e ele me informou que a casa de recuperação ficava em Prescott, uma cidade a quatro horas de Tucson, na direção norte. Liguei para Hugh. Ele parecia nervoso. Disse que poderíamos nos encontrar, mas havia condições. Antes eu teria de falar com seu conselheiro. Queria me ver, tinha coisas a me dizer, mas só as diria se eu também estivesse acompanhado de um conselheiro. Não disse com todas as letras, mas fez parecer estar preparando algum tipo de intervenção. Hesitei um pouco, mas já não conseguia mais me convencer que minha inteligência, meu sucesso e minha riqueza eram suficientes para me fazer achar a solução de qualquer situação, por pior que fosse. Estava infeliz e envergonhado demais para sequer tentar. Disse que aceitava quaisquer condições.

Robert Key me acompanhou e Connie Pappas nos encontrou no aeroporto em LA. Liguei para o conselheiro de Hugh e fui informa-

---

* "Cheguei ao meu limite ou assim parece / Sou um homem cujos sonhos o abandonaram."

do que o encontro teria de obedecer aos preceitos da terapia dele. Ambos faríamos listas de coisas de que não gostávamos no outro e as leríamos em voz alta. Apavorado, fiz a minha.

No dia seguinte, num quarto de hotel minúsculo em Prescott, Hugh estava bem à minha frente. Cada um com sua lista, tão próximos que nossos joelhos se tocavam. Fui o primeiro a falar. Disse que não gostava de ele ser desleixado. Largava suas roupas por toda parte. Depois de escutar CDs, não os punha de volta na embalagem. Ao sair de um aposento à noite, esquecia de apagar a luz. Pequenas irritações cotidianas, mesquinharias, o tipo de atitude que dá nos nervos de todos com relação a parceiros.

E então foi a vez de Hugh. Notei que ele tremia. Estava ainda mais apavorado do que eu. "Você é viciado em drogas", disse ele. "Você é alcoólatra. É viciado em comida e bulímico. É viciado em sexo. É codependente."

E pronto. A pausa foi longa. Hugh continuava a tremer. Não conseguia olhar para mim. Achava que eu iria explodir novamente e sair dali bufando.

"Eu sei", respondi. "Eu sou."

Tanto Hugh quanto seu conselheiro me encararam. "Bom, e você quer procurar ajuda?", perguntou o conselheiro. "Quer melhorar?"

Comecei a chorar. "Sim", respondi. "Eu preciso de ajuda. Eu quero melhorar."

DOZE

*Hospital Luterano
Park Ridge,
Illinois
10 de agosto de 1990*

Vivemos juntos, você e eu, por dezesseis anos e, caramba, como nos divertimos. Mas chegou a hora de me sentar e dizer o que realmente acho de você. Te amei tanto. No início, éramos inseparáveis – nossos encontros eram tão frequentes, fosse na minha casa ou na de outros. Nosso apego chegou a tal ponto que decidi não poder ficar sem você. Para mim, éramos um casal maravilhoso e cagava para a opinião dos outros.
 Quando nos conhecemos, você parecia trazer à tona tudo que antes eu reprimira. Pela primeira vez na vida eu conseguia falar sobre tudo que queria. Algo na sua maquiagem me fazia baixar a guarda por completo. Eu me sentia livre com você. Não sentia ciúme se tivesse de compartilhá-la com outros. Aliás, gostava que outros sentissem por você o mesmo tesão que eu. Hoje percebo quão estúpido devo ter sido, pois você nunca se importou comigo. Era tudo mão única. Só o que te interessa é aprisionar o máximo de gente possível na sua teia.
 Meu corpo e meu cérebro sofreram muito em razão do meu amor por você – as cicatrizes físicas e mentais que ficaram são permanentes. Sabe aquela frase "eu morreria por você"? Pois é. Quase morri. Ainda assim, é difícil me livrar de você, moça. Tantas vezes nos afastamos e eu sempre voltava. Mesmo sabendo ser um erro, voltava. Quando não tinha mais

ninguém a me confortar, sabia que bastava um telefonema e podia ter você, a qualquer hora do dia ou da noite. Minha fascinação nunca diminuiu – mandei carros te buscarem, mandei até aviões para que você e eu pudéssemos passar algumas horas ou dias juntos. E era só você chegar e meu êxtase em te abraçar de novo era enorme.

Fizemos altas farras com as pessoas. Tivemos conversas ótimas e intensas sobre como mudaríamos o mundo. Claro que isso jamais ocorreu mas, nossa, como falávamos! Fizemos sexo com pessoas que mal conhecíamos e pra quem não dávamos a mínima. Não estava nem aí pra quem eram, contanto que trepassem comigo. Mas de manhã a cama estava vazia, e eu sozinho. Você também não estava mais por lá. Às vezes meu desejo por você era insaciável, mas você tinha sumido. Com você ao meu lado, eu podia conquistar o mundo. Sem você, não passava daquele menininho triste de sempre.

Minha família nunca gostou de você, nem um pouco. Odiavam o feitiço que pusera sobre mim. Você conseguiu me afastar deles e de muitos amigos. Queria que eles entendessem meus sentimentos por você, mas não davam ouvidos. E eu sentia raiva e mágoa. E vergonha, por me importar mais com você do que com o sangue do meu sangue. Só me importava comigo e com você. E por isso reservava você só pra mim. No fim, nem queria mais te compartilhar. Queria ficar a sós com você. Fiquei cada vez mais triste porque você controlava minha vida – era meu Svengali.

Acho que já é hora de dizer a que veio esta carta. Precisei de dezesseis anos para perceber que você não me levou a lugar nenhum. Sempre que tentava um relacionamento com outra pessoa, acabava em algum momento te metendo no meio. Não tenho dúvidas de que era eu quem usava. Mas nunca entrava compaixão ou amor – o amor que tivesse por qualquer outro era sempre superficial.

Eu cheguei a sentir fadiga e ódio de mim mesmo, mas há pouco tempo encontrei alguém de novo – alguém que amava, em quem tinha confiança. E essa pessoa deixou muito claro que queria uma relação a dois, não a três. Ele me fez perceber como me tornara autocentrado, me fez pensar na minha vida e no meu sistema de valores. Minha vida ficou em compasso de espera. Agora tenho a oportunidade de mudar minha forma de viver e de pensar. Estou preparado para aceitar ser humilde e por isso preciso me despedir de você pela última vez.

Você foi minha vagabunda. Me afastou de qualquer espécie de espiritualidade, me impediu de descobrir quem sou. Não quero que eu e você acabemos dividindo a mesma cova. Quando tiver de ir, quero que seja

uma morte natural, em paz comigo mesmo. Quero viver pelo resto da vida sendo honesto e encarando as consequências em vez de me esconder por trás do meu status de celebridade. Minha sensação é que, depois de dezesseis anos com você, estava morto de qualquer forma.
Uma vez mais, Dama de Branco – adeus. Se nos esbarrarmos por aí um dia – e convenhamos, você está sempre badalando por aí –, vou te ignorar e ir embora imediatamente. Você já me viu o suficiente esses anos todos e estou de saco cheio. Você venceu – eu me rendo.
Obrigado por nada,
Elton

No momento em que as palavras "Eu preciso de ajuda" saíram da minha boca, me senti diferente. Foi como se algo tivesse sido religado dentro de mim, uma luz-guia que havia estado apagada. De alguma forma, soube ali que ficaria bem. Só não foi algo assim tão rápido e direto. Em primeiro lugar, não achavam clínica alguma nos Estados Unidos que me aceitasse. Praticamente todas eram especializadas em tratar um vício por vez, e eu tinha três: cocaína, álcool e comida. Não os queria tratados consecutivamente, pois teria significado passar algo em torno de quatro meses me transferindo de um lugar para o outro. Queria tratar tudo de uma vez só.

Acabaram achando um lugar. Quando o vi, quase me recusei a entrar. O centro de tratamento de Hugh – aquele que, vocês devem lembrar, eu chamei em altos brados de pardieiro – era verdadeiramente luxuoso. Ficava numa área rural ao largo de Tucson, com uma vista incrível das montanhas de Santa Catalina. Tinha uma piscina enorme ao redor da qual ocorriam aulas de ioga. O meu não passava de um hospital geral comum: o Luterano, num subúrbio de Chicago chamado Park Ridge. Um prédio grande, cinzento, monolítico, com janelas de vidro espelhado. Não me parecia o tipo de lugar que fosse oferecer aulas de ioga à beira da piscina. A única vista era para o estacionamento de um shopping center. Mas Robert Key continuava comigo e me senti constrangido demais para dar para trás. Além disso, não havia para onde ir. Ele me deixou na recepção, me deu um abraço e voltou para a Inglaterra. Era 29 de julho de 1990 quando me internei sob o nome George King. Fui informado de que teria de dividir quarto, o que não encarei muito bem até saber com quem o dividiria. Seu nome era Greg, era gay e muito atraente. Ao menos haveria *alguma* vista interessante a contemplar.

Em seis dias, pedi para sair. Não só em função de achar o ambiente difícil, embora o achasse. Não conseguia dormir: passava a noite em claro, à espera do toque diário do despertador às 6h30. Tinha ataques de pânico. Sofria de instabilidade emocional – não como quem está uma hora bem e outra mal, mas sim flutuando de mal a ainda pior, uma névoa de depressão e ansiedade que ora se adensava ora diminuía, mas jamais se dissipava. Me sentia doente o tempo todo. Fraco. Solitário. Era proibido dar telefonemas ou falar com qualquer pessoa de fora. Numa ocasião me permitiram quebrar essa regra, quando a televisão deu a notícia de que o guitarrista Stevie Ray Vaughan havia morrido na queda de um helicóptero. Ele estava em turnê com Eric Clapton e seu helicóptero fazia parte de um comboio que decolara levando os artistas e suas equipes. Ray Cooper estava na banda de Eric Clapton. As notícias chegavam de forma confusa – num dado momento, havia a informação equivocada de que Eric havia morrido também – e eu não fazia ideia se Ray estava no helicóptero que caíra. Depois de muito chorar e implorar, me permitiram descobrir: estava tudo bem com ele.

Acima de tudo, eu me sentia constrangido. Não por causa dos vícios, mas por ser esperado que fizéssemos tudo por nossa conta – limpar nossos quartos, arrumar nossas camas –, e eu estava totalmente desabituado àquilo. Havia me permitido chegar a um estágio onde me barbeava e limpava a bunda, mas pagava outras pessoas para fazerem todo o resto. Não fazia ideia de como se ligava a máquina de lavar. Tive de pedir a outra paciente, uma mulher chamada Peggy, para me mostrar. Depois de perceber que não era brincadeira, ela foi bondosa e prestativa, mas isso não mudava o fato de eu ser um homem de 43 anos que não sabia lavar a própria roupa. Recebíamos uma ajuda de custo de US$ 10 por semana e, ao ter de decidir como gastá-la, se em artigos de papelaria ou chiclete, me dei conta de não fazer ideia do preço das coisas. Havia anos não fazia uma única compra, a não ser em casas de leilões ou butiques de grife. Que vergonha, essa bolha completamente desnecessária que a fama e a fortuna deixam você erguer ao seu redor caso seja estúpido o suficiente para permitir. Vejo isso o tempo todo hoje, em especial com *rappers*: aparecem por toda parte com *entourages* enormes, bem maiores do que aquela de Elvis que tanto me chocou na época, e sem nenhuma razão de ser. É comum que o façam por espírito caridoso – dar um trabalho a amigos do lugar de onde vieram, quando se trata de um lugar onde ninguém gostaria de estar – mas é algo muito perigoso. Você pensa estar se cercando de pessoas e facilitando a vida, mas na realidade só está se isolando do mundo real e, ao menos a julgar pela minha experiência, quanto mais se isola da realidade – quanto mais se afasta da pessoa que sua natureza ditaria que fosse –, mais difícil fica a vida e menos feliz você se torna. Quando se dá conta, está no centro de uma corte medieval na posição de monarca com todos ao redor disputando postos, temerosos de perderem o lugar na hierarquia, brigando uns com os outros para garantir maior proximidade a você, maior capacidade de influenciá-lo. É um ambiente grotesco, destruidor da alma. E criado por você mesmo.

Mas o maior problema era o fato de o tratamento ser baseado no programa de doze passos dos Alcoólicos Anônimos. Quando meu conselheiro começou a me falar de Deus, surtei. Não queria saber de religião. Religião tinha a ver com dogmas, intolerância, a Maioria Moral, gente como Jerry Falwell, que chamava a Aids de julgamento divino sobre os homossexuais. É uma barreira para muita gente. Anos depois, quando tentava convencer George Michael a se desintoxicar, ele descartou a ideia logo de cara pelo mesmo motivo. "Não quero saber de Deus, não quero entrar para um culto." Tentei explicar que tivera a mesma reação, mas foi pior: ele achou que eu estava me julgando superior e sendo presunçoso. Mas eu passara pela mesma situação. Naquela tarde em Chicago, saí furioso da reunião, voltei para o meu quarto, fiz as malas e saí.

Não passei da calçada. Sentei num banco com minha mala e caí em prantos. Seria fácil dar alguns telefonemas e ir embora, mas para onde? Voltar a Londres? Para fazer o quê? Ficar sentado de roupão coberto de vômito, cheirando cocaína e assistindo pornô o dia todo? Não era uma perspectiva das mais animadoras. Arrastei minha mala de volta ao hospital acanhadamente. Alguns dias depois, quase fui embora de novo porque meu conselheiro sugeriu que eu não estava levando o processo a sério. "Você não está se esforçando o suficiente, só está aqui de onda." Explodi mesmo. Disse que, se fosse este o caso, já teria ido embora. Disse que ele estava pegando no meu pé por eu ser famoso. Ele descartou meus argumentos; parecia nem estar ouvindo. Chamei-o de escroto. Aí ele prestou atenção. Fui levado a um comitê disciplinar e advertido quanto à minha linguagem e ao meu comportamento.

Mas também chegou-se à conclusão de que a pessoa a me aconselhar deveria ser outra, uma mulher chamada Debbie, que parecia menos interessada em fazer de mim um exemplo apenas em função de ser quem era. Com ela, comecei a melhorar. Gostava da rotina. Gostava de fazer tudo sozinho. Me entendi com a ideia de uma força maior, se não exatamente Deus. Fazia sentido. Bastava olhar para minha vida, para todos os momentos em que o instinto, ou o destino, havia me conduzido: quando Ray Williams me pôs em contato com Bernie quase por acaso, quando peguei aquela revista com a matéria sobre Ryan White no consultório do médico, quando decidi esvaziar Woodside inteira, o que cada vez parecia menos um impulso precipitado e mais uma premonição de que minha vida iria mudar. Comecei a me abrir às reuniões do AA. Após algum tempo, me permitiram receber visitas: Billie Jean King e sua companheira Ilana Kloss vieram me ver, Bernie também, bem como meus amigos Johnny e Eddi Barbis. Tinha de escrever o tempo todo, inclusive uma carta de despedida à cocaína – que Bernie leu ao me visitar e o fez chorar –, e uma lista de consequências do meu uso indiscriminado de drogas e álcool. Foi difícil começar, mas quando consegui, não parei mais. Ao chegar ao hospital, um médico havia me perguntado como estava me sentindo e respondi a verdade: não sabia, não tinha certeza se de fato sentira alguma coisa durante todos os últimos anos ou se tudo não passara de resultado da gangorra constante de emoções impulsionadas pelas drogas e pela bebida. Mas agora saía tudo em jorros. A lista de consequências se alongou, chegando a três páginas. Ódio por mim. Depressão profunda. A transformação de incontáveis pessoas em drogados. Subir ao palco sob a influência de drogas.

Foi catártico, mas foi por meio das reuniões em grupo que pus em perspectiva os meus problemas. Havia gente ali que passara por situações assustadoras. Numa reunião nos foi solicitado que contássemos nosso pior segredo, o mais perverso. Falei um pouco sobre meu casamento com Renate, como embarcara nele sabendo ser gay, como minha sensação havia sido a de assumir o controle sobre a vida de alguém por motivos egoístas e ilusórios. Aí foi a vez de uma moça de algum lugar nos cafundós do Sul dos EUA, que buscava ajuda para superar o vício em comida. Sua história levou 45 minutos – de início porque chorava de soluçar, a ponto de não conseguir articular as palavras, e depois em função de o choro dos demais tornar difícil ouvi-la. Ela crescera sofrendo abusos do pai. Ficara grávida na adolescência.

Por medo de contar a alguém, começara a comer mais e mais para o ganho de peso disfarçar a gravidez. No fim, fez o parto do bebê ela mesma, assustada e sozinha.

As reuniões, portanto, não eram para os fracos, mas passei a amá-las. Era forçado a ser honesto, depois de anos iludindo as pessoas e a mim mesmo. Se alguém tem peito de se apresentar e contar sobre os abusos que sofreu do próprio pai, você é compelido a estar à altura dessa pessoa e falar a verdade sobre si – qualquer outra atitude seria um insulto à coragem dela. Viciados passam a vida mentindo, apagando rastros, dizendo a si mesmos não terem nenhum problema, dizendo aos outros que não podem encontrá-los por não estarem se sentindo bem, quando na verdade estão chapados ou de ressaca. Ser honesto é duro, mas libertador. Toda a carga gerada pela mentira (constrangimento, vergonha) é aliviada de uma só vez.

Antes, sempre que alguém tentara me ajudar, eu lançara mão de minha técnica-padrão para dispensar preocupações: dizer que a pessoa não entendia, ela não era Elton John, não tinha como saber o que significava ser eu. Mas logo ficaria aparente como os outros viciados nas reuniões, sim, entendiam. Entendiam muito bem. Numa reunião, foi pedido a todos que escrevessem o que gostavam e não gostavam em mim. Foram feitas duas listas numa lousa – meus pontos positivos e negativos. Comecei a falar a respeito do que havia sido dito, a pensar bastante a respeito, aceitar as críticas com calma. Achei estar me saindo bem, porém, após um tempo, alguém me interrompeu e apontou como eu falara e falara a respeito dos comentários negativos, mas não mencionara qualquer um dos positivos. E que aquilo era um sinal de baixa autoestima. Percebi que era verdade. Talvez por isso eu adorasse tanto me apresentar. Se você tem dificuldade de aceitar um elogio pessoal, a vida se torna uma busca pela alternativa impessoal: postos em paradas de sucesso, multidões de rostos anônimos a me aplaudir. Não era de espantar que eu sempre tivesse reparado como meus problemas pareciam se diluir quando estava no palco. Mesmo que minha vida fora dele fosse o caos que era. Voltei para o quarto e escrevi EU TENHO VALOR, SOU UMA BOA PESSOA na pasta azul onde mantinha meus escritos. Era um começo.

Passadas seis semanas, chegara a hora de ir embora. Voltei a Londres, convoquei uma reunião no escritório da Rocket e disse a todos que iria tirar uma licença. Nada de shows, nada de canções novas, nada de gravações por pelo menos um ano, talvez um e meio. Era algo inédito – desde 1965, não tirara mais do que umas poucas semanas de férias por ano –, mas todos aceitaram. O único compromisso que honraria, posto que inquebrável, seria um rápido show privado beneficente com Ray Cooper no Grosvenor House Hotel (foi assustador, mas demos conta do recado). Estando lá, aproveitei para ver a arte da capa de uma caixa com gravações de toda a minha carreira, já planejada desde antes de eu me internar, e pedi alterações. Gostava do título, *To Be Continued...*, pois tinha um ar positivo e esperançoso, até mesmo premonitório, pois eu o escolhera antes de me tratar. Mas eu queria uma foto atual, não uma coleção de imagens das décadas de 1970 e 1980: assim, o título pareceria um comentário sobre o estágio presente da minha vida e não sobre o passado. Foi só o que fiz de trabalho em um ano, a não ser que se conte a aparição não anunciada vestido de mulher no palco de um dos shows de Rod Stewart na Wembley Arena, sentado no seu colo enquanto ele tentava cantar "You're in My Heart". Para mim não conta: sacanear Rod nunca foi trabalho. É mais como um hobby dos mais divertidos.

Passei algum tempo em Atlanta com Hugh, mas nosso relacionamento começou a dar defeito. Os conselheiros de ambos haviam alertado e se posicionado contra: viviam repetindo que não funcionaria e a dinâmica do relacionamento mudaria por completo agora que estávamos sóbrios. Ambos achamos conversa-fiada: metade de meus escritos enquanto internado era sobre o quanto amava Hugh e sentia sua falta. Alugamos então um apartamento, fomos morar juntos e descobrimos, para imensa surpresa mútua, que a dinâmica do relacionamento parecia ter mudado por completo agora que estávamos sóbrios e já não dava mais certo. Não foi uma separação horrível, ninguém gritou com ninguém, mas foi triste. Havíamos passado por tanta coisa juntos, mas tinha chegado a hora de ambos seguirmos nossos caminhos.

Assim, passei a maior parte do ano e meio seguinte em Londres, onde estabeleci uma rotina discreta. Comprei a casa que alugava, onde me drogara pela última vez. Vivia sozinho. Não me preocupei em contratar empregados, gostava de fazer tudo eu mesmo. Comprei um Mini e adotei um cachorro da Battersea Dogs Home, um pequeno vira-lata chamado Thomas. Todos os dias acordava às 6h30 e o levava para passear. E adorava. É o típico clichê de viciados em recuperação dizer reparar em coisas ao redor que nunca haviam lhes chamado a atenção durante o mergulho no vício – oh, a beleza das flores, as maravilhas da natureza, essa besteirada toda –, mas só é clichê por ser verdade. Essa foi certamente uma das razões para ter passado a colecionar fotografias depois de ficar sóbrio. Passara a maior parte da carreira cercado por fotógrafos incríveis – Terry O'Neill, Annie Leibovitz, Richard Avedon, Norman Parkinson –, mas só pensava em seu trabalho como ferramenta de publicidade, nunca como arte, até parar de beber e de usar drogas. Fui passar um período no Sul da França e visitei um amigo, Alain Perrin, que vivia nos arredores de Cahors. Ele estava olhando fotografias de moda em preto e branco com a intenção de escolher algumas para comprar. Espiando por cima de seu ombro, me vi de repente fascinado. Eram de Irving Penn, Horst e Herb Ritts. Herb eu conhecia – era dele a foto da capa de *Sleeping With the Past* –, mas parecia estar vendo seu trabalho de uma forma completamente nova. Amava todos os aspectos das fotos que Alain observava – a iluminação, as sombras criadas e distorcidas, tudo parecia extraordinário. Acabei por comprar doze delas e foi o início de uma obsessão que nunca parou: a fotografia é minha paixão no que se refere às artes visuais.

Mas onde senti primeiro a tal mudança na forma de perceber meu entorno foi ao caminhar por Londres. Um verão quente dera lugar a um outono ameno. Era delicioso acordar cedo e sair ao sol no frio para caminhar com Thomas ao redor do Holland Park ou no terreno da igreja de St. James, vendo as folhas caírem gradualmente. Antes eu só estava de pé àquela hora se não tivesse ido dormir na noite anterior.

Cachorro devidamente passeado, eu entrava no Mini e ia ao psiquiatra. Nunca havia me consultado com um antes, e a curva de aprendizado foi bem acentuada. Ao longo dos anos tive alguns ótimos, que realmente me ajudaram a entender melhor meu jeito de ser. Outros se revelaram problemáticos: mais interessados na minha fama e nos ganhos que poderiam obter através da ligação comigo. Um deles acabou até tendo o registro cassado por molestar pacientes – pacientes do sexo feminino, é melhor deixar claro, antes de alguém achar que fui uma de suas vítimas.

Passava a maior parte do tempo em reuniões. Saíra de Chicago sob as instruções expressas de meu padrinho no AA para ir a uma reunião no momento em que saísse da alfândega em Londres. Seco por futebol após passar semanas nos EUA, preferi ir a um jogo do Watford. Meu padrinho telefonou naquela noite. Quando lhe disse o que havia feito, gritou comigo. Ele trabalhava como motorista para o departamento municipal de saneamento de Chicago, passara a maior parte da vida se comunicando com os colegas por sobre o barulho do caminhão de lixo; sabia gritar, portanto. Naquela noite, parecia que queria se fazer ouvir do outro lado do Atlântico sem a necessidade de um telefone. Mais acostumado a gritar com os outros do que em ouvir alguém gritar comigo, fiquei impactado, mas também envergonhado. Era um bom sujeito – acabei sendo padrinho do filho dele –, mas estava genuinamente furioso, e a raiva era derivada de sua preocupação comigo.

Segui então seu conselho. Adotei uma atitude rigorosa quanto a comparecer aos encontros: Alcoólicos Anônimos, Cocainômanos Anônimos, Anoréxicos e Bulímicos Anônimos. Estive em reuniões em Pimlico, na Shaftesbury Avenue, em Marylebone, em Portobello Road. Às vezes três ou quatro por dia. Cem num só mês. Alguns amigos passaram a considerar que estava viciado em reuniões sobre vício. Devia estar mesmo, mas comparado aos vícios anteriores era um progresso e tanto. Talvez houvesse algum grupo dedicado a lidar com esse problema.

Na primeira reunião a que fui, um fotógrafo saltou de um canto e registrou minha saída do local. Alguém lá deve ter me reconhecido e soprado a dica, o que obviamente é contra as regras. No dia seguinte, lá estava na primeira página do *Sun*: ELTON NOS ALCOÓLICOS ANÔNIMOS. Como dessa vez não sugeriram que eu estivesse vestido com short de couro nem balançando um consolo, deixei passar. Tudo bem que soubessem. Era um passo positivo. Continuei a ir às reuniões por gostar delas. Gostava das pessoas que conhecia. Sempre me ofereci para fazer chá, e acabei por fazer também amizades duradouras, gente com quem mantenho contato até hoje: gente comum, para quem eu era um viciado em recuperação em primeiro lugar, e Elton John apenas em segundo. As reuniões me lembravam estranhamente da época com o Watford FC – não era tratado de forma especial, e a sensação de um grupo de pessoas empurrando umas às outras de encontro a uma meta comum era a mesma. Ouviam-se as coisas mais extraordinárias. As mulheres nos encontros dos Anoréxicos e Bulímicos falavam sobre como pegavam uma única ervilha, cortavam em quatro e comiam um quarto no almoço e outro no jantar. Minha reação era "isso é *loucura*!" – e aí lembrava de como estivera meros meses antes (sem banho, de porre às dez da manhã, cheirando uma carreira literalmente a cada cinco minutos) e me dava conta de que deveriam achar exatamente o mesmo de mim.

Nem tudo que aconteceu meses depois de eu ficar sóbrio foi maravilhoso. Meu pai morreu no fim de 1991. Nunca se recuperara plenamente da operação de ponte de safena oito anos antes. Não fui a seu funeral. Teria soado como hipocrisia, fora o fato de que a imprensa apareceria em massa, transformando tudo num circo. Meu pai não havia compartilhado da minha fama; por que lhe infligir seus efeitos na hora da despedida? Além disso, eu já vivera um luto prolongado do meu relacionamento com ele e alcançara um certo tipo de paz: gostaria que as coisas tivessem sido diferentes, mas era o que era. Às vezes é preciso aceitar o destino e jogar a toalha.

E houve Freddie Mercury também. Ele não havia me contado que estava doente – eu descobrira através de amigos em comum. Visitei-o várias vezes quando estava à morte, embora nunca conseguisse ficar muito mais do que uma hora. Era perturbador demais – não achava que ele quisesse ser visto daquele jeito. Alguém tão vibrante, tão *necessário*, alguém que só teria melhorado com a idade, se aperfeiçoado cada vez mais, morrendo de forma tão horrível e arbitrária. Um ano depois já teria sido possível mantê-lo vivo com terapia antirretroviral; naquele momento, contudo, nada se podia fazer. Fraco demais para sair da cama, ficando cego, com o corpo coberto por lesões causadas pelo sarcoma de Kaposi, ainda assim continuava a ser Freddie, totalmente escandaloso e chegado a uma fofoca. "Ouviu o disco novo da sra. Bowie, querida? O que ela acha que está fazendo?" Em repouso, cercado de catálogos de mobília japonesa e arte, ele interrompia a conversa, telefonava para casas de leilão e fazia lances por itens de cuja aparência gostava. "Querida, acabei de comprar isto! Não é maravilhoso?" Para mim era difícil entender se não se dava conta do quão próximo estava da morte ou se sabia muito bem, mas estava determinado a não deixar o que lhe acometera impedi-lo de ser quem era. De um jeito ou de outro, achava incrível.

Finalmente ele tomou a decisão de parar de tomar quaisquer remédios que não fossem analgésicos, morrendo no fim de novembro de 1991. No dia de Natal, Tony bateu à minha porta trazendo algo a tiracolo dentro de uma fronha. Abri e era uma aquarela de um artista cuja obra eu colecionava, um impressionista chamado Henry Scott Tuke, que pintava nus masculinos. Junto havia um bilhete: "Sharon querida, achei a sua cara. Com amor, Melina". No leito de morte, ele vira a obra num de seus catálogos de leilões e comprara para mim. Tinha a mente voltada para presentes de um Natal que, no fundo, devia saber que não viveria, pensando em outras pessoas num momento de doença tão severa que só lhe permitiria pensar em si. Como disse antes, Freddie era magnífico.

Para muita gente, passar do vício à sobriedade se dá com muita dificuldade. Para mim foi o oposto. Estava em êxtase. Nunca mais tive vontade de me drogar, me sentia feliz em acordar todas as manhãs sem me sentir tão mal. O bizarro era que sonhava com cocaína o tempo todo. Ainda acontece, quase toda semana, e já faz 28 anos que cheirei uma carreira pela última vez. O sonho é sempre o mesmo: estou cheirando quando ouço alguém chegando ao quarto, geralmente minha mãe. Tento então esconder o que estou fazendo, mas deixo a droga cair e se espalhar por toda parte – pelo chão, por cima de mim. Mas o sonho nunca me fez ansiar por cocaína. Pelo contrário. Quando acordo, dá quase para sentir o efeito anestésico da cocaína deslizando garganta abaixo – justo o lado da experiência que sempre detestei – e logo penso "graças aos céus isso acabou". Às vezes sinto vontade de tomar uma taça de vinho no jantar ou beber uma cerveja com amigos, mas sei que não posso. Não crio o menor caso com gente bebendo ao meu redor: o problema é meu, não das pessoas. Mas nunca tenho vontade de cheirar uma carreira e não suporto estar na presença de quem o esteja fazendo. O jeito de falarem, as vozes sempre em tom ligeiramente mais alto do que o necessário, claramente sem escutar ninguém, o comportamento. Eu vou embora. Não quero cheirar cocaína e não quero estar com gente que cheire, pois, com toda a franqueza, é uma droga que faz as pessoas agirem como babacas. Gostaria de ter percebido isto 45 anos atrás.

Sempre que ia tocar em outro país, descobria onde havia um encontro do AA ou do NA e me dirigia para lá logo que o avião pousava. Estive em reuniões na Argentina, na França, na Espanha. Em Los Angeles e em Nova York. E estive em reuniões em Atlanta. Apesar de ter terminado com Hugh, ainda estava apaixonado pela cidade. Através dele, fiz um ótimo círculo de amizades por lá, gente de fora da indústria musical cuja companhia eu adorava. Era uma cidade musicalmente vibrante, com uma forte cena de *soul music* e hip hop, mas estranhamente relaxada: eu conseguia ir ao cinema ou ao shopping na Peachtree Road sem ninguém me importunar.

Passava tanto tempo por lá que acabei decidindo comprar um apartamento, um dúplex no 36º andar. A vista era linda e, não pude deixar de reparar, o corretor que me vendeu o imóvel também. Chamava-se John Scott. Convidei-o para sair e viramos um casal.

Finalmente parei de ir a reuniões. Durante três anos, fora praticamente todos os dias – algo insano como 1.400 reuniões –, mas decidira por fim que elas já haviam feito por mim todo o possível. Cheguei num ponto em que já não queria mais falar de álcool, cocaína e bulimia todos os dias. Talvez por ser um viciado notório, cuja reviravolta na vida havia ocorrido sob as vistas do público, virei alguém a quem meus pares recorriam quando tinham problemas. Já virou até piada – Elton sendo chamado a intervir quando um popstar se encrenca com bebida ou drogas –, mas não me importo nem um pouco. Se alguém está em mau estado e precisa de ajuda, eu telefono ou deixo meu número com o empresário da pessoa, junto com o recado: "Olha só, eu passei por isso, sei como é". Se precisarem me contatar, podem. Algumas dessas histórias são de conhecimento público. Fiz Rufus Wainwright se internar – estava consumindo tanto cristal que em dado momento ficou temporariamente cego – e sou padrinho de Eminem no AA. Sempre que ligo para saber como está, sou saudado da mesma forma, "Oi, seu escroto", bem a cara dele. E há histórias das quais ninguém sabe, e não sou eu quem vai contar: gente que preferiu manter privacidade sobre seus problemas, e tudo bem. De um jeito ou de outro, é incrivelmente gratificante. É maravilhoso ajudar pessoas a ficarem sóbrias.

Mas algumas pessoas você não consegue ajudar. A sensação é terrível. Você se limita a observar de fora, ciente do que vai acontecer, ciente de que a história só tem um fim possível. Foi assim com Whitney Houston – sua tia, Dionne Warwick, me pediu para ligar para ela, mas as mensagens não a alcançaram ou ela não quis saber. E George Michael não quis saber *mesmo*. Insisti nesse caso por estar preocupado e porque amigos em comum viviam me contatando e perguntando se eu poderia fazer algo. Ele escreveu uma carta aberta à revista *Heat*, dedicada em grande parte a me dizer demoradamente para ir à merda e cuidar da minha própria vida. Gostaria que não tivéssemos brigado. Mas, acima de tudo, gostaria que ele ainda estivesse vivo. Amava George. Ridiculamente talentoso, passou por uma barra muito pesada, mas era o homem mais doce, gentil e generoso. Sinto muita falta dele.

George foi uma das primeiras pessoas com quem me apresentei depois de ficar sóbrio. Por mais que tenha gostado da minha licença, sabia que não poderia durar para sempre e nem eu queria que durasse – queria voltar a trabalhar, mesmo que pensar nisso fosse assustador. Começara a pensar em me apresentar ao vivo de novo e para sentir o clima topei subir ao palco em um dos concertos de George, que estava fazendo uma série deles na Wembley Arena. Dessa vez não apareci vestido de Ronald McDonald nem ao volante de um carro de três rodas. Mais discreto, de boné de beisebol, cantei "Don't Let the Sun Go Down on Me" com ele, como havíamos feito seis anos antes no Live Aid, em 1985. A sensação foi ótima. A plateia foi à loucura quando meu nome foi anunciado e, ao ser lançado como single, o dueto chegou ao topo das paradas dos dois lados do Atlântico. Agendei um estúdio em Paris e sugeri hesitantemente gravar um novo álbum, que viria a se chamar *The One*.

No primeiro dia consegui gravar por vinte minutos antes de ir embora em pânico. Não me lembro agora qual foi o problema. Imagino ter achado que não conseguiria fazer um álbum sem bebida ou drogas, o que não fazia sentido algum. Era só escutar *Leather Jackets* para perceber o contrário: ali estavam as provas cabais de que não dava para fazer um álbum *com* drogas. Voltei no dia seguinte e, aos poucos, fui entrando de novo nos eixos. A única faixa em que realmente tive problemas foi "The Last Song". A letra de Bernie era sobre um homem no estágio final da Aids, se reconciliando com o pai distante que o renegara ao descobrir que era gay. Era linda, mas eu não tinha estrutura alguma para cantá-la. Freddie acabara de morrer. Em algum lugar na Virgínia, sabia que Vance Buck estava morrendo também. Bastava tentar registrar o vocal e começava a chorar. Por fim, consegui, e "The Last Song" foi usada no epílogo de *E a vida continua*, docudrama sobre a descoberta do HIV e a luta contra ele. Era reproduzida sobre uma sequência de imagens de vítimas célebres da Aids. Metade delas eu havia conhecido pessoalmente: Ryan, Freddie, Steve Rubell, dono do Studio 54.

Já havia então criado a Elton John AIDS Foundation. Nunca parara com atividades beneficentes, mas quanto mais as fazia, mais percebia ter por fazer. Nunca fiquei tão abalado quanto ao me voluntariar para uma atividade chamada Operation Open Hand, voltada para a distribuição de refeições a pacientes de Aids por toda a Atlanta. Eu e meu novo namorado John fomos juntos. Em algumas casas por onde passávamos, a pessoa só abria uma fresta da porta ao batermos. Por estar coberta de lesões, não queria ser vista, tão grande era o estigma ligado à doença. Às vezes nem abriam a porta. A refeição era deixada no degrau de entrada e, ao nos afastarmos, ouvíamos a porta abrir, o prato ser subitamente puxado para dentro e o bater da porta. Aquela gente não apenas iria morrer de forma horrível, mas parecia também morrer isolada do mundo, sozinha, com vergonha. Era horrendo, parecia algo saído de relatos da Idade Média – gente doente renegada pela sociedade devido ao medo e à ignorância –, mas estava acontecendo em plena década de 1990, nos Estados Unidos.

Aquilo não me saía da cabeça. Por fim, perguntei a John se me ajudaria a fundar uma organização beneficente própria, voltada para ajudar pessoas a se protegerem do HIV e providenciar as necessidades básicas para que soropositivos pudessem viver vidas melhores e mais dignas: coisas simples como comida, alojamento, transporte, acesso a médicos e conselheiros. Por dois anos, John tocou a fundação da mesa de sua cozinha em Atlanta. Virginia Banks, que integrava minha equipe em LA, tornou-se a secretária. O staff era de quatro, eu incluído. Não tínhamos experiência alguma, nada sabíamos a respeito de infraestrutura, mas eu sabia que os custos operacionais teriam de ser baixos. Já vira muitas fundações beneficentes, especialmente as ligadas a celebridades, jogarem dinheiro fora. Era chegar a um evento de arrecadação de fundos e ver que todos haviam voado e sido levados de carro ao local por conta da fundação. Mesmo hoje em dia, quase trinta anos depois, nossos custos operacionais são mínimos. Os eventos são glamorosos, mas é tudo patrocinado. A fundação não gasta um tostão.

Me joguei de cabeça na AIDS Foundation. Quando já estava a ponto de sair da internação, minha conselheira perguntou o que planejava fazer com o tempo e a energia extras agora que estava sóbrio, tempo e energia anteriormente consumidos pelo uso de drogas ou para me recuperar dele. O termo usado era "o buraco da rosquinha"; queriam saber como planejava preenchê-lo. Enchi a boca para descrever planos grandiosos – iria aprender a falar italiano *e* a cozinhar. Óbvio, não aprendi nada disso. A AIDS Foundation acabou por preencher o buraco da rosquinha – me trouxe um novo propósito para além da música. Estava determinado a fazê-la dar certo: tanto que leiloei minha coleção de discos para arrecadar a verba inicial. Eram 46 mil singles, 20 mil álbuns, até aqueles antigos 78 rpms com

"Reg Dwight" orgulhosamente escrito a caneta nos selos. Foi tudo vendido em um só lote a um comprador anônimo, por US$ 270 mil. Conversei com todos que achava poderem ajudar e os convenci a se envolver: empresários que poderiam nos mostrar como conduzir uma administração eficiente; gente da gravadora; Robert Key, da Rocket; Howard Rose, o agente que havia conduzido minha carreira nos palcos desde o momento em que pisei pela primeira vez nos EUA.

Solicitei ideias a amigos. Billie Jean King e Ilana Kloss bolaram o Smash Hits, um torneio beneficente de tênis que ocorre todo ano desde 1993: em função da morte de Arthur Ashe, os astros do tênis mostraram grande interesse na causa. Competitivo como sempre, eu mesmo participei, mas meu ato mais notório numa quadra de tênis continua a ser a ocasião em que fui me sentar numa cadeira de diretor na quadra montada dentro do Royal Albert Hall e caí de bunda no chão. Outra criação importante foi a festa para assistir ao Oscar, esta oferecida a nós de bandeja por um cara chamado Patrick Lippert, um ativista político, criador da organização Rock the Vote. Ele já tinha por hábito dar uma festa na noite do Oscar em benefício de uma de suas causas, mas ao saber que era soropositivo, decidiu direcionar o evento à arrecadação de fundos para atividades ligadas à Aids e nos perguntou se gostaríamos de participar. A primeira festa foi em 1993 no Maple Drive, restaurante de propriedade de Dudley Moore. Havia 140 pessoas – o lugar não comportava mais – e arrecadamos US$ 350 mil. Na época nos pareceu uma quantia assombrosa. No ano seguinte repetimos a dose, e mais astros apareceram. Acabei me sentando num reservado com Tom Hanks, Bruce Springsteen e sua esposa Patti, Emma Thompson e Prince. Mas Patrick não estava. Ele morreu de Aids três meses após a primeira festa, aos 35 anos. Como Freddie Mercury, pouco antes do surgimento dos remédios antirretrovirais que poderiam ter salvado sua vida.

De lá para cá, a Elton John AIDS Foundation arrecadou mais de US$ 450 milhões e promoveu eventos incríveis. A última vez em que Aretha Franklin se apresentou ao vivo foi na nossa cerimônia de gala em comemoração aos 25 anos da fundação, na Catedral St. John the Divine, em Nova York. Ela deveria ter cantado na festa do ano anterior, mas teve de cancelar por estar muito doente. Estava morrendo de câncer e havia anunciado sua aposentadoria, mas fez uma exceção para nós. Quando chegou, foi um choque para mim: não estava preparado para vê-la tão magra, frágil e debilitada. No *backstage*, me vi perguntar a ela se queria cantar. Creio que na verdade o que estava perguntando era se tinha condições de fazê-lo. Ela apenas sorriu, assentiu e disse: "Nunca deixaria você na mão de novo". Acho que tinha consciência de aquela ser sua última performance e lhe agradava que fosse em nome de uma causa, num evento realizado numa igreja, pois foi onde ela começou a carreira. Cantou "I Say a Little Prayer" e "Bridge Over Troubled Water" e arrasou. Por mais doente que estivesse, sua voz não havia sido afetada – era assombrosa. Postado em frente ao palco, via a maior cantora do mundo se apresentar pela última vez, com os olhos cheios d'água.

A AIDS Foundation me trouxe experiências que de outra forma jamais teria tido e me levou a lugares que jamais teria visitado. Tive de discursar em várias ocasiões no Congresso, pedindo ao governo dos EUA que aumentasse a verba para tratamento da Aids, e estranhamente não foi tão estressante quanto imaginava. Comparado a tentar convencer o comitê de planejamento do Conselho do Burgo de Watford a nos permitir construir um novo estádio de futebol, foi moleza. Achei que teria nos Republicanos mais à direita e fervorosamente religiosos uma plateia hostil, mas não: de novo, comparados a alguns membros do comitê de planejamento do Conselho do Burgo de Watford, eram exemplos de boa vontade, flexibilidade e bom senso.

E, de forma inesperada, o trabalho com a AIDS Foundation levaria indiretamente à mudança mais profunda e importante que jamais ocorreu em minha vida. Mas disso a gente fala depois.

TREZE

Não quero soar místico ou, pior, convencido, mas às vezes era difícil ignorar a sensação de que a vida me dizia "muito bem!" por ter ficado sóbrio. *The One* tornou-se meu álbum mais vendido no mundo inteiro desde 1975. Depois de dois anos, acabara a reforma em Woodside e pude me mudar de volta. Ficou lindo. Finalmente tinha a cara de um lugar onde um ser humano normal poderia viver, em vez do ridículo refúgio campestre de um astro do rock cocainômano. Dez anos depois de compormos juntos pela última vez, Tim Rice me telefonou do nada, perguntando se estava interessado em trabalhar com ele novamente. A Disney, aparentemente, iria produzir seu primeiro longa de animação com uma história original, não uma adaptação de algo preexistente, e Tim gostaria de contar comigo. Fiquei fascinado. Já havia composto uma trilha sonora antes, para um filme de 1971 chamado *Friends*, que tivera resenhas de arrepiar os cabelos – lembro que Roger Ebert apontou seu "revoltante sentimentalismo desonesto", mas nem todos os críticos gostaram tanto assim. Desde então, mantivera distância de trilhas sonoras, mas este era nitidamente um caso diferente. As canções tinham de contar uma história. O plano era evitarmos o típico formato *à la* Broadway das trilhas da Disney e tentarmos criar canções pop de que crianças pudessem gostar.

Foi um processo estranho. Tim trabalhava como Bernie, a letra antes da música. Até aí tudo bem. Aliás, compor um musical não diferia muito de compor o álbum *Captain Fantastic*, pois havia um fio narrativo, uma sequência específica a seguir, sempre cientes de antemão da ordem em que as canções teriam de entrar. Mas estaria mentindo se não dissesse ter tido dúvidas sobre o projeto ou, melhor dizendo, sobre meu papel nele. Falhas, tenho muitas, mas nunca ninguém poderia me acusar de ser o tipo de artista que se leva a sério demais. Ainda assim, certos dias me peguei sentado ao piano pensando a fundo no rumo que minha carreira parecia tomar. Sabe como é, compus "Someone Saved My Life Tonight", "Sorry Seems to Be the Hardest Word", "I Guess That's Why They Call It the Blues". Agora estava compondo uma canção sobre um javali que peida adoidado. Uma ótima canção sobre o tema, admito: sem querer soar arrogante, tenho certeza que ficaria entre as primeiras na lista das melhores canções de todos os tempos sobre javalis que peidam adoidado. Ainda assim, longe pareciam os dias em que The Band aparecera no camarim, interessados em ouvir meu novo disco, ou Bob Dylan nos parara no meio da escada para elogiar a letra de Bernie para "My Father's Gun". Mas conclui que algo no ridículo atroz daquela situação me agradava e segui em frente.

Foi a decisão correta. Ao ver o filme terminado, achei extraordinário. Não sou o tipo de artista que convida os outros para ouvir meu novo disco, mas gostei tanto de *O rei leão* que organizei algumas sessões particulares para amigos poderem vê-lo. Estava incrivelmente orgulhoso de todo o projeto; sabia tratar-se de algo muito especial. Ainda assim, nunca poderia ter previsto que se tornaria um dos filmes de maior bilheteria em todos os tempos. Apresentei minha música a uma plateia completamente nova. "Can You Feel the Love Tonight" ganhou o Oscar de Canção Original: três das cinco indicadas na categoria eram de *O rei leão*, uma das quais "Hakuna Matata", a canção sobre o javali que peidava. A trilha sonora vendeu 18 milhões de cópias, mais do que qualquer álbum meu à exceção do primeiro *Greatest Hits*. E como um complemento, impediu *Voodoo Lounge*, dos Rolling Stones, de chegar ao topo da parada americana ao longo de todo o verão de 1994. Tentei não ficar exultante demais ao saber quão furioso Keith Richards havia ficado, resmungando sobre "perder pra uma porra de um desenho animado".

E então foi anunciado que o filme seria adaptado como um musical para o teatro, e queriam que Tim e eu fizéssemos mais canções. Em nova demonstração de minha habilidade surreal para prever exatamente o que não vai acontecer, saía falando para todos que fazer um espetáculo teatral a partir de um filme de animação era impossível e fracasso certo – eu simplesmente não conseguia enxergar o sentido.

Mas a diretora, Julie Taymor, fez um trabalho fantástico. O espetáculo estreou com resenhas pondo-o nas alturas, foi indicado a onze prêmios no Tony, ganhou seis e tornou-se a produção mais bem-sucedida da história da Broadway. Todo o processo fora assombroso – o talento envolvido na encenação era de tirar o fôlego, mas ainda assim achei estranhamente desconfortável a experiência de assisti-la. Nada a ver com a peça em si. Era só que estava habituado a fazer álbuns nos quais tinha a palavra final ou a deter as rédeas dos meus shows ao vivo. Ali estava algo que eu ajudara a criar e, no entanto, desdobrava-se no palco sem que eu tivesse controle algum. Os arranjos eram diferentes da forma como eu havia gravado as canções, os vocais idem: no teatro musical, cada palavra tem de ser enunciada com absoluta clareza, num tipo de canto muito diferente do de um artista de rock ou pop. Era uma experiência inteiramente nova para mim, e ao mesmo tempo incrível e ligeiramente perturbadora. Estava muito longe da minha zona de conforto e, aos poucos, me foi caindo a ficha, aquele era um lugar excelente para um artista de repente se ver aos quarenta anos de carreira.

A Disney estava absolutamente maravilhada com o sucesso de *O rei leão* – tão maravilhada que me fez uma proposta. A quantia envolvida era astronômica. Queriam que desenvolvesse mais filmes para eles, além de programas de TV e livros: chegaram a falar num parque temático, o que me embatucou um pouco. Só havia um problema. Eu já havia topado fazer outro filme com Jeffrey Katzenberg, presidente do conselho da Disney na época em que *O rei leão* foi produzido, mas que saíra de lá alguns meses após o lançamento para fundar a DreamWorks com Steven Spielberg e David Geffen. E não simplesmente saíra: sua saída desencadeara uma das guerras mais épicas entre executivos de estúdios, tanto que já foram escritos livros a respeito. O acordo com a Disney seria de exclusividade, particularmente restrito no que se referisse a Jeffrey, que então os estava processando por quebra de contrato e pedindo US$ 250 milhões – e viria a ganhar. Não havia ainda assinado nada com ele, mas dera minha palavra: ele havia sido uma das pessoas que me trouxera para *O rei leão*. Lamentavelmente tive de recusar a proposta. Ao menos poupei o mundo de um parque temático de Elton John.

Se meu mundo parecia estar cheio de novas ideias e oportunidades, havia um departamento em que a sobriedade não adiantara de nada: minha vida amorosa. Meu relacionamento com John Scott caíra pelas tabelas havia algum tempo e, desde então, nada. Tentava não pensar havia quanto tempo fizera sexo pela última vez para evitar que o som de um uivo agoniado assustasse os empregados de Woodside.

Percebi não conhecer qualquer homem gay disponível. Ao ficar sóbrio, parara de frequentar o tipo de lugar onde poderia conhecê-los. Não me parecia que o simples ato de ir a uma boate ou a um bar me deixaria tentado a tomar uma vodca martini, mas não fazia sentido pôr a teoria à prova. Sem contar que até mesmo antes de me internar já havia começado a me achar meio velho para esse tipo de vida. A música na Boy certamente teria soado tão maravilhosa quanto sempre soou, mas chega um momento em que, ao pisar nesse tipo de ambiente, você começa a se sentir a viúva rica no baile de debutantes erguendo os olhos acima do pincenê para checar furtivamente os recém-chegados.

A coisa atingiu o limite numa tarde de sábado: sozinho naquela casa enorme, me sentindo um coitado, com um olho na tela da TV onde o Watford depositava todos seus esforços para piorar meu humor ainda mais, tomando uma sova de 4 × 1 do West Brom fora de casa. Já contemplava outra noite palpitante na frente da TV quando uma ideia me ocorreu. Liguei para um amigo em Londres, expliquei a situação e perguntei se ele toparia juntar algumas pessoas e convidá-las para jantar na minha casa naquela noite. Era de última hora, mas eu mandaria um carro a Londres para buscá-los. Percebi já ao fazer a proposta quão patética soava, mas estava seco para conhecer homens gays que não estivessem no AA. Sexo nem era a intenção. Só me sentia sozinho.

Chegaram por volta das sete, meu amigo e os quatro caras que arregimentara. Precisavam sair cedo, pois tinham uma festa de Halloween em Londres, mas eu não me importava. Todos eram muito simpáticos, divertidos e tagarelas. Comemos espaguete à bolonhesa e rimos à beça – eu quase esquecera como era conversar sobre algo que não envolvesse minha carreira ou a sobriedade. O único que não parecia tão animado assim em estar ali era um canadense de colete Armani tartã chamado David. Era claramente tímido, falava pouco, uma pena pois era muito bonito. Tempos depois fui saber que ele ouvira muitas fofocas na cena gay londrina sobre a roubada que era se meter com Elton John, a não ser para quem morresse de vontade de ser inundado de presentes, forçado a interromper o curso da vida para sair mundo afora em turnê e então tomar um sumário pé na bunda, geralmente através do assistente pessoal, enquanto ele já se enroscava com outro ou dava piti depois de muita cocaína – ou anunciava seu casamento com uma mulher. Eu deveria ter ficado ofendido, mas, levando-se em conta meu comportamento no passado, as fofocas dos gays londrinos tinham razão de ser.

Finalmente ele comentou que tinha interesse por cinema e fotografia, o que fez a conversa andar. Me ofereci para mostrar-lhe a casa e minha coleção de fotografias. Quanto mais conversávamos, mais gostava dele. Era tranquilo, mas seguro de si, muito inteligente obviamente. Disse ser de Toronto mas ter se mudado para Londres alguns anos antes. Morava em Clapham e trabalhava na firma de propaganda Ogilvy & Mather, em Canary Wharf – aos 31 anos, era um dos mais jovens diretores do conselho da empresa. Achei ter sentido um clima entre nós, sinal de alguma química. Mas tentei não pensar muito a respeito. A nova e aperfeiçoada versão sóbria de Elton John não chegaria à conclusão de ter se apaixonado perdidamente por alguém minutos após conhecê-lo.

Ainda assim, quando todos tiveram de ir embora, pedi seu telefone de um jeito que a mim pareceu casual, sugestivo apenas de futuras conversas estimulantes sobre nosso interesse compartilhado por fotografia. Ele escreveu seu nome completo – David Furnish –, me entregou o papel e foi embora.

Na manhã seguinte, eu rodava a casa a conjeturar quão cedo poderia ligar para alguém que passou a noite anterior numa festa de Halloween sem parecer o tipo de pessoa contra quem se pede uma ordem de restrição. Resolvi que 11h30 estava de bom tamanho. David atendeu. Soava cansado, mas não inteiramente surpreso por eu tê-lo procurado. A propósito, meu pedido casual para ficar com seu telefone não soara tão casual quanto eu pensava. A julgar pela reação de seus amigos, que passaram o caminho todo até Londres provocando-o impiedosamente e cantando o refrão de "Daniel", dera no mesmo que cair de joelhos, agarrar chorosamente seus tornozelos e não soltá-los até ele me entregar o papel. Perguntei se gostaria que nos encontrássemos de novo e ele disse que sim. Perguntei se tinha planos para aquela noite, na qual, por acaso, eu estaria em Londres. Agia como se não passasse de uma formidável coincidência, mas, vamos ser francos, se David estivesse em Botsuana, suspeito que também teria ido parar lá por acaso. – "O deserto de Kalahari? Não diga! Amanhã de manhã tenho uma reunião lá!" – Sugeri a ele vir até minha casa em Holland Park e eu pediria comida chinesa.

Desliguei o telefone, disse ao motorista que meus planos para aquele dia haviam mudado e iríamos imediatamente para Londres. Liguei para o mais famoso restaurante chinês de que me lembrava, o Mr. Chow em Knightsbridge, e perguntei se entregavam. Então me dei conta de não saber de que tipo de comida ele gostava. Só para garantir, mandei vir uma generosa seleção do menu.

David pareceu meio atordoado quando a comida chegou ou, melhor dizendo, continuou a chegar – quando terminaram de nos entregar as embalagens, a casa parecia a quadra de squash de Woodside antes do leilão –, mas, fora isso, tivemos um primeiro encontro excelente. Não, não era minha imaginação, havia de fato um clima entre nós. Não era só atração física, as personalidades se encaixavam. Quando começamos a falar, não parávamos mais.

Mas David tinha alguns poréns quanto a nos envolvermos. Por exemplo, não lhe agradava a ideia de ser visto como o Novo Namorado de Elton John e toda a atenção que isso lhe traria. Tinha sua própria vida e carreira e não gostava que sua independência fosse virada do avesso em função da pessoa com quem namorava. Além disso, ainda estava em processo de saída do armário. Seus amigos em Londres sabiam que era gay, mas a família não e nem os colegas de trabalho, e não queria que descobrissem por meio de uma foto de *paparazzi* em um tabloide.

Nosso relacionamento, portanto, foi discreto nos primeiros meses: para usar um termo antiquado, estávamos fazendo a corte. A casa em Holland Park tornou-se nossa base. Nas manhãs de dias de semana, David se levantava e ia para o trabalho em Canary Wharf, e eu para o estúdio ou então promover o álbum de duetos que acabara de lançar. Fiz um vídeo para a versão de "Don't Go Breaking My Heart" que gravara com RuPaul: uma vez na vida pareço feliz num vídeo. *Estava* feliz. Algo que eu não conseguia definir tornava aquele relacionamento especial. Até que entendi o que era. Pela primeira vez na vida, estava num relacionamento completamente normal, de igual para igual, sem nenhuma relação com minha carreira ou o fato de ser Elton John.

Todo sábado mandávamos cartões um ao outro para celebrar o fato de termos nos conhecido num sábado e – se você acabou de comer, talvez seja melhor pular esta frase para não vomitar – ouvíamos "It's Our Anniversary", do Tony! Toni! Toné! Tivemos vários jantares aconchegantes e fins de semana clandestinos fora da cidade. Se ligasse para ele no trabalho, tinha de usar um nome falso – George King, o pseudônimo com o qual me internara. Eu achava tudo tão romântico. Um amor secreto! Antes, eu só vivera amores assim no sentido de precisar mantê-los secretos em razão de a outra pessoa claramente não estar interessada em mim.

Amar tanto assim a ideia de um romance secreto não apagava o fato de eu ser uma negação no lado prático. Logo ficaria evidente que 25 anos ganhando a vida da forma mais extravagante e espalhafatosa possível haviam tornado minha noção de discrição muito diferente da de qualquer outra pessoa. Quem tenta não chamar a atenção para um relacionamento talvez não devesse mandar rotineiramente ao parceiro duas dúzias de rosas amarelas de caule longo no trabalho, em especial se o escritório em questão é um espaço aberto. Olhando em retrospecto, talvez tenha me equivocado com o relógio Cartier também. Era tão caro que David precisava usá-lo o tempo todo. Não podia deixá-lo em casa, pois não tinha seguro caso o apartamento fosse arrombado. Quando seus colegas começaram a perguntar como o conseguira – e se teria alguma ligação com o fato de a mesa dele de repente ter começado a parecer um estande do Chelsea Flower Show –, inventou uma vovozinha querida no Canadá que morrera recentemente e deixara algum dinheiro para ele, e teve de passar toda uma tarde driblando sorrisos tristes, abraços solidários e expressões de condolência. Quando planejamos um fim de semana em Paris e fui pegá-lo no aeroporto Charles de Gaulle, estava plenamente avisado da necessidade de passar desapercebido a quaisquer fotógrafos e fãs que porventura estivessem por lá. Enquanto o esperava no desembarque, comecei a reparar em gestos e dedos apontados ao meu redor. Quando David apareceu, eu já estava uma pilha de nervos.

"Entre rápido no carro", sussurrei. "Acho que fui reconhecido."

David sorriu. "Jura? Nem imagino o porquê", disse, voltando o olhar para o meu figurino. A roupa com que concluíra poder passar desapercebido no aeroporto consistia em *legging* xadrez e blusa larga decorada com padrões rococó em cores berrantes, além de um enorme crucifixo cravejado de brilhantes no pescoço. Para chamar ainda mais atenção, só se tivesse trazido um piano e começado a tocar "Crocodile Rock".

A *legging* e a blusa larga eram de Gianni Versace, meu designer favorito. Usava roupas dele o tempo todo. Descobrira sua lojinha em Milão no fim da década de 1980 e ficara imediatamente obcecado. A impressão foi de ter me deparado com um gênio, o maior designer de moda masculina desde Yves Saint Laurent. O material utilizado era o melhor disponível, mas suas criações nada tinham de empertigadas ou pesadas: fazia uma moda masculina divertida de usar. Já positiva, minha opinião foi catapultada ainda mais para o alto ao conhecer o homem por trás das roupas. Conhecer Gianni chegou quase a ser estranho, como descobrir a existência de um irmão gêmeo no Norte da Itália. Éramos virtualmente idênticos: o mesmo senso de humor, o mesmo amor pela fofoca, o mesmo interesse por coleções, a mesma mente inquieta. Não conseguia jamais desligá-la, vivia a pensar, sempre bolando novas formas de fazer o que fazia, ou seja, tudo. Era capaz de conceber roupas para crianças, copos e taças de cristal, aparelhos de jantar, capas de discos – encomendei a ele a capa de *The One* e fez um trabalho belíssimo. Tinha muito bom gosto. Sempre sabia de alguma igrejinha italiana no fim de uma rua escondida cuja nave abrigava os mais lindos mosaicos ou de alguma micro-oficina que produzia a mais incrível porcelana. E foi a única pessoa que já conheci capaz de comprar tanto quanto eu. Saía para comprar um relógio, voltava com vinte.

Na verdade Gianni era pior do que eu, tão extravagante que, na comparação, eu acabava parecendo a própria encarnação da vida frugal e da abnegação. Achava Miuccia Prada uma comunista por ter desenhado uma bolsa de mão feita em náilon em vez de pele de crocodilo, de cobra ou qualquer que fosse o material ridiculamente ostentativo com que ele estivesse trabalhando naquela temporada. Vivia me estimulando a comprar as coisas mais absurdamente caras.

"Encontrei pra você as toalhas de mesa mais incríveis, você precisa comprar pro jantar de Natal. São freiras que fazem, levam trinta anos pra fazer, olha aqui, é lindo, custa 1 milhão de dólares."

Até eu fiquei cabreiro. Disse achar 1 milhão de dólares um pouco demais para algo que ficaria em petição de miséria no instante em que alguém derramasse molho de carne em cima. Gianni reagiu horrorizado, como a considerar a possibilidade de eu ser comunista também.

"Mas, Elton", disse perplexo, "é lindo... a técnica!"

Não comprei as toalhas, mas isso não afetou nossa amizade. Gianni virou meu amigo mais próximo. Adorava atender o telefone e ouvir sua voz a proferir a costumeira saudação "alô, vadia". Apresentei-o a David e os dois viraram amigos de infância. Claro que viraram; não era possível desgostar de nada em Gianni, a não ser que você fosse designer de bolsas de náilon. Tinha um coração de ouro e era hilário. "Quando morrer", bradava dramaticamente, "quero reencarnar ainda mais gay. Quero ser supergay!" David e eu trocávamos olhares confusos de soslaio, pensando como seria possível. Havia bares sadomasô em Fire Island menos obviamente homossexuais do que Gianni.

Estar em um relacionamento normal às vezes me fazia perceber quão anormal minha vida frequentemente era. Organizei um pequeno almoço para apresentar David à minha mãe e a Derf. Nosso relacionamento então já não era mais secreto. Alguém do trabalho de David nos vira sair de um carro na porta do restaurante Planet Hollywood, em Piccadilly. Ele foi chamado pelo chefe para conversar, contou-lhe tudo e então fez planos de voltar a Toronto para o Natal e se assumir para a família. Eu estava uma pilha de nervos: David havia dito que seu pai era muito conservador, e eu sabia quão horrível podia ser sair do armário perante uma família não compreensiva. Em Atlanta, eu tivera um caso com um cara chamado Rob, cujos pais eram muito religiosos e antigays. Ele era um amor, mas dava para ver como o conflito entre sua sexualidade, a religião e a visão dos pais o consumia por completo. Continuamos amigos depois de terminarmos. Ele veio ao meu aniversário e trouxe flores. No dia seguinte, entrou a pé na autoestrada e se jogou na frente de um caminhão.

A família de David, no fim das contas, não poderia ter recebido melhor a notícia – creio que, mais do que tudo, ficaram felizes por deixar de haver segredo entre eles –, mas eu hesitei o quanto pude até apresentá-lo à minha mãe. Desde que eu terminara com John Reid, ela havia criado o hábito de... não exatamente rejeitar meus parceiros, mas ser fria com eles, tornar mais difíceis a vida deles e a minha, como quem se ressente da atenção perdida. Chegara ao meu conhecimento que Renate a procurara em busca de apoio no período mais difícil do nosso casamento e ela a ouvira abrir o coração para então dizer "Bem, você sabia onde estava se metendo" e dar a conversa por encerrada.

Mas o problema do almoço não foi exatamente minha mãe. Foi um dos outros convidados, um psiquiatra: ele me informou de última hora que seu cliente Michael Jackson estava em Londres e perguntou se podia levá-lo. Não me soou como uma grande ideia, mas não tinha como recusar. Conhecia Michael desde que ele tinha 13 ou 14 anos: após um show meu em Filadélfia, Elizabeth Taylor havia aparecido no Starship com ele a tiracolo. Era exatamente o menino adorável que se imaginava. Mas em dado momento dos anos seguintes começou a se isolar do mundo e da realidade, igual a Elvis Presley. Sabe Deus o que se passava em sua cabeça e de que remédios controlados estava sendo entupido, mas depois de cada encontro nosso em anos mais recentes eu saía com a impressão de que o coitado estava totalmente maluco. Não digo como pilhéria, mas no sentido de real perturbação mental, uma pessoa cuja presença era incômoda. Era muito triste, mas tratava-se de alguém fora do alcance de qualquer ajuda: estava noutra dimensão, num mundo só seu, cercado de gente que só lhe dizia o que queria ouvir.

E agora estava a caminho do almoço onde meu namorado iria encontrar minha mãe pela primeira vez. Fantástico. Resolvi que a melhor estratégia seria ligar para David e soltar a informação no meio da conversa como quem não queria nada. Talvez, se eu me comportasse como se não houvesse problema algum, ele tirasse de letra. Ou talvez não. Nem deu tempo de eu acabar de mencionar a mudança de planos como quem não quer nada e já fui interrompido por seu grito agoniado. "Você tá de SACANAGEM com a minha cara?" Tentei acalmá-lo mentindo na cara dura, garantindo que havia exagero à beça nos relatos sobre as excentricidades de Michael. Não devo tê-lo convencido muito, visto que alguns dos relatos ele ouvira da minha boca. Mas não, insisti, não vai ser assim tão estranho quanto você está esperando.

Ao menos nisso estava totalmente certo. Não foi um almoço tão estranho quanto eu esperava. Mas foi mais estranho do que poderia imaginar. Fazia sol, mas tivemos de nos sentar do lado de dentro com as cortinas fechadas por causa do vitiligo de Michael. Sua aparência era terrível, frágil, parecia realmente doente. Sua maquiagem parecia ter sido aplicada por um maníaco: era um caos absoluto. Um esparadrapo cobria-lhe o nariz para manter o que restava dele junto ao rosto. Ficou o tempo todo sentado sem dizer nada, mas transmitindo um ar de desconforto da mesma forma que algumas pessoas passam um ar de confiança. Tive a impressão de que não fazia uma refeição na companhia de outras pessoas havia muito tempo. Certamente não comeu nada que lhe servimos. Seu próprio chef o acompanhou, mas também não comeu a comida dele. Em dado momento se levantou da mesa sem dizer uma palavra e sumiu. Fomos achá-lo duas horas depois em outra casa dentro dos limites de Woodside, onde vivia minha governanta: sentada, observava Michael Jackson jogar videogame em silêncio com o filho de 11 anos dela. Por alguma razão, ele simplesmente não conseguia lidar com a companhia de adultos. No meio disso tudo via David em meio à penumbra, sentado na outra ponta da mesa, engajado numa brava tentativa de conduzir uma conversa animada com minha mãe, que fazia sua parte para colaborar com o clima tenso. Passou a maior parte do almoço a lhe dizer que achava a psiquiatria uma perda de tempo e dinheiro, num tom de voz alto o suficiente para o psiquiatra de Michael Jackson ouvir. Sempre que ela parava para tomar fôlego, eu reparava em David a olhar ao redor, como se procurasse alguém para quem explicar onde fora amarrar seu burro.

Não era como se fosse necessária uma visita inesperada de Michael Jackson para fazer parecer totalmente bizarro o mundo em que ele estava entrando. Eu mesmo podia me encarregar disso sem qualquer ajuda do autointitulado Rei do Pop. A desintoxicação impusera freios à maioria dos meus piores excessos, mas não a todos: o Gênio da Família Dwight, em particular, parecia resistir a todo tipo de tratamento ou intervenção médica. Ainda era perfeitamente capaz de dar pitis homéricos quando me dava na telha. Creio que David viu um de perto pela primeira vez na noite da minha entrada para o Rock and Roll Hall of Fame, em janeiro de 1994, em Nova York. Eu amava o conceito original, o de homenagear verdadeiros pioneiros do rock'n'roll, artistas da década de 1950 que abriram a trilha seguida por todos nós, em especial os que não haviam ganhado dinheiro condizente com sua influência. Mas o Hall of Fame logo virou outra coisa, uma grande cerimônia televisiva com ingressos a dezenas de milhares de dólares, cuja meta anual é atrair gente famosa o suficiente para garantir casa cheia.

O inteligente teria sido uma educada recusa ao convite, mas me sentia obrigado a ir. Axl Rose, de quem gostava muito, iria fazer as honras. Eu o procurara numa época em que a imprensa caía de pau nele; sei quão solitário se sente quem apanha dos jornais e queria oferecer meu apoio. Nos demos muito bem e acabamos por dividir os vocais de "Bohemian Rhapsody" no concerto-tributo a Freddie Mercury. Tomei muito na cabeça por isso, pois o Guns n' Roses tinha uma canção chamada "One in a Million" com versos homofóbicos.

Se eu achasse que a letra refletia a visão pessoal dele, nunca teria me aproximado. Mas não achava. Para mim era bem óbvio se tratar de uma canção escrita do ponto de vista de um personagem que não era Axl Rose. Mesma coisa com Eminem: quando me apresentei com ele no Grammy, a Gay and Lesbian Alliance Against Defamation caiu em cima de mim, mas era óbvio que suas letras tinham por base adotar uma persona, e deliberadamente repugnante. Para mim, se ambos eram homofóbicos, então Sting saía mesmo com uma prostituta chamada Roxanne e Johnny Cash atirou de fato num homem em Reno só para vê-lo morrer.

Fui então ao Rock and Roll Hall of Fame. Logo ao chegar, percebi que cometera um erro, dei meia-volta e fui embora, resmungando no caminho sobre como o lugar era uma porra de um mausoléu. Arrastei David de volta ao hotel. Lá, me senti culpado por dar-lhes um bolo. Voltamos. O Grateful Dead estava no palco com um Jerry Garcia de cartolina. O verdadeiro não estava presente: como achava o Rock and Roll Hall of Fame uma tremenda idiotice, recusara-se a comparecer. Concluí que Jerry estava certo, dei meia-volta e saí de novo, e David respeitosamente atrás. Tinha acabado de tirar o terno e vestir o roupão do hotel quando fui mais uma vez acometido de culpa. Pus o terno de novo e voltamos à cerimônia de premiação. Fiquei então com raiva de mim por sentir culpa e saí soltando fogo pelas ventas de novo, e mais uma vez alegrando o caminho de volta ao hotel com uma demorada preleção em volume altíssimo sobre como aquela noite era uma total perda de tempo. A essa altura os acenos simpáticos de cabeça e os murmúrios de concordância de David começavam a adquirir um tom levemente irritado, mas eu me convencera de que a provável razão de ele revirar os olhos estava nas falhas evidentes do Rock and Roll Hall of Fame e não em mim. Pensar assim tornava mais fácil decidir – dez minutos depois – que, considerando-se tudo, era melhor voltar mais uma vez à cerimônia. Os outros convidados pareceram surpresos de nos ver, mas não dava para culpá-los: havíamos ido e voltado daquela mesa mais vezes do que os garçons.

Gostaria de dizer que a coisa acabou por aí, mas temo ainda ter havido mais uma mudança de ideia e mais um furioso retorno ao hotel antes de eu afinal subir ao palco e receber o troféu. Axl Rose fez um belo discurso, chamei Bernie ao palco e dei o troféu a ele e fomos embora. No carro, na volta para o hotel, silêncio, até David quebrá-lo.

"Bem", disse ele, calmamente, "que noite dramática." Fez então uma pausa. "Elton", perguntou em tom de lamúria, "sua vida é *sempre* assim?"

Suspeito terem sido noites como aquela a inspiração de David para *Tantrums and Tiaras*, ainda que a ideia inicial tenha sido minha. Uma produtora de cinema queria fazer um documentário sobre mim, mas eu achei mais interessante algo feito por alguém próximo, dotado de um grau de acesso impossível a qualquer outra pessoa. Não queria uma bobagem chapa-branca e sim que as pessoas vissem como realmente era ser eu: as partes divertidas, os aspectos ridículos. E tive a sensação de David querer que o mundo soubesse o que ele tinha de aguentar. Seria uma forma de dar sentido à vida insana na qual havia entrado e que se tornara também a vida dele. Montou um pequeno escritório no bonde comprado na Austrália (olha aí, tinha certeza que aquilo ainda teria utilidade!) e começou a rodar.

Não tinha medo que as pessoas vissem meu lado monstruoso e irracional. Tenho total ciência de quão ridícula é minha vida e do quão babaca sou quando perco a calma sem motivo – explodo em segundos, me acalmo tão rápido quanto. O temperamento é herança evidente dos meus pais, mas creio honestamente que todo criador, seja pintor, diretor de teatro, ator ou músico, tem em seu interior a capacidade de agir de maneira completamente irracional. É uma espécie de lado sombrio de ser criativo. Com certeza, a maior parte dos artistas de quem fiquei amigo demonstrava ter um lado como este. John Lennon tinha, Marc Bolan, Dusty Springfield. Todos eram pessoas maravilhosas a quem eu amava de paixão, mas seus momentos difíceis eram conhecidos. Dusty, aliás, os tinha em tal quantidade que me disse ter decifrado o segredo de um piti bem dado: se a coisa chegasse a ponto de objetos inanimados começarem a voar, era preciso se certificar de não recorrer a nada caro ou difícil de substituir. Sou só mais honesto sobre o assunto do que a maioria, em especial hoje em dia. Gravadoras agora fazem treinamento de mídia com seus popstars, literalmente ensinam-lhes a tentar disfarçar suas falhas de caráter, a nunca dizer nada que passe dos limites.

Não é preciso ser expert na minha carreira para saber que venho de outra época, quando ninguém achava necessário dizer a popstars se deveriam ou não dizer à mídia isto ou aquilo. Ainda bem, apesar de ter dito tantas coisas polêmicas e passado décadas lendo artigos de jornal

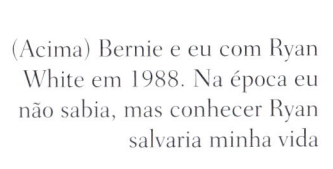

(Acima) Bernie e eu com Ryan White em 1988. Na época eu não sabia, mas conhecer Ryan salvaria minha vida

(À direita) Desintoxicado, sóbrio, mas ainda disposto a estragar a festa de Rod Stewart sempre que possível. Estou prestes a subir ao palco de surpresa e sentar no colo dele

Foto tirada por Herb Ritts em 1992. Fui amigo de Liz Taylor por anos – era divertidíssima e teve peito para forçar Hollywood a prestar atenção à Aids muito antes de eu mesmo fazê-lo

(À esquerda) Atrás do palco em Earls Court com a princesa Diana, em maio de 1993. (À direita) Trabalhando com Tim Rice em *O rei leão*. Achei o resultado final extraordinário

(À esquerda) Com David Furnish, perdidamente apaixonado e de Versace dos pés à cabeça.
(À direita) David, Gianni Versace, eu e o parceiro de Gianni,
Antonio D'Amico, na casa de Gianni no lago Como

As festas beneficentes por ocasião do Oscar oferecidas por minha AIDS Foundation tiveram início em 1993 e se tornaram anuais. Esta foto, com Denzel Washington e Halle Berry, é da décima. Eles ganharam os prêmios de Melhor Ator e Melhor Atriz naquela noite

David e eu, clicados por Mario Testino no Ritz Paris, em 1996

Mamãe e Derf comigo e com David no dia de 1998 em que me tornei Sir

Ingrid Sischy, que me causou a sensação do reencontro com uma irmã perdida ao conhecê-la, demonstrando o poder transformador de uma das minhas perucas

(À esquerda) 21 de dezembro de 2005; o dia em que David e eu assinamos a união civil. Nunca havia estado tão feliz. (À direita) Eu estava genuinamente preocupado se não haveria uma multidão a protestar do lado de fora do Guildhall, em Windsor, mas as pessoas apareceram com bolos e presentes

Com tia Win na festa após a assinatura da união civil. Mamãe, que foi um pé no saco a noite toda, não aparece na foto

(À esquerda) Nosso filho Zachary dá seus primeiros passos em 2011, em Los Angeles

(Abaixo) Tomando café com Zachary em Nice. A paternidade foi o fato mais inesperado da minha vida – e o melhor

(Acima) Transmitindo minha experiência em compras aos meninos

(À direita) Lady Gaga, discreta como sempre, fazendo as vezes de madrinha.

Dia de trazer os filhos ao trabalho. Zachary e Elijah comigo no palco do Caesars Palace, em Las Vegas

Atrás do palco com Aretha Franklin antes de ela cantar ao vivo pela última vez, na festa de gala para comemorar os 25 anos da Elton John AIDS Foundation, em Nova York, em novembro de 2017

© David Furnish

Atrás do palco com Bernie, em 2018, na turnê de despedida. Cinquenta anos depois, continuamos a ser um estudo de caso sobre opostos. E continuamos a ser melhores amigos

com manchetes como THE BITCH IS BACK.* Provavelmente foi algo cruel dizer que Keith Richards parecia um macaco com artrite, mas vamos ser justos, ele já me deu golpes bem baixos: bateu, levou. Só arrumei problemas de fato ao declarar à *Parade*, revista dominical de um jornal americano, que Jesus bem poderia ter sido um ultrainteligente e supercompassivo homem gay. O que eu quis dizer foi: ninguém sabe nada de fato a respeito da vida pessoal de Jesus e pode-se extrair todo tipo de ideia de seus ensinamentos sobre perdão e empatia. Mas os loucos religiosos não entenderam assim: da parte deles, a grande ideia a se extrair dos ensinamentos de Jesus é sair incitando pessoas a matar quem diga algo de que você não goste. Por uma semana, policiais de Atlanta dormiram no meu quarto de hóspedes. Manifestantes se aglomeravam na porta do prédio agitando faixas, uma delas com a frase estampada "ELTON JOHN TEM QUE MORRER" – não é bem isso o que se quer ver na porta de casa ao chegar de uma saída noturna. O portador da faixa pôs um vídeo no YouTube ameaçando me matar. Acabou preso e os protestos se acalmaram.

Apesar de tudo, continuo a achar chato um mundo cujos artistas são treinados para não dizer nada que possa ofender alguém e apresentados como figuras perfeitas. E é uma mentira. Artistas não são perfeitos. *Ninguém* é perfeito. Por isso é que detesto documentários chapa-branca sobre astros do rock onde todo mundo fala como eles são pessoas maravilhosas. A maioria dos astros do rock pode agir de forma horrível às vezes. Podem ser fabulosos, sedutores e também escandalosos e estúpidos. Era isto o que eu desejava mostrar em *Tantrums and Tiaras*.

Nem todos acharam a ideia boa. George Michael assistiu a uma parte do material filmado e ficou horrorizado: não com o que viu – já sabia como eu era –, mas com o fato de eu pretender lançá-lo. Achava um tremendo equívoco. John Reid disse estar dentro do projeto só para fazer de tudo para tentar sabotá-lo em silêncio. Quando minha mãe topou ser entrevistada, ele a aconselhou pelas minhas costas a não se envolver porque o filme seria só sobre sexo e drogas.

Fiquei furioso ao saber disso, mas com a opinião das pessoas não me importava. Geralmente não suporto ver a mim mesmo em nada, mas amei *Tantrums and Tiaras* por ser tão verdadeiro. David e a produtora Polly Steele simplesmente me seguiram durante a turnê mun-

---

* Citação à clássica canção do álbum *Caribou*, lançado por Elton em 1974. Em tradução aproximada, A MEGERA VOLTOU. (N.T.)

dial de 1995 com pequenas *camcorders* Hi-8 e eu quase sempre me esquecia de estar sendo filmado. É hilário: faço umas ameaças absolutamente ridículas, digo aos gritos que nunca mais piso na França porque um fã acenou para mim enquanto eu tentava jogar tênis, ou que nunca mais faço outro clipe porque alguém esqueceu minhas roupas no banco de trás de um carro. Assisti-lo foi catártico e creio que o choque mudou minha forma de me comportar – isso e muita terapia, claro. Ainda tenho gênio forte – genética não se muda –, mas hoje sou bem mais consciente do desperdício de energia envolvido e do quão estúpido me sinto depois de me acalmar, e por isso tento ficar de olho: é fato que nem sempre dá resultado, mas ao menos faço um esforço.

Na verdade, a única coisa que lamento a respeito de *Tantrums and Tiaras* é quão influente se tornou. Foi o estopim de todo um gênero de *reality TV* no qual se acompanha a vida de uma celebridade ou, pior, alguém que vira uma celebridade só por fazer parte de um *reality show*. Sabe como é, ter de responder por *Being Bobby Brown* e *The Anna Nicole Show* não é das coisas mais construtivas para a consciência. De certa forma, pode ser minha a culpa por *Keeping Up With the Kardashians*, e por isso só me resta cair de joelhos perante a raça humana e implorar por seu perdão.

Tantrums and Tiaras foi lançado finalmente em 1997: David estava voltando de uma entrevista coletiva em Pasadena por ocasião do lançamento americano quando fui comunicado do assassinato de Gianni Versace. Eu havia comprado uma casa em Nice e estava combinado que Gianni voaria para a França na semana seguinte e passaria alguns dias comigo e com David. As passagens já estavam compradas quando um *serial killer* o matou a tiros na porta de sua mansão em Miami. O homem tinha assassinatos nas costas em Minnesota, Chicago e Nova Jersey, e consta que teria ficado obcecado com Gianni após conhecê-lo de passagem numa boate anos antes, embora ninguém saiba se isso é verdade ou não.

Quando John Reid telefonou e me disse o que ocorrera, desabei. Liguei a TV do quarto e me sentei lá chorando convulsivamente enquanto via o noticiário. Gianni havia saído de casa para cumprir sua rotina matinal. Comprava diariamente todos os jornais internacionais, todas as revistas. Em sua casa sempre havia pilhas de exemplares, cheios de post-its: ideias que lhe chamavam a atenção, elementos com os quais pensava poder trabalhar, fontes de inspiração. E agora estava morto. Era como a morte de John Lennon, sem explicação, nenhum aspecto que a tornasse mais fácil de compreender, nenhuma forma de racionalizá-la minimamente. Mais um assassinato fortuito.

Sua família me pediu para cantar no funeral, no Duomo de Milão. Queriam um dueto com Sting: de novo o Salmo 23, o mesmo que eu havia cantado na catedral de Sydney após a morte de John. A cerimônia foi um pandemônio. *Paparazzi* por todos os lados, equipes de filmagem e fotógrafos até dentro da igreja. Foi claustrofóbico, mas, de certa e estranha forma, assim Gianni teria desejado. Ele amava aparecer; era seu único aspecto a realmente me tirar do sério. Sair de férias com ele para a Sardenha era saber que sua assessoria teria ligado para avisar a imprensa antecipadamente sobre cada lugar que fôssemos visitar. Eu lhe dizia o quanto detestava aquilo, mas ele não entendia. "Ah, Elton, mas eles te amam, querem tirar sua foto, que lindo, não? Te amam." Na catedral, dois monsenhores, ou talvez fossem cardeais ou sei lá o quê, chamaram a mim e a Sting perante a congregação e começaram a nos interrogar sobre como seria a performance: por não sermos católicos, aparentemente não queriam que cantássemos. Foi horrível, equivalente a ser arrastado para a sala do diretor perante os olhos da escola inteira, mas no meio de um funeral numa igreja, com câmeras de TV ligadas e flashes disparando.

Acabaram nos deixando cantar e, por um milagre, conseguimos fazê-lo. Eu não parava de chorar. Acho que jamais vi um ser humano tão abatido pela tristeza quanto Allegra, sobrinha de Gianni. Tinha 11 anos quando ele morreu, e era a paixão da vida dele: no testamento, sua participação nos negócios ficou para ela. Toda manhã, quando ia comprar os jornais, Gianni a levava junto; mas no dia em que morreu ela estava em Roma com a mãe. Por isso, inculcara uma culpa pela morte dele. Achava que, se tivesse estado com o tio naquele dia, ele não teria sido assassinado. Após a morte dele, Allegra desenvolveu um terrível distúrbio alimentar. Davam por sua falta e iam achá-la dentro de armários pela casa, agarrada a velhas roupas dele que ainda tinham seu cheiro. Foi um horror. Simplesmente um horror.

Aliás, toda a família Versace ficou um caco após a morte de Gianni. O problema de Donatella com cocaína era antigo. Todos sabiam, exceto Gianni. Incrível como ele era ingênuo com relação a drogas. Nem sequer bebia: quando tomava uma taça de vinho tinto, misturava com Sprite e cubos de gelo; o gosto, creio eu, deve ser tão abominável que acaba com qualquer interesse por bebidas alcoólicas. Em eventos da Versace, logo se retirava para dormir e só aí a festa começava de verdade, com Donatella no comando. Ele percebia haver algo de errado com a irmã, mas não compreendia do que se tratava. Lembro de caminharmos juntos pelo jardim de Woodside e de ouvi-lo a falar: "Não entendo minha irmã, um dia está bem, outro dia está mal, é instável, não entendo". Eu lhe disse que ela era viciada em cocaína, que havia cheirado várias vezes com ela antes de ficar sóbrio. Ele não conseguia acreditar – sequer vislumbrava como era a vida dela quando não estava por perto.

Mas após o assassinato de Gianni, Donatella perdeu por completo o controle do uso de cocaína. Não nos víamos muito; ela me evitava por saber da minha desaprovação. Mas certa noite apareceu totalmente alterada no *backstage* de um show meu em Reggio Calabria. Sentada numa lateral do palco, chorava compulsivamente enquanto eu tocava. Chorou o show inteiro. Ou estava *odiando* minha performance ou pedindo ajuda.

Decidimos então intervir. David e o assessor de imprensa dela, Jason Wiesenfeld, tomaram as devidas providências. Foi na festa de aniversário de 18 anos de Allegra, no velho apartamento de Gianni na Via Gesù. Eu estava lá com David, Jason e nossas amigas Ingrid Sischy e sua parceira Sandy, todos à espera numa pequena sala de estar. Donatella e Allegra chegaram, trajadas com lindos e inacreditavelmente extravagantes vestidos de festa do Atelier Versace, e sentaram-se num divã ouvindo cada um de nós falar. Seguiu-se um silêncio terrível. Nunca se sabe como será uma intervenção: se a pessoa-alvo não estiver pronta a admitir que tem problemas, o desastre é certo. De repente, Donatella ergueu a voz. "Minha vida é como a sua vela ao vento!",* gritou em tom dramático. "Eu quero morrer!"

Conseguimos colocá-la ao telefone com uma clínica de reabilitação chamada The Meadows, em Scottsdale, Arizona. Só ouvíamos o lado dela da conversa, o que em si já era extraordinário. "Sim, sim... cocaína... remédios também... ah, um pouco disso, um pouco daquilo, se não der certo misturo todos... sim... tá bem, então eu vou, mas com uma condição: SEM COMIDA OLEOSA."

E lá se foi ela, ainda com o vestido de festa e, presumo, dotada de garantias de não haver comida oleosa no menu. No dia seguinte

---

* Referência à célebre canção "Candle in the Wind", do álbum *Goodbye Yellow Brick Road*, lançado por Elton John em 1973. (N.T.)

Jason Wiesenfeld nos telefonou e disse que ela dera entrada no local. Aparentemente fez um fuzuê ao saber da regra que vetava o uso de maquiagem aos pacientes residenciais, e também houve um pequeno estresse quando Donatella percebeu ter esquecido de levar desodorante. Fora isso, tudo bem (ela viria a completar o programa e ficar sóbria). Parabenizamos Jason pelo feito.

"Pois é", respondeu ele, de mau humor. "Agora só preciso sair Scottsdale afora pra tentar achar uma porra de um desodorante Chanel."

Após o funeral, convidamos Antonio, parceiro de Gianni, para vir ficar conosco em Nice. Ele estava transtornado e nunca se dera com o resto da família Versace. Aquele foi um verão estranho, soturno, passado dentro de uma casa que havíamos acabado de comprar, decoráramos em estilo influenciado pelo gosto de Gianni e tanto queríamos mostrar a ele, ouvir sua opinião. Certa noite David me disse com veemência que estava na hora de eu começar a pensar em contratar seguranças profissionais. Nunca me dera a esse trabalho antes, nem mesmo após o assassinato de John. Na década de 1970, tivera um guarda-costas chamado Jim Morris, mais por palhaçada do que qualquer coisa. Ele era fisiculturista, fora coroado Mr. América, era gay assumido – para um negro musculoso naquela época, isso não era pouco – e passava mais tempo a me carregar nos ombros no palco do que a exercer qualquer outra função. Agora parecíamos precisar mesmo de segurança. As coisas haviam mudado.

E nosso verão ainda ficaria bem mais estranho. Numa manhã de domingo, no fim de agosto, fomos acordados pelo som do fax. David foi ver o que era e voltou com uma folha de papel, na qual havia uma mensagem escrita à mão por um amigo de Londres. "Sinto muito por essa notícia horrível." Nem eu nem ele entendemos do que se tratava. Não podia ter a ver com Gianni; já fazia seis semanas de sua morte. Liguei a televisão com uma sensação crescente de temor. E foi assim que descobri que a princesa Diana havia morrido.

CATORZE

Fui apresentado a Diana em 1981, imediatamente antes de ela se casar com o príncipe Charles. Foi no aniversário de 21 anos do príncipe Andrew, no castelo de Windsor; Ray Cooper e eu estávamos encarregados do entretenimento. Foi uma noite completamente surreal. O exterior do castelo foi decorado com luzes psicodélicas e a diversão antes da nossa apresentação foi uma discoteca móvel. Como a rainha estava presente e ninguém queria ferir suscetibilidades reais, o som da discoteca era o mais baixo possível sem estar desligado. Dava literalmente para ouvir o ruído dos pés das pessoas na pista. A princesa Anne me pediu para dançar "Hound Dog", de Elvis Presley, com ela. Bem, dançar é modo de dizer: na verdade me limitei a arrastar os pés desconfortavelmente, no maior cuidado para o ruído não abafar a música. Espichando os ouvidos com grande esforço, dava para perceber que o DJ acabara de passar de Elvis para "Rock Around the Clock". Foi quando apareceu a rainha com sua bolsa de mão. Caminhou em nossa direção e perguntou se podia se juntar a nós. Portanto eu agora tentava dançar da forma mais inaudível possível com a princesa Anne e a rainha – ainda com sua bolsa de mão – enquanto aquela que parecia ser a discoteca mais silenciosa do mundo tocava Bill Haley. Estranhamente meus pensamentos foram remetidos a The Band invadindo meu camarim ou a Brian Wilson cantando interminavelmente o refrão de "Your Song" na minha primeira visita aos EUA. Onze anos haviam se passado, minha vida mudara ao ponto de tornar-se irreconhecível e, no entanto, cá estava eu tentando desesperadamente agir de forma normal enquanto o mundo ao meu redor parecia ter enlouquecido por completo.

E era essa a questão quanto a minhas interações com a Família Real. Sempre os achei uma gente incrivelmente encantadora e divertida. Sei que a imagem pública da rainha não é exatamente de frivolidade irrefreada, mas isso me parece ter mais a ver com a natureza de sua função. Prestei atenção ao receber a ordem de cavalaria e depois o título de sir. Ela tem de passar duas horas e meia entregando aqueles troços, jogando conversa fora com duzentas pessoas, uma atrás da outra. Qualquer um teria dificuldade de se sair com pérolas de espirituosidade nessa situação. Ela se limita a perguntar se a pessoa está ocupada no momento, ouve a resposta "Sim, senhora", diz "que ótimo" e segue em frente. Mas na vida particular pode ser hilária. Noutra festa, eu a vi abordar o visconde Linley e pedir-lhe para cuidar da irmã dele, que passara mal e fora levada para seu quarto. Como ele não parava de arranjar desculpas para não fazê-lo, a rainha deu-lhe leves tapas no rosto, dizendo "Não" – TAPA – "discuta" – TAPA – "comigo" – TAPA – "eu" – TAPA – "sou" – TAPA – "a" – TAPA – "RAINHA!". Deu resultado. Quando ele saiu, ela reparou em mim olhando, deu uma piscadinha e foi para o outro lado.

Contudo, por mais divertida ou normal que fosse a Família Real, estivessem seus membros reclamando da pintura do meu Aston Martin, perguntando se cheirei cocaína antes de subir ao palco ou piscando para mim depois de estapear a cara de um sobrinho, sempre chegava uma determinada hora em que eu me sentia ligeiramente deslocado, a pensar: "Isso é bizarro demais. Sou um músico vindo de uma moradia social em Pinner Road. O que é que eu estou fazendo aqui?". Mas com Diana não era assim. Independentemente de seu *status* e de seu histórico familiar, fora abençoada com um incrível traquejo social, uma capacidade de falar com qualquer um, se fazer parecer comum, deixar as pessoas absolutamente confortáveis em sua companhia. Passou isso aos filhos, em particular o príncipe Harry: é exatamente igual à mãe, sem interesse algum em formalidade ou em pompa. A famosa foto na qual ela segura a mão de um paciente de Aids no Hospital de Middlesex, em Londres – aquilo era Diana. Não creio tê-lo feito necessariamente como uma declaração de princípios, embora obviamente tenha sido esse o efeito: a atitude pública perante a Aids mudou para sempre naquele momento. Ela apenas se deparou com uma pessoa que sofria, agonizava e via a morte próxima: por que não estender a mão e tocá-la? É o impulso natural humano, o de tentar confortar alguém.

Naquela noite em 1981, ela chegou ao salão e imediatamente nos entendemos. No fim já estávamos fingindo dançar *charleston* para fazer pouco da anêmica discoteca. Ela era uma companhia fabulosa, a melhor pessoa a convidar para jantar, incrivelmente indiscreta, fofoqueira mesmo: você perguntava, ela contava. Sua única peculiaridade era como se referia ao príncipe Charles. Nunca o mencionava pelo nome: era sempre "meu marido", nunca Charles, certamente nenhum apelidinho carinhoso. Soava muito distante, frio e formal. Muito estranho tratando-se de Diana, pessoa nada formal, que mal conseguia acreditar no quão cerimoniosos e distintos eram outros membros da Família Real.

Se eu já ficava de quatro por Diana, imagine seu impacto sobre homens hétero. Ficavam loucos em sua presença, totalmente enfeitiçados. Quando eu estava fazendo *O rei leão*, Jeffrey Katzenberg, cabeça da Disney, veio à Inglaterra e oferecemos um jantar a ele e sua esposa Marilyn em Woodside. Perguntei-lhes se havia alguém na Inglaterra que quisessem muito conhecer; disseram de cara "a princesa Diana". Nós a convidamos então, e também a George Michael, Richard Curtis e sua esposa Emma Freud, Richard Gere e Sylvester Stallone, que estavam todos no país na ocasião. Testemunhamos a cena mais peculiar. Diana e Richard Gere pareceram de saída bem fascinados um pelo outro. Ela já havia se separado do príncipe Charles àquela altura, ele terminara recentemente com Cindy Crawford e os dois acabaram por se sentar juntos no chão ao pé da lareira, no mais animado dos papos. Enquanto a conversa continuava entre os demais, não pude deixar de notar um clima ligeiramente estranho na sala. A julgar pelos olhares com que os fuzilava, Sylvester Stallone não estava gostando nem um pouco da amizade crescente entre Diana e Richard Gere. Creio que tenha ido ao jantar com a intenção expressa de fisgar Diana para então ver seus planos para a noite inesperadamente estragados.

O jantar foi então servido. Passamos para a sala de refeições e sentamo-nos à mesa. Quase todos, quer dizer. Nenhum sinal de Richard Gere nem de Sylvester Stallone. Esperamos. Ainda nenhum sinal. Até que pedi a David para ir atrás dos dois. Voltaram os três, mas o rosto de David estava francamente pálido.

"Elton", murmurou. "Temos… um *problema*."

O fato é que, ao procurá-los, David encontrara Sylvester Stallone e Richard Gere no corredor encarando um ao outro, aparentemente a ponto de resolver suas diferenças com relação a Diana no braço. Conseguira acalmá-los fingindo não ter entendido o que estava havendo – "Ei, gente, hora do jantar!" –, mas Sylvester visivelmente continuava contrariado. Após a refeição, Diana e Richard Gere voltaram para a frente da lareira e Sylvester foi embora de supetão.

"Eu nunca teria vindo se soubesse que a porra do Príncipe Charmoso estaria aqui", disparou enquanto David e eu o levávamos até a porta. E acrescentou então: "Se eu quisesse mesmo ela, teria pego!".

Conseguimos aguardar até o carro dele sumir de vista para só então começarmos a rir. De volta à sala de estar, Diana e Richard Gere continuavam a só ter olhos um para o outro. Ela parecia imperturbável. Talvez não tivesse se dado conta do que acontecera. Ou talvez aquele tipo de coisa ocorresse o tempo todo, e ela estivesse acostumada. Após sua morte, começou-se a falar muito em algo chamado Efeito Diana, no sentido de como ela conseguiu mudar a atitude do público perante a Família Real, ou perante a Aids, a bulimia ou a saúde mental. Mas, sempre que ouvia a frase, eu me lembrava era daquela noite. Certamente existia um outro tipo de Efeito Diana: o que levava superastros de Hollywood a quase saírem no tapa por suas atenções num jantar, como se fossem dois idiotas adolescentes apaixonados.

Foi uma amiga muito querida por anos e então, de forma totalmente repentina, nos afastamos. A causa foi um livro organizado por Gianni Versace e chamado *Rock and Royalty*, uma coleção de retratos de grandes fotógrafos: Richard Avedon, Cecil Beaton, Herb Ritts, Irving Penn, Robert Mapplethorpe. O lucro iria para a AIDS Foundation e ela concordara em escrever o prefácio. E então ficou com medo. Imagino que o Palácio de Buckingham não gostasse da ideia de alguém da Família Real ligado a um livro com fotos de homens nus com toalhas ao redor do corpo. Diana, portanto, mandou tirar de última hora seu prefácio. Disse que até então não fazia ideia do conteúdo. Não era verdade: Gianni havia lhe mostrado tudo e ela dissera ter adorado. Escrevi dando-lhe uma bronca, falando do prejuízo que causara à AIDS Foundation, lembrando-lhe de ter visto o livro antes. A carta que recebi em resposta foi muito formal e severa: "Caro sr. John...". E ali pareceu ter acabado tudo. Fiquei com raiva, mas também preocupado. Ela parecia estar perdendo contato com todos os amigos realmente próximos, que seriam honestos com ela, lhe diriam a verdade. Cercava-se de gente que lhe dizia só o que queria ouvir ou escutava e fazia menção de concordar quando ela se saía com algumas das teorias mais paranoicas que desenvolvera sobre a Família Real desde o divórcio. Por minha própria experiência, eu sabia não ser uma situação das mais saudáveis.

Só fomos nos falar de novo no dia em que Gianni foi assassinado. Depois de John Reid me avisar da morte, ela foi a primeira pessoa a me ligar. Nem sei como conseguiu o número, não fazia tanto tempo que tínhamos a casa em Nice. Estava próxima dali, em Saint-Tropez, no iate de Dodi al-Fayed. Perguntou como eu estava e se havia falado com Donatella. E então disse: "Me desculpa. Aquela briga foi estúpida. Vamos ser amigos".

Ela nos acompanhou ao funeral, linda com o bronzeado das férias e um colar de pérolas. Continuava a ser a mesma pessoa calorosa, atenciosa, sensível de sempre. Ao entrar na igreja, levou os *paparazzi* à loucura: era como se tivesse acabado de chegar a maior estrela do mundo. E suponho que ela de fato o fosse. Continuaram a clicá-la sem trégua durante a cerimônia. Aliás, cabe a mim deixar claro que a famosa foto na qual ela aparentemente me consola – inclinada na minha direção, falando, enquanto estou de olhos vermelhos e devastado pela tristeza – na verdade não tem rigorosamente nada a ver com isso. Clicaram-na quando se inclinava para mais adiante, no intuito de pegar um drops de hortelã oferecido por David. As doces palavras de consolo que saíram de seus lábios naquele momento foram: "Jesus, quero muito uma pastilha".

Escrevi depois agradecendo. Ela respondeu se oferecendo para ser benfeitora da AIDS Foundation e perguntando se eu me envolveria em sua organização voltada para o problema das minas terrestres. Da próxima vez que ambos estivéssemos em Londres, iríamos nos encontrar para almoçar e discutir o assunto. Mas não houve próxima vez.

Alguns dias após sua morte, Richard Branson me telefonou e me contou que, no livro de condolências do St. James's Palace, muita gente estava escrevendo trechos da letra de "Candle in the Wind". Aparentemente, a canção também vinha sendo muito tocada nas rádios do Reino Unido, onde várias estações haviam modificado sua linha de programação habitual e passado a tocar música mais soturna como reflexo do estado de espírito geral. Ele me perguntou então se eu conseguiria escrever uma nova letra e cantar a canção no funeral. A proposta me pegou totalmente desprevenido. Creio que Richard havia sido contatado pela família Spencer, preocupada em garantir um funeral que tocasse as pessoas: não desejavam um evento real austero, distante, sufocado pela ostentação e pelo protocolo, sem nada a ver com a personalidade de Diana.

Liguei então para Bernie. Sua tarefa me parecia das mais difíceis. Não só o que escrevesse seria transmitido ao vivo para literalmente bilhões de pessoas – estava claro que o funeral seria um gigantesco evento televisionado para todo o mundo –, como teria de passar pelo crivo da Família Real e da Igreja Anglicana. Mas sua atitude foi fantástica, como se escrever uma letra a ser checada antecipadamente pela rainha e pelo arcebispo de Canterbury fosse rotina. Mandou-a por fax na manhã seguinte, eu a encaminhei para Richard Branson e obtivemos a aprovação.

Ainda assim, ao comparecer à Abadia de Westminster para o ensaio na véspera do funeral, não sabia o que esperar. A lembrança da cerimônia de Gianni, na qual ficara claro que as autoridades eclesiásticas não achavam apropriada minha participação, não me saía da cabeça. E naquela ocasião fora um hino religioso numa cerimônia particular, não uma balada rock num evento de Estado. E se essas pessoas também não me quisessem ali?

Não poderia ter sido mais diferente. O arcebispo de Canterbury foi incrivelmente gentil e muito solidário. A sensação era de verdadeira camaradagem, uma colaboração geral para o evento funcionar. Insisti na instalação de um teleprompter junto ao piano com a nova letra de Bernie. Até então sempre fora contra. Em parte por parecer se chocar com a espontaneidade do rock'n'roll – sabe como é, Little Richard certamente não leu a letra de "Long Tall Sally" em nenhum mecanismo automático ao gravá-la – e em parte por pensar: ah, caramba, faz direito seu trabalho! Só há três coisas a se fazer no palco: cantar afinado, tocar as notas certas e lembrar das letras. Quem não consegue dar conta de mais de duas deveria procurar outra atividade – por isso minha pinimba com artistas que dublam em cena. Mas dessa vez achei que poderia relaxar um pouco as regras. Era uma experiência totalmente singular, algo que só ocorreria uma vez. De certa forma seria o maior show da minha vida – por quatro minutos, seria literalmente o centro das atenções do mundo –, mas, ao mesmo tempo, não seria um momento Elton John, o foco não estaria de forma alguma em mim. Algo bem estranho.

Quão estranho seria foi ressaltado no dia seguinte, ao chegarmos à Abadia de Westminster. George Michael acompanhou a David e a mim; isso foi muito antes de nos desentendermos em função dos problemas dele com drogas. Ele havia ligado e pedido para ir conosco. No caminho até lá, de carro, ficamos todos em silêncio: George estava abalado demais para falar, conversa nenhuma, nada. O lugar estava cheio de gente que eu conhecia: Donatella Versace estava lá, David Frost, Tom Cruise e Nicole Kidman, Tom Hanks e Rita Wilson. Tudo parecia levemente surreal, como um sonho e não algo que de fato estivesse acontecendo. Fomos acomodados no santuário interno da igreja, bem no ponto por onde entrava a Família Real. William e Harry pareciam em estado de choque. Tinham 15 e 12 anos de idade e o jeito como foram tratados naquele dia me pareceu totalmente desumano. Foram forçados a caminhar pelas ruas de Londres atrás do caixão da mãe, orientados a não demonstrarem emoção e olharem sempre para a frente. Uma forma horrenda de tratar dois meninos que haviam acabado de perder a mãe.

Mas eu mal registrei tudo isso. Não estava exatamente pilhado. Estaria mentindo se dissesse que a ideia de ser visto por 2 bilhões de pessoas não me passava pela cabeça, mas ao menos estaria me apresentando perante a parte da igreja onde todos os representantes das organizações de caridade que Diana apoiava haviam sido instalados, de forma que havia ali amigos da Elton John AIDS Foundation – Robert Key, Anne Aslett e James Locke. Mas era menos medo de palco e mais um medo muito específico: e se eu entrasse no piloto automático e *cantasse a versão errada*? Já interpretara "Candle in the Wind" centenas de vezes. Certamente não era algo impensável que eu me perdesse em meio à performance, esquecesse o teleprompter e saísse cantando a letra original. Quão ruim seria se ocorresse? Aterrador. Talvez as pessoas estivessem citando versos da canção no livro de condolências do St. James's Palace, mas trechos consideráveis da letra eram gritantemente inapropriados para a ocasião. Não seria fácil inventar uma desculpa caso cantasse sobre Marilyn Monroe estar nua quando foi encontrada morta, ou sentimentos que iam além do sexual num funeral de Estado, perante uma audiência global de 2 bilhões de pessoas ou quantas mais fossem.

Foi quando algo bizarro ocorreu. De repente, minha mente voou para bem longe dali e comecei a pensar num incidente de anos antes, época da minha primeira turnê pelos EUA. Fora agendada uma aparição minha no *Andy Williams Show* ao lado de Mama Cass Elliot, do The Mamas and the Papas, e Ray Charles. Quando cheguei, os produtores me informaram alegremente que não só iríamos nos apresentar no mesmo programa, mas *juntos*. Pareciam achar aquela uma surpresa maravilhosa para mim, e que eu ficaria extasiado ao sabê-lo. Acharam errado: Mama Cass tudo bem, Andy Williams tudo bem, mas *Ray Charles*? Estão de sacanagem? Ray Charles! Brother Ray! O Gênio! Um artista sobre o qual passara horas a fantasiar na infância, escondido no meu quarto com minha coleção de discos, fazendo mímica ao som de seu álbum *Ray Charles at Newport Live*. E agora algum idiota achara uma ideia maravilhosa botá-lo para cantar ao meu lado em rede nacional de TV, como se um cantor e compositor inglês totalmente desconhecido fosse alguma espécie de contraponto musical perfeito ao homem que basicamente inventara a *soul music* sozinho. Se não era a pior ideia que já me haviam apresentado, estava tão perto a ponto de não fazer diferença. E não havia absolutamente nada que eu pudesse fazer. Minha carreira estava no início, era minha primeira aparição na televisão americana. Não tinha cacife para bancar o difícil e incomodar executivos da rede. Fui lá e toquei, portanto. Cantei "Heaven Help Us All" com Ray Charles – ele num piano branco, eu num piano negro. Foi perfeito. Ray Charles foi amável, gentil e encorajador – "E aí, meu amor, como você tá?" – como costumam ser os artistas que nada têm a provar.

Ali aprendi algo importante. Às vezes é preciso meter a cara, mesmo que a zona de conforto esteja a quilômetros de distância. É como mergulhar fundo em si mesmo, esquecendo-se de quaisquer emoções que se tenha e pensando: não, sou um artista de palco. Isto é o que eu sei fazer. Então é melhor fazer de uma vez.

Foi o que fiz. Não me lembro muito da performance em si, mas sim dos aplausos ao final. Pareciam ter começado fora da Abadia de Westminster e varrido seu interior como uma onda, no que, creio, mostrava o acerto da família de Diana ao me chamar para cantar: criou-se uma conexão com o povo do lado de fora. Terminado o funeral, fui direto até o Townhouse Studios, em Shepherd's Bush, onde George Martin me esperava: uma nova versão de "Candle in the Wind" seria lançada como single, e seus lucros direcionados a um fundo memorial beneficente estabelecido no nome de Diana. Cantei-a duas vezes ao piano, fui para casa e George Martin acrescentou depois um quarteto de cordas. Ao chegar a Woodside, encontrei David na cozinha, assistindo à cobertura na TV. O cortejo chegara à M1 e as pessoas jogavam flores sobre o carro fúnebre do alto das pontes sobre a rodovia. Ao ver aquilo, desabei por fim. Até ali não havia conseguido demonstrar emoção alguma. Tinha um trabalho a fazer e meus sentimentos quanto à morte de Diana poderiam ter interferido em minha capacidade de fazê-lo: o funeral era uma celebração a ela, não a mim. Até aquele momento, não podia me permitir me deixar abalar.

A reação ao single foi inacreditável. As pessoas faziam fila do lado de fora de lojas de discos, entravam correndo e agarravam CDs singles aos montes para comprar. Houve uma série de estatísticas loucas. Em dado momento, parecia estar vendendo seis cópias por segundo. Foi o single de vendagem mais rápida da história; o maior single de todos os tempos na *Finlândia*. Chegavam a mim prêmios relacionados com a vendagem dos lugares mais disparatados: a Indonésia, o Oriente Médio. E não parava de vender. Nos Estados Unidos, passou catorze semanas no topo da parada. No Canadá, três anos no Top 20. Eu não conseguia compreender totalmente: por que alguém quereria ouvi-lo? Uma pessoa o colocaria para tocar em que circunstâncias? Eu nunca o fiz. Cantei a nova versão três vezes (uma no funeral, duas no estúdio), escutei-a uma vez para aprovar a mixagem e pronto: nunca mais. Imagino que as pessoas o estivessem comprando para dar dinheiro à causa, o que é ótimo, ainda que grande parte dos £ 38 milhões arrecadados tenha sido desperdiçada. A organização engajou-se na defesa de seus direitos de imagem contra pessoas que fabricavam mercadorias relacionadas com Diana (pratos, bonecas, camisetas) e o dinheiro começou a ir pelo ralo para pagar honorários de advogados. Ao perderem a causa contra uma empresa americana chamada Franklin Mint, tiveram de desembolsar milhões num acordo para encerrar um processo por falsa acusação de crime. Quaisquer que fossem os argumentos contra e a favor, achei que a atitude pegou mal, como se o fundo estivesse mais interessado em usar o dinheiro arrecadado numa disputa em torno de patentes do que na eliminação de minas terrestres, na ajuda a mulheres desassistidas ou em todas as suas demais frentes.

A coisa chegou a um ponto em que a longevidade do single começou realmente a me incomodar. Seu sucesso implicava a exibição de imagens do funeral de Diana no *Top of the Pops* uma semana após a outra – parecia que as pessoas refestelavam-se com sua morte, como se o luto tivesse perdido as estribeiras e todos se recusassem a seguir em frente com suas vidas. A mim parecia insalubre – mórbido, anormal. Não creio que Diana quisesse algo assim. E, sim, creio que a mídia cruzara a fronteira entre refletir o estado de espírito do povo e atiçá-lo deliberadamente, pois vendia jornais assim.

Estava ficando ridículo e eu não queria fazer mais nada que ajudasse a prolongar a situação. Quando Oprah Winfrey me convidou para ir a seu *talk show* nos EUA e falar sobre o funeral, me recusei. Não permiti que a versão de "Candle in the Wind" constasse de um CD beneficente lançado para celebrar a vida de Diana. Ela jamais entrou em algum Greatest Hits meu e nunca foi relançada. Cheguei até mesmo a parar de cantar ao vivo a versão original da canção durante alguns anos: julguei que o público precisava de um descanso. Quando voltei à estrada naquele outono, mantive distância dela e rememorei Gianni e Diana por meio de uma canção chamada "Sand and Water", de um álbum da cantora e compositora Beth Nielsen Chapman lançado no dia do assassinato de Gianni. Eu a havia tocado inúmeras vezes em Nice: "I will see you in the light of a thousand suns, I will hear you in the sound of the waves, I will know you when I come, as we all will come, through the doors beyond the grave".* Sempre procurei evitar o assunto ao falar com jornalistas: o nerd de paradas de sucesso que reside em mim adorava ser o autor do maior single já lançado desde o início da computação das paradas, mas, dadas as circunstâncias, preferia não me estender no tema. Quando a morte de Diana completou vinte anos, dei uma entrevista a respeito do trabalho dela com a Aids, e especificamente porque o príncipe Harry me pediu para fazê-lo.

Talvez houvesse ainda algo pessoal entranhado em meus sentimentos a respeito do single. Aquele havia sido um verão estranho, horrível. Desde que Gianni morrera, a sensação era de que o mundo havia saído do eixo e enlouquecido: seu assassinato, seu funeral, a reconciliação com Diana, as semanas na casa na França a cuidar de Antonio, parceiro dele, a morte de Diana, o funeral dela, o fuzuê em torno de "Candle in the Wind". Não é que eu quisesse me esquecer de tudo; queria apenas que a vida voltasse a exibir algum semblante de normalidade. Voltei a trabalhar, portanto. Saí em turnê. Pus à venda um monte das minhas antigas roupas num evento em prol da AIDS Foundation chamado "Fora do Armário". Gravei uma canção

---

* "Enxergarei a ti na luz de mil sóis / Escutarei a ti no som das ondas / Reconhecerei a ti ao transpor, como todos o faremos, as portas do além-túmulo."

para a série de animação *South Park*, o que me parecia o mais distante possível de cantar "Candle in the Wind" num funeral de Estado. Comecei a discutir a possibilidade de uma turnê conjunta com Tina Turner, uma boa ideia que rapidamente degringolou para o desastre. Quando ainda estávamos na fase de planejamento, ela me ligou em casa com a aparente intenção de dizer o quanto eu era horrível e teria de mudar caso fôssemos trabalhar juntos. Não gostava do meu cabelo, não gostava da cor do meu piano – que, por alguma razão, teria de ser branco – e não gostava das minhas roupas.

"Você usa Versace demais e te deixa gordo. Tem que usar Armani", anunciou.

Já antevia o pobre Gianni a se revirar na tumba só com a ideia: as casas Versace e Armani nutriam um ódio cordial uma pela outra. Armani dizia que as roupas de Versace eram demasiado vulgares; Gianni achava Armani inacreditavelmente sem cor e sem graça. Desliguei e caí em prantos: "Parecia a porra da minha *mãe*", me queixei a David. Tendo a achar que desenvolvi casca grossa ao longo de todos esses anos, mas ouvir uma das maiores artistas de palco de todos os tempos – alguém com quem eu pretendia colaborar – explicar em detalhes como odeia tudo a seu respeito é uma experiência das mais deprimentes.

Não foi o mais auspicioso dos inícios para nossa relação de trabalho. O incrível é que ficaria ainda pior. Aceitei me apresentar com ela num grande evento chamado VH1 Divas Live: iríamos tocar "Proud Mary" e "The Bitch Is Back". Minha banda começou a ensaiar alguns dias antes de mim para sentir como seria o trabalho com uma cantora diferente. Quando chegou minha vez, fui saudado não pela grata imagem de músicos a confraternizar em torno da linguagem comum da música, mas pela notícia de que, se saísse em turnê com Tina Turner, ninguém da banda me acompanharia por motivos de ela ser um "inferno da porra". Perguntei qual era o problema.

"Você vai ver", suspirou premonitoriamente Davey Johnstone.

Ele estava certo. Tina não se dirigia a nenhum dos músicos pelo nome – limitava-se a apontar para eles e gritar "Ei, você!" quando queria chamar-lhes a atenção. Demos início a "Proud Mary". Soava muito bem. Tina interrompeu a canção, insatisfeita.

"Ei, você", gritou, apontando para meu baixista, Bob Birch. "Está tocando errado."

Ele assegurou-lhe que não estava e reiniciamos a canção. Mais uma vez, Tina deu um berro para que parássemos. Dessa vez pôs a culpa no meu baterista, Curt. A coisa continuou assim por algum tempo, um para-e-começa a cada trinta segundos, cada hora pondo a culpa num músico diferente até Tina descobrir a verdadeira causa do problema. Dessa vez seu dedo apontou para mim.

"É você! Você não está tocando direito!"

Perguntei como assim.

"Você não está tocando direito!", disparou. "Não sabe tocar essa canção!"

A discussão subsequente quanto a eu saber ou não tocar "Proud Mary" logo virou um arranca-rabo, até eu encerrá-lo mandando Tina Turner enfiar a canção no cu e saindo do palco num rompante. Sentei-me no camarim alternando entre soltar fogo pelas ventas e questionar qual era o problema dela. Já dei milhares de pitis, mas existe limite para tudo e um deles é a regra não escrita de que músicos não tratam outros músicos feito lixo. Talvez fosse insegurança dela. Havia sido tratada de forma horrível no início da carreira, comera o pão que o diabo amassou por anos, sendo passada para trás, espancada, manipulada. Talvez tudo aquilo tivesse afetado a forma como se comportava perante as pessoas. Fui ao camarim dela e pedi desculpas.

Segundo Tina, o problema era que eu improvisava demais, acrescentando firulas e sequências de notas ao piano. É como toco desde sempre, desde os primeiros dias da Elton John Band, quando nos deixávamos levar pela atmosfera do momento, trocando canções de lugar e modificando-as. É uma das razões pelas quais amo tocar ao vivo – a música sempre tem algo de fluida, não é sacramentada, sempre há espaço de manobra, os instrumentistas captam algo uns dos outros e assim se revigoram. No palco, nada é melhor do que ouvir alguém em sua banda fazer algo inesperado que soa fantástico na hora. Trocamos olhares, assentimos, rimos – *é disso que a gente gosta*. Mas Tina não via dessa forma. Tudo tinha de ser exatamente igual todas as vezes, tudo era ensaiado até as minúcias. Ficou claro ali mesmo que a turnê não daria certo, embora tenhamos feito as pazes depois: ela jantou conosco em Nice e deixou no livro de visitas um beijo com uma daquelas grandes marcas de batom tão características suas.

Como alternativa, agendei mais uma série de concertos com Billy Joel. Vínhamos excursionando juntos desde o início da década de 1990: juntos no palco, cantando canções um do outro. Achei uma ideia fantástica. Os dois eram pianistas, nossa abordagem musical era semelhante, apesar de Billy ser um compositor bem americano ao estilo da Costa Leste, como Lou Reed ou Paul Simon. Todos muito diferentes, mas percebe-se serem de Nova York mesmo que nada se saiba sobre eles. Tocamos juntos por anos, mas terminou mal em função de uma série de problemas pessoais de Billy, sendo álcool o mais sério. No camarim, ele tomava remédios para uma infecção pulmonar com bebida alcoólica; no palco, acabava caindo no sono no meio de "Piano Man". Despertava então, fazia uma mesura e voltava imediatamente ao bar do hotel, onde ficava até cinco horas da manhã. Acabei sugerindo-lhe que buscasse o mesmo tipo de ajuda que eu obtivera, e a atitude não me tornou muito popular. Ele me acusou de julgá-lo, mas juro que não era isso. Só não suportava mais ver um cara legal se autodestruir assim. Mas isto aconteceria no futuro. A princípio, as turnês com Billy foram ótimas: diferentes, divertidas de tocar, as plateias amavam, deram realmente certo.

Tratei de me ocupar bastante, portanto, o suficiente para dar a impressão de que a loucura do verão era passado. Mas o resto do mundo aparentemente não queria deixar de enlouquecer. Quando fomos novamente a Milão, reparei que por onde eu passava as pessoas se afastavam. Quando me viam, mulheres se benziam e homens levavam as mãos à virilha. Minha associação com Gianni e Diana os levava a me julgar amaldiçoado, como se fosse portador de mau-olhado ou algo assim. Nem se estivesse usando uma mortalha e carregando uma foice a recepção teria sido tão ruim.

E então, como se um bando de italianos agindo como se eu fosse o anjo da morte não fosse loucura suficiente, algo verdadeiramente insano ocorreu. Estava na Austrália, onde mal havia começado uma turnê com Billy em março de 1998, quando recebi um telefonema de David. Ele estava em casa, em Woodside, e me contou que as moças que iam toda semana até lá fazer os arranjos florais tinham dado uma passada para contar-lhe que não poderiam mais trabalhar para nós, pois não eram pagas havia mais de um ano e meio. Ele ligara para o escritório de John Reid para entender o que estava acontecendo e fora informado de que as floristas não eram pagas porque não havia dinheiro para pagá-las. Aparentemente eu estava indo à falência.

Aquilo não parecia fazer sentido algum. A posição oficial de John Reid e seu staff era que eu havia torrado tudo e mais um pouco. Não quero que me entendam mal: sei exatamente como sou e ninguém em hipótese alguma me chamaria de prova viva de frugalidade e parcimônia nas despesas do lar – bem, Gianni talvez. Gastava muito – tinha quatro casas, staff, carros, comprava obras de arte, porcelana, roupas de estilista – e às vezes recebia cartas duras dos contadores me orientando a cortar gastos. E, óbvio, não dava a mínima. Ainda assim, não entendia como poderia estar gastando mais do que ganhava. Nunca parei de trabalhar. Tocava ao vivo o tempo todo, turnês longas, cem ou 150 shows nos maiores lugares possíveis, sempre lotados. Meus álbuns recentes haviam sido disco de platina mundo afora. Sempre havia alguma coletânea saindo, e vendiam tão bem que eu me perguntava quem poderia estar comprando-as. Parecia inconcebível alguém gostar de "Your Song" ou "Bennie and the Jets" e não tê-las ainda em casa. A trilha sonora de *O rei leão* havia vendido 16 milhões de cópias, o filme arrecadara quase 1 bilhão de dólares, o musical batia recordes na Broadway.

Sentia haver algo errado, mas não fazia ideia do que poderia ser. Honestamente, não era tão interessado assim em dinheiro. Tive uma sorte inacreditável e ganhei muito dinheiro, mas ganhar muito jamais foi minha motivação. Óbvio, estaria mentindo se não admitisse ter gozado dos frutos do meu sucesso, mas a mecânica de como se ganhava dinheiro não me interessava em nada: se interessasse, teria feito contabilidade em vez de entrar para o Bluesology. Só queria tocar e fazer discos. Era competitivo, sempre quis saber as vendagens dos álbuns ou a bilheteria dos shows, vigiava minha presença nas paradas com olhos de águia, mas nunca perguntei quanto dinheiro ganhara, nunca quis examinar contratos e prestações de *royalties*. Nunca fui um exilado fiscal: sou inglês e quero viver primordialmente na Inglaterra. Não julgo quem o faz, mas não vejo sentido. Economiza-se dinheiro, mas não imagino que seja muito reconfortante fazer um balanço da vida e perceber que metade dela foi gasta à toa na Suíça se remoendo, cercado por outros exilados fiscais que também não querem estar lá. E, de um ponto de vista criativo, quero estar onde as coisas acontecem na música, e não é em Mônaco. Tenho certeza de que o principado tem muito a recomendá-lo, mas quando foi a última vez que você ouviu falar de uma nova banda genial de Monte Carlo?

Além disso, não precisava ficar de olho vivo nas minhas finanças. Até onde era capaz de entender, era isso o que John Reid fazia por mim. Esta era a base do contrato de gestão que havíamos assinado em Saint-Tropez na década de 1980. Eu lhe pagava 20% de meus ganhos brutos – uma quantia assombrosa para os padrões da maioria dos artistas – no entendimento de que tomaria conta de absolutamente tudo. Acho que a frase pela qual definíamos o arranjo era "serviço de Rolls-Royce". Eu poderia viver uma vida feliz de criatividade e prazer, desonerado de chatices triviais como fazer declarações de imposto de renda, checar o saldo do banco ou ler as letrinhas miúdas de contratos. Para mim fazia sentido, pois confiava plenamente em John. De uma forma ou de outra, estávamos juntos havia uma eternidade. Nosso relacionamento tinha bases mais sólidas do que um arranjo de negócios: por mais próximos que certos artistas pudessem ser de seus empresários, duvido alguém mais ter perdido a virgindade com o seu. Eu confiava nele, embora ocasionalmente questionasse se seu serviço de Rolls-Royce não precisaria de uma vistoria. Houve uma vez em que um tabloide conseguiu pôr as mãos em detalhes financeiros meus, incluindo uma das cartas dos contadores recomendando um corte de gastos. Fiquei convencido de ter sido um vazamento, mas na verdade um cara chamado Benjamin Pell havia encontrado o material vasculhando latas de lixo do lado de fora do escritório de John Reid. Informação confidencial havia sido descartada em plena rua sem antes ter passado pela fragmentadora, o que não depunha muito bem em nome da segurança da firma ou de seu cuidado com meus interesses: certamente parecia que o protocolo de administração de dados pessoais precisava de uma melhora.

E houve também o plano bolado por John para vender minhas gravações master. Segundo ele, eu receberia uma quantia astronômica de uma vez só e quem quer que as comprasse ganharia um *royalty* por venda de cada exemplar de um disco meu ou cada execução de uma música minha no rádio. Era um negócio de grande porte, pois abarcava não somente tudo o que eu gravara no passado como as canções que viesse a gravar no futuro. John trouxe advogados e gente da indústria musical para me convencer se tratar de uma excelente ideia, e eu concordei. Mas a quantia paga na assinatura acabou sendo bem menor do que eu esperava e acreditava valerem minhas masters. Pelo jeito, todos haviam prestado mais atenção ao bruto do que ao líquido. Retirada a comissão de John, pagos os advogados e os impostos, o dinheiro que restou não me pareceu suficiente para justificar abrir mão dos direitos de cada canção já gravada ou por gravar. Mas tirei aquilo da mente. De qualquer forma, havia sido suficiente para comprar a casa em Nice, decorá-la com obras de arte e mobília e garantir benefícios para todos ao meu redor. John ganhou sua comissão e eu decidi pagar as hipotecas de muita gente que trabalhava para mim: meu assistente pessoal Bob Halley, Robert Key, meu motorista Derek, Bob Stacey, que havia décadas era meu *roadie* e cuidava do meu guarda-roupa na estrada. Além disso, não queria ter de confrontar John a esse respeito.

Mas dessa vez tinha a sensação de que algo estava claramente errado. David e eu decidimos recorrer aos conselhos profissionais de Frank Presland, um advogado que trabalhara para mim antes. Ele concordou que algo parecia impróprio e me recomendou encomendar uma auditoria independente da John Reid Enterprises. Contei para John e, para ser justo, ele disse achar uma boa ideia e que ajudaria como pudesse.

Quando os auditores começaram a trabalhar, eu estava na Austrália. Passei a ter calafrios com cada telefonema de David, que diariamente me relatava suas reuniões com Frank Presland e os contadores. Certa noite ele ligou claramente assustado: havia sido contatado por Benjamin Pell, o mesmo sujeito que andara vasculhando as latas de lixo do lado de fora do escritório de John Reid. Pell alertou David que ele estava sendo observado, nossas linhas telefônicas estavam grampeadas e ele deveria tomar cuidado com o que falava. Esse tipo de história aparecia o tempo todo na imprensa britânica na época. Quão pior poderia ficar a situação?

No fim das contas, os auditores identificaram uma série de problemas a respeito da administração de vários aspectos financeiros. Eu, que evitava os telefonemas de John a essa altura, deixei a cargo de Frank Presland estabelecer o que iríamos contestar. Para resumir uma história longa e extremamente dolorosa, John fez um acordo conosco e, levando-se em conta sua situação financeira naquele momento, aceitou me pagar US$ 5 milhões.

É impossível descrever como me senti, pois meus sentimentos mudavam a cada instante. Fiquei desolado. Me senti traído – independentemente de filigranas legais, acreditava que John pensaria nos meus interesses em primeiro lugar e me avisaria se houvesse algo com que me preocupar. Fiquei furioso, e tanto comigo mesmo quanto com

John. Me senti um idiota de merda pela facilidade com que me esquivara de me envolver em meus próprios negócios. Fiquei constrangido. Mas, acima de tudo, me senti um covarde. Era inacreditável, mas continuava com medo de confrontá-lo sobre a situação e de criar uma celeuma. Estávamos juntos havia tanto tempo que não conseguia imaginar minha vida sem a presença de John. Desde quando ele aparecera no lobby do hotel Miyako, nossas vidas haviam estado totalmente enredadas. Havíamos sido amantes, amigos, parceiros, um time que sobrevivera a tudo: à fama, às drogas, aos socos, a toda a estupidez e todos os extremos envolvidos em ser Elton John. O que se puder imaginar aconteceu e nós dois aguentamos firmes: Sharon e Beryl. Sempre que alguém se queixava para mim de sua agressividade ou reclamava de seu temperamento, pensava na frase de Don Henley a respeito de Irving Azoff, o empresário dos Eagles: "Ele pode ser o demônio, mas é o *nosso* demônio". E agora estava tudo acabado.

John encerrou o contrato de gestão e abriu mão de sua participação em meus ganhos futuros. Fechou a John Reid Enterprises e se aposentou no ano seguinte. Quanto a mim, voltei à estrada. Tinha dívidas a pagar.

QUINZE

Uma das muitas coisas que amo em Bernie é não ter qualquer remorso em dizer a você que o último álbum que fizeram juntos – um álbum que vendeu milhões, chegou ao Top 10 no mundo todo e gerou uma sequência de singles de sucesso – é um desastre de proporções inimagináveis e exige uma reunião urgente de contenção de danos para nos assegurarmos de que nada semelhante jamais ocorra de novo. Bernie e eu estávamos na crista de uma onda comercial. Havíamos feito dois novos álbuns, *Made in England*, em 1995, e *The Big Picture*, no outono de 1997, e ambos haviam se saído muito bem: disco de platina por toda parte, da Austrália à Suíça. Mas *The Big Picture* era o problema, na opinião de Bernie. Odiava tudo a seu respeito: as canções, as letras dele, a produção, o fato de o termos gravado na Inglaterra e ele ter tido de voar dos EUA até lá para as sessões. O resultado final, opinava ele, sentado na varanda de nossa casa em Nice três anos depois, era impessoal, chato, uma merda comercialoide. Aliás, continuava ele, se animando cada vez mais, era o pior álbum que já tínhamos feito.

Também não sou um grande fã de *The Big Picture*, mas Bernie parecia estar pegando um pouco pesado demais. Certamente não o achava tão ruim quanto *Leather Jackets*, ainda que, para ser honesto, isso não queira dizer muita coisa. *Leather Jackets*, vocês devem se lembrar, não foi bem um álbum e sim um exercício em tentar fazer música cheirando cocaína suficiente para perder por completo a sanidade. Mas mesmo essa débil defesa não colava. Não, insistia Bernie, *The Big Picture* era ainda pior.

Eu não concordava, mas Bernie estava claramente puto, o bastante para voar de sua casa nos Estados Unidos até o Sul da França para tocar no assunto. E sem dúvida o que ele dizia fazia algum sentido. Eu vinha ouvindo muito o álbum *Heartbreaker*, de Ryan Adams. Tratava-se no fundo de um cantor e compositor de country-rock estilo clássico – eu o conseguia imaginar no palco do Troubadour na década de 1970. E no entanto seu disco continha uma solidez e um viço ausentes de *The Big Picture*, que na comparação soava estranhamente datado e comportado. Talvez eu tivesse me desconcentrado quanto aos meus álbuns solo. Desde o sucesso de *O rei leão*, me interessara cada vez mais por trilhas de cinema e teatro. Havia composto a partitura de uma comédia chamada *A musa*, além de uma peça instrumental para *Conversa de mulheres*, uma comédia dramática inglesa que David havia produzido. Não se tratava de canções, mas sim de legítimas partituras instrumentais, para as quais eu tinha de me sentar em frente a uma tela exibindo o filme e criar trinta ou sessenta segundos de música adequados a cada cena. Achei que seria chato, mas amei de verdade. É um trabalho incrivelmente inspirador quando se acerta, pois é possível ver, literalmente, o efeito que a música tem, como um pequeno trecho dela já pode mudar por completo a cara de uma cena ou sua carga emocional.

E Tim Rice e eu havíamos escrito canções para a animação da DreamWorks *O caminho para El Dorado* – o tal filme que prometera a Jeffrey Katzenberg fazer – e, na sequência, composto outro musical teatral, *Aida*. Este último, trabalho muito mais árduo do que *O rei leão*. Houve problemas com o cenário, trocas de diretor e designer, e saí furioso no meio do primeiro ato de uma das pré-estreias na Broadway ao me dar conta de não terem mudado os arranjos de algumas canções como eu solicitara. Se pedir com educação não me fazia ser ouvido, talvez sair pisando firme corredor acima direto para a rua o fizesse. Mas o trabalho árduo – e, aliás, sair pisando firme também – compensou. O espetáculo ficou quatro anos em cartaz na Broadway, ganhamos um Grammy e um Tony de Melhor Partitura. E já havia me ocorrido nova ideia para um musical. Havíamos assistido *Billy Elliot* no Festival de Cannes, ocasião na qual temo ter feito uma cena. Não fazia ideia da temática do filme. Achei que seria uma comediazinha britânica agradável com Julie Walters. Entrei totalmente despreparado para seu efeito emocional sobre mim. A cena em que o pai vê o menino dançar no ginásio e percebe ter um filho talentoso, ainda que não compreenda esse talento; o final, quando o pai assiste a sua apresentação, se comove e sente orgulho do menino; era tudo familiar demais. Foi como se alguém tivesse filmado minha história com meu pai e acrescentado um final feliz ao invés do que ocorrera na vida real. Não dei conta de ver tudo aquilo na tela. Fiquei tão abalado que David teve literalmente de me amparar para sairmos da sala de projeção. Se não o tivesse feito, talvez estivesse sentado lá dentro até hoje, me debulhando em lágrimas.

Consegui me recompor o suficiente para comparecer à recepção após a sessão. Estávamos conversando com o diretor do filme, Stephen Daldry, e o roteirista, Lee Hall, quando David mencionou achar que daria um bom musical para o teatro. Achei que fazia sentido. Lee também, embora quisesse saber quem escreveria as letras. Respondi que ele mesmo: era a história dele, nascido em Easington, onde o filme se passava. Apesar de alegar nunca ter escrito uma letra na vida, ele disse que tentaria. O material que nos apresentou foi inacreditável. Era um talento natural. Não precisei mudar um único verso escrito por ele e o melhor era tratar-se de algo completamente diferente de quaisquer outros versos que eu já tivesse musicado. Suas letras eram fortes, políticas: "You think you're smart, you Cockney shite, you want to be suspicious – while you were on the picket line, I went and fucked your missus".* Havia canções sobre desejar a morte de Margaret Thatcher. Uma que ficou de fora da versão final da peça chamava-se "Only Poofs Do Ballet".** Mais um desafio completamente novo. Talvez, na comparação, a ideia de gravar o 27º álbum de Elton John soasse rotineira.

Mas quem sabe não houvesse uma forma de mudar essa rotina? Em Nice, Bernie começara a falar com saudade da forma como fazíamos álbuns na década de 1970: gravados em fita analógica, sem acrescentar muita coisa depois, piano bem à frente das canções, em destaque. Engraçado, vinha pensando a mesma coisa. Talvez por ter visto *Quase famosos*, filme de Cameron Crowe e uma espécie de carta de amor ao rock do início da década de 1970, encarnado na fictícia banda Stillwater. "Tiny Dancer" é usada numa cena: toda a banda

---

* "Você se acha tão esperto, Cockney de merda, desconfiado à toa/ Enquanto fazia piquete, fui lá e meti na sua patroa."
** "Só boiolas fazem balé."

começa a cantá-la em coro no ônibus de excursão. Aquela cena transformou "Tiny Dancer" da noite para o dia num de meus maiores sucessos. As pessoas se esquecem que, ao ser lançada em 1971 como single, fracassou. Nos EUA, não ficou nem no Top 40; na Inglaterra, a gravadora nem quis lançá-la. Quando apareceu na trilha de *Quase famosos*, creio que muita gente não fizesse ideia do que fosse ou quem a cantava. Talvez o filme tenha posto algumas ideias no meu subconsciente sobre o tipo de artista que eu era e como minha música era feita e percebida antes de eu me tornar um nome gigantesco.

Não era como se quisesse atrasar o relógio. Meu interesse em fazer música retrô era nenhum. Acho que nostalgia pode virar uma séria armadilha para um artista. Quem relembra os bons e velhos tempos o faz naturalmente com lentes cor-de-rosa. No meu caso em particular isso poderia ser perdoável, por tratar-se de uma época na qual eu literalmente usava óculos com lentes cor-de-rosa, sem falar nas luzes a piscar e penas de avestruz acopladas à armação. Mas quem se convence de que tudo no passado era melhor do que agora faria melhor em deixar de compor e se aposentar.

O que, sim, me agradava era a ideia de recapturar aquele espírito, aquela mesma sinceridade que ouvia na música de Ryan Adams: mais despojamento, foco na música e tão somente nela, sem se preocupar se faria sucesso ou não. Retroceder para avançar.

Assim fizemos o álbum seguinte, *Songs From the West Coast*. Saiu em outubro de 2001; havia anos a crítica não recebia tão bem um disco meu. Bernie fez letras poderosas, simples, diretas: "I Want Love", "Look Ma, No Hands", "American Triangle", esta uma canção pungente, raivosa, sobre um crime de homofobia, o assassinato de Matthew Shepard no Wyoming, em 1998. Usamos um estúdio em LA, onde havia anos não gravávamos, e um novo produtor, Pat Leonard, mais conhecido pelo trabalho com Madonna, mas com sólida base em rock da década de 1970. Era hilário: tratava-se do coautor de "Like a Prayer" e "La Isla Bonita", mas sua obsessão era Jethro Tull. Provavelmente preferiria que Madonna se apresentasse tocando flauta equilibrada numa perna só.

O disco soou bem californiano. Compor lá é muito diferente de fazer um disco em Londres, onde chove todo dia. O calor de certa forma se entranha nos ossos, ajuda a relaxar e a luz do sol se reflete na música. Amei o resultado e usei o mesmo método em vários álbuns desde então: pensar sobre o que fizera no passado, extrair uma ideia e desenvolvê-la de forma diferente. Com o álbum seguinte, *Peachtree Road*, foi igual: um mergulho nas influências country e soul de *Tumbleweed Connection* e em canções como "Take Me to the Pilot". *The Captain and the Kid* foi uma continuação de *Captain Fantastic and the Brown Dirt Cowboy*, e Bernie escreveu sobre o que aconteceu conosco depois de irmos aos EUA em 1970: daquele ônibus de dois andares imbecil que foi nos pegar no aeroporto até a forma como nossa parceria se interrompeu temporariamente. Em *The Diving Board*, eu, um baixista e um baterista, a mesma formação da Elton John Band original, fazíamos coisas que nunca fizera antes, improvisando passagens instrumentais entre as canções. *Wonderful Crazy Night* foi feito com a cabeça mais voltada para o lado pop de *Don't Shoot Me I'm Only the Piano Player* e *Goodbye Yellow Brick Road*. Gravei-o em 2015, quando o noticiário era depressão pura: eu queria algo leve e divertido, certa dose de escapismo, colorido vibrante e violões de doze cordas.

Esses álbuns não chegaram a fracassar, mas também não foram grandes sucessos comerciais. É sempre frustrante a princípio quando isso ocorre com um disco que você julga brilhante, mas é preciso levar na esportiva. Não eram comerciais, não havia neles canções com potencial para singles; *The Diving Board*, em especial, era incrivelmente sombrio e deprimente. Mas eram os álbuns que eu queria fazer, trabalhos que, a meu ver, ainda poderei ouvir dentro de vinte anos e dos quais sentirei orgulho. Teria adorado se tivessem chegado ao topo da parada, é claro, mas já não era o mais importante. Tive a minha época de vender zilhões de discos, foi fabuloso, mas logo que tudo teve início, senti que não duraria para sempre. Quem acreditar que durará pode vir a ter problemas terríveis. Honestamente, acho que este foi um dos fatores na perda da saúde mental de Michael Jackson: convencer-se de poder fazer um álbum ainda maior do que *Thriller* e ficar arrasado a cada tentativa frustrada.

Imediatamente antes de começarmos a trabalhar em *The Captain and the Kid*, me pediram para fazer uma residência no Caesars Palace, em Las Vegas, onde haviam acabado de construir um novo teatro enorme, o Colosseum. Céline Dion estava fazendo shows por lá na época e queriam que eu fosse o próximo. Minha reação imediata foi não querer aceitar. Na minha mente, Las Vegas ainda estava ligada ao circuito de cabarés do qual eu fugira em 1967. Era o território do

Rat Pack e de Donny e Marie Osmond. Era o território daquele Elvis que eu conhecera em 1976 (sete anos em Vegas visivelmente não haviam lhe feito muito bem) e de cantores de smoking dizendo à plateia "sabe, uma das maravilhas do showbiz...". Mas comecei a matutar se não seria possível fazer de um show em Vegas algo totalmente diferente. O fotógrafo e diretor David LaChapelle havia dirigido um ótimo vídeo para um dos singles de Songs From the West Coast, "This Train Don't Stop There Anymore". Nele, Justin Timberlake dubla a canção no *backstage* de um show, vestido igual a mim na década de 1970, com direito a um sósia de John Reid ao fundo batendo num repórter e derrubando o quepe de um policial. Amei o resultado e o sondei com vias a conceber todo um show. Disse-lhe para fazer o que lhe desse na telha, deixar a imaginação voar, ser tão escandaloso quanto possível.

Quem conhece alguma coisa do trabalho de David sabe que não se diz uma frase como essa para ele impunemente. David é brilhante, mas naquela fase de sua carreira não se dignaria a fazer o favor de bater uma foto de alguém numa atração turística sem antes vestir a pessoa de Jesus Cristo e encarapitá-la em cima de um flamingo gigante de pelúcia, cercada por sinais em néon e rapazes musculosos vestidos com coquilhas de couro de serpente. Estamos falando do homem que fotografou Naomi Campbell vestida como uma lutadora de luta livre de topless, pisando na cara de um homem com botas de salto agulha e observada por anões mascarados. Num de seus ensaios de moda, uma modelo vestida impecavelmente se posta ao lado do cadáver de uma mulher morta pela queda de um ar-condicionado de uma janela, sua cabeça esmigalhada na calçada numa poça de sangue. Sabe-se lá como, havia convencido Courtney Love a posar como Maria Madalena, e o Jesus seminu no seu colo remetia ao cadáver de Kurt Cobain. Para meu show em Las Vegas, ele concebeu um cenário cheio de sinais em néon, além de bananas, cachorros-quentes e batons infláveis: não era nem preciso ter a mente suja para reparar que todos lembravam muito pênis eretos. Dirigiu uma série de vídeos para cada canção, arrojados, ferozes e descaradamente gays. Havia uma reconstrução da minha tentativa de suicídio em Furlong Road na década de 1960: era literalmente uma dramatização, pois fazia a situação parecer um drama absurdo em vez de patética ao extremo. Havia ursinhos de pelúcia azuis patinando no gelo e alimentando anjos homoeróticos com mel. Havia filmetes com gente cheirando cocaína na bunda de um rapaz nu. Numa cena, a modelo transexual

Amanda Lepore sentava-se nua numa cadeira elétrica e fagulhas voavam de sua vagina. O show se chamava *The Red Piano*, um nome dos mais inócuos levando-se em consideração seu real conteúdo.

Para mim tudo só confirmava a genialidade de David LaChapelle. Tive certeza de termos acertado quando reparei em algumas pessoas indo embora revoltadas e quando minha mãe me disse ter odiado. Ela foi à primeira noite, sinalizou sua aversão a tudo o que ocorria no palco pondo óculos escuros acintosamente com cinco minutos de show, foi ao *backstage* com cara de poucos amigos e saiu dizendo a todos que era tão horrível que iria acabar com a minha carreira da noite para o dia. Sam Taylor-Wood também foi – David e eu a conhecíamos por meio da comunidade das artes plásticas. Eu adorava as fotografias de Sam: comprara sua versão da *Última ceia* de Leonardo da Vinci e chamara-a para dirigir o vídeo de outro single de *Songs From the West Coast*, "I Want Love". Ela ficou possessa com a reação de minha mãe. "Minha vontade foi de tirar o sapato", disse, "e atirar na cabeça dela". Verdade seja dita, ela não conhecia minha mãe tão bem. A má vontade constante que tivera início em meados da década de 1970 continuara inabalável desde então: a mulher não gostava de *nada*. Eu já estava acostumado, deixava para lá ou ria, mas outras pessoas ainda se chocavam ao testemunharem a situação.

Algumas pessoas odiaram *The Red Piano* por não ser o que esperavam, e a ideia era justamente essa. Esperarem o que esperavam só mostrava que não haviam prestado muita atenção ao resto da minha carreira. Sua base sempre fora performances ao vivo chocantes e espalhafatosas. A residência em Las Vegas funcionou, pois tinha a ver com minha persona e com a imagem que promovera no passado. Não se tratava apenas de uma penca de imagens chocantes artificialmente enxertadas para causar sensação, mas sim de outra forma de retroceder para avançar, uma atualização dos shows da década de 1970 em que atrizes pornô famosas me davam as boas-vindas ao palco e Divine entrava junto comigo toda montada. Não obstante uma ou outra carta furiosa aos meus empresários e minha mãe rogando praga, foram shows muito bem-sucedidos e a meu ver inovadores também. Talvez tenham mudado um pouco a imagem de Las Vegas, a tenham vendido ao mundo como um lugar menos showbiz, um pouco mais antenado, onde Lady Gaga, Britney Spears ou Bruno Mars pudessem se apresentar sem ninguém estranhar.

No Reino Unido, a lei referente a uniões gays estava mudando. Ao final de 2005, foram legalizadas uniões civis entre casais do mesmo sexo, equivalentes a casamentos em tudo menos no nome, afora tecnicidades sem muito peso. David e eu conversamos e resolvemos que teríamos de estar na frente da fila. Já estávamos juntos havia mais de dez anos e tratava-se de uma lei incrivelmente importante para casais gays. A Aids levara muitas pessoas a perder seus parceiros e então descobrirem-se totalmente privadas de direitos conjugais. Famílias de namorados falecidos apareciam espumando de ódio para tirar os parceiros da jogada por completo – por ganância ou por nunca terem gostado do fato de seu filho ou irmão ser gay – e eles perdiam tudo. Embora tivéssemos debatido o assunto de forma bastante adulta e sensata, ainda assim consegui surpreender David, pedindo-o em casamento durante um jantar que oferecíamos aos Scissor Sisters em Woodside. Fiz tudo de acordo com o figurino, apoiando-me num dos joelhos. Mesmo ciente de que ele diria sim, ainda assim foi um momento adorável. Mandamos reconsagrar os anéis que havíamos comprado um para o outro em Paris naquele fim de semana em que achei que poderia permanecer incógnito vestindo toda a coleção masculina primavera-verão de Versace de uma só vez.

    A nova lei passou a valer no início de dezembro e havia um período regulamentar de espera de quinze dias. O primeiro dia em que poderíamos registrar nossa união civil legalmente seria 21 de dezembro. Havia muito a fazer. A cerimônia seria no Guildhall, em Windsor, mesmo local onde o príncipe Charles se casara com Camilla Parker-Bowles. Seria um evento privado, íntimo: só eu e David, mamãe e Derf, os pais de David, nosso cão Arthur, Ingrid, Sandy e nossos amigos Jay Jopling e Sam Taylor-Wood.

    A ideia original era uma enorme recepção à noite nos estúdios de Pinewood, mas o cerimonial conseguiu a proeza de nos apresentar um orçamento que até eu achei um absurdo. Lembro-me de examiná-lo e pensar: "Com esse dinheiro, vou ao departamento de Grandes Mestres da Pintura da Sotheby's e faço a festa". Não conseguimos encontrar outro lugar para sediar a recepção – estávamos às vésperas do Natal, todos os locais já estavam reservados – e decidimos oferecê-la em Woodside. Foram erguidas três tendas interligadas no terreno da propriedade: a primeira para a recepção, a segunda para o jantar e a terceira, uma enorme pista de dança. Teríamos música ao vivo: James Blunt iria cantar, e Joss Stone também. Seriam seiscentos convidados. David insistiu para definir ele mesmo onde todos se sentariam. Era hipermeticuloso. Uma de suas pinimbas eternas é o tipo de festa onde as pessoas são acomodadas a esmo e você acaba por se sentar ao lado de um completo estranho. Além disso, tínhamos de exercitar algum grau de cautela, pois a lista de convidados era tão eclética quanto possível: havíamos chamado gente de absolutamente todas as áreas de nossas vidas. Para mim era motivo de orgulho termos uma festa com a presença de membros da Família Real bem como de alguns dos astros do estúdio pornô gay BelAmi, mas talvez não fosse uma boa ideia colocá-los na mesma mesa. David coordenou tudo com o maior cuidado em torno do que chamava de tribos: havia uma mesa para os astros do esporte convidados, outra para o pessoal do universo da moda, uma para os ex-Beatles e seus asseclas. E eu pus minha marca pessoal em seus esforços tão meticulosos, arruinando-os.

Psicólogos têm uma teoria de que pessoas amaldiçoadas com uma personalidade propensa ao vício conseguem se viciar em praticamente qualquer coisa. Passei grande parte da primeira metade dos anos 2000 procurando prová-la com a ajuda da fragmentadora de papel que compramos para nosso escritório em Woodside. Não sei bem como minha obsessão começou. Em parte foi fundamentada pela necessidade de segurança: afinal, nossos extratos bancários tinham ido parar nas bancas de jornais porque algum idiota no escritório de John Reid os jogara fora intactos. Mas acima de tudo havia algo difícil de definir, mas muito satisfatório, no uso de uma fragmentadora de papel: o som, a visão do papel desaparecendo lentamente dentro dela e saindo pelo outro lado em tiras. Era uma delícia. Poderia me sentar num quarto cheio de obras de arte de valor inestimável e não achar nenhuma tão fascinante quanto ver um velho itinerário de viagem ser dizimado.

Mas se não sei como a obsessão começou, sei exatamente quando ela terminou. Foi cerca de dois minutos depois de ver o estado do cômodo onde David trabalhava na organização dos convidados nas mesas – era papel para todo lado – e resolver ser aquela uma ótima oportunidade para ajudá-lo dando uma arrumada no ambiente e alimentar minha crescente paixão por fazer confete a partir de velhos documentos. Não lembro quantas páginas do meticuloso plano de mesas de David consegui enfiar na fragmentadora antes de ele aparecer desavisado e começar a gritar. Nunca o ouvira berrar daquele jeito na vida: David nunca foi dado a erupções vulcânicas temperamentais, mas pelo jeito, ao longo de doze anos de relacionamento comigo, vinha observando em silêncio o mestre e esperando pelo momento certo de pôr em prática as lições aprendidas. Começou a descrever desvairadamente cenas de constrangimento social incontornável, tais como astros do BelAmi explicando seu trabalho em *Boys Like It Big 2* para a mãe dele ou a tia Win. Gritava tão alto que dava para ouvi-lo na casa toda. Pelo menos dentro do nosso quarto, no andar de cima, escutava-se tudo com clareza. Eu sei porque foi onde decidi me esconder, trancando a porta por precaução. Não que achasse que ele iria de fato dar na minha cabeça com a fragmentadora, mas sabe lá. Pela gritaria vinda lá de baixo, não era algo inteiramente impensável.

De resto, os preparativos para a cerimônia foram dos mais tranquilos. Nosso amigo Patrick Cox nos ofereceu uma incrível despedida de solteiro dupla numa boate gay do SoHo chamada Too 2 Much. Foi hilária, uma performance completa de cabaré. Paul O'Grady foi o mestre de cerimônias e fez um dueto com Janet Street-Porter. Sir Ian McKellen foi vestido de Viúva Twankey. Bryan Adams cantou e Sam Taylor-Wood fez uma versão de "Love to Love You Baby". Elizabeth Taylor e Bill Clinton nos mandaram mensagens em vídeo, exibidas entre performances da famosa dupla de *drag queens* de Nova York Kiki and Herb e de Eric McCormack, o Will de *Will & Grace* e velho amigo de escola de David em Ontário. Jake Shears, do Scissor Sisters, se animou a tal ponto que tirou toda a roupa e exibiu suas habilidades de *pole dancing* aprendidas em clubes de strip-tease de Nova York antes de a banda fazer sucesso. Que noite.

Na manhã da cerimônia, fazia sol com tempo frio e seco, um belo dia de inverno. Havia certa atmosfera mágica de manhã de Natal na casa, em meio a todo o alvoroço. Tínhamos hóspedes: a família de David havia chegado do Canadá e meu velho amigo de colégio Keith Francis viera com a esposa da Austrália. Do lado de fora havia gente dando os retoques finais nas tendas e testando as luzes de Natal penduradas nas árvores. Na noite anterior, havíamos visto no noticiário da TV uma reportagem sobre as primeiras uniões civis na Irlanda do Norte – o período de registro lá havia sido mais curto – e como os casais se depararam com protestos do lado de fora de suas cerimônias, evangélicos a berrar coisas sobre "propaganda sodomita", gente jogando sacos de farinha e ovos. Fiquei genuinamente preocupado – se isso estava acontecendo com gente comum, que tipo de recepção poderia esperar um casal gay realmente famoso? David me assegurou de que tudo daria certo: a polícia estava ciente da ameaça e havia delimitado uma área para quem quisesse protestar na qual eles não teriam como arruinar o dia. Contudo, as notícias que chegavam de Windsor eram de gente ocupando as ruas em clima de festa. Ninguém queria nos atacar: as pessoas nos traziam faixas, bolos e presentes. Caminhões da CNN e da BBC estavam do lado de fora e repórteres faziam matérias.

Desliguei a TV e disse a David para também não assistir nada. Queria aproveitar o momento juntos, sem nada para dispersar nossa atenção. Já havia me casado antes, é claro, mas dessa vez era diferente. Dessa vez era eu mesmo, sem máscaras, e podendo expressar meu amor por outro homem de uma forma que teria parecido inimaginável na época em que percebi ser gay ou quando me assumi na *Rolling Stone* – em parte pelo fato de ninguém falar em uniões civis ou casamento gay em 1976, em parte porque, na época, era tão provável para mim sustentar um relacionamento duradouro quanto ir a Marte. E no entanto ali estávamos nós. Meus sentimentos eram intensos: o momento não era somente pessoal, mas histórico, nós dois integrados a um mundo que mudava para melhor. Não me lembrava de jamais ter estado tão feliz.

Foi quando surgiu minha mãe, caracterizada como sociopata varrida.

O primeiro sinal de que havia algo de errado foi sua recusa a sair do carro. Ela e Derf haviam chegado a Woodside como previsto, mas se recusado terminantemente a entrar na casa. Apesar de todas as súplicas para que se juntassem a nós, ficaram por lá com expressões impassíveis. A família de David teve de passar pelo carro para dar alô pela janela. Qual era a porra do problema dela? Não tive a oportunidade de perguntar. O protocolo de segurança da cerimônia previa que todos os carros seguissem em comboio para o Guildhall. Mas mamãe nos informou que não iria com o comboio e nem compareceria ao almoço íntimo que ofereceríamos em Woodside após a cerimônia de união civil. E então deu a partida no carro e foi na frente.

Que ótimo. O dia mais importante da minha vida e o mau humor parecia ter se abatido sobre minha mãe, aquele mesmo mau humor tão temido por mim na infância e uma característica que eu mesmo herdara. A diferença é que eu conseguia deixar para lá rápido: percebia como estava agindo – caralho, não só estou agindo feito um babaca, estou *agindo feito a minha mãe* – e me apressava a pedir desculpas desesperadamente a todos. Mamãe nunca deixava para lá, nunca aparentava remorso, nunca parecia achar que estava errada ou que se portara mal. O menos pior dos cenários seria uma discussão horrível – na qual ela, como sempre, teria de ter a última palavra – seguida do arrefecer desconfortável dos ânimos, uma débil trégua até o próximo confronto. Com o passar do tempo, seu mau humor elevara-se a um nível épico, formidável. Era o Cecil B. DeMille do ovo virado, o Tolstói das duas pedras na mão. Estou exagerando, mas não muito. A mulher de quem falamos ficou dez anos sem dirigir a palavra à própria irmã devido a um desentendimento quanto a tia Win ter ou não colocado leite desnatado no chá dela. Uma mulher com tal dedicação incondicional ao mau humor que, em seu auge, fez as malas e saiu do país por causa dele. Foi na década de 1980: brigou ao mesmo tempo comigo e com um dos filhos do primeiro casamento de Derf e reagiu emigrando para a ilha espanhola de Minorca. Preferia ir morar noutro país do que recuar ou se desculpar. Não faz muito sentido tentar argumentar com alguém assim.

Enquanto via seu carro desaparecer a distância, pensava que ela bem podia estar em Minorca agora. Ou na Lua. Em qualquer lugar que não fosse a caminho da minha cerimônia de união civil, sobre a qual tinha o terrível pressentimento de que faria todo o possível para estragar. Nunca havia querido que ela fosse. Tinha um medo persistente de que fosse fazer algo assim, exatamente como no meu casamento com Renate. Entre outras razões, por isso eu insistira na época para me casar tão rápido e na Austrália – não queria mamãe presente. Mas dessa vez eu havia mudado de ideia algumas semanas antes, pensando que nem mesmo ela seria louca o bastante para criar caso. Pelo jeito, estava errado.

Ela não estragou o dia. Não *conseguiu*. A ocasião foi mágica demais, com toda a animação da multidão do lado de fora do Guildhall e, depois, a chegada dos carros a Woodside para a festa e o abrir de suas portas a revelar aparentemente todas as pessoas do mundo que eu conhecia e amava, como minha vida passando diante dos meus olhos na mais adorável das circunstâncias: Graham Taylor com Muff e Zena Winwood, Ringo Starr e George Martin, Tony King e Billie Jean King. Mas para ser justo com mamãe, ela se desdobrou para tentar atrapalhar. Enquanto David e eu proferíamos nossos votos, ouvíamos a voz dela, mais alta do que as nossas, a reclamar da escolha do local e como jamais cogitaria se casar num lugar assim. Quando foi a vez de as testemunhas assinarem a certidão de união civil, ela o fez, disse "pronto, taí", largou a caneta abruptamente e saiu. Foi bizarro: meu estado de espírito oscilava da euforia absoluta ao mais completo pânico quanto ao que ela ainda poderia aprontar. E o pior, não havia nada a fazer. Por experiência, sabia que tentar falar com ela equivaleria a acender o fuso de uma bomba que poderia destruir tudo e, ainda por cima, ela não teria o menor problema em fazê-lo na frente da imprensa mundial e de seiscentos convidados. Não me agradava que a cobertura da mais badalada união civil homossexual da Inglaterra incluísse passagens onde Elton John e sua mãe divertissem a nação gritando um com o outro nos degraus da entrada do Windsor Guildhall.

Na festa à noite, ela ficou de bico, resmungando e revirando os olhos durante os discursos. Queixou-se do plano de mesas: aparentemente não a haviam acomodado perto o bastante de mim e de David – "me botaram lá na Sibéria" –, embora achássemos que mais perto do que estava, só se sentasse no nosso colo. No decorrer da noite, passei a evitá-la. Foi fácil: havia muita gente com quem falar, gente que queria nos felicitar. Mas reparava de canto de olho no fluxo contínuo de pessoas que iam cumprimentá-la e voltavam rápido, de cara amarrada. Foi detestável com todos, por mais inócua que fosse a conversa. Jay Jopling cometeu o erro fatal de lhe perguntar "foi um dia lindo, não?", o que pelo jeito ela entendeu como provocação impiedosa. "Se você achou, que bom", disparou em resposta. Tony King conhecia mamãe e Derf havia anos, foi cumprimentá-los e, como prêmio, ouviu que estava envelhecido. Sharon Osbourne parou ao meu lado em dado momento enquanto eu a observava.

"Eu sei que é sua mãe", disse entredentes, "mas estou querendo matá-la."

Só fui saber o que causara aquela atitude muito tempo depois. À imprensa, ela alegou estar chateada por lhe terem dito que não poderia aparecer em foto alguma por não estar de chapéu, o que era pura lorota. A mãe de David queria comprar um chapéu para a cerimônia e ele se oferecera para levar as duas às compras, mas minha mãe não quis. Isso obviamente não foi problema algum, pois *ela está em todas as fotografias da família*. Os pais de David, na verdade, sabiam desde o início qual era o problema, mas preferiram não nos contar antes da cerimônia para que não ficássemos abalados. Como sempre se deram bem com minha mãe e Derf, já tendo até tirado férias juntos, ligaram para eles logo ao chegarem ao Reino Unido. Mamãe disse a eles que teriam de agir em conjunto para impedir a união civil de acontecer. Conforme lhes disse, ela não aprovava que dois homens "se casassem". Achava errado casais gays serem tratados da mesma forma que casais hétero. Todos com quem conversara haviam ficado horrorizados com a ideia. Iria prejudicar minha carreira. A mãe de David lhe disse que estava louca, que os filhos deles estavam fazendo algo extraordinário e mereciam o apoio dela. Mamãe bateu o telefone na cara dela.

Alguns anos depois, no meio de uma discussão acalorada, ouvi a frase eu mesmo da boca dela. Não fazia sentido. Mamãe sempre fora um inferno, mas jamais havia sido homofóbica. Tive seu apoio quando lhe contei que era gay; quando saí do armário na *Rolling Stone* e a imprensa começou a persegui-la, manteve-se imperturbável, disse aos repórteres que me achava corajoso e que não importava se era gay ou hétero. Como é que, de repente, trinta anos depois, minha sexualidade passara a ser um problema? Ou sempre havia sido e ela só se mantivera calada aquele tempo todo? Para mim, como de hábito, o verdadeiro problema era odiar a ideia de alguém ser mais próximo de mim do que ela. Havia sido fria com todos os meus namorados e com Renate, mas a situação era diferente agora. Ela sabia que nenhum daqueles namoros jamais daria em algo sério: eu era inconstante demais de tanta cocaína que cheirava. Com Renate eu havia me casado, mas mamãe sempre soube que não duraria, pois sabia que eu era gay. Mas agora estava sóbrio e vivia um relacionamento firme com um homem por quem era profundamente apaixonado. Encontrara um parceiro para toda a vida, algo que a união civil sublinhava. Ela não conseguia lidar com o corte tardio do cordão umbilical e essa ideia a consumia de tal forma que não conseguia enxergar um palmo adiante do nariz, não se importava com nada, nem mesmo com o fato de eu estar feliz afinal.

Bem, azar dela. Eu *estava* feliz afinal e não iria mudar para agradar a ninguém, por mais que fizessem bico. Quando se desse conta, talvez ela mudasse de ideia.

Muita coisa me fazia feliz. Não só na vida pessoal: somando os shows em Vegas, *Billy Elliot* e os novos álbuns, estava curtindo tanto fazer música que meu entusiasmo se tornou contagiante. David começou a se interessar pelo material que me inspirara no início da carreira, artistas e álbuns que não poderia ter conhecido na época original, pois era novo demais. Começou a fazer playlists no iPod com recomendações minhas. Levou-as para tocar no quarto do hotel quando saímos de férias para a África do Sul com nossas amigas Ingrid e Sandy. Se alguém quiser um exemplo de como uma amizade profunda, de vida inteira, pode se desenvolver a partir do menos auspicioso dos inícios, é só olhar para Ingrid e para mim. Conheci-a na época em que editava a revista *Interview* e estava escrevendo um perfil meu. Ou, refraseando, fiz todo o possível para evitar conhecê-la quando estava escrevendo um perfil meu: estava de mau humor e cancelei a entrevista. Ela retornou a ligação e disse que estava a caminho mesmo assim. Eu respondi que não era para vir, ela disse que iria mesmo assim. Mandei-a à merda. Encerrado o telefonema, ela se materializou na porta do meu quarto de hotel no que me pareceu questão de minutos. Poucos minutos depois, havia me apaixonado por ela. Ingrid tinha peito. Tinha opiniões. E opiniões que valia a pena ouvir, pois era claramente inteligente pacas. Havia se tornado editora da revista *Artforum* aos 27 anos e parecia conhecer tudo o que havia para conhecer – e todos que se poderia conhecer – nos mundos das artes plásticas e da moda. Não aturava palhaçada de ninguém, incluindo, estava na cara, eu. Era engraçada demais. No fim da tarde, não só havia conseguido a entrevista dela mas também o meu compromisso de escrever uma coluna para sua revista. Quanto a mim, experimentei a mesma sensação de quando fora apresentado a Gianni Versace: se ele era meu irmão de alma, Ingrid era a irmã que eu nunca tivera. Ligávamos um para o outro o tempo todo: amava falar com ela, em parte por ser uma tremenda fofoqueira, em parte porque sempre que o fazia, aprendia algo. Mas em especial porque ela sempre dizia a verdade, mesmo se a verdade não fosse o que você queria ouvir.

Ingrid nascera na África do Sul, mas saíra de lá ainda criança. Sua mãe corria risco de ser presa por estar envolvida no movimento antiapartheid. A família se mudou para Edimburgo e depois para Nova York. Mas Ingrid amava a África do Sul, e por isso ela e Sandy nos acompanharam nas férias. Certa noite estávamos nos arrumando para jantar, e o iPod de David fornecia a trilha sonora com uma de suas playlists do início da década de 1970. Enquanto ele estava no chuveiro, começou a tocar "Back to the Island", de Leon Russell, e me pegou totalmente desprevenido. É uma linda canção, mas muito triste: fala de perdas, arrependimento e da passagem do tempo. Sentei na cama e comecei a chorar. Leon no camarim do Troubadour, as turnês em que abri os shows dele, e os de Eric Clapton, e os do Poco: de repente tudo me pareceu já tão distante no tempo. Ouvia tanto aquela canção quando vivia na Tower Grove Drive. Ainda me lembrava nitidamente. O interior de madeira escura, a camurça na parede do quarto de dormir principal, a forma como a luz do sol batia na piscina pela manhã. Uma infinidade de gente entrando pela porta depois de o Whiskey, o Rainbow ou o Le Restaurant finalmente nos botarem para fora, as nuvens de erva californiana inebriante e os copos cheios de *bourbon*, os olhos azuis de um rapaz que chamei até o salão de jogos e se dizia hétero, mas cujo olhar indicava que poderia ser persuadido. Dusty Springfield voltando para lá depois de passar a noite rodando as boates gays da cidade e caindo do carro na entrada da casa. A tarde em que Tony King e eu experimentamos mescalina e acabamos aos gritos por causa de alguém da nossa turma que invadiu a cozinha e, inebriado, decidiu inventar um novo tipo de Bloody Mary, com uma tira de fígado cru pendurada no copo. Vimos aquilo e surtamos.

Mas minhas memórias de LA na década de 1970 eram cheias de fantasmas. Todos os astros mitológicos de Hollywood que eu me desdobrara para conhecer quando vivia lá haviam morrido de velhice. Ray Charles também. Eu fora a última pessoa a gravar com ele, uma canção para um álbum de duetos, 34 anos depois de ele me convidar a aparecer pela primeira vez na TV americana. Cantamos "Sorry Seems to Be the Hardest Word" sentados – ele estava fraco demais para ficar de pé. Pedi aos engenheiros uma cópia da fita, nem tanto pela música mas para ter um registro de nossa conversa entre os *takes*. Acho que queria mesmo era a prova de que aquilo havia ocorrido, que um garoto que sonhava ser Ray Charles de fato acabara conversando com ele como amigo. Mas havia outros fantasmas também, gente que não morrera de velhice, gente levada pela Aids ainda jovem, gente que bebera ou se drogara até morrer, gente morta em acidentes, gente assassinada, gente que morrera dos males que levam embora os desafortunados na casa dos cinquenta ou sessenta anos. Dee Murray, meu antigo baixista. Doug Weston, que conduzia o Troubadour. Bill Graham. Gus Dudgeon. John Lennon, George Harrison e Harry Nilsson. Keith Moon e Dusty Springfield. Uma infinidade de rapazes por quem me apaixonara, ou achava ter me apaixonado, na pista de dança da After Dark.

Ao sair do banheiro e me ver em prantos, David fez cara de decepção.

"Ai, meu Deus", suspirou. "O que foi?"

Àquela altura já tristemente habituado a lidar com minhas flutuações de humor, imaginou de cara que eu estava incomodado com algum aspecto de menor importância da viagem e que iria começar a gritar pedindo para irmos embora. Respondi que não era nada daquilo: estava só pensando a respeito do passado. No iPod, Leon ainda cantava: "Well, all the fun has died, it's raining in my heart, I know down in my soul I'm really going to miss you".* Deus do céu, como cantava aquele homem. O que teria acontecido com ele? Havia anos que ninguém mencionava seu nome. Peguei o telefone, liguei para meu amigo Johnny Barbis em LA e lhe pedi para averiguar o paradeiro de Leon. Ele me retornou com um número de Nashville. Liguei e uma voz atendeu. O som era mais grave do que na minha memória, mas era certamente ele – aquele mesmo sotaque arrastado de Oklahoma. Perguntei-lhe como estava. Respondeu que estava na cama, vendo *Days of Our Lives* na TV: "Tranquilo. Ganhando a vida". Era uma escolha de palavras. Leon tomara algumas decisões erradas em termos profissionais, tinha um monte de ex-mulheres e os tempos haviam mudado. Agora tocava onde conseguia. Um dos mais talentosos músicos e compositores do mundo, e vinha se apresentando em bares com telões exibindo jogos e em pubs, em festivais de cerveja e convenções de motoqueiros, em cidades das quais eu jamais ouvira falar no Missouri e em Connecticut. Contei para ele que estava no meio do nada, na África, ouvindo sua música e pensando no passado. Agradeci a ele por tudo o que fizera por mim e lhe disse quão importante era sua música na minha vida. Ele me pareceu genuinamente tocado.

"Muita gentileza sua", disse ele. "Muito obrigado."

Quando terminamos de falar, desliguei o telefone e fiquei olhando para ele. Algo não batia. Não sabia explicar por quê, mas sabia que não havia ligado para ele só para dizer aquelas coisas. Peguei o aparelho e disquei seu número de novo. Ele riu ao atender.

"Meu Deus! Quarenta e cinco anos sem ouvir falar de você e agora duas vezes em dez minutos?"

Perguntei se queria fazer um álbum, eu e ele, juntos. Houve um longo silêncio.

"Tá falando sério?", disse ele. "Você acha que eu consigo?" E suspirou. "Estou bem velho."

---

* "Bem, toda a diversão acabou / Chove no meu coração / E sei bem lá no fundo que sentirei demais a sua falta."

Respondi que estava velho também e que, se eu podia, ele também podia, caso quisesse, óbvio.

Ele riu de novo. "Porra, claro que quero."

Não foi um ato de caridade e sim pura indulgência minha: se alguém tivesse me dito em 1970 que um dia faria um álbum com Leon Russell, eu teria dado risada. E não foi tão fácil. Ele mencionara problemas de saúde no telefone, mas só ao chegar ao estúdio em LA me dei conta de quão doente Leon estava. Trazia à mente o típico patriarca debilitado de uma peça de Tennessee Williams: longa barba branca, óculos escuros e bengala. Tinha dificuldades para caminhar. Sentava-se na cadeira reclinável La-Z-Boy do estúdio umas duas horas por dia, cantava e tocava. Não conseguia ficar por mais tempo, mas o que fazia naquelas duas horas era incrível. Houve momentos em que me passou pela cabeça que talvez suas contribuições ao álbum viessem a ser lançadas postumamente. Um dia, seu nariz começou a escorrer: era líquido vazando do cérebro. Foi levado às pressas para o hospital para uma cirurgia e, enquanto estava lá, tratado por insuficiência cardíaca e pneumonia.

Mas conseguimos terminar o disco. Chamou-se *The Union* e chegou ao Top 5 nos EUA. Excursionamos juntos no outono de 2010, tocando em arenas com capacidade para 15 mil pessoas, lugares cujo interior Leon dizia não ver havia décadas. Em algumas noites, era levado ao palco de cadeira de rodas, mas não fazia a menor diferença quanto a como soava. Sempre matador.

E por obra e graça daquele álbum, Leon finalmente foi reconhecido. Assinou um novo contrato de gravação e entrou para o Rock and Roll Hall of Fame: fiquei tão feliz por ele que esqueci momentaneamente minha promessa de nunca mais cruzar de novo suas portas e me ofereci para fazer o discurso de honras. Ele ganhou dinheiro, comprou um novo ônibus e excursionou mundo afora, tocando em lugares maiores e melhores do que fizera em muitos anos. Excursionou até morrer, em 2016. E se você não viu um show dele, sinto muito. Perdeu. Leon Russell era o maior.

DEZESSEIS

Aconteceu pela primeira vez na África do Sul em 2009, num abrigo para crianças vivendo com HIV e suas consequências. Era no centro de Soweto, um lugar onde crianças órfãs e adolescentes forçados a tornarem-se arrimos de família podiam passar para obter algo de que precisassem, fosse uma refeição quente, aconselhamento ou apenas ajuda com o dever de casa. Estávamos visitando-o porque o lugar era financiado pela Elton John AIDS Foundation e haviam preparado uma apresentação para nós: as mulheres que o administravam e as crianças que dele se beneficiavam, explicando como funcionava. Um menino bem novo, vestido com o tipo de camisa estampada com cores vivas celebrizado por Nelson Mandela, me presenteou com uma pequena colher, um símbolo da indústria da cana-de-açúcar do país. Mas ele não voltou para sentar-se com as demais crianças. Não sei por quê – não fazia ideia de quem eu era –, mas pareceu ter gostado de mim. Chamava-se Noosa e passou o resto da visita do meu lado. Segurei sua mão, fiz caretas e o fiz rir. Era adorável. Fiquei imaginando como seria sua vida no mundo lá fora: Deus, quantas histórias de horror ouvíamos na África do Sul sobre como a Aids devastara vidas que nunca haviam sido fáceis. Para onde ele iria quando saísse dali? Para onde voltaria?

Mas, ao olhar para ele, percebi ter sentido algo que não era só pena ou carinho. Havia uma centelha de algo diferente, algo mais forte do que só "nhóinnn!!", algo que não conseguia decifrar exatamente. Fui em busca de David.

"Esse menino é um amor", disse. "É órfão. Talvez precise de apoio. O que você acha?"

David ficou totalmente estupefato. Havia levantado antes o assunto de termos uma família – a ideia de um casal gay adotar crianças já não era mais tão anômala quanto um dia havia sido. Mas sempre que ele a mencionava, eu lhe apresentava uma lista de objeções tão longa que o cansaço o fazia desistir.

Eu adorava crianças. Tenho uma cacetada de afilhados e afilhadas – alguns deles são famosos, como Sean Lennon e Brooklyn e Romeo Beckham, outros são completamente desconhecidos, como o filho de meu padrinho no AA – e os amo muito. Mas ter os meus próprios filhos era uma questão totalmente diferente. Eu era muito velho. Com hábitos muito arraigados. Muito ausente – sempre mundo afora em turnê. Muito apaixonado por porcelana, fotografias e arte moderna, todas frágeis e propensas demais a serem derrubadas, rabiscadas com lápis de cera, lambuzadas com pasta vegana ou qualquer das outras coisas que crianças pequenas amam fazer. Ocupado demais para abrir na minha vida o espaço claramente necessário para ser pai. Não estava sendo rabugento, só honesto. A base de todas as objeções, na verdade, era minha própria infância. Criar filhos era um tremendo desafio, e eu sabia por experiência pessoal como era horrível quando se fazia cagada. Obviamente queremos acreditar que não cometeremos os mesmos erros de nossos pais, mas e se cometermos? Não poderia suportar a ideia de tornar meus filhos tão infelizes quanto eu mesmo havia sido.

Tantas reclamações e agora ali estava eu a sugerir que adotássemos um órfão de Soweto. Não admira que David estivesse estupefato; eu mesmo também estava. O que diabos estava acontecendo? Não faço ideia, mas *algo* certamente acabara de acontecer, e totalmente fora do meu controle. Era como se um verdadeiro instinto paterno tivesse tomado conta de mim, afinal, com mais de sessenta, da mesma forma que minha libido chegara de forma totalmente inesperada, tempos depois da de todo mundo, quando eu tinha 21 anos.

O que quer que fosse, não importava. Procuramos nos informar e logo soubemos que a situação do menino era relativamente boa. Vivia com a avó, a irmã e outro parente e era bem cuidado, parte de uma família unida, tanto que, quando Noosa mostrou apego a mim, sua irmã caiu em prantos, achando que iríamos levá-lo embora. Foi o que bastou para nos decidirmos. Não iríamos ajudá-lo em nada afastando-o de sua cultura e de sua identidade e levando-o para o Reino Unido: melhor seria investir no futuro dele em seu próprio país. Vimo-nos mais algumas vezes, quando voltei à África do Sul para tocar ou trabalhar com a AIDS Foundation. Continuava adorável e claramente era muito feliz.

Havia sido um incidente curioso, mas tirei-o da mente, sabendo que havíamos feito o certo. Recolhi-me novamente à posição de sempre com relação a crianças. Creio que nenhum de nós tocou no assunto de novo. Até que fomos naquele mesmo ano à Ucrânia.

O orfanato ficava em Donetsk, uma grande cidade industrial no centro do país. Abrigava especificamente crianças entre 1 e 11 anos de idade, lá monitoradas para ver se haviam contraído o HIV – nem toda criança nascida de mãe soropositiva tem o vírus no sangue. Caso o tivessem contraído, recebiam tratamento antirretroviral, cuidados e apoio. Estavam nos mostrando as instalações e distribuíamos comida, fraldas e livros escolares – nada muito chique, coisas de que realmente precisavam – aos funcionários e às crianças. Toquei "Circle of Life" para elas num piano que doei. Logo depois disso, um menino muito pequeno correu direto para mim, peguei-o no colo e o abracei. Seu nome, ao que me disseram, era Lev. Tinha 1 ano e 2 meses, mas parecia mais novo de tão pequeno. Sua história era horrível. O pai era um assassino condenado que havia estrangulado uma adolescente. A mãe, uma alcoólatra tuberculosa e soropositiva, sem nenhuma condição de cuidar dos filhos. Não sabiam ainda se ele era portador do HIV, mas tinha um meio-irmão mais velho chamado Artem, e este havia testado positivo para a doença. Lev era louro de olhos castanhos e seu sorriso contrastava por completo com o ambiente e o destino que o acometera. Eu me derretia sempre que sorria para mim.

Enquanto estávamos ali, não o larguei mais. O que quer que ocorrera em Soweto estava ocorrendo de novo e de forma mais intensa: estabeleceu-se um vínculo imediato, algum tipo de conexão muito poderosa. Eu estava com os nervos à flor da pele, em todo caso. Alguns dias antes, Guy Babylon, que tocava teclados na minha banda havia onze anos, morrera de repente. Tinha só 52 anos, parecia em perfeita forma e cheio de saúde, mas tivera um ataque do coração enquanto nadava. Era um lembrete de que o tempo que temos é curto e nunca sabemos o que nos aguarda logo adiante. Talvez o ocorrido tenha clareado minha mente quanto ao que julgava importante na vida. Por que tentar negar meus reais sentimentos sobre algo tão fundamental quanto a paternidade?

O resto do pessoal seguiu adiante e eu permaneci onde estava, brincando com Lev. Não me sentia no direito de sair dali. Até que David voltou para ver onde eu estava. Logo que ele entrou no recinto, comecei a me derramar.

"Esse menininho é formidável, se chama Lev, é órfão. Foi ele quem me achou, não fui eu que achei ele. Acho que é um sinal. Acho que o universo está nos mandando uma mensagem e devemos adotá-lo."

David parecia ainda mais aturdido do que em Soweto. Claramente não imaginava que sua simples pergunta "o que você está fazendo?" fosse ser respondida com aquele papo de sinais e mensagens do universo. Mas via que eu falava muito sério. Ele me disse para ir com calma e segurar a onda por ora – tínhamos de saber mais sobre a situação de Lev, sobre sua família e se era ou não recomendado que saísse do orfanato antes de ficar claro se era portador do HIV.

Carreguei Lev comigo pelo resto do dia. Ainda o estava segurando quando fomos levados até o lado de fora para uma entrevista coletiva numa tenda improvisada. Pus o menino no colo de David enquanto respondia às perguntas dos jornalistas. A última delas foi sobre minha declaração passada de que não pretendia ter filhos: ver crianças que precisavam de lares no orfanato teria feito eu mudar de ideia? Ali se apresentava a oportunidade perfeita para demonstrar quão bem entendera o que David havia dito sobre a necessidade de segurar minha onda quanto aos pensamentos que tinha sobre o futuro de Lev. Em vez disso, abri a boca e o que saiu foi: sim, havia mudado de ideia, o menininho sentado com David na primeira fila havia roubado nossos corações e, caso fosse possível, eu adoraria adotá-lo e a seu irmão.

Talvez vocês se lembrem como, alguns capítulos atrás, expliquei o porquê de ser grato por ter ficado famoso numa época em que as gravadoras e os empresários ainda não tinham o hábito de submeter artistas a treinamento de mídia e alertarem-nos para tomar cuidado com o que dizem: era por ter orgulho de sempre dar respostas diretas e dizer o que penso. Creio que agora seria de bom-tom fazer uma ressalva e observar que houve um ou outro momento na minha carreira no qual treinamento de mídia teria sido uma boa ideia e em que gostaria de, uma vez na vida, ter respondido a uma pergunta com alguma frase incrivelmente maçante, banal e evasiva em vez de dizer a verdade. E esta certamente foi uma dessas situações. Foi a frase sair da minha boca e percebi que não deveria tê-la proferido, em especial por ter visto David baixar a cabeça, fechar os olhos e murmurar algo que parecia muito com "puta que pariu".

"Aquele comentário", queixou-se ele, a caminho do aeroporto, "vai estar por toda parte em questão de minutos."

Estava certo. Ao chegarmos à Inglaterra, o BlackBerry dele estava atulhado de mensagens de texto e de voz de amigos nos dando os parabéns pela maravilhosa notícia. Ou seja, já era notícia. Alguns setores da mídia britânica não teriam reagido pior nem se eu tivesse dito que nutria ódio patológico por crianças e planejava botar fogo eu mesmo no orfanato de Donetsk naquela noite. O *Daily Mail* e o *Sun* mandaram repórteres para a Ucrânia no ato. Um deles conseguiu uma declaração de um ministro de Estado dizendo que a adoção era impossível por sermos um casal gay e que, além disso, eu era velho demais. O outro procurou a mãe de Lev, pagou-lhe doses de vodca e a levou ao orfanato para uma sessão de fotos, o que teria o efeito automático de atrasar qualquer processo de adoção em um ano: para uma criança ser posta sob custódia do Estado, é preciso que esteja por doze meses num orfanato sem visita alguma de qualquer familiar. O jornalista não sabia disso ou não dava a mínima – a questão não lhe passara pela cabeça. Mesmo que inevitável, era terrível ver como o assunto dos jornais éramos eu e David, e não as crianças. Era difícil não pensar que, se eu tivesse me mantido calado durante a entrevista coletiva, nada daquilo teria ocorrido. Talvez não tivesse feito diferença alguma. Mas isso nunca saberemos.

Continuamos a tentar e a examinar a logística da adoção, mas era óbvio que não daria resultado. Poderíamos ter apelado ao Tribunal Europeu de Justiça, mas não parecia fazer muito sentido: a Ucrânia não integrava a UE. Havíamos contatado um psicólogo a respeito do processo emocional de introdução de crianças de orfanato a uma família e ele disse algo que nos abalou e nos fez parar para pensar. Disse crer que passar mais de um ano e meio num orfanato acarreta danos psicológicos irreversíveis a qualquer criança. Ela não terá se sentido realmente cuidada, não terá sido pega no colo, abraçada e amada o suficiente e isso a afetará de uma forma da qual nunca conseguirá se recuperar. Assim, desistimos de tentar encontrar um jeito de adotar Lev e Artem e, com o apoio de uma organização de caridade ucraniana, concentramo-nos em tirá-los dali antes de um ano e meio. A mãe deles havia morrido e o pai estava preso, mas tinham uma avó relativamente jovem e tudo foi arranjado para que fossem viver com ela.

Por intermédio da organização, lhes fornecemos discreto apoio financeiro. Fomos aconselhados a fazê-lo de forma anônima – tão anônima que nem sequer a avó de Lev e Artem saberia que a estávamos ajudando – devido à agressividade da mídia: se fosse descoberto que eu era o benfeitor, talvez nunca deixassem as crianças em paz. A ajuda que demos não foi uma pensão nível Elton John de extravagância, pois isso só os teria isolado mais. Mas nos certificamos de que não lhes faltasse o que a organização dissera que não poderia faltar: mobília decente, comida, livros escolares, apoio legal. Quando os russos invadiram aquela parte da Ucrânia, trabalhamos com a mesma organização apoiadora do orfanato para evacuá-los rumo a Kiev. Sempre vamos estar de olho neles.

Ano passado, quando voltei à Ucrânia com a AIDS Foundation, vi Lev e Artem. Os dois chegaram com moletons idênticos e nos abraçamos, choramos e conversamos por muito tempo. Tanto tempo se passou. Lev está grande agora. É um divertido, sapeca e adorável menino de 10 anos. Mas, de certa forma, nada mudou: senti a mesmíssima conexão com ele daquele dia em que o vi pela primeira vez. Ainda gostaria de poder tê-lo adotado. Mas pude ver quão bem sua avó se saiu.

Tentamos nos tornar pais adotivos e deu errado. Foi desanimador, mas dessa vez meu instinto paterno não se esvaiu nem um pouco. Foi como se um interruptor ligado tivesse emperrado: eu agora queria filhos tanto quanto David. Mas não foi um processo simples. A adoção ainda era incrivelmente complicada para casais gay e a outra opção, a da barriga de aluguel, também era estressante. Tecnicamente é ilegal no Reino Unido, embora seja possível ter o filho num país onde não seja e trazê-lo depois para viver na Inglaterra. Conversamos com nosso médico na Califórnia e fomos apresentados a uma companhia chamada California Fertility Partners. O processo é incrivelmente confuso: há agências de doadoras de óvulos e agências de gestantes em potencial e questões legais espinhosas, em especial para quem mora fora dos EUA. Quanto mais estudávamos o assunto, mais complicado parecia. Depois de um tempo, minha cabeça já estava zonza só de pensar em terapias hormonais, blastocistos, transferências de embriões, decisões judiciais e doadoras de óvulos.

Fomos aconselhados a optar por uma mulher solteira – há casos registrados de maridos de gestantes de aluguel que pediram a guarda da criança mesmo sem vínculo biológico algum. Decidimos que ambos contribuiríamos para a amostra de esperma, de forma a não sabermos qual dos dois é o pai biológico. Fomos aconselhados a fazer tudo sob sigilo absoluto. A gestante não saberia quem éramos. Fomos vagamente descritos como Edward e James, um casal gay inglês "ligado à indústria do entretenimento". Todo o resto da equipe envolvida teve de assinar rígidos termos legais de confidencialidade. Ainda sob o impacto de uma lição poderosa sobre os benefícios de calar a boca, achei que fazia total sentido. Quando a mídia descobriu a identidade da gestante das filhas de Matthew Broderick e Sarah Jessica Parker, a pobre mulher teve de se esconder: a última coisa que qualquer um de nós desejaria seria ver uma grávida assediada pela imprensa.

Todo esse processo é um grande salto no escuro. Uma vez selecionada a doadora do óvulo e deixada a amostra de esperma na clínica de fertilidade, há que se confiar seu destino totalmente nas mãos de terceiros. Tivemos muita sorte. Encontramos um médico incrível chamado Guy Ringler, gay e cujo trabalho de fertilidade era voltado para casais LGBT. E a gestante era formidável. Vivia ao norte de São Francisco e não era a primeira vez que fazia aquilo. Era totalmente desinteressada em fama ou dinheiro: seu interesse era tão somente ajudar casais a ter filhos. Com três meses de gravidez, descobriu a verdadeira identidade de Edward e James e não deu a mínima. David foi encontrá-la fora da cidade onde ela morava para o caso de alguém o reconhecer. Foi quando voltou, todo animado sobre quão incrível ela era, que a realidade da situação ficou repentinamente palpável. Não senti qualquer trepidação ou dúvida sobre nossa decisão, pânico algum, nada de "o que nós fomos fazer?" – só satisfação e expectativa.

O resto da gravidez passou a jato. A data prevista era 21 de dezembro de 2010. Ficamos muito próximos da gestante, seu namorado e sua família. Quanto mais os conheci, mais passei a odiar o termo "barriga de aluguel". Soa tão clínico e mercenário, tudo o que aquela gente não era: eram gentis, amorosos e genuinamente encantados por poderem nos ajudar a realizar um sonho. Providenciamos uma babá, a mesma que cuidara do filho de nossa amiga Elizabeth Hurley. Já a conhecíamos, pois Liz havia ficado conosco em Woodside após dar à luz, para escapar ao escrutínio da mídia. Começamos a montar um quarto de bebê em nosso apartamento em LA, mas tudo tinha de ser feito sob sigilo absoluto: tudo que comprávamos era enviado para nosso escritório em LA, retirado da embalagem e reempacotado de forma a parecer um presente de Natal para David ou para mim quando chegasse à nossa casa.

Com a aproximação da data prevista, a gestante e sua família se mudaram para um hotel em LA. Ingrid Sischy e sua parceira Sandy, que chamamos para ser madrinhas, vieram para o nascimento. Havíamos planejado anunciar de surpresa aos amigos de LA que nos tornáramos uma família durante um almoço de Natal, mas tivemos de adiá-lo repetidas vezes porque nada de o bebê nascer. Até que a gestante se encheu das noites sem dormir, da dor nas costas e dos tornozelos inchados e decidiu tomar uma atitude. Havia um restaurante em LA, no Coldwater Canyon, cuja sopa de agrião tinha a fama de induzir o trabalho de parto. Fama absolutamente merecida: recebemos um telefonema na véspera de Natal à tarde, nos dizendo para corrermos para o hospital Cedars-Sinai.

Ainda preocupado com o sigilo, fui disfarçado, de roupa discreta e boné. Pois poderia muito bem ter ido com o Doc Martens com salto de 1,20 m de *Tommy* e meus velhos óculos iluminados no formato da palavra ELTON e ninguém teria notado, pois não havia ninguém lá. O lugar estava absolutamente deserto. A maternidade parecia o hotel de *O iluminado*. Aprendemos que ninguém quer ter filho no Natal: os partos são induzidos ou marcam-se cesarianas, tudo para não ter de passar as festas de fim de ano no hospital. Quer dizer, ninguém, não: nós havíamos tentado deliberadamente garantir que o nascimento ocorresse quando eu não estivesse ocupado ou em turnê. Não havia vivalma, exceto nós e outra mulher no quarto ao lado, uma australiana que teve gêmeos. E nosso filho, nascido às 2h30 da manhã do dia de Natal.

Cortei o cordão umbilical – normalmente sou fresco com essas coisas, mas a emoção do ocorrido me tomou por completo. Tiramos as camisas para possibilitar ao bebê o contato pele a pele. Demos a ele o nome Zachary Jackson Levon. Todo mundo sempre acha que este último nome é por causa da canção que Bernie e eu compusemos em *Madman Across the Water*, mas não é: é uma homenagem a Lev. Tinha de ser. Lev foi como um anjo, um mensageiro, me ensinou algo sobre mim que eu não entendia de fato. Lev é a razão pela qual estávamos lá, numa maternidade, segurando nosso filho e cientes de que nossas vidas haviam acabado de mudar para sempre.

Além de Ingrid e Sandy, convidamos Lady Gaga para ser madrinha de Zachary. Eu havia começado a colaborar com um monte de artistas de uma geração mais nova, dos Scissor Sisters a Kanye West. Sempre achei tremendamente lisonjeiro ser chamado a trabalhar com gente que nem era nascida quando minha carreira decolou, mas de todos os jovens artistas com quem colaborei, senti um vínculo especial com Gaga. Amei-a logo ao bater os olhos nela: a música que fazia, as roupas escandalosas, o senso teatral e de espetáculo. Éramos pessoas bem diferentes – ela, uma jovem nova-iorquina de vinte e poucos anos –, mas, logo ao nos conhecermos, ficou claro sermos feitos exatamente do mesmo material: chamei-a de Filha Bastarda de Elton John. De tanto amá-la, acabei arranjando sarna para me coçar na imprensa. Sempre me dera bem com Madonna. Zombava dela por fazer playback em cena, mas o problema só começou de fato quando ela detonou Gaga num *talk show* nos EUA. Ok, o single "Born This Way" soava de fato semelhante a "Express Yourself", entendo, mas só não consigo entender por que ser tão indelicada e torpe em vez de encarar como elogio uma nova geração de artistas ser influenciada por ela, em particular quando se diz uma defensora das mulheres. Acho errado – uma artista estabelecida não deveria pôr para baixo outra mais jovem, iniciante. Fiquei irado e disse algumas coisas horríveis a seu respeito a um entrevistador da TV australiana, um cara chamado Molly Meldrum, que conheço desde a década de 1970. Dá para perceber pelas imagens que aquilo não fazia parte da entrevista e eu estava só soltando o verbo entre uma tomada e outra com um velho amigo – enquanto conversamos, ouve-se o ruído dos técnicos mudando as câmeras de lugar para preparar a próxima tomada –, mas foi tudo ao ar do mesmo jeito, o que levou essa velha amizade em particular a um fim abrupto. Ainda assim, não deveria tê-lo dito. Pedi desculpas depois, quando nos esbarramos num restaurante na França, e ela foi muito amável. Gaga se provaria uma ótima madrinha: aparecia no *backstage* e insistia em dar banho em Zachary vestida a caráter, o que era uma visão e tanto.

Tudo a respeito da paternidade, aliás, foi incrível. Não tenho quaisquer grandes pérolas de sabedoria a contribuir sobre o tema, nada que vocês já não tenham escutado umas cem vezes. Todos aqueles clichês – a paternidade faz você botar os pés no chão, muda a forma como você vê o mundo, o tal do amor incomparável a qualquer outro que você já tenha sentido, quão fascinante é ver uma pessoa se formando diante dos seus olhos –, é tudo verdade. Mas talvez para mim as sensações tenham sido mais profundas por nunca ter achado que seria pai até bem tarde na vida. Quem tivesse tentado dizer ao Elton John das décadas de 1970 ou 1980 que ele poderia sentir--se mais realizado e em nível mais profundo trocando uma fralda do que compondo uma música ou fazendo um show teria provavelmente saído correndo do recinto logo depois, com um prato ou coisa parecida voando no seu encalço. E no entanto é verdade: a responsabilidade é enorme, mas não há nada em ser pai que eu não ame. Acho estranhamente encantadoras até as birras de criança. *Ôôô, meu salsichinha, você acha que tá criando caso, é? Papai já te contou de quando ele tomou oito vodcas martini, tirou a roupa toda na frente de uma equipe de filmagem e quebrou o nariz do empresário dele?*

Soubemos quase imediatamente que queríamos outro filho. Em grande parte, de tanto que amamos ser pais, mas não só. Por mais normal que tentássemos tornar a vida de Zachary, nunca o seria por completo devido à forma como um de seus pais ganhava a vida e tudo que isso acarreta. Antes de começar a frequentar a escola, ele sempre me acompanhava nas turnês. Portanto, ao fazer 4 anos, já tinha dado a volta ao mundo duas vezes. Lady Gaga lhe dera banho, havia brincado de cavalinho sentado no joelho de Eminem. Havia estado na coxia em shows em Las Vegas, onde tivera sua foto tirada por *paparazzi* e, para júbilo meu, não gostara, só aturara: puxou a mim. Essas não são experiências normais de uma criança. Há certo privilégio em ser filho de Elton John, óbvio, mas engano de quem ache que não há também certo peso. Eu odiara ter sido filho único e me parecia certo que ele tivesse um irmão com quem compartilhar a vida, que entendesse sua experiência de vida. Com a mesma gestante, as mesmas agências, a mesma doadora de óvulo, todas as peças se alinharam de novo e, em 11 de janeiro de 2013, nasceu Elijah.

A única pessoa que não parecia ter ficado feliz por nós era minha mãe. Sempre houve dificuldades no nosso relacionamento, mas ele nunca mais fora o mesmo depois de nossa união civil em 2005. Como de hábito, os ânimos haviam arrefecido o quanto possível, mas algo a respeito dela mudara em definitivo ou, ao menos, fora amplificado.

Onde antes houvera implicâncias constantes, agora era uma torrente de críticas. Ela fazia de tudo e mais um pouco para eu entender o quanto odiava o que eu fazia. Se fosse um novo álbum, era sempre uma merda: por que eu não tentava fazer algo mais ao estilo de Robbie Williams? Será que não conseguia mais escrever canções como aquelas? Se fosse um novo quadro, era sempre medonho e até mesmo ela teria pintado algo melhor. Se fosse um concerto beneficente, era a coisa mais chata que ela já vira na vida e a noite só havia sido salva pela performance de alguma outra pessoa, que roubara o show. Caso se tratasse de um jantar badalado para arrecadar fundos para a AIDS Foundation, cheio de astros, era prova de eu ser um puxa-saco de celebridades interessado só na fama.

De vez em quando, para variar um pouco, tinha uns ataques trovejantes de fúria intensa. Nunca dava para saber quando viriam ou o que iria provocá-los. Passar tempo em sua companhia era como convidar uma bomba por explodir para o almoço ou para uma viagem de férias: passava o tempo todo tenso, imaginando o que a faria explodir. Uma vez foi o canil que compramos para os cachorros que tínhamos na casa em Nice. Noutra foi *Billy Elliot*, aparentemente a única coisa feita por mim em dez anos que ela achou boa. O musical decolara de uma forma inesperada para qualquer dos envolvidos na produção, não só no Reino Unido, mas em países onde as pessoas mal tinham ouvido falar da greve dos mineiros ou do impacto do thatcherismo na indústria britânica de transformação; a essência da história parecia universal. Mamãe foi assisti-lo dezenas de vezes em Londres até que, certa tarde, a bilheteira perdeu seus ingressos para a matinê e levou cinco minutos para achá-los: na visão dela, algo deliberada e meticulosamente planejado por mim no intuito de humilhá-la. Por sorte, depois de *Billy Elliot*, Bernie e eu compusemos *O vampiro Lestat*, um fracasso – tudo deu errado, do *timing* à encenação, passando pelos diálogos –, e a rotina foi restabelecida: minha mãe teve a oportunidade imperdível de me informar que sabia desde o início que seria um tremendo fracasso.

Eu ainda tentava dar risada ou ignorar, mas não era tão fácil. Caso quisesse dar início a uma discussão, mamãe sempre sabia onde cutucar. Afinal, ela criara o molde e sabia onde estavam os pontos fracos. Ainda era capaz de fazer eu me sentir como aquele menino assustado de 10 anos de idade em Pinner, como se a culpa de tudo fosse minha: metaforicamente, vivia com medo de tomar um safanão. O resultado foi exatamente o que se poderia esperar: passei a fazer de tudo para evitá-la. No meu aniversário de 60 anos, fiz uma grande festa em Nova York na Catedral St. John the Divine, a mesma onde posteriormente veria Aretha Franklin cantar pela última vez. Na minha festa de 50 anos, mamãe havia sido uma das convidadas de honra. Foi a famosa festa chique à fantasia à qual ela e Derf compareceram como rainha e duque de Edimburgo, e eu usei uma roupa de Luís XVI, com dois homens vestidos de Cupido para segurar a cauda e uma peruca tão alta que tive de ir para o local na traseira de uma van de transporte de móveis. Tive um longo tempo para reconsiderar a pertinência daquela ideia, pois a van passou uma hora e meia presa num engarrafamento. Dessa vez, decidi não convidá-la. Sabia que, se fosse, ela jogaria um balde de água fria no evento; não se divertiria e eu também não. Dei uma desculpa sobre a viagem ser longa demais – ela não andava bem –, mas a verdade é que apenas não a queria presente.

Na época do nascimento de Zachary, simplesmente não estávamos nos falando. Mamãe havia ultrapassado o estágio das críticas constantes e começado a fazer de tudo e mais um pouco para tentar me ferir. Comprazia-se em me dizer que continuara a ser amiga de John Reid mesmo após o término de nossa relação profissional. "Não sei qual é o seu problema", disparou, quando argumentei que aquilo me parecia algo desleal. "É só dinheiro." Pode-se escolher descrever assim o que aconteceu. Mas a gota d'água foi quando meu assistente pessoal, Bob Halley, foi embora. Ele estava comigo desde a década de 1970, mas nosso relacionamento azedara. Por aproximação, Bob gozava de um estilo de vida esbanjador e não gostou nem um pouco quando os empresários tentaram pôr um freio nos gastos e tornar minhas turnês mais econômicas: é estranho como às vezes a fama afeta as pessoas ao seu redor ainda mais do que a você. O caldo entornou de vez numa discussão sobre qual serviço de aluguel de automóveis utilizar. Os empresários haviam nos apresentado um com preços mais competitivos. Bob os ignorara em favor de um mais caro. Os empresários o desautorizaram e impuseram sua escolha. Bob ficou furioso. Tivemos uma grande discussão a respeito no St. Regis Hotel, em Nova York. Ele se sentia enfraquecido, com a autoridade desafiada. Eu dizia que estávamos só tentando economizar. Disse que iria se demitir, perdi a calma e disse que por mim tudo bem. Mais tarde, tendo me acalmado, voltei para falar com ele de novo. Dessa vez me disse odiar a todos no escritório da Rocket: aparentemente todo meu staff estava na sua lista negra. Fiquei sem saber o que dizer: demitir a equipe inteira ou só meu assistente pessoal? Não é exatamente a mais complicada das escolhas. Bob anunciou que estava deixando seu posto e saiu soltando fogo pelas ventas, acrescentando que, sem ele, minha carreira acabaria em seis meses. Quaisquer que fossem seus talentos, clarividência não era um deles. A única mudança em minha carreira depois de sua saída foram as despesas de turnê, que se tornaram consideravelmente mais baixas.

Minha mãe ficou absolutamente possessa ao saber que Bob havia ido embora – os dois sempre haviam se dado bem. Não quis ouvir minha versão dos fatos e disse que Bob havia sido um filho para ela, mais do que eu.

"Você se importa mais com aquela porra daquela *coisa* com quem você se casou do que com a sua própria mãe!", disparou.

Passamos sete anos sem nos falarmos após aquele telefonema. Chega uma hora em que você se cansa de dar murro em ponta de faca: por mais que tente, não obtém resultado algum e só se estressa. Continuei a certificar-me de que a situação financeira dela fosse confortável. Quando disse querer se mudar para Worthing, comprei-lhe uma casa nova. Paguei por tudo, me assegurei de que tivesse acesso aos melhores cuidados quando teve de operar o quadril. Ela pôs em leilão todos os presentes que eu lhe dera – tudo, de joias a discos de platina feitos por encomenda com o nome dela gravado –, mas não precisava de dinheiro. Disse aos jornais que estava optando por viver com menos, mas não passava de mais uma forma de me mandar à merda, equivalente a contratar uma banda cover de Elton John para sua festa de 90 anos. Acabei eu mesmo comprando de volta algumas das joias, itens que tinham valor afetivo para mim, ainda que para ela já não tivessem.

Era triste, mas eu já não a queria mais em minha vida. Quando a lei referente a uniões homossexuais mudou de novo e David e eu nos casamos, em dezembro de 2014, não a convidei para a cerimônia. Foi um evento muito menor e mais privado do que a cerimônia de união civil. Fomos sozinhos ao cartório em Maidenhead, o escrivão voltou conosco para Woodside e fez a cerimônia lá. Os meninos levaram as alianças: eram as mesmas da união civil – aquelas compradas anos antes em Paris – e as amarramos com laços a dois coelhos de brinquedo. Zachary e Elijah os puxaram.

Diria que mamãe perdeu a chance de ver os netos crescerem – tia Win e meus primos apareciam o tempo todo, como as famílias normais fazem quando há bebês e crianças a papariçar, brincar e presentear –, mas ela de fato não se importava. Quando Zachary nasceu, um repórter de tabloide se postou de tocaia em sua porta e, na primeira oportunidade, perguntou como ela se sentia não tendo visitado seu primeiro neto; sua expectativa era de um furo sobre a avó insensivelmente abandonada. Não o obteve. Ela respondeu que não dava a mínima, pois não gostava e nem nunca gostara de crianças. Quando li a matéria, ri: zero em simpatia mas dez em honestidade, mãe!

Voltei a entrar em contato com ela ao descobrir que estava gravemente doente. Enviei-lhe um e-mail com algumas fotos dos meninos anexadas. Ela mal as mencionou. "Você deve estar superocupado" foi só o que disse a respeito deles na resposta. Chamei-a para almoçar. Nenhuma mudança. Ao entrar em Woodside, a primeira coisa que disse foi: "Tinha esquecido como esse lugar é pequeno". Mas eu estava determinado a não retrucar, não cair na pilha. Os meninos estavam em casa, brincando no andar de cima. Perguntei se queria vê-los. Ela disse que não. Disse a ela que não queria falar sobre John Reid nem Bob Halley, mas apenas dizer a ela que, com tudo que havíamos passado, eu a amava.

"Te amo também", respondeu. "Mas não gosto nem um pouco de você."

Ai ai. Ao menos o resto do encontro foi cordial. Passamos a nos falar ao telefone ocasionalmente. Nunca lhe perguntava a respeito de nada que eu estivesse fazendo; se mencionasse os meninos, ela mudava de assunto. Consegui fazer ela e tia Win se falarem de novo, o que já foi um acontecimento – haviam brigado em 2010, quando Derf morreu e mamãe se recusou a deixar que Paul, filho de Win, fosse ao funeral porque "Fred nunca gostou dele". Mas restabelecer contato entre ela e tio Reg, negativo. Nem lembro qual foi o motivo da briga deles, mas continuavam a não se falar quando ela morreu em dezembro de 2017.

Fiquei incrivelmente abalado quando mamãe morreu. Uma semana antes, tinha ido vê-la em Worthing – sabia que sua doença era terminal, mas naquela tarde não me pareceu alguém que estivesse nas últimas. Foi uma situação esquisita: quando bati à porta de sua casa, foi Bob Halley quem a abriu. Nos cumprimentamos e apertamos as mãos e, para minha mãe, aquele foi o ponto alto da tarde.

Mamãe nunca foi daquelas mães acolhedoras, grudadas, do tipo vem-cá-me-dá-um-abraço. Tinha uma negatividade e uma malícia que ultrapassavam a pura e simples tendência ao mau humor ou a maldição do Gênio da Família Dwight e entravam num terreno totalmente distinto, sobre o qual eu não gostava de pensar muito porque me assustava. Parecia ter um prazer em criar desentendimentos, não só comigo: ao longo dos anos, não houve um só membro da família com quem não tivesse rompido feio em algum momento. E no entanto houve ocasiões em que me deu apoio e outras, mais no início da minha carreira, em que era genuinamente divertida. Quem a conheceu no início da década de 1970 se lembrava dela assim; quando morreu, essas pessoas vieram me dizer "nossa, sua mãe era impagável!".

Fizemos um funeral só para a família na capela de Woodside. Queria me lembrar dos bons momentos, tendo apenas parentes ao lado. Falei a seu respeito no velório e chorei. Sentia uma falta enorme daquela pessoa que descrevia, mas já começara a senti-lo décadas antes de ela morrer: aquela pessoa sumia tão rápida e inesperadamente quanto aparecia. Ao final, um carro fúnebre levou seu caixão. Permanecemos todos lado a lado, o que restava dos Dwights e dos Harris, observando-o descer a entrada de carros de Woodside em silêncio. Até tio Reg quebrá-lo, dirigindo-se uma última vez à irmã.

"Agora não dá mais pra dar patada em ninguém, né, Sheila?", balbuciou.

DEZESSETE

Sou músico profissional desde que me tornei adulto e nunca me cansei de tocar ao vivo. Mesmo quando achei ter me cansado – na época em que fazia o circuito dos cabarés com Long John Baldry ou em meados da década de 1970, quando estava exausto –, obviamente não tinha. Dava para perceber pela pompa com que anunciava minha aposentadoria só para me ver novamente em cima de um palco semanas depois. Por toda a minha vida, aquela sensação que me bate toda noite antes de subir ao palco, o misto de adrenalina e ansiedade, nunca mudou. Graças a Deus, pois é boa pra cacete. Viciante. Às vezes me encho das viagens, do trabalho promocional, tudo o que envolve tocar ao vivo, mas é por causa daquela sensação que sempre acabo querendo mais. Ela, e a certeza de que até no pior dos shows – som ruim, plateia chata, local horroroso – algo formidável sempre vai ocorrer no palco: uma fagulha, um flash de inspiração, uma canção já interpretada mil vezes que, sem aviso, traz à mente uma lembrança há muito esquecida.

A música, portanto, sempre me surpreende, mas, passados cinquenta anos, você começa de fato a sentir que mais nada que ocorra num show possa fazê-lo. É fácil pensar que já se fez todo o possível em cima de um palco a não ser cair duro e morrer. Já me apresentei sóbrio, bêbado e – para minha vergonha – pra lá de Bagdá. Já fiz shows que me trouxeram as melhores sensações possíveis para um ser humano e outros em que foi um desespero chegar ao final. Já toquei pianos, saltei em cima de pianos, caí de cima do piano e até já empurrei um piano para cima da plateia, acertei uma pessoa e passei o resto da noite a me desculpar loucamente. Toquei com meus ídolos de infância e com alguns dos maiores artistas da história da música, toquei com uns deserdados da sorte sem nenhuma razão para estarem em cima de um palco e também com um grupo de dançarinos de strip-tease vestidos de escoteiros. Toquei vestido de mulher, de gato, de Minnie, de Pato Donald, de general da Ruritânia, mosqueteiro, dama de pantomima e, muito de vez em quando, vestido como um ser humano normal. Shows meus já foram interrompidos por um alerta de bomba, por protestos de estudantes contra a guerra do Vietnã e por mim mesmo dando ataque de pelanca e saindo do palco aos tropeções para depois voltar de fininho, envergonhado por ter perdido a calma. Em Paris me jogaram cachorros-quentes; na Carolina do Norte, vestido de galinha gigante, um cachimbo de maconha me nocauteou (a banda achou que eu tivesse levado um tiro). Também entrei correndo num palco vestido de gorila no afã de surpreender Iggy Pop. Essa ideia não foi das melhores. Era 1973. Na véspera, tinha ido ao show dos Stooges. Achei a coisa mais fantástica que já tinha visto – diametralmente oposto à minha música, mas incrível, toda a energia, a barulheira, Iggy escalando tudo o que podia feito o Homem-Aranha. Voltei naquele dia, então – estavam tocando por uma semana num clube de Atlanta chamado Richards. Achei que seria engraçado alugar uma roupa de gorila e entrar correndo no palco durante o show. Só para entrar no clima de desordem e anarquia, entendem? Pois acabei aprendendo uma importante lição de vida: se você planeja entrar correndo num palco vestido de gorila para surpreender alguém, sempre se certifique antes de que a pessoa a ser surpreendida não tomou tanto ácido antes do show que não consegue mais diferenciar entre um homem vestido de gorila e um gorila de verdade. Foi o que descobri quando minha aparição foi recebida não com gargalhadas e sim com os gritos de um Iggy Pop encolhido de medo. Logo a seguir, descobri que não estava mais no palco, mas sim voando em alta velocidade: outro membro dos Stooges sentira a necessidade de uma ação decisiva, parara de tocar, me pegara e me atirara na plateia.

Dá para entender por que eu possa às vezes achar já ter completado o álbum de incidentes ao vivo, sem ter me restado nada que jamais tenha feito durante um show. É claro, basta você começar a pensar assim e a vida dá um jeito de mostrar o quanto está errado. O que nos traz à noite de 2017 em Las Vegas na qual saltei do piano ao som do último acorde de "Rocket Man" e saí andando pelo palco do Colosseum regozijando-me com os aplausos do público, socando o ar e apontando para alguns fãs particularmente animados. Até aí nada de novo, mas registre-se que eu estava caminhando pelo palco, regozijando-me com os aplausos, socando o ar e, sem que a plateia soubesse, urinando copiosamente na fralda adulta escondida debaixo do meu terno. De fralda gigante e me mijando na frente do público: com toda a certeza, território até então inexplorado. As vantagens de contrair câncer de próstata não são lá muito numerosas, mas ao menos tive a chance de uma experiência de palco nova, totalmente sem precedentes.

Pacata minha vida nunca é, mas os anos imediatamente anteriores haviam sido ainda mais tumultuados do que o normal. Em alguns aspectos, de forma muito positiva. Foi bem mais fácil do que eu imaginava me acostumar a ser pai. Amei a rotina cotidiana com os meninos – levá-los ao cinema no sábado, ir à Legoland e ver o Papai Noel no Windsor Great Park. Amei acompanhá-los a um jogo do Watford. São loucos por futebol. Passo horas a conversar com eles sobre o assunto, respondendo às suas perguntas a respeito da história do esporte. "Quem foi George Best, pai?" "Por que Pelé jogava tão bem?" Levei-os à Vicarage Road para a inauguração de uma arquibancada com o meu nome, algo de que tenho imenso orgulho: há uma com o nome de Graham Taylor também. Desde então, os dois já foram mascotes do time em algumas partidas e assistem aos jogos no estádio o tempo todo.

Também amei a forma como ter filhos me conectou à vida do vilarejo próximo a Woodside. Moro lá desde meados da década de 1970 e nunca havia conhecido ninguém da área. Mas quando os meninos passaram a frequentar a creche e a escola, fizeram amigos e os pais deles viraram nossos amigos. Não se importavam com quem eu era. Uma mãe sobrecarregada no portão da escola está menos interessada em perguntar a você como compôs "Bennie and the Jets" ou como era de verdade a princesa Diana do que em falar sobre uniformes, merenda e a dificuldade de montar uma fantasia para a peça de Natal com 48 horas de antecedência – e para mim tudo bem. Acabamos ganhando um novo círculo social que nunca teria sido possível quando David e eu éramos um mero casal gay famoso e badalado.

Em 2011 eu havia estreado um novo show em Vegas, *The Million Dollar Piano*. Causou menos polêmica que o anterior, mas foi tão espetacular e bem-sucedido quanto. Chamei Tony King para o posto de diretor de criação – ele vinha trabalhando havia anos com os Rolling Stones, acompanhando-os mundo afora em suas turnês – e seu trabalho foi fantástico. É parte da minha organização desde então: o nome oficial de seu cargo é Eminência Grisê e tem tudo a ver com Tony. No ano seguinte, fiz *Good Morning to the Night*, um álbum diferente de tudo o que já fiz e que chegou ao topo da parada. Melhor dizendo, eu mesmo não fiz nada: cedi as fitas master de meus álbuns da década de 1970 ao Pnau, um duo australiano de música eletrônica que adorava, e disse para fazerem o que quisessem com elas. Eles remixaram elementos diferentes de velhas canções, criando faixas inteiramente novas e me fazendo soar como o Pink Floyd ou o Daft Punk nesse processo. Achei fantástico o resultado, mas não compreendia o processo; havia um álbum com meu nome no topo da parada e eu sequer fazia ideia de como ele havia sido feito. Tocamos juntos num festival em Ibiza e foi fantástico. Sempre fico nervoso antes dos shows – para mim, o dia em que se deixa de ficar nervoso é o dia em que se entra no piloto automático –, mas dessa vez estava genuinamente aterrorizado. De tão jovem, a plateia teoricamente podia ser toda de netos meus, e na primeira parte do show só éramos eu e meu piano. E eles amaram. Há algo incrivelmente gratificante em ver uma plateia completamente diferente das pessoas que normalmente vão assisti-lo curtindo o que você faz.

Não foi só com o Pnau que colaborei. Trabalhei com todo tipo de gente: Queens of the Stone Age, A Tribe Called Quest, Jack White, Red Hot Chili Peppers. Adoro dividir o estúdio com artistas que as pessoas normalmente não imaginam ver tocando comigo. Traz à memória minha época de músico *freelancer* no fim da década de 1960: o desafio de ter que adaptar meu estilo e reagir instintivamente ainda é muito estimulante para mim.

Estava em estúdio com o Clean Bandit quando fui chamado ao telefone: Vladimir Putin queria falar comigo, aparentemente. Eu havia feito dois shows na Rússia nos quais defendera os direitos dos LGBTQ no palco, e muito se falara a respeito. Dediquei a apresentação em Moscou à memória de Vladislav Tornovoy, um rapaz torturado e assassinado em Volgogrado por ser gay; em São Petersburgo, falei sobre o ridículo que era um monumento local a Steve Jobs ter sido removido porque seu sucessor no cargo de CEO da Apple, Tim Cook, saiu do armário. No fim das contas, o telefonema não passou de um trote de dois sujeitos que haviam feito a mesma coisa com as mais variadas personalidades, incluindo Mikhail Gorbachev. Foi tudo gravado e veiculado na TV russa, mas foda-se, não fiquei nem um pouco constrangido, pois não disse nada estúpido, só quão grato estava e como adoraria um encontro em pessoa para discutir direitos civis e recursos para o tratamento da Aids. Além disso, o verdadeiro Vladimir Putin me ligou em casa algumas semanas depois para pedir desculpas e dizer que pretendia marcar um encontro. Não aconteceu – voltei à Rússia de lá para cá, mas o correio pelo jeito perdeu meu convite para o Kremlin. Continuo a manter esperanças.

Não se consegue nada nesta vida fechando portas. Lembro de quando toquei na festa de casamento do apresentador de rádio de direita Rush Limbaugh, em 2010. Fiquei surpreso de ter sido chamado – a primeira coisa que falei no palco foi "creio que vocês estejam se perguntando que diabos eu estou fazendo aqui" – e a mídia caiu de pau em cima de mim: ele disse coisas absolutamente estúpidas sobre a Aids, como é que você vai e se apresenta para ele? Eu prefiro tentar construir uma ponte com alguém do outro lado do que erguer um muro. De mais a mais, doei meu cachê para a Elton John AIDS Foundation – garanto que me contratar para cantar numa festa não sai nada barato – e, assim, consegui transformar o casamento de um apresentador de rádio de direita num evento beneficente de arrecadação de fundos para o combate à Aids.

Mas também ocorreram muitas coisas horríveis nesse período. Bob Birch, meu baixista havia mais de vinte anos, cometeu suicídio. Ele tinha problemas de saúde desde um acidente de trânsito em meados da década de 1990 – um caminhão o atingiu na rua antes de um show em Montreal e ele jamais se recuperou por completo dos ferimentos –, mas temo não ter compreendido de fato quanta dor sentia ou o quanto aquilo o afetava psicologicamente. Parecia dotado de uma perseverança incrível – de início, lhe foi dito que nunca mais andaria de novo, mas estava de volta à estrada seis meses depois. Tocava impecavelmente e nunca reclamava, mesmo quando tinha de fazê-lo sentado. Durante a pausa de verão em nossa agenda de shows de 2012, contudo, as lesões pioraram a tal ponto que devem ter se tornado insuportáveis. Às seis da manhã, em Nice, recebi um telefonema de Davey, dizendo que Bob se matara com um tiro no quintal de sua casa em Los Angeles. Gostaria que ele tivesse pedido ajuda, dito alguma coisa.

Não sei como poderia ter ajudado, mas depois de sua morte a noção de que ele sofrera em silêncio inevitavelmente me assombrou.

Depois foi a vez de Ingrid Sischy morrer. Ela tivera câncer de mama antes, na década de 1990; me ligou aos prantos em Nice na época, perguntando se eu a ajudaria a conseguir uma consulta com Larry Norton, um oncologista de primeira, o mesmo que tratara Linda McCartney. O câncer entrou em remissão, mas, dali por diante, Ingrid vivia apavorada com a possibilidade de que voltasse. Era tão paranoica, procurava sinais do retorno da doença em lugares tão bizarros, que aquilo já virara piada recorrente entre nós.

"Elton, olha, minhas mãos estão tremendo, será que eu tenho câncer de mão?"

"Ah, claro, Ingrid, certamente é câncer de mão. Aliás, acho que você tem câncer nos dentes e no cabelo também."

Na época tinha graça, pois eu sequer conseguia imaginá-la morta. Nunca havia conhecido alguém com tamanha vitalidade, sempre fazendo alguma coisa, tocando um milhão de projetos ao mesmo tempo. E era tão presente na minha vida: ligava para ela de segunda a sexta, literalmente todos os dias, para um pouco de papo e fofoca e pedir-lhe opiniões, das quais tinha um suprimento aparentemente interminável. Quando uma pessoa possui tanta força vital, ocupa um espaço tão monumental, a ideia de que essa vida possa ser eliminada um dia parece impossível.

Mas o dia chegou. O câncer retornou em 2015 e ela morreu de repente – tão de repente que precisei ir correndo da Inglaterra aos EUA para conseguir vê-la antes de sua morte. Consegui por pouco. Consegui me despedir, o que não posso dizer sobre muitos amigos que morreram. De certa forma, ter sido tão repentino foi uma bênção: Ingrid tinha tanto medo do câncer, tanto medo de morrer que ao menos não teve de encarar a morte por semanas ou meses. Mas isso não chegava a me consolar. Já havia perdido Gianni e agora perdia outra melhor amiga, outra irmã postiça. Nunca deixo de pensar nela: há fotos suas por todas as minhas casas. Ela está sempre lá. Sinto falta dos seus conselhos, de sua inteligência, de sua paixão, das risadas. Sinto falta *dela*.

E houve David. Não digo que não tivesse reparado que ele estava bebendo bem mais, talvez demais. Começou a vir quase todas as noites para a cama com uma taça de vinho e o sorvia enquanto lia e conversava. Ou ficava acordado até bem mais tarde do que eu e, na manhã seguinte, me deparava com a garrafa vazia na pia da cozinha. Duas, às vezes. Houve ocasiões durante nossas férias em Nice em que simplesmente não veio para a cama. Encontrei-o pela manhã apagado na frente do computador ou no sofá da sala. Mas honestamente não achei que tivesse quaisquer problemas. Independentemente do que tivesse havido na noite anterior, ele acordava às sete e ia trabalhar. Quando saíamos à noite, às vezes ele ficava de porre – lembro de quando eu e Sam Taylor-Wood fizemos uma comemoração de aniversário conjunta e precisei agarrar o braço dele e guiá-lo com firmeza até o carro para evitar que cambaleasse na frente dos *paparazzi*. Mas nunca deu vexame. Levemos em conta que eu, ao beber umas poucas vodca martinis, era capaz de tudo, xingamentos, violência, até mesmo ficar pelado em público, e dá para entender melhor como não reparei que David estava com problemas sérios.

Não reparei que a bebida o estava sustentando. David sempre me pareceu ter se encaixado no mundo de Elton John com impressionante facilidade e confiança, mas na verdade muita coisa que eu tirava de letra e enxergava como fatos da vida, a ele gerava ansiedade. Não gostava de ser fotografado o tempo todo, de estar sob o escrutínio da mídia ou de falar em público nos eventos da AIDS Foundation. Sempre ficou apreensivo ao voar, e na minha vida é difícil passar uma semana sem entrar num avião. Com alguns drinques, tudo ficava mais fácil para ele. Havia ainda o fato de estarmos constantemente separados, eu mundo afora fazendo shows, ele em casa. Não quero fazê-lo soar como uma viúva do rock – sua vida era bastante ocupada –, mas depois de certo tempo sentia-se sozinho e entediado. E uma forma de atenuar essa sensação é abrir uma garrafa de bom vinho ou entornar algumas vodcas. E ainda por cima havia os meninos. Como dizem todos os pais recentes, por mais que se ame os filhos, há momentos em que o peso da responsabilidade nos abala. David não terá sido o primeiro pai da história a correr até a geladeira depois da hora de dormir com uma necessidade urgente de um copo de algo gelado, alcoólico e relaxante. Tínhamos babás, obviamente, mas mesmo que elas sejam as melhores do mundo, chega uma hora na vida de qualquer pai recente que se importe com seus filhos em que a ideia de trazer ao mundo novos seres humanos e garantir-lhes as melhores vidas possíveis se torna opressora.

Tratar a ansiedade com bebida geralmente funciona, ao menos enquanto se está bebendo. Só que na manhã seguinte você se descobre mais ansioso do que nunca. E foi o que aconteceu com David. A gota d'água foi em Los Angeles, em 2014, dois dias antes da data de início da minha turnê americana. Eu voava naquela noite para Atlanta: Tony King iria me encontrar e estávamos animados para botar o papo em dia antes do início da turnê. David estava tristonho e me pediu para passar a noite com ele. Eu disse que não. Tivemos uma briga monumental e peguei o voo mesmo assim. Na manhã seguinte, David me ligou e tivemos uma briga que fez a da véspera parecer uma discordância leve sobre o cardápio do almoço: o tipo de discussão em que se larga o telefone com lágrimas nos olhos e tremendo, e em que se diz coisas que nos levam a pensar se nossa próxima comunicação não será através dos advogados. E, na verdade, quando fui saber de David de novo, ele havia se internado numa clínica de desintoxicação em Malibu. Contou que, ao desligar o telefone, se deitara na cama. Ouvia o som de Elijah e Zachary a brincar no fim do corredor, mas estava deprimido e ansioso demais para se levantar e ir vê-los. Não dava mais: entrou em contato com o médico, disse que para ele já chegava e que estava precisando de ajuda.

Fiquei feliz por ele estar se tratando. Me senti mal por não ter notado quão mal as coisas estavam: quando percebi, só queria que David melhorasse. Mas também fiquei estranhamente nervoso. Não há neste mundo defensor maior da ideia de ficar sóbrio do que eu, mas também sei se tratar de uma empreitada avassaladora, que pode mudar uma pessoa por completo. E se o homem que eu amava voltasse para casa totalmente diferente? E se nosso relacionamento mudasse, como meu relacionamento com Hugh havia mudado quando os dois ficaram sóbrios, e se tornasse impraticável? Pensamentos suficientes para me fazer perder o sono. Mas David voltou e não estava tão diferente, embora tivesse mais energia e foco e estivesse dedicado a recuperar-se de tal forma que me afetou. Comecei a ir de novo a reuniões do AA. Não comparecia a uma desde o início da década de 1990, e, embora só fosse para fazer companhia a David e mostrar meu apoio, ao me ver lá percebi que gostava muito. Sempre se ouve algo inspirador, sempre se sai com a moral em alta. Passamos a organizar uma reunião em casa, todos os domingos, e a convidar amigos que também estavam se recuperando, como Tony King. Acho até meio parecido com ir à igreja – um ato de gratidão pela sobriedade. Saio sempre animado.

David parecia animado também. Pouco depois de ele ficar sóbrio cortei relações com Frank Presland que, de meu advogado, tornara-se empresário. Depois de John Reid, tive uma infinidade de empresários e nenhum deu certo. Pensei em várias opções e me peguei a matutar se David não poderia assumir o papel. Antes de nos conhecermos, ele era um badalado executivo de propaganda. Supervisionava campanhas de grande porte, trabalhava com orçamentos; as habilidades para a função não diferiam tanto assim das necessárias a empresários de rock. Ter uma relação de negócios com meu parceiro me preocupava, obviamente, mas gostava da ideia de trabalharmos juntos: tínhamos filhos, seria como ter um negócio familiar. David ficou nervoso com a proposta, mas terminou por aceitá-la.

Ele se jogou com unhas e dentes à tarefa: nunca subestimem o zelo dos recém-sóbrios. Passou um pente fino na companhia e criou uma reserva financeira. Começou a mudar as coisas para refletir as mudanças na indústria musical, levando o *streaming* e as redes sociais em consideração. Eu não sabia nada sobre tais assuntos. Nunca tive um telefone celular. Como vocês devem esperar, dada minha mentalidade de colecionador, não tenho grande interesse em *streaming*: gosto de ter álbuns em casa, muitos deles, de preferência em vinil. E levando-se em consideração meu gênio e minha extensa folha corrida na expressão de opiniões que poderíamos denominar robustas e diretas, percebi que chegar minimamente perto de algo como o Twitter tinha todo o jeito de pedir para arrumar confusão, no mínimo.

Mas David resolveu tudo. Montou uma equipe excelente. Parecia ter um genuíno interesse por áreas da indústria musical que não poderiam me entediar mais. Começou a fazer pressão por uma cinebiografia da minha vida. A ideia tivera início anos antes, com os filmes que David LaChapelle fizera para o espetáculo de Las Vegas *The Red Piano*. Se era para fazerem um filme sobre mim, queria algo com aquela cara. Eram duros, mas fantásticos, surreais e exagerados, tudo que minha carreira havia sido, portanto tinham tudo a ver. Chamamos Lee Hall, que escrevera *Billy Elliot*, para fazer o roteiro e amei o resultado, mas levou anos e anos para sair do papel. Diretores e protagonistas surgiram e desapareceram. Inicialmente David LaChapelle iria dirigi-lo, mas quis se concentrar em sua carreira nas artes plásticas. Tom Hardy iria me interpretar, mas não sabia cantar e eu fazia questão que a pessoa cantasse todas as músicas, sem playback. O orçamento e o conteúdo do filme geraram muitas pendengas com estúdios. Viviam nos pedindo para pegar leve no sexo gay e nas drogas para conseguir a classificação etária PG-13, mas sabe como é:

sou gay e viciado em recuperação. Não há muito sentido em se fazer um filme limpinho sobre mim, sem sexo nem cocaína. Cheguei a ter a sensação de que o filme nunca aconteceria, mas David continuou a meter a cara e acabou acontecendo.

E ele tinha algumas ideias novas radicais. Descobri quão radicais certa manhã em LA, quando ele me apresentou uma folha de papel. Havia anotado uma série de datas relacionadas com a vida escolar de Zachary e Elijah – quando começaria cada semestre, qual seria a duração das férias, os anos em que cada um passaria da pré-escola para a escola primária e para a secundária e quando prestariam seus exames de conclusão de curso.

"A quantos desses momentos você quer estar presente?", perguntou. "Você pode montar seu cronograma de turnês em torno deles."

Olhei para a folha de papel, que efetivamente mapeava as vidas dos meninos. Nas datas finais ali assinaladas, eles já não seriam mais crianças. Seriam adolescentes, homenzinhos. E eu teria mais de 80 anos.

"Todos", respondi, por fim. "Quero testemunhar tudo isso."

David ergueu as sobrancelhas. "Neste caso", disse, "você precisa pensar em mudar sua vida. Você precisa pensar em se aposentar dos palcos."

Era uma decisão de vulto. Músico itinerante sempre foi como me enxerguei, igual a quando o Bluesology cruzava estradas para lá e para cá na van que Arnold Tendler nos comprara. Não se trata de falsa modéstia. Minha situação não ser mais a mesma da década de 1960 é o óbvio ululante – a última vez que cheguei a um show sentado no bagageiro de uma van, posso assegurar, faz muito tempo –, mas a filosofia subjacente, coloquemos assim, nunca mudou. Na época, se tinha um show a fazer, ia e fazia: em última análise, era como ganhava a vida e me definia como músico. Tinha orgulho de ter hoje em dia uma agenda não tão diferente daquela do início da década de 1970. Locais maiores, é claro, e acomodações e esquemas de viagem mais confortáveis, bem como menos tempo tendo de me trancar no banheiro do *backstage* para evitar o assédio das *groupies* – destas, até as mais fanáticas já teriam recebido a essa altura o memorando sobre a improbabilidade de Elton John se deixar seduzir por seus atributos. Mas o número de shows por ano era basicamente o mesmo: 120 a 130. Quantos fizesse, queria fazer mais no ano seguinte. Tinha uma lista de países ainda por visitar, lugares em que até hoje não toquei, tais como o Egito, onde sou proibido de fazê-lo por ser gay. Gostava de dizer que morreria feliz em cima de um palco.

Mas a lista de marcos escolares de David me sacudiu. Meus filhos só cresceriam uma vez. Não queria estar no Madison Square Garden ou no Los Angeles Staples Center ou ainda na Taco Bell Arena, em Boise, enquanto cresciam, por mais que amasse os fãs que vão até esses lugares me ver. Não queria estar em lugar nenhum a não ser próximo de Zachary e Elijah. Finalmente havia encontrado algo com o mesmo apelo dos palcos. Começamos a planejar uma turnê de despedida. Teria de ser maior e mais espetacular do que qualquer coisa que já tivesse feito, uma grande celebração, um agradecimento às pessoas que compraram álbuns e ingressos ao longo dos anos.

Os planos para essa turnê já estavam em andamento quando descobri estar com câncer. A doença foi descoberta num check-up de rotina. O médico reparou num ligeiro aumento na contagem de antígenos prostáticos específicos no meu exame de sangue e me mandou para o oncologista para fazer uma biópsia. Deu positivo. Foi estranho: ouvir a palavra "câncer" não me chocou tanto quanto na década de 1980, quando acharam que eu poderia tê-lo na garganta. Creio que por ser câncer de próstata. Não é uma bobagem, mas é incrivelmente comum, foi detectado muito cedo e, além disso, fui abençoado com o tipo de constituição que me ajuda na recuperação de doenças. No departamento da saúde, já tive alguns sustos sérios antes e não me fizeram diminuir o ritmo. Na década de 1990, passei mal a caminho do casamento de David e Victoria Beckham. Já me sentira zonzo pela manhã jogando tênis e desmaiei no carro rumo ao aeroporto. Perdi o casamento, fui para o hospital, monitoraram meu coração e me disseram que eu tinha uma infecção no ouvido. No dia seguinte, estava jogando tênis de novo e David desceu da casa até a quadra como um raio, aos berros, me mandando parar imediatamente. É público como me sinto quando sou interrompido no meio de um jogo de tênis – basta lembrar a cena de *Tantrums and Tiaras* em que anuncio que vou sair imediatamente da França para não voltar nunca mais só porque um fã acenou para mim e gritou "uhú!" na hora do saque. Já havia começado a dizer-lhe com todas as letras para ir tomar no cu quando ele gritou que tinham ligado do hospital para nos informar de um erro no exame – eu tinha uma irregularidade no coração e tinha de voar imediatamente para Londres a fim de implantar um marcapasso. Passei só uma noite no hospital e, em vez de me sentir debilitado, achei o marcapasso fantástico. Pareceu me dar mais energia do que antes.

Mais recentemente, consegui fazer nove shows, pegar 24 voos e tocar com o Coldplay num baile beneficente para a AIDS Foundation com apendicite: os médicos me disseram que eu tinha uma colite e, apesar de exausto, continuei a tocar a vida. Poderia ter morrido – normalmente uma ruptura do apêndice causa peritonite, que mata em poucos dias. Fui submetido a uma cirurgia para a remoção do apêndice, passei alguns dias no hospital sob o efeito de morfina, tendo alucinações – não vou mentir, essa parte foi boa –, algumas semanas me recuperando em Nice e depois voltei à estrada. É assim que eu sou: se não fosse por essa constituição, todas as drogas que tomei teriam me matado décadas atrás.

O oncologista me disse que eu tinha duas opções. Uma era a cirurgia de remoção da próstata. A outra, um protocolo de radiação e quimioterapia que me forçaria a voltar ao hospital dezenas de vezes. Optei por ir direto para a cirurgia. Muitos homens a evitam por ser uma operação de grande porte cuja recuperação implica não fazer sexo por no mínimo um ano, além de um período de incontinência urinária, mas a verdade é que os meus filhos tomaram a decisão por mim. Não me agradava a ideia do câncer a pairar sobre minha – nossa – cabeça por anos a fio: preferia me livrar logo dele.

A cirurgia foi feita em Los Angeles, rápida e discretamente. Nos certificamos de que minha doença não chegasse ao conhecimento da imprensa: a última coisa de que precisava era um monte de reportagens histéricas nos jornais e fotógrafos do lado de fora da minha casa. A operação teve êxito absoluto. Descobriram que o câncer havia se alastrado para dois lobos na minha próstata: a radioterapia externa não teria acesso a eles. Eu havia tomado a decisão correta. Em dez dias estava de volta ao palco do Caesars Palace.

Foi só ao chegar a Las Vegas que me dei conta de haver algo errado. Acordei pela manhã sentindo-me ligeiramente desconfortável. No decorrer do dia, a dor foi ficando cada vez pior. Ao chegar ao *backstage* do local do show, era indescritível. Eu chorava. A banda sugeriu que cancelássemos o show, mas me neguei. Antes que comecem a tecer loas à minha bravura e ao meu profissionalismo incomparável, é preciso esclarecer que minha decisão não se deveu ao senso de dever ou ao estoicismo na linha o-show-deve-sempre-continuar. É que estranhamente estar no palco me parecia preferível a ficar em casa sem nada para fazer, mas sentindo exatamente a mesma dor. Portanto houve show. E meio que deu certo. Ao menos tive algo além do desconforto em que me concentrar, em especial no momento já mencionado, quando as consequências da prostatectomia radical sobre minha bexiga se fizeram conhecer.

Foi bem engraçado – *ah, se a plateia soubesse...* –, mas, apesar disso, se o ponto alto do seu dia é se mijar na frente de 4 mil pessoas, claramente a situação não é boa. Descobrimos que eu sofria de uma rara e inesperada complicação da operação: estava vazando fluido dos meus linfonodos. Fomos ao hospital para drená-los e a dor passou. Depois voltou, quando os fluidos voltaram a se acumular. Fabuloso: outra emocionante noite de agonia e incontinência em pleno palco do Caesars Palace. Esse ciclo se repetiu por dois meses e meio até ser curado por acidente: uma colonoscopia de rotina desviou os fluidos permanentemente, dias antes do meu aniversário de 70 anos.

A festa foi no Red Studios, em Hollywood. David me fez uma surpresa, trazendo Zachary e Elijah de Londres. Ryan Adams, Roseanne Cash e Lady Gaga se apresentaram. O príncipe Harry me enviou um vídeo desejando tudo de bom, no qual usava um par de óculos de Elton John. Stevie Wonder tocou para mim, tendo esquecido ou me perdoado pela vez passada, 44 anos antes, quando me recusei a sair do quarto para ouvi-lo cantar "Happy Birthday" a bordo do Starship. E Bernie estava lá, com a esposa e duas filhinhas – de certa forma, era uma celebração dupla, pois fazia cinquenta anos de quando nos conhecemos, em 1967. Posamos juntos para fotos – eu de terno vinho com lapelas de cetim, uma camisa com babados e sapatilhas de veludo; Bernie de jeans, cabelo raspado e braços cheios de tatuagens. Continuávamos a ser exemplos perfeitos de opostos, tanto quanto éramos no dia em que ele chegou a Londres vindo de Owmby-by-Spital. Bernie acabara por voltar à roça, nesse caso um rancho em Santa Barbara: em parte um retorno às raízes, em parte uma transformação num dos personagens do Velho Oeste sobre quem adorava escrever, como alguém saído de *Tumbleweed Connection*. Chegara mesmo a ganhar competições de laçar gado. Eu colecionava porcelana e a Tate Modern organizara uma exposição montada a partir do vasto acervo fotográfico do século XX por mim acumulado: um dos destaques era a foto original de Man Ray da qual Bernie e eu havíamos comprado um pôster quando tentávamos decorar o quarto compartilhado por nós em Frome Court. Éramos diametralmente opostos. Não sei como nossa parceria continuava a dar certo, mas a verdade é que desde o início nunca soube. Simplesmente funcionava. Simplesmente funciona.

Foi uma noite mágica. Geralmente dispenso o tipo de evento que gira em torno de pessoas me dizendo quão maravilhoso sou – nunca fui bom em aceitar elogios –, mas estava num bom humor excepcional. Estava livre do câncer e da dor. A operação havia sido um sucesso. As complicações haviam se resolvido. Em breve voltaria à estrada, para fazer alguns shows na América do Sul com James Taylor. Tudo voltara ao normal.

Até eu quase morrer.

Foi no voo de volta de Santiago que comecei a me sentir mal. Tivemos de fazer conexão em Lisboa e, na hora de embarcar, eu estava febril. Comecei a sentir muito frio. Não parava de tremer. Enrolado em cobertores, me senti um pouco melhor, mas estava na cara que havia algo errado. Ao chegar a Woodside, chamei o médico. A febre havia baixado um pouco, mas ele me recomendou ficar de repouso. Na manhã seguinte, me sentia péssimo, como jamais ocorrera antes na vida. Fui levado ao hospital King Edward VII, em Londres. Fizeram uma tomografia e viram que era muito sério. Tão sério que o hospital não tinha o equipamento adequado. Fui transferido para a London Clinic.

Cheguei ao meio-dia. Minha última lembrança é da sensação de pânico enquanto tentavam achar uma veia para me dar uma injeção. Sempre foi difícil, pois meus braços são muito musculosos, fora o fato de eu odiar agulhas. Até que chamaram uma enfermeira russa que parecia recém-chegada de um treino com a equipe olímpica de arremesso de peso. Às duas e meia da tarde eu estava na mesa de operação: havia um novo vazamento de fluido linfático, dessa vez dentro do diafragma, e tinha de ser drenado. Passei os dois dias seguintes no CTI. Quando acordei, me disseram que havia contraído uma tremenda infecção na América do Sul e que ela estava sendo tratada de forma intravenosa com doses cavalares de antibióticos. Tudo parecia estar bem até a febre voltar. Tiraram uma amostra da infecção e a cultivaram numa placa de Petri. Era muito mais séria do que se havia achado a princípio; seria preciso trocar de antibiótico e aumentar a dosagem. Tive de fazer ressonância magnética e sabe Deus quantos outros procedimentos. Permaneci acamado, me sentindo muito mal, sendo levado para lá e para cá, com tubos entrando e saindo de mim, sem entender direito o que estava havendo. Os médicos disseram a David que eu poderia morrer em 24 horas. Se a turnê sul-americana tivesse durado um dia a mais, teria virado presunto.

Tive uma sorte tremenda, uma equipe fantástica em torno de mim e os melhores cuidados médicos, embora seja necessário dizer que não foi como enxerguei a situação na época. Não conseguia dormir. Só o que me lembro é de ter passado noites em claro na cama pensando se iria morrer. Não sabia dos detalhes, não sabia quão perto chegara da morte – David sabiamente guardara para si essa informação –, mas me sentia tão mal que já era o bastante para me fazer pensar sobre a mortalidade. Não queria ir embora daquele jeito nem ali. Queria morrer em casa cercado pela minha família, de preferência tendo antes chegado a uma idade tremendamente avançada. Queria ver os meninos de novo. Precisava de mais tempo.

Depois de onze dias me deram alta. Não conseguia caminhar – a dor irradiava para as minhas pernas – e a quantidade e a dosagem dos antibióticos me derrubavam por completo. Ao menos estava em casa. Foram sete semanas de recuperação, aprendendo a andar novamente. Só saía de casa para ir ao médico. Foi o tipo de repouso forçado que noutras circunstâncias teria me levado à loucura – nem me lembrava da última ocasião em que passara tanto tempo em casa –, mas, por mais que me sentisse fraco, descobri estar gostando muito. Era primavera e os jardins em Woodside estavam lindos. Se é para ficar prisioneiro, há lugares bem, bem piores. Me acomodei numa rotina algo doméstica, caminhando pela propriedade e aproveitando os jardins durante o dia, esperando os meninos voltarem da escola e me contarem as novidades.

No hospital, sozinho no silêncio dá noite, eu rezava: rezava para não morrer, para ver meus filhos de novo, para ter um pouco mais de tempo. De uma forma estranha, o tempo gasto me recuperando foi a resposta às minhas orações: se você deseja ter mais tempo, precisa aprender a viver assim, precisa desacelerar. Era como ser apresentado a uma nova vida, uma vida da qual percebia gostar ainda mais que da estrada. Quaisquer dúvidas que ainda me restassem sobre me aposentar dos palcos evaporaram. Sabia ter tomado a decisão certa. A música era maravilhosa, mas não tanto quanto ouvir Zachary tagarelar sobre o que acontecera no grupo de escoteiros ou no treino de futebol. Já não dava mais para continuar a fingir ter 22 anos. Fazê-lo iria conseguir o que as drogas, o álcool e o câncer não haviam conseguido: me matar. E eu ainda não estava pronto para morrer.

EPÍLOGO

Minha turnê de despedida teve início em 8 de setembro de 2018 em Allentown, na Pensilvânia. David montou exatamente a celebração suntuosa que eu queria. O cenário era incrível e ele encomendou uma série de filmes extraordinários para acompanhar as canções: animações que faziam a capa de *Captain Fantastic* ganhar vida, velhas imagens minhas de todas as fases da carreira e filmetes ousados de artistas contemporâneos. Pudemos contar com Tony King para supervisioná-los e garantir que ficassem perfeitos: meio século depois de ele surgir pela primeira vez diante de meus olhos com seu visual extraordinário, ainda confiava plenamente em seu senso estético. As resenhas foram incríveis – da última vez que falaram tão bem de mim, eu ainda tinha cabelo por toda a cabeça e o crítico precisava passar metade do texto explicando quem eu era. O que eu mais amei foi a visível afeição, uma tristeza real por eu ter decidido parar de fazer shows, por uma era estar chegando ao fim.

Em meio aos primeiros shows, assisti pela primeira vez a uma versão provisória de minha cinebiografia, *Rocketman*. Dava para perceber quão nervoso David estava com minha possível reação. Eu sabia que Taron Egerton era a escolha certa para fazer o meu papel desde quando o vira cantar "Don't Let the Sun Go Down on Me" – ele conseguiu dar conta da canção sem ameaçar matar ninguém nem gritar a respeito de Engelbert Humperdinck, certamente um avanço em relação à primeira vez em que *eu* a cantei. Eu o convidara para vir a Woodside conversar e comer curry e deixei-o ler alguns dos meus antigos diários do início da década de 1970 para que tivesse uma ideia de como era minha vida na época. Os diários são puro humor involuntário. Neles eu escrevia tudo da forma mais natural possível, o que só torna tudo mais absurdo. "Acordei. Arrumei a casa. Vi futebol na TV. Compus 'Candle in the Wind'. Fui a Londres. Comprei um Rolls-Royce. Ringo Starr veio jantar." Acho que estava tentando normalizar o que acontecia na minha vida, muito embora claramente de normal não tivesse nada. Mantive distância do set e tentei evitar assistir aos copiões: a última coisa de que um ator precisa é a pessoa que ele interpreta encarando-o enquanto ele finge ser ela. Mas ver o filme lembrou a primeira vez em que vi *Billy Elliot*: comecei a chorar na cena situada na casa da minha avó na Pinner Hill Road, na qual mamãe, papai e vovó cantam "I Want Love". Aquela canção, Bernie escrevera sobre ele mesmo, um homem de meia-idade com alguns casamentos desfeitos nas costas, ponderando se um dia se apaixonaria de novo. Mas poderia ter sido escrita sobre as pessoas que viviam naquela casa. Cabia naquele contexto, e isso para mim era o que realmente importava. É como este livro: queria algo que meus filhos pudessem ver ou ler dentro de quarenta anos e saber como foi minha vida ou como me senti ao vivê-la.

Quando a turnê de despedida foi anunciada, vários jornalistas fizeram matérias sugerindo que eu jamais me aposentaria de verdade. Embasavam suas teses por meio de amplo conhecimento do meu histórico e análises psicológicas impressionantes do meu caráter: já tentara me aposentar antes, personalidade propensa ao vício, artista de palco por natureza, obcecado por música. Poderiam tê-las embasado ainda com mais solidez se tivessem recorrido ao que eu mesmo dissera na entrevista coletiva: que não tinha a menor intenção de parar para sempre de fazer música ou mesmo shows. Só o que não pretendia fazer mais era me arrastar mundo afora: faria uma última grande turnê – trezentos shows ao longo de três anos, passando pelas Américas do Norte e do Sul, pela Europa, pelo Oriente Médio, pela Ásia e pela Australásia, levando os meninos, que passariam a ter um tutor – e ponto final.

Não é o fim. Fiquei animado em pensar como parar de excursionar pode me dar tempo para fazer coisas diferentes. Quero compor mais musicais, mais trilhas de cinema. Quero me dedicar ao trabalho com a AIDS Foundation, especialmente na África. Quero erguer minha voz em prol da comunidade LGBTQ local, tentar conversar com políticos de Uganda, Quênia, Nigéria, fazer algo que mude a forma como as pessoas são tratadas. Quero colaborar com artistas diferentes. Quero montar uma enorme exposição que dê conta de toda a minha carreira, talvez até considerar abrir um museu permanente onde as pessoas possam ter acesso às minhas coleções de arte e fotografia. Quero passar mais tempo fazendo álbuns, e fazê-los como costumava no início da minha carreira solo: dar tempo a Bernie para escrever um monte de letras e desenvolver grande quantidade de material. Não entro em estúdio com um grande lote de canções a partir do qual escolher desde *Madman Across the Water*, 48 anos atrás – passei a me sentar e compor na hora, como a versão musical de um pintor com uma tela em branco. Quero voltar a compor sem gravar o que estou fazendo, do jeito como foi com *Captain Fantastic*, memorizando minhas criações ao longo do processo. Quero fazer shows ao vivo, mas bem menores, nos quais possa me concentrar em tocar material diferente. Se compor canções como "I'm Still Standing", "Rocket Man" e "Your Song" acarreta algum problema, é o fato de se tornarem tão grandes que ganham vida própria e ofuscam todo o resto. Amo-as todas de paixão, mas compus outras canções que acho tão boas quanto, mas ficam à sombra destas, e às quais gostaria de direcionar os holofotes por um momento.

Mas acima de tudo quero dedicar meu tempo a... bem, ser normal ou tão normal quanto me seja possível. Menos tempo na estrada significa mais tempo para levar e buscar os meninos na escola, mais tardes de sábado levando-os ao Pizza Express ou à Daniel's, a loja de departamentos de Windsor – coisas de que eles gostam, coisas que em outros tempos jamais me teriam passado pela cabeça. Por toda a minha vida, tentei fugir de Reg Dwight, pois ele não era um passarinho feliz. Mas fugir de Reg Dwight me ensinou que ao me afastar demais dele, ao abrir muita distância da pessoa normal que um dia havia sido, as coisas davam terrivelmente errado e eu ficava mais infeliz do que nunca. Preciso – *todos* precisam – de alguma conexão com a realidade.

Minha vida é e foi extraordinária e honestamente não a mudaria em nada, nem as partes das quais me arrependo, pois gosto muito do que acabou por resultar de tudo. Obviamente preferiria ter seguido em frente quando passei por John Reid preparando carreiras de cocaína no estúdio em vez de meter o nariz, em todos os sentidos possíveis. Mas talvez tenha precisado passar por aquilo para chegar aonde estou. Não é de forma alguma onde esperava estar – casado com um homem, pai de dois filhos, duas coisas que me pareciam impossíveis nem faz tanto tempo assim. Mas eis a outra lição que minha ridícula vida me ensinou. Desde o momento em que me levaram até a porta após um teste malsucedido e me deram um envelope com as letras de Bernie, nada jamais ocorreu como eu imaginaria. Minha história é um festival de "e se...?", de momentos estranhos nos quais tudo mudou. E se o mau resultado do teste tivesse me abalado a tal ponto que, no caminho para a estação, tivesse jogado o envelope de Bernie na primeira lata de lixo? E se tivesse batido o pé e me recusado a ir para os Estados Unidos quando Dick James me sugeriu? E se naquela tarde de sábado, no início da década de 1990, o Watford tivesse ganhado do West Bromwich Albion e eu, com a moral mais elevada, não tivesse sentido a necessidade de ligar para um amigo e pedir que trouxesse alguns rapazes gays para jantar? E se eu não tivesse reparado em Lev no orfanato na Ucrânia? Onde estaria agora? *Quem* seria agora?

Podemos todos pirar tentando imaginar. Fato é que tudo isso aconteceu e aqui estou eu. Não faz muito sentido perguntar "e se...?". A única pergunta que vale a pena fazer é: e agora, o que virá?

AGRADECIMENTOS

Obrigado a todos que me ajudaram a lembrar de histórias e contribuíram para a vida incrível que tive.

ÍNDICE REMISSIVO

Ackles, David, 67
Adams, Bryan, 256
Adams, Ryan, 248, 250
AIDS/HIV
    docudrama *E a vida continua*, 208
    medo da, 162, 176-177
    na África do Sul, 265, 267
    na Rússia, 150
    na Ucrânia, 267, 270
    Ryan White, 117
    trabalho da princesa Diana, 232, 239
    trabalho de Elton; *ver também* Elton John AIDS Foundation
AIR Studios, 54
Álbuns
    álbum *disco*, *Victim of Love*, 144, 145
    álbuns ao vivo
        11-17-70, 82
        Here and There, 139
        Live in Australia, 170-171

Bernie como único letrista
    Big Picture, The, 247
    Captain and the Kid, The, 251
    Captain Fantastic and the Brown Dirt Cowboy, 111, 251
    Caribou, 95
    Diving Board, The, 251
    Don't Shoot Me, I'm Only the Piano Player, 90
    Elton John, 56, 64-66, 70
    Empty Sky, 60-62
    Goodbye Yellow Brick Road, 93, 99
    Honky Château, 84, 91
    Ice on Fire ("Wrap Her Up" com vários autores), 168
    Made in England, 247
    Madman Across the Water, 82, 119
    One, The ("Runaway Train" de John/Taupin/Romo), 208, 212
    Peachtree Road, 251
    Reg Strikes Back, 184

Rock of the Westies, 115, 116, 126, 139
Sleeping With the Past, 128, 188, 189, 203
Songs From the West Coast, 250, 252
Too Low for Zero, 155, 161
Tumbleweed Connection, 75, 78
Wonderful Crazy Night, 251

Bernie e outros letristas
   21 at 33, 150
   Blue Moves, 123
   Fox, The, 156
   Jump Up!, 142, 156, 177
   Leather Jackets, 169, 170, 188, 208

colaborações
   duetos (com vários artistas), 119, 208, 217, 227, 256, 262
   Good Morning to the Night (com Pnau), 283
   Union, The (com Leon Russell), 264

coletâneas
   Elton John's Greatest Hits, 213
To Be Continued..., 202

trilhas sonoras e musicais
   Aida, 248
   Billy Elliot, 260, 275
   caminho para El Dorado, O, 248
   Conversa de mulheres, 248
   Friends, 82
   musa, A, 248
   rei leão, O, 214, 232, 248
   vampiro Lestat, O, 275

Alexandra, princesa, 146
Anderson, Jon, 46
Andrews, Bernie, 182
Andrews, Julie, 172
Andy Williams Show, 237

Anne, princesa, 230
Aparições na televisão, 11, 237
Are You Ready for Love (Bell/Bell/James), 141as
Armani, Giorgio, 240
Artem na Ucrânia, 267
Artigo na *Parade*, 225
Ashe, Arthur, 210
Ashen, John, 28
Atwell, Winifred, 10, 65
Auger, Brian, 10, 43
Average White Band, 114
Avião Starship, 94, 96, 123, 131, 141, 221, 292

Babylon, Guy, 267
Back in the USSR (Lennon/McCartney), 149as
Back to the Island (Russell), 261
Baldry, Long John, 9, 280
Band, The, 48, 62, 67, 80, 213, 230
Barbis, Eddi, 200
Barbis, Johnny, 263
Barnes, John, 132
Barron Knights, The, 55
Bassett, Dave, 134
Beach Boys, The, 67, 79, 111
Beatles, The, 9, 27, 35, 40, 46, 48, 76, 105
Beck, Jeff, 64-66
Bell, Thom, 141
Bellotte, Pete, 144
Birch, Bob, 240, 284
Birdsong, Cindy, 52
Blauel, Renate, 156
   após o divórcio, 181
   casamento e recepção, 164-166
   divórcio, 181

noivado, 164
trabalho em álbuns, 164, 166
Blissett, Luther, 132
Blue Mink, 146
Bluesology
    artistas que a banda acompanhava, 37
    cachês baixos, 37
    carga de trabalho, 37
    clubes, 49, 62
    com Long John Baldry, 43
    Elton sai da banda, 14
    em Hamburgo, 40
    empresário, 41
    gravações, 50
    inferioridade, 41
    início, 36
    problemas com o órgão, 41
    trabalho para Tempest, 37
Blunt, James, 254
Boate After Dark, Los Angeles, 113, 262
Boate Boy, Paris, 189
Boate Studio One, Los Angeles, 113
Boate Too 2 Much, 256
Boates gays, 56, 57, 107, 113, 125, 189, 256, 262
Bohemian Rhapsody (Mercury), 222as
Bolan, Marc, 76, 139, 152, 224
Bond, Isabel, 41
Bowie, David, 63, 76
Branson, Richard, 234, 235
Brant, Sandy, 228, 254
Brett, Jeremy, 173
Brown, Steve, 57, 58
Brown, Stuart, 12, 32
Buck, Vance, 177, 208
Buckmaster, Paul, 31, 63
Burchett, Guy, 142
Burdon, Eric, 42
Burns, Shirley, 54
Byron, David, 53

Caddy, Alan, 53
Calçada da Fama de Hollywood, 115
Callaghan, Nigel, 132
caminho para El Dorado, O, trilha sonora de, 248
Canções/singles
    Bernie como único letrista
        "All the Nasties", 83
        "Amazes Me", 189
        "American Triangle", 250
        "Amy", 85
        "Border Song", 62, 64
        "Candle in the Wind" (para a princesa Diana), 94, 168, 175, 186, 234, 236, 239, 296
        "Cold as Christmas", 156
        "Country Comfort", 77
        "Don't Go Breaking My Heart", 119, 121, 217
        "Don't Let the Sun Go Down on Me", 61, 95, 172, 189, 208, 295
        "Ego", 142, 155
        "Empty Garden", 152
        "Grow Some Funk of Your Own", 118
        "Healing Hands", 190

"Heartache All Over the World", 169
"Hoop of Fire", 169
"I Fall Apart", 169
"I Guess That's Why They Call It the Blues", 156, 213
"I Never Knew Her Name", 189
"I Think I'm Going to Kill Myself", 91
"I Want Love", 250, 253, 296
"I'm Always On the Bonk", 119
"I'm Still Standing", 155, 156, 186, 297
"I've Been Loving You", 48, 49, 51, 58, 59
"Kiss the Bride", 156, 166
"Lady Samantha", 58, 60
"Lady What's Tomorrow", 57
"Last Song, The", 208
"Look Ma, No Hands", 250
"Mona Lisas and Mad Hatters", 85
"My Father's Gun", 80, 213
"Nikita", 168
"Philadelphia Freedom", 107, 108, 118, 141
"Rocket Man", 85, 90, 281, 297
"Sacrifice", 189
"Sad Songs (Say So Much)", 84
"Skyline Pigeon", 49
"Someone Saved My Life Tonight", 50, 52, 213
"Sorry Seems to Be the Hardest Word", 123, 213, 262
"Take Me to the Pilot", 62, 251
"This Train Don't Stop There Anymore", 252
"Tiny Dancer", 249, 250
"We All Fall in Love Sometimes", 104
"White Lady White Powder", 150
"Your Song", 56, 62, 64, 79, 151, 230, 243, 297
Elton como letrista, "Song for Guy", 142
outros letristas
  "Are You Ready for Love", 141
  "Blue Eyes", 141, 177
  "Can You Feel the Love Tonight?", 213
  "Chloe", 141
  "Don't Trust That Woman", 169
  "Elton's Song", 142
  "Hakuna Matata", 213
  "Legal Boys", 142
  "Little Jeannie", 141
  "Sartorial Eloquence", 141
Carey, George, arcebispo de Canterbury, 235
Cash, Roseanne, 292
Chapman, Beth Nielsen, 239
Charles, príncipe de Gales, 232
Charles, Ray, 12, 160, 237, 262
Château d'Hérouville, França, 84, 90, 93
Chelsea FC, 35
Cher, 114
China (banda), 145
Clapton, Eric, 78, 79, 198, 262
Clínica de desintoxicação de Meadows, Scottsdale, Arizona, 228
Clough, Brian, 135
Clube Latino, South Shields, 9, 12
Clube Speakeasy, Londres, 64, 65
Cocaína, 38, 89, 96-98, 103, 112, 117, 131, 146, 154, 163, 166, 169, 171, 189, 192, 200, 252
Cohen, Leonard, 46
Collins, Phil, 172
"Come Back Baby" (Dwight), 37

Concerto Farm Aid, 186
Concertos; *ver também* turnês
   Central Park, Nova York, 151, 152
   concertos beneficentes, 105, 129, 145, 146, 186, 187, 188, 202, 275
   concerto-tributo a Freddie Mercury, 128, 222
   Dodger Stadium, Los Angeles, 115
   evento Midsummer Music, Londres, 111
   Hollywood Bowl, 92
   Madison Square Garden com John Lennon como convidado, 102-106
   primeiro show no Troubadour, 68
   Royal Variety Performance, 91
   shows de George Michael em Wembley, 208
   shows em Las Vegas, 152, 252
Cooper, Alice, 140
Cooper, Ray, 31, 146, 150, 198, 202, 230
Cornelius, Don, 108
Corvettes, The, 28, 36
Costello, Elvis, 145
Cox, Patrick, 256
Cravo, 59, 63
Crosby, David, 80
Curtis, Richard, 232

D'Amico, Antonio, 229, 239
Daily Mail, 148, 269
Daily Mirror, 180
Daldry, Stephen, 249
Dean, Elton, 12, 14
Dee, Kiki, 75, 95, 119, 121, 138
Delaney & Bonnie, 62, 67
Delfont, Bernard, 91
Denmark Street, Londres, 33, 35
Denny, Sandy, 75, 76
Derek & the Dominos, 78

Derek (motorista de EJ), 245
Diamond, Neil, 67, 68
Diana, princesa de Gales
   "Candle in the Wind" (para a princesa Diana), 94, 168, 175, 186
   cantando com Versace, 239
   Efeito Diana, 233, 238
   funeral, 238
   morte, 229
   na festa de aniversário do príncipe Andrew, 230
   na festa em Woodside, 239-240
   no funeral de Versace, 234
   reconciliação com Elton, 234
   rompimento com Elton, 233
   traquejo social, 231
Dick James Music (DJM), 46; *ver também* James, Dick
Disco, 143
Divine, 107, 121, 253, 276
"Don't Give Up" (Gabriel/Bush), 193
Double Fantasy (Lennon/Ono), 156
Dr. John, 9
DreamWorks, 214, 248
Driscoll, Julie, 10
Dudgeon, Gus, 63, 83, 95, 168, 170
Duran Duran, 155, 157
Dury, Ian, 145
Dwight, Roy, 28
Dwight, Sheila (mãe de EJ); *ver também* Farebrother, Sheila (mãe de EJ)
   apoio à carreira musical de Elton, 32, 53
   divórcio do pai de Elton, 31
   e "Derf", 31-33, 36, 52; *ver também* Farebrother, Sheila (mãe de EJ)
   e o pai de Elton, 17-18
   gosto pela música, 15
   medo que Elton tinha de, 23-24

métodos de criação do filho, 18
mudanças de casa, 20-21
relacionamento de Elton com Linda Woodrow, 49
sexualidade de Elton, 73-74
temperamento e birras, 274
Dwight, Stanley (pai de EJ)
divórcio da mãe de Elton, 31
doença, 160
e a mãe de Elton, 17-18, 21-22
flagra em Elton se masturbando, 26-27
furioso com a escolha de carreira de Elton, 33
gosto pelo futebol, 28- 29, 160
morte, 205
novo casamento e família, 30-31
ódio ao rock 'n' roll, 25-26, 33
relacionamento de Elton com, 21-22, 28-29, 161-162
separação da mãe de Elton, 31
Dylan, Bob, 13, 35, 67, 80, 85, 213

Eagles, The, 111, 156, 246
Ebert, Roger, 213
Edifício Dakota, Nova York, 106
Editora musical Mills Music, 33, 35
Egerton, Taron, 295
Elizabeth II, 102
Elizabeth, a rainha-mãe, 87, 91, 137
Elliot, Mama Cass, 80, 237
Elton John AIDS Foundation
Aretha na cerimônia de gala do 25º aniversário, 21
casamento de Rush Limbaugh, 284
Elton se dirige ao Congresso dos EUA, 211
evento beneficente "Fora do Armário", 239
festa para assistir ao Oscar, 210
início, 208
na África, 265
na Rússia, 150, 284
na Ucrânia, 267
Princesa Diana como benfeitora, 234
recursos arrecadados até o momento, 284
Rock and Royalty (Versace), 233
torneio de tênis Smash Hits, 210
Elton John Band
demissões, 81
intuição e coesão, 85
mudanças na formação, 91-92, 109
trio original, 60
trio original mais, 150-151, 186
Eminem, 207, 274
Entrevista à *Rolling Stone* em 1976, 120
Estúdio Caribou Ranch, Colorado, 110
Estúdio Montserrat, 156, 161, 163
Estúdio Puk, Dinamarca, 188
Estúdio Record Plant East, Nova York, 105
Estúdios Abbey Road, 54
Estúdios Disney, 212-214
Estúdios Dynamic Sounds, Kingston, Jamaica, 93
Eurovision Song Contest, 58, 60

Fairport Convention, 71, 75
Fame, Georgie, 40
Farebrother, Fred ("Derf")
almoço para conhecer David, 220
apoio à carreira musical de Elton, 32-33
casa de Elton em Woodside, 278
casamento com a mãe de Elton, 86
cerimônia de união civil de Elton e David, 254

início do relacionamento com a mãe de Elton, 31-32
jantar com John Lennon, 102
morte, 205
mudanças de casa, 20-21, 36
noivado de Elton com Renate, 164
Semana Elton John em LA, 115, 117
sexualidade de Elton, 73-74
turnê russa, 147
Farebrother, Sheila (mãe de EJ); *ver também* Dwight, Sheila (mãe de EJ)
  a questão com Bob Halley, 276
  almoço com Elton em Woodside, 278
  almoço para conhecer David, 220
  casa de Elton em Woodside, 136, 137, 278
  casamento com "Derf", 86
  cerimônia de união civil de Elton e David e recepção, 254
  ciúme de David, 259, 260, 277
  críticas a Elton, 137
  desgosto pelo show *The Red Piano*, 253
  Elvis Presley, 121
  falta de interesse nos netos, 279-280
  filme *Tantrums and Tiaras*, 225-226
  funeral, 279
  morte, 278
  mudanças de casa, 20-21, 36
  noivado de Elton com Renate, 164
  oposição a uniões civis de homossexuais, 259
  rompimento com a família, 278
  Semana Elton John em LA, 115, 117
  temperamento e birras, 162, 258, 275-276
  transtorno de personalidade, 257, 278-279
  turnê russa, 147
  último encontro com Elton, 278
Festa para assistir ao Oscar, 210
Filme *Billy Elliot*, 248
Filme *Quase famosos*, 249, 250
Filme *Rocketman*, 295
Fontana, Wayne & The Mindbenders, 40
Forbes, Bryan, 86, 137
Fotheringay, 75
France, SS, 104
Francis, Keith, 22, 26
Franklin, Aretha, 210, 276
Franks, Clive, 59
Fulham FC, 28
Fundação Americana para a Pesquisa da Aids, 188
Furnish, David; *ver também* relacionamento John/Furnish
  ajudando aos outros, 228
  almoço para conhecer a família de Elton, 220
  amizade com Versace, 219, 220
  apresentado a Elton, 215-216
  assumir-se perante a família, 220
  casamento com Elton, 254
  cinebiografia de Elton, 288
  como empresário de Elton, 287-288
  desintoxicação, 287
  documentário *Tantrums and Tiaras*, 224-226
  doença quase fatal de Elton, 293-294
  "excursionar ou ser pai": a escolha, 289
  festa do aniversário de 70 anos de Elton, 292
  filme *Conversa de mulheres*, 248
  filme *Rocketman*, 295
  funeral da princesa Diana, 234-235
  Gere e Stallone em Woodside, 232

ideia de uma adaptação musical de *Billy Elliot,* 248
interesses musicais, 260-261
nascimento do filho Elijah, 274
nascimento do filho Zachary, 272
preocupações com segurança, 229
problemas de coração de Elton, 290
reservas quanto ao relacionamento com Elton, 217
Turnê de Despedida de Elton, 290, 295
Furnish, Gladys, 259
Furnish, Jack, 259
Furnish-John, Elijah, 274, 278, 287, 290
Furnish-John, Zachary, 278, 287, 290
Futebol, 77, 129, 130, 132, 134, 135, 159, 160, 193, 211, 282, 294, 296

Gaff, Billy, 99, 165, 173
Gaga, Lady, 253, 273, 274, 292
Garcia, Jerry, 223
Garfunkel, Art, 113
Garnier, Laurent, 189
Gates, John, 22
Gavin, Pete, 12
Geffen Records, 156
Geller, Uri, 106
Gere, Richard, 232, 233
Gibb, Maurice, 81
Gibb, Robin, 55
Gilbert, John, 112
Gillespie, Dana, 56
Glotzer, Bennett, 80, 81
Goldsmith, Harvey, 147
Graham, Bill, 71
Grateful Dead, 84, 223
Greco, Buddy, 50, 64
Grossman, Albert, 80

Guetta, David, 189
Guns n' Roses, 186, 222

Hall, Lee, 249, 288
Halley, Bob, 137, 138, 154, 158, 163, 186, 191, 245, 276, 278, 279
Halley, Pearl, 158
Halperin, Bruce, 174
Harrison, George, 191, 262
Harrow Granada, 27
Harry, príncipe, duque de Sussex, 231, 239, 292
Harty, Russell, 131
"He'll Have to Go" (Allison/Allison), 44
Heart, Harry, 38
Heartbreak Hotel (Axton, Durden, Presley), 16
Heartbreaker (Adams), 248
Heath, Edward, 184
Henley, Don, 246
Hepburn, Katharine, 87
Hewitson, Mike, 191
Hill, Andy, 137
Hillburn, Robert, 70, 75
Hiller, Tony, 33
HIV/AIDS; *ver* AIDS/HIV
Holly, Buddy, 26
Hoochie Coochie Men, The, 10, 43
Hookfoot, 60
Hospital Cedars-Sinai, Los Angeles, 272
Hospital Luterano, Chicago, 197
Houston, Whitney, 207
Howard, James Newton, 108, 110, 151
Hunt, Marsha, 43
Hurley, Elizabeth, 271
Hutton, Danny, 79

"I'm Not in Love" (Stewart/Gouldman), 109
Ink Spots, The, 39
Inkpen, Mick, 36
Inn On the Park, Londres, 185
Iovine, Jimmy, 106
Island Records, 63

Jackson, Michael, 101, 186, 187, 220, 222, 251
Jackson, Steve, 162
Jagger, Mick, 61, 174
Jahr, Cliff, 124, 125
James, Dick; *ver também* Dick James Music (DJM)
    álbum de poesias de Bernie, 140
    álbum *Elton John*, 56
    álbum *Empty Sky*, 60
    Elton e Bernie assinam contrato com, 46
    Eurovision Song Contest, 58
    fé em Elton e Bernie, 62, 66
    fim do contrato, 139
    morte, 140
    primeiro single, 49
    processo contra, 140
    recusa à oferta de Jeff Beck, 66
    turnê americana, 65
James, Stephen, 47, 48
John, Elton
Acontecimentos da vida
    1947, nascimento, 11
    década de 1950
        ouvir Elvis pela primeira vez, 15
        Reddiford School, 20
    décadas de 1950 e 1960
        aulas e prática de piano, 12
        Pinner County Grammar School, 26
        Royal Academy of Music, 30, 155
        surgimento do rock 'n' roll, 21, 24
    década de 1960
        trabalho como músico *free-lancer*, 283
        trabalho na Victoria Wine, 25
    1961, divórcio dos pais e novos parceiros, 31
    1962, apresentações no Northwood Hills Hotel, 32
    1963, trabalho na editora musical Mills Music, 33, 35
    1967
        apresentado a Bernie Taupin, 13
        teste na Liberty Records, 13
    1968
        Baldry aponta a ele sua homossexualidade, 51
        contrato assinado com a DJM, 59
        despertar sexual, 56
        noivado e rompimento com Linda Woodrow, 49
        tentativa de suicídio, 50, 104, 116-118
    1969
        é formada a Elton John Band, 58, 60
        encontro com Steve Brown, 57
        Eurovision Song Contest
    1970
        apresentado a Leon Russell, 70
        assumindo-se perante a família e amigos, 74

John Reid torna-se seu empresário, 81
perda da virgindade, 56, 73
primeira turnê americana, 80
vai morar com John Reid, 73
1972
    mononucleose, 90
    mudança de nome, 84
1973
    apresentado a John Lennon, 102
    roupa de gorila no show dos Stooges, 281
1974
    a bordo do SS *France*, 104
    início da Rocket Records, 95
    início do uso de cocaína, 96-97
    Lennon no palco do MSG, 105-106
    no álbum *Walls and Bridges*, de Lennon, 105
    prisão na Nova Zelândia, 99
1975
    fim do relacionamento amoroso com John Reid, 98-100
    Semana Elton John em LA, 115, 117
    tentativas de suicídio, 50, 104, 116-118
1976
    apresentado a Elvis, 122
    assumindo-se perante o público, 74
    chama a rainha-mãe para almoçar, 137
    compra do Watford FC, 130
    entrevista à *Rolling Stone*, 120
    exaustão, 123-124
1977
    anúncio da aposentadoria em Wembley, 145
    pausa na parceria de composição com Bernie, 140
    trabalho com Thom Bell, 141
1978, trabalho com Gary Osborne, 141
1980
    informado do assassinato de John Lennon, 152
    trabalho com Tom Robinson, 141
1981
    apresentado à princesa Diana, 230
    festa de aniversário do príncipe Andrew, 230, 231
1983
    safári com Rod Stewart, 159
    viagem à China com o Watford FC, 159
1984, noivado e casamento com Renate Blauel, 164-166
1985-86, problemas com a voz, 169
1986, diagnóstico de possível câncer de garganta, 172
1987
    alvo de cruzada do jornal *The Sun*, 166, 173
    bulimia, 176, 207, 233
    cirurgia na garganta, 171
1988
    divórcio de Renate, 181
    leilões na Sotheby's, 183, 184
1990
    morte de Ryan White, 184-186
    pedido de ajuda, 226

1990-91, desintoxicação; *ver* John, Elton, desintoxicação

1991
    apresentado a John Scott, 207
    morte de Freddie Mercury, 210
    morte do pai, 205
    volta ao trabalho, 208

1992
    início da Elton John AIDS Foundation, 208-209
    leilão da coleção de discos, 209

1993
    almoço para apresentar David aos pais, 220
    apresentado a David Furnish, 216

1994, entra para o Rock and Roll Hall of Fame, 222-223

1994/1997, filme e musical *O rei leão*, 212-214

1997
    assassinato e funeral de Gianni Versace, 226-227
    festa do aniversário de cinquenta anos, 276
    funeral da princesa Diana, 238
    informado da morte da princesa Diana, 229

1998
    Condecorado, 87
    fim do relacionamento profissional com a John Reid Enterprises, 98-100
    show VH1 Divas Live, 240
    turnê com Billy Joel, 241

1999, problemas de coração, 290

2001, *Songs From the West Coast*, 250, 252, 253

2004, início da residência no Caesars Palace, 251

2005
    cerimônia de união civil e recepção, 257
    pedido de união civil com David, 254

2007, festa do aniversário de sessenta anos, 276

década de 2010
    colaborações, 282-283
    David torna-se seu empresário, 287-288
    mortes de amigos, 284

2010
    casamento de Rush Limbaugh, 284
    nascimento do filho Zachary, 272

2011-17, shows *Million Dollar Piano*, Las Vegas, 282

2012, álbum *Good Morning to the Night* (com Pnau), 283

2013
    nascimento do filho Elijah, 274
    ruptura do apêndice, 291

2014
    casamento com David, 254
    morte e funeral da mãe, 278, 279

2017
    câncer de próstata e consequências, 282
    "excursionar ou ser pai!": a escolha, 289
    festa do aniversário de setenta anos, 292
    infecção quase letal, 293

2018-19
    filme *Rocketman*, 295

Turnê de Despedida, 290, 295
abuso de drogas; *ver também* John, Elton, desintoxicação
   álcool, 157, 189
   maconha, 93, 148, 171, 281
   cocaína, 38, 89, 96-98, 103, 112, 117, 131, 146, 154, 163, 166, 169, 171, 189, 192, 200, 252
álbuns; *ver* álbuns
ambiente doméstico na infância, 18-21
   animais de estimação, 123, 254, 275
aparência física
   cabelo/perucas/chapéus, 128-129
   figurino (fora do palco), 47-48, 218, 219
   figurino (no palco), 36, 93, 151, 170, 183, 184
aparições na televisão, 11, 37, 237
   banda; *ver* Elton John Band
   bandas, primeiras, 28; *ver também* Bluesology
bulimia, 176, 207, 233
canções/singles; *ver* canções/singles
casas
   Atlanta, Georgia, 90
   Holland Park, Londres, 217
   Islington, Furlong Road, 50
   Los Angeles, 115, 158, 175, 287
   Nice, 226, 229, 234, 241, 245, 247, 249, 275, 284-286, 291
   Virginia Water, Surrey, 86, 98
   Water Gardens, Edgware Road, 73, 74, 78
   oeste de Londres, 185
   Woodside, Old Windsor; *ver* Woodside, Old Windsor
casas, pais
   Croxley Green, 31, 36
   Frome Court, 36, 43, 46, 50, 53, 59, 62, 80, 292
   Northwood, 14
   Wiltshire, 20
como artista de palco
   abandono de concertos, 280
   amor pelo palco, 281-282
   atração principal, 111
   decisão de se aposentar, 145, 280, 294, 296
   destemor, 32-33
   entradas triunfais, 92
   figurino e aparência, 9-10, 23, 36, 87, 93, 151, 170, 184, 254
   identidade, 289-290
   nervosismo, 69
   rotinas de palco, 101
   Turnê de Despedida, 290
concertos; *ver* concertos; turnês
desintoxicação
   ajudar terceiros, 207
   caminhadas em Londres, 203
   carta à cocaína, 195-197
   consultas psiquiátricas, 203
   felicidade, 206
   no Centro de Reabilitação do Hospital Luterano, Chicago, 197
   reuniões de viciados, 203, 206, 287
diários, 296
exploração da sexualidade, 26
família
   avó materna, 17
   avós paternos, 21
   ex-mulher; *ver* Blauel, Renate
   filho Elijah, 274, 278, 287, 289, 290, 292
   filho Zachary, 278, 287, 289, 290, 292

Horace, segundo marido da avó, 18, 137
mãe; *ver* Dwight, Sheila (mãe de EJ); Farebrother, Sheila (mãe de EJ)
marido; *ver* Furnish, David; relacionamento John-Furnish
padrasto "Derf"; *ver* Farebrother, Fred ("Derf")
pai; *ver* Dwight, Stanley (pai de EJ)
tia Win, 18-21, 88, 89, 174, 256, 258, 278
tio Reg, 17-19, 31, 278

filantropia
    concertos beneficentes, 31, 84, 128, 145, 160, 222, 275
    doações de *royalties*, 190
    doações do lucro com a venda das coleções, 209
    ganhos em processos judiciais doados para a caridade, 180
    Royal Academy of Music, 89, 155,
    singles beneficentes, 188
    trabalho com a AIDS, 117, 162, 176, 177, 188, 210, 211, 265, 267, 270

filhos
    afilhados, 266
    amor pelos, 282, 297-298, 324
    barriga de aluguel, 270
    chegada do instinto paternal, 270
    "excursionar ou ser pai": a escolha, 289
    Lev na Ucrânia, 298
    lições aprendidas com, 274, 282
    medo de ser pai, 266
    nasce o filho Elijah, 274
    nasce o filho Zachary, 272
    Noosa na África do Sul, 265-266
    opções para ter filhos, 269
    preparativos para o primeiro filho, 270-271
    privilégios e fardos, 274

futuro, planos para o, 297
inocência sexual, 41, 52
interesses extramúsica
    coleções, 184-185
        arte, 88
        discos, 15, 19, 20, 22, 24, 66, 68, 90, 183
        fotografia, 203, 292
        mobília, 88
        perda do controle, 182-183
        prazer com as, 89-90
        quadrinhos, livros, revistas, 23
    futebol, 21, 22, 28, 29, 77, 130, 135, 160, 203, 282, 296
    compras(consumo), 25, 41, 90, 218
    squash e tênis, 22, 104, 107, 130, 150, 182, 210, 290

nome, 13, 15, 84
paradas de sucessos, acompanhamento das, 23
relacionamentos amorosos
    Blauel, Renate; *ver* Blauel, Renate
    fortuitos, 109, 154,
    Furnish, David; *ver* Furnish, David
    Reid, John, 73, 81, 98-100
    Scott, John, 207, 215
    Williams, Hugh, 185
    Woodrow, Linda, 24, 49
trabalho com a AIDS
    concertos beneficentes, 31, 145, 265

Congresso dos EUA, pronunciamentos perante o, 211
doações de *royalties,* 190
Elton John AIDS Foundation; *ver* Elton John AIDS Foundation
Festa para assistir ao Oscar, 210
na Rússia, 150
Operation Open Hand, 208
Ryan White, 178
traços de personalidade
ajudar aos outros, 101, 179, 186, 187, 207, 285; *ver também* John, Elton, filantropia
aparência, insegurança com a, 23, 188
competitividade, 130
dar presentes, gosto por, 89, 121, 141, 163, 165
deixar acumular frustrações, 117
disposição para trabalhar com opositores, 283
duvidar de si próprio/criticar a si próprio, 50, 160
espírito gregário, 56
honestidade, 224
medo de confrontos, 23, 50, 161, 258
medo de ficar sozinho, 109
organização, 23-24
pavio curto, 17-18, 200, 222, 224
teimosia, 50
turnês; *ver* turnês
videoclipes, 142
visão, 26
Watford FC, 29, 33, 129, 130, 131, 133, 145, 159, 160, 168, 211, 282
Johnson, Michael, 27
Johnstone, Davey, 240
Jones, Quincy, 69, 70
Jones, sra. (professora de piano), 20
Jopling, Jay, 254, 259
Jornal *The Sun,* 166, 173

Kanga, Skaila, 155
Katzenberg, Jeffrey, 214, 232, 2248
Katzenberg, Marilyn, 232
Kenton Conservativ Club, 27, 43
Key, Robert, 236
Khan, Chaka, 111
Kiki and Herb, 256
King, Billie Jean, 258
King, Tony, 258
abuso de drogas de EJ, 191
amigos que conheceu por intermédio de, 56, 100
após a morte de Freddie Mercury, 205
casamento de EJ e Renate, 164-166
cerimônia de união civil de Elton e David, 254
concerto de 1973 no Hollywood Bowl, 92
diretor da Apple Records para os EUA, 102
disco de ouro por "I'm Not in Love", 199
epidemia de HIV/AIDS, 177
homossexualidade, 51
jeito de se vestir e estilo, 47-48
John Lennon, 115, 118, 121
mescalina, 262
noivado de EJ com Renate, 50, 164
nome de *drag queen* "Joy", 77
orgia de drogas em Amsterdã, 109
relacionamento de EJ com John Reid, 73
reuniões do AA, 162, 200, 287
Semana Elton John em LA, 115, 117

shows em Las Vegas, 282
trabalhos de músico de estúdio conseguidos para EJ, 47
Turnê de Despedida de EJ, 290
Kinison, Sam, 190
Kitt, Eartha, 113
Kloss, Ilana, 200
Knight, Gladys, 94, 187
Kramer, Larry, 188
Krumlin Festival, Yorkshire, 64, 71

LA Times, 71
LaBelle, Patti, 37, 40, 52, 62, 79
LaChapelle, David, 252, 253, 288
Lance, Major, 37, 40, 62, 79, 118
Larkham, David, 66
Laurel Canyon, Los Angeles, 80
Lawrence, Sharon, 94
Le Bon, Simon, 157
Leggatt, Julie, 177
Legião Britânica de South Harrow, 27, 28
Leilões na Sotheby's, 183-185, 253
Lennon, Cynthia, 104
Lennon, John, 102
Lennon, Julian, 104, 105, 107, 121, 151, 152, 224, 227, 262
Lennon, Sean, 266
Leonard, Pat, 250
"Let the Heartaches Begin "(Macaulay e Macleod), 11, 12, 14, 44, 45
Lev na Ucrânia, 298
Lewis, Jerry Lee, 12, 27
Liberace, 74, 91
Liberty Records, 13, 44, 45
Limbaugh, Rush, 284
Lindsay-Hogg, Michael, 142
Linley, visconde David (hoje Earl Snowdon), 231

Lippert, Patrick, 210
Little Richard (Penniman), 12, 24-28, 41, 61, 69, 235
Loja Musicland, 46, 48, 54
London Clinic, 293
London Palladium, 74, 91
Longdancer, 95
Los Angeles Free Press, 70
"Love Me Do" (Lennon/McCartney), 27
Lovelace, Linda, 92, 94
Lowe, Tim, 117
"Lucy in the Sky With Diamonds" (Lennon/McCartney) (gravação de EJ), 107
Lulu, 58

MacKenzie, Kelvin, 173
Mackie, Bob, 91, 115, 118, 151, 170, 171, 175
Madonna, 159, 250, 273
Manuel, Richard, 80
Margaret, princesa, condessa de Snowdon, 88, 123
Martha & The Vandellas, 81, 82
Martin, George, 156, 258
Marx, Groucho, 87
McCartney, Paul, 55, 111
McCormack, Eric, 256
McCreary, Peggy, 156
McIntosh, Robbie
McKellen, sir Ian, 256
Mee, Bertie, 132
Megson, sr., 25
Meldrum, Molly, 273
Mellencamp, John, 186
Mendes, Sérgio, 66
Mercury, Freddie, 101, 128, 168, 191, 205, 210, 222

Michael, George, 168, 199, 207, 225, 232, 236
Midlane, Kaye, 27
Mike Sammes Singers, 54
Milk &Honey (Lennon/Ono), 153
Mind Games (Lennon), 102
Minnelli, Liza, 143
Mirage, The, 60
Mitchell, Joni, 80, 156
Moon, Keith, 60, 86, 152, 262
Moroder, Giorgio, 156
Morris, Jim, 229
Mothers of Invention, 9
Move, The, 42
Mr. Frantic (Dwight), 37
Mulcahy, Russell, 155as
Murray, Dee, 60, 140, 262
Musa, A, trilha sonora de, 248
Musical *Aida*, 248
Musical *Billy Elliot*, 275, 288

Nash, Graham, 80
Nelson, Willie, 186
Newman, Nanette, 87
Nilsson, Harry, 103
Nomes de *drag queen*, 77
Noosa, 265, 266
Northwood Hills Hotel, 32, 33
Nottingham Forest FC, 28, 135
Nutter, Tommy, 104

O'Grady, Paul, 256
Ogilvy & Mather, 216
Olsson, Nigel, 60
Ono, Yoko, 102, 106, 121, 152, 153, 156
Operation Open Hand, 208
Organização de caridade Stonewall, 190
Órgãos Hammond, 41

Órgãos Vox Continental, 12, 42
Osborne, Gary, 141, 177
Osborne, Jenny, 141
Osbourne, Sharon, 259
Page, Gene, 107
Pang, May, 102
Pappas, Connie, 110, 193
Parkinson, Michael, 179
Passarelli, Kenny, 108, 109
Peel, John, 64, 182
Pell, Benjamin, 244, 245
Perrin, Alain, 203
Petchey, Jack, 134
Philip, príncipe, duque de Edimburgo, 133
Philips Records, 58, 59
Phillips, Arlene, 157
Piena, Helen, 30
Pinner County Grammar School, 21, 23, 26
Plastic Penny, 60
Plumley, Eddie, 132
Pnau, 283
Pop, Iggy, 177, 281
Pope, Roger, 108
Presland, Frank, 245, 287
Presley, Elvis, 15, 16, 25, 32, 68, 121, 122, 221, 230
Presley, Lisa Marie, 122
Presley, Priscilla, 122
Price, Alan, 42
Price, Bill, 156
Proby, P. J., 52
Programa *One to One*, 179
Psiquiatras, 89, 203, 220
Pub Bag O'Nails, 56
Punk rock, 139
Putin, Vladimir, 150, 283, 284

Putot, Pierre, 127

Quaye, Caleb, 46, 108, 140
Queen, 101, 160, 168
Rádio KPPC, 70
Rádio WNEW, 120
Rainbow Theatre, Londres, 146
Reagan, Ronald, 175, 187
Reavey, Annie, 91
Reed, Lou, 143, 186, 242
Reeves, Martha, 114
rei leão, O, 213, 214, 232, 243, 248
Reid, John
    Amizade com a mãe de EJ, 277
    ascensão na carreira, 56
    casamento de EJ com Renate, 164-
-166
    como amante de EJ, 56, 73, 81, 98-
-100
    como empresário de EJ, 81
        anúncio da aposentadoria em 1977, 145
        briga em Nice, 157
        continuação da relação profissional após o fim da pessoal, 101
        demissões de funcionários, 145
        em concertos, 84, 106
        encerramento do contrato com a DJM, 139
        fim da relação profissional, 276, 277
        finanças, discussões a respeito de, 130
        turnê russa, 147
        turnê sul-africana, 160
    concerto de Liberace, 74
    documentário *Tantrums and Tiaras*, 224
    entrevista à *Rolling Stone* em 1976, 120

    festa de aniversário no Le Restaurant, 114
    mortes de amigos, 114, 152, 177, 226
    nome de *drag queen* "Beryl", 77
    Semana Elton John em LA, 115, 117
Relacionamento John/Furnish, 215-216, 254
Relacionamento John/Taupin, 13-14
Renwick, Tim, 151
Residências no Caesars Palace, Las Vegas, 251
    Million Dollar Piano, The, 282
    Red Piano, The, 253
Revista *Interview*, 261
Rice, Tim, 142, 212, 248
Richard, Cliff, 143
Richards, Keith, 174, 213, 225
Richie, Janet, 27
"Ride a White Swan" (Bolan), 76
Ringler, Guy, 271
Roberts, Tommy, 68
Robertson, Robbie, 80
Robinson, Smokey, & The Miracles, 81
Robinson, Tom, 141
Rock 'n' roll, surgimento do, 24-28
Rock and Roll Hall of Fame, 222- 223, 264
Rock and Royalty (Versace), 233
Rocket Records, 95, 99, 111, 115, 139, 143, 145, 166, 185, 201, 277
Rockwell, John, 120
Rolling Stones, 10, 35, 48, 100, 213
Rose, Axl, 222, 223
Rose, Howard, 78
Rosner, David e Margo, 82
Rotten, Johnny, 138
Royal Academy of Music, 30, 31, 33, 34, 62, 89, 155
Rubell, Steve, 143, 208

Rufus, 111, 207

Russell, Leon, 62, 69, 70, 78, 170, 261, 264

"Sand and Water" (Chapman), 239

Sasha, o guarda-costas soviético, 147, 148, 150

Scott, John, 207, 215

Selo Marble Arch, 55

Selo Tamla Motown, 56

Semana Elton John em Los Angeles (1975), 115, 117

sentido da vida, O (Monty Python), 153

Série de animação *South Park*, 240

Sex Pistols, 139

Shears, Jake, 256

Shepard, Matthew, 250

Simon, Paul, 242

Sischy, Ingrid, 228, 285

Smith, "Legs" Larry, 91

Snowdon, Antony Armstrong-Jones, 1º lorde, 88

Sobell, Michael, 133

Soul Train, 108

Space Oddity (Bowie), 63as

Springfield, Dusty, 65, 113, 224, 262

Stacey, Bob, 245

Stackridge, 111

Stallone, Sylvester, 232

Starr, Ringo, 86, 89, 111, 154, 191, 258, 296

Steampacket, 10, 43
    Steele, Polly, 225

Stewart, Billy, 39, 40

Stewart, Dave, 95

Stewart, Rod, 10, 76, 88
    amizade de EJ com, 76, 129-130, 202
    casamento de EJ com Renate, 164--166

coleção de pôsteres *art déco*, 87

dançando, 144

método para terminar relacionamentos, 110

nas bandas de Long John Baldry, 77

nome de *drag queen* "Phyllis", 77

shows juntos, 129, 202

visões de Johnny Rotten sobre, 138--139

Stiff Records, 145

Stills, Stephen, 316

Sting, 223, 227

Stone, Joss, 254,

Stooges, The, 281

Street-Porter, Janet, 139, 165, 256

Studio 54, Nova York, 143, 144, 154, 208

Sun City, África do Sul, 160

"Surprise Surprise "(Lennon), 105

Taupin, Bernie; *ver também* relacionamento John-Taupin
    álbum de poesias, 140
    amizade com John Lennon, 152
    apresentado a Elvis, 121
    "Candle in the Wind" para a princesa Diana, 234
    concertos no Dodger Stadium em 1975, 115
    Eurovision Song Contest, 58
    faroeste americano, interesse em, 292
    Madison Square Garden, 1974, 105
    Maxine, 109
    mudança para Surrey, 86
    opinião sobre Linda Woodrow, 49
    Rock and Roll Hall of Fame, 222-223, 264
    trabalho com Alice Cooper, 140
    turnê americana de 1970, 65

Taupin, Maxine, 109
Taupin, Toni, 165
Taylor, Elizabeth, 188, 221, 256
Taylor, Graham, 132, 135, 258, 282
Taylor-Wood, Sam, 253, 254, 256, 286
Taymor, Julie, 214
Tears of a Clown (Cosby/Robinson/Wonder), 81as
Tempest, Roy, 37, 39
Tendler, Arnold, 36, 289
"That's What Friends Are For" (Bacharach), single beneficente, 187
Thomas, Chris, 31, 156, 162, 164, 189
Three Dog Night, 60, 79
Timberlake, Justin, 252
Tonkin, Dr. John, 171
Top of the Pops, 12, 55, 56, 64, 238
Top Ten Club, Hamburgo, 40, 144, 317
torneio beneficente de tênis Smash Hits, 210
Tornovoy, Vladislav, 283
Townshend, Pete, 61, 64
Trabalho como músico de estúdio, 54
Trident Studio, Londres, 144
Trilha sonora de *Conversa de mulheres*, 248
Trilha sonora de *Friends*, 82
Troggs, The, 46, 59
Troubadour, Los Angeles, 69, 70, 75, 262
Turner, Tina, 160, 240
Turnês
   1969, 60
   1970, 64, 78, 156, 170, 280
   1971, 82
   1972, 90-91
   1973, 92
   1974, 99
   1976, 120
   1979, 147
   1980, 151
   1983, 160
   1986, 168-169
   1995, 226
   2011, 282
   2012, 284
   com Billy Joel, 241
   com Leon Russell, 241
   com Ray Cooper, 31, 146, 149, 150
   Rússia, 283, 284
   Turnê de Despedida 2018-19, 290, 295
"Tutti Frutti" (Penniman/La Bostrie), 25

Uni Records, 67, 69, 70
Vampiro Lestat, O, musical, 275
Vaughan, Stevie Ray, 198
Venables, Terry, 35
Versace, Allegra, 227
Versace, Donatella, 233
Versace, Gianni, 142, 219, 226, 233, 261
VH1 Divas Live/99, 240
Victoria Wine, 25
Videoclipes, 142
Voodoo Lounge (Rolling Stones), 213

Wainwright, Rufus, 207
Walden, Barry, 22, 27
Walker, Alan, 43
Walsh, Joe, 111
Warhol, Andy, 108
Warwick, Dionne, 160, 187, 207
Watford FC, 29, 33, 129, 130, 131, 133, 134, 145, 160, 168, 203, 204, 211, 282
Watson, Tom, 115,
Weisenfeld, Jason, 228
West, Mae, 114

Westgate-Smith, sr., 33
Weston, Carol, 54Weston, Doug, 262
Wham!, 168
"Whatever Gets You Thru the Night" (Lennon), 105
White, Andrea, 186
White, Jeanne, 190
White, Ryan, 185, 200
Whitlock, Bobby, 79
Whitten, Bill, 91
William, príncipe, duque de Cambridge, 236
Williams, Hugh, 185
Williams, Ray, 13, 66, 70, 80, 200
Wilson, Brian, 79, 230
Winfrey, Oprah, 239
Winter, Norman, 66, 69
Winwood, Muff, 63, 132, 258
Winwood, Zena, 258
Wonder, Stevie, 95, 96, 187, 292
Wood, Roy, 42
Woodrow, Linda, 49
Woodside, Old Windsor, 123
Woodward, Edward, 45
Wright, Steve, 190

Young, Neil, 75, 156, 186

Zeffirelli, Franco, 113
Zito, Richie, 151

**Acreditamos
nos livros**

Este livro foi composto em Fairfield LT Std e
impresso pela Geográfica para a Editora Planeta
do Brasil em outubro de 2019.